de Gruyter Studienbuch

W DE G

R. W. Southern

Kirche und Gesellschaft im Abendland des Mittelalters

Walter de Gruyter · Berlin · New York
1976

Titel der Originalausgabe:
Western Society and the Church in the Middle Ages

Erschienen bei Penguin Books Ltd,
Harmondsworth, Middlesex, England

Ins Deutsche übertragen von Michael Richter

CIP-Kurztitelaufnahme der Deutschen Bibliothek

Southern, Richard M.

Kirche und Gesellschaft im Abendland des Mittelalters.
(de-Gruyter-Studienbuch)
Einheitssacht.: Western society and the church in the Middle Ages ‹dt.›.
ISBN 3-11-004550-8

Printed in Yugoslavia

Satz und Druck: Časopisno grafično podjetje Delo, Ljubljana
Buchbinder: Wübben u. Co., Berlin 42

VORWORT ZUR DEUTSCHEN AUSGABE

Dem Buch liegen einige Vorträge und Vorlesungsreihen zugrunde, die über mehrere Jahre hin an der Universität Oxford gehalten wurden. Teil des Buches werden in Vorträgen und Diskussionen im Jahr 1966 am Southeastern Institute of Medieval and Renaissance Studies an der Duke University, North Carolina, weither ausgeführt, andere in den Heslington Lectures im Jahr 1968 an der Universität York. Die englische Fassung des Buches erschien 1970 als zweiter Band einer Geschichte der Kirche, herausgegeben von Professor Owen Chadwick und erschienen in Penguin Books. In der vorliegenden Übersetzung wurden einige Fehler berichtigt, aber der Grundstock des Buches wurde unverändert übernommen.

Es war ein großer Gewinn, Dr. Michael Richter als Übersetzer des Buches zu haben. Er unternahm die Aufgabe nicht nur mit einer vorzüglichen Vertrautheit mit der englischen Sprache, sondern auch einer profunden Kenntnis des Mittelalters; für sein Geschick bei der Arbeit und für sein Wissen bin ich ihm tief verpflichtet. Es ist mir eine besondere Freude, daß das Buch in die Sprache übersetzt wurde, in der so viele gelehrte Arbeiten erschienen sind, aus denen das vorliegende Werk schöpft. Ohne die wissenschaftliche Leistung deutscher Gelehrter hätten viele Abschnitte des Buches kaum geschrieben werden können, und alle Abschnitte wären ärmer gewesen. Indem ich somit diese Übersetzung ins Deutsche begrüße, kann ich eine beträchtliche Schuld wenigstens teilweise abtragen.

INHALTSVERZEICHNIS

SCHAUBILDER UND KARTEN

VERZEICHNIS DER ABKÜRZUNGEN

C. P. R.	Calendar of Entries in the Papal Registers relating to Great Britain and Ireland, hg. von W. H. Bliss und anderen.
E. H. R.	English Historical Review
Gratian	Decretum Magistri Gratiani (*Friedberg,* Hg., Corpus Iuris Canonici, Bd. 1)
MGH	Monumenta Germaniae Historica
Migne, PG	J. P. Migne, Patrologiae cursus completus: series Graeca, 165 Bände
Migne, PL	J. P. Migne, Patrologiae cursus completus: series Latina, 221 Bände
Rolls Series	Rerum Britannicarum Medii Aevi Scriptores (Chronicles and Memorials of Great Britain and Ireland during the Middle Ages)
VCH	The Victoria History of the Counties of England
X.	Decretales Gregorii IX (*Friedberg,* Hg., Corpus Iuris Canonici, Bd. 2, 1–928)

KIRCHE UND GESELLSCHAFT

I

Die Geschichte der abendländischen Kirche im Mittelalter ist die Geschichte des vollkommensten und am besten integrierten Systems religiösen Denkens und Handelns, das die Welt gesehen hat. Es ist zugleich die Geschichte der europäischen Gesellschaft, die sich in acht Jahrhunderten oft schnell wandelte und während der unsere Institutionen und Geisteshaltungen sich in Umrissen abzeichneten. Versucht man, diese Geschichte in einem einzigen Buch zu schreiben, so versucht man das Unmögliche; deshalb müssen wir unsere Ziele abstecken, um die Aufgabe in zu bewältigenden Grenzen zu halten. Das Ziel dieses Buches ist es hauptsächlich, den Zusammenhang zwischen den religiösen Organisationen und der gesellschaftlichen Umwelt der mittelalterlichen Kirche zu begreifen. Um sich in diesem Rahmen zu halten, ist es unerläßlich, jene spirituelle und geistige Aktivität größtenteils auszuklammern, die zweifellos der rühmlichste Beitrag der mittelalterlichen Kirche ist und in uns in erster Linie Achtung erwecken muß. Das ist ein großer Verzicht. Denn als Folge davon begegenen wir einer Kirche, die rauher und weltlicher ist, als es eine Kirche scholastischer Theologie oder klösterlicher Beschauung wäre. Das Bild, welches ersteht, deutet in vielen Zügen auf das Vorhandensein spiritueller und geistiger Tätigkeit, aber sie ist nicht unser Hauptthema. Es muß einem späteren Band vorbehalten bleiben, diejenigen Persönlichkeiten zu untersuchen, die diese Tatkraft am vollkommensten aufweisen.

Trotz dieser Einschränkungen ist es wichtig, jene Kräfte zu würdigen, die die Entwicklung der Kirche begrenzten und bestimmten, denn oft wird Kirchengeschichte geschrieben, als ob es solche Kräfte gar nicht gegeben hätte, oder als ob es sie zwar gegeben hätte, sie aber überwunden wären. In Wahrheit konnten sie nicht überwunden werden, denn sie waren für die Zeitgenossen nicht sichtbar. Der Historiker kann sie im Nachhinein nur deshalb wahrnehmen, weil er ihren Einfluß auf ein weites Spektrum menschlichen Verhaltens beobachten kann. Der Historiker, welcher über die Kirche schreibt, als könnte sie von weltlicher Geschichte getrennt werden, wiederholt genau den Fehler der Kirchenreformer im Mittelalter, die niemals deutlicher Gefangene ihrer Umwelt waren als gerade dann, wenn sie von ihrer Freiheit von dieser Umwelt sprachen. Die einzige Freiheit, die sie sich vorstellen konnten, war selbst ein Begrenztsein innerhalb des Systems ihrer Zeit, und die Worte, in denen sie sich von der Welt absetzten, bezeugen eindrucksvoll die engen Grenzen menschlicher Freiheit und die fortbestehenden Beschränkungen der Kirche als einer organisierten Institution.

Die Jahrhunderte des Mittelalters haben einen besonderen Platz in der Erforschung jener Mittel und Wege, durch welche religiöse Vorstellungen ebenso wie die Organisationen, die diese Vorstellungen schützen und dauerhaft machen sollen, von ihrer gesellschaftlichen Umwelt beeinflußt sind. Jene Jahrhunderte waren in erster Linie äußerst fruchtbar in der Schaffung religiöser Organisationen, und die Schöpfungen zeigen eine erstaunliche Fähigkeit zu überleben. Das gesellschaftliche Milieu des Mittelalters besteht noch heute in Gestalt von Institutionen fort, die durch seine Kräfte gebildet wurden. Ein Grund für ihr Fortbestehen ist die Art, in der sie erfolgreich und harmonisch in die Grundstrukturen der Gesellschaft, die sie hervorbrachte, eingebaut wurden. Kirche und Gesellschaft waren eins, und wenn eine sich änderte, erfuhr die andere einen vergleichbaren Wandel. Dies ist der Schlüssel zum Verständnis eines großen Teils europäischer Geschichte geistlicher wie auch weltlicher Prägung.

II

Der Grundzug, der das Mittelalter von früheren und späteren Epochen der Geschichte unterscheidet, ist die Gleichsetzung der Kirche mit der Gesamtheit der organisierten Gesellschaft. In seinem weitesten Rahmen ist das ein Wesenszug europäischer Geschichte zwischen dem vierten und dem achtzehnten Jahrhundert, zwischen Konstantin und Voltaire. Während dieser gesamten Zeit konnten sich eigentlich nur orthodoxe und gehorsame Gläubige der vollen Menschenrechte erfreuen. Zu praktischer Auswirkung kam dieser Gedanke jedoch in Westeuropa erst im siebenten Jahrhundert; im siebzehnten Jahrhundert waren die Ausnahmen und Widersprüche bereits so zahlreich, daß er nicht einmal als Ideal überzeugend wirkte. Aber in den Jahrhunderten, die dazwischen lagen, waren die Ausnahmen selten, und man konnte vernünftigerweise annehmen, daß sie immer weniger würden und im Lauf der Zeit sogar ganz verschwänden.

Es gab freilich immer einige Außenseiter, auch innerhalb des geographischen Raums der abendländischen Christenheit, aber im günstigsten Fall handelte es sich dabei um Menschen mit sehr beschnittenen Rechten, im ungünstigsten Fall wurde ihnen jedes Lebensrecht abgesprochen. Im günstigsten Fall waren solche Menschen Juden. Ihr Leben und ihre notwendigsten Güter wurden durch das Kirchenrecht und durch das Eigeninteresse der Fürsten geschützt. Man durfte keinen Juden töten, nur weil er Jude war. Man durfte einen Juden nicht gewaltsam bekehren. Man durfte den Juden ihre Kinder nicht wegnehmen, um sie im christlichen Glauben zu erziehen. Juden durften ihre Religion ausüben, solange sie nicht versuchten, sie auszubreiten. Aber Herrscher schuldeten Juden nicht mehr als das armselige Recht zu überleben, soweit sie konnten. Thomas von Aquin schrieb:

„Wegen ihrer Sünde (des Unglaubens) unterliegen sie dauernder Knechtschaft, und ihre Güter stehen dem Herrscher zur Verfügung; er darf ihnen nur nicht so viel wegnehmen, daß sie ihrer Lebensfähigkeit beraubt sind.“[1]

War das die Lage der privilegiertesten Klasse der Außenseiter, der geduldeten Feinde Gottes, so wurde denen, die vom orthodoxen Glauben abfielen und in freier Entscheidung zu Außenseitern wurden, nicht einmal das Recht zu leben zugebilligt. Solche Menschen verloren ihr Leben durch Volkshysterie, durch kirchliche Strafen und vor allem durch erbarmungslose Logik:

„Ketzerei (so wieder Thomas von Aquin) ist eine Sünde, die nicht nur Exkommunikation, sondern sogar die Todesstrafe verdient; denn es wiegt schwerer, den Glauben, durch den es für die Seele das Leben gibt, zu verderben als Geld zu fälschen, durch welches das zeitliche Leben sein Auskommen findet. Wenn Falschmünzer zu Recht von den Fürsten als Feinde des Gemeinwohls dem Tod überliefert werden, verdient der Ketzer dieselbe Strafe.“[2]

Kurzum, die Kirche war eine Pflichtgemeinschaft derselben Art, wie der moderne Staat eine Pflichtgemeinschaft ist. Wie der mo-

---

[1] De Regimine Judaeorum ad Ducissam Brabantiae (Thomas von Aquin, Selected Political Writings, hg. von A. P. *d'Entrèves* (1948) S. 84).

[2] Summa Theologiae, 2, 2, qu. XI, art 3.

derne Staat von jedem, der durch den Zufall der Geburt zu seinem Mitglied wird, verlangt, seinen Gesetzen zu gehorchen, zu seiner Verteidigung und seinen öffentlichen Diensten beizutragen, Privatinteressen dem Gemeinwohl unterzuordnen, so verlangte auch die mittelalterliche Kirche von allen, die zufällig (so möchte man beinahe sagen) durch die Taufe zu ihren Gliedern geworden waren, all das und noch vieles andere.

Den frühen Theoretikern des neuzeitlichen Staates bereitete es große Schwierigkeiten, zu bestimmen, wie ein Mensch zum aktiven Mitglied einer politischen Gemeinschaft wird. Für die Theoretiker des mittelalterlichen Kirchen-Staates hingegen war das kein Problem, denn die Taufe gab zwanglos die Antwort. Bei der Taufe legten die Paten bestimmte Versprechen stellvertretend für das Kind ab, das an diese Versprechen lebenslang gebunden war. In gesellschaftlichem Sinn wurde zwischen dem Kind und der Kirche ein vertragliches Verhältnis abgeschlossen, das unkündbar war. Für die große Mehrheit der Mitglieder der Kirche war die Taufe ebenso unfreiwillig wie die Geburt, und sie brachte Verpflichtungen mit sich, die so bindend und dauerhaft waren wie die Geburt im modernen Staat, mit der zusätzlichen Belastung, daß die Verpflichtungen, die die Taufe mit sich brachte, unter keinen Umständen abgelegt werden konnten.

Die Taufe war nicht die einzige unfreiwillige Bindung des mittelalterlichen Menschen: Weltliche Unfreiheit, sofern man das Pech hatte, darin geboren zu sein, war eine weitere Bindung. Freilich konnte Unfreiheit durch Kauf, Flucht oder freiwillige Schenkung widerrufen werden; alle höheren Formen weltlicher Bindungen waren in gewissem Maß freiwillig – man konnte sie auf sich nehmen und ihnen später, unter gewissen Umständen, wieder entsagen. Die Verpflichtungen, die man durch die Taufe auf sich nahm, bestanden jedoch für immer, und sie zogen weltliche nicht weniger als geistliche Verpflichtungen und Strafen nach sich.

In solch einem weiten Sinn war die mittelalterliche Kirche ein Staat. Sie verfügte über alle Einrichtungen eines Staates: Recht und Gericht, Steuern und Steuereintreiber, einen großen Verwaltungsapparat, Macht über Leben und Tod der Christenheit und ihrer Feinde nach innen und außen. Das war der Staat auf der Höhe seiner Macht, in einem Ausmaß, wie ihn unter den modernen Propheten selbst Hegel kaum in Erwägung zog. Das klingt wenig schön, aber man muß dabei zweierlei beachten: zum einen waren diejenigen, die

Macht in der Kirche ausübten, ausführende Organe mit sehr begrenzter Eigeninitiative, sie waren nicht ihre eigenen Herren. Zweifellos waren sie für Taten von erschreckender Gewalt und Grausamkeit verantwortlich, unter denen der Albigenserkreuzzug eine besonders grauenerregende Stellung einnimmt. Aber im ganzen gesehen lag den Machtträgern in der Kirche Grausamkeit, selbst gegen Ungläubige, weniger als den Leuten, über die sie herrschten. Tagtäglich wurden sie daran erinnert, daß jeder Mißbrauch ihrer Macht auf Erden mit einer Ewigkeit von Strafe im Jenseits abgegolten werden müsse, und sofern ihnen dieser Gedanke keine Mäßigung auferlegte, hielt sie tatsächliche Machtlosigkeit in Grenzen.

Um Menschen aus der Ferne zu regieren, braucht man eine Truppe williger und gehorsamer Helfer, die man durch einen einzigen Befehl erreichen kann und die dann handeln, wenn man sie dazu auffordert, Helfer die im Notfall auch dazu bereit sind, Zwangsmittel anzuwenden. Sehr große Anstrengungen wurden unternommen, hauptsächlich von einer Reihe von Päpsten, um der abendländischen Christenheit eine wirksame zentralisierte Regierung zu geben, die dazu ausreichen würde, die Hauptaspekte des menschlichen Lebens zu bestimmen. Päpste träumten von einer Söldnertruppe des Heiligen Petrus, von weltlichen Herrschern, die sich ihren Befehlen beugen würden, von Rittern, die auf treue Dienste eingeschworen wären, von Söldnertruppen, die bezahlt würden, um als Gehilfen der Kirche zu dienen. Päpste beanspruchten für sich allein das Recht, Krieg gegen Ungläubige zu entfesseln und zu leiten. Sie hoben Armeen aus, leiteten Feldzüge und schlossen Friedensverträge zur Erhaltung ihrer eigenen territorialen Interessen. Sie stellten das ganze Gewicht ihrer geistlichen und weltlichen Autorität in den Dienst dieser Aufgabe. Doch es gelang ihnen nicht, dafür die stillschweigende Zustimmung zu erlangen, welche die Grundlage jedes Staates sein muß. Nie gelang es, eine genügend große Gruppe Mächtiger davon zu überzeugen, daß es ihre Christenpflicht war, die Päpste in diesen Aufgaben zu unterstützen.

Es gibt einen weiteren Grund für eine wesentliche Schwäche, die es verhinderte, daß der mittelalterliche Kirchen-„Staat“ ein Polizeistaat wurde: er hatte keine Polizei; er hatte keine zuverlässige Armee. Sogar die Inquisition, das wirksamste Zwangsorgan in den Händen der Kirche, wurde in den Kampf lokaler Interessen verstrickt. In den meisten Gebieten Europas waren die Archidiakone und örtlichen

Dekane die schlimmsten Schreckensmänner des einfachen Mannes. Selten vertraten sie liberale Ansichten, aber auch sie wollten im Grunde nur ein ruhiges Leben, und ihr Gepolter galt im allgemeinen Fällen von Sinnlichkeit, Trunkenheit und Ehebruch unter der Landbevölkerung.

Wenn wir von einem Kirchen-„Staat" sprechen, sagen wir deshalb zu viel, denn die Schwäche der Kirche lag in ihrem Mangel an Zwangsmitteln. Um Zwang durchzuführen war es letztlich ausschlaggebend, in welchem Maß die unabhängigen weltlichen Herren zur Zustimmung und Mitarbeit bereit waren, Männer, deren Hauptinteresse darauf gerichtet war, ihre eigenen ererbten Rechte zu sichern. Wenn der weltliche Herr die Mitarbeit verweigerte, blieb nichts als die Exkommunikation. Dies war die große Schwäche der mittelalterlichen Kirche als Staat: sie hatte nur *eine* Sanktionsmöglichkeit, nämlich Ausstoßung durch Exkommunikation, und auch sie war nur wirksam, sofern der weltliche Herrscher seine Unterstützung gewährte. Die weitreichenden Folgen dieser Teilung der Souveränität (so wird eine spätere Zeit eine solche Situation nennen) waren nicht gleich offensichtlich. Erst die Kombination vieler Kräfte brachte den weltlichen Herrscher dazu, einen Exkommunizierten zu verfolgen und zu verbrennen, oder, wenn er selbst exkommuniziert wurde, sich schließlich zu unterwerfen. Abgesehen von seinem eigenen Seelenheil und dem seiner Großen zwangen ihn der Druck der öffentlichen Meinung und die tiefgreifende Störung im öffentlichen Leben, die der Exkommunikation folgte, zum Nachgeben. Solange all diese Kräfte glaubhaft waren, arbeitete auch das System, aber auf lange Sicht war es zum Scheitern verurteilt.

Alle Systeme von Regierung beruhen letztlich auf Zustimmung, und im Laufe der Zeit wurde die mittelalterliche Kirche von der Zustimmung einiger weniger weltlicher Herrscher abhängig, die mehr und mehr über anderweitige Machtapparate verfügten. Auch führte die Vertrautheit mit dem Drohmittel der Exkommunikation auf die Dauer dazu, sie gelassener hinzunehmen. Im frühen dreizehnten Jahrhundert lebte König Johann fast vier Jahre als Exkommunizierter. Schon achtzehn Monate vorher und während dieser gesamten Zeit lag sein Reich unter dem Interdikt; alle normalen Aufgaben der Kirche wie Eheschließung, Messe und christliches Begräbnis, alles außer Taufe und letzter Ölung, waren aufgehoben. Diese Lage wurde mit erstaunlicher Gelassenheit hingenommen. Keiner muckste. Es hätte vielleicht noch länger gedauert, wenn der König nicht politische Gegner und militärische Mißerfolge gehabt hätte. Ein zeitgenössischer Chronist berichtet, der König habe mit dem Gedanken gespielt, Mohammedaner zu werden, und er beschreibt ausführlich die Schritte, die der König in dieser Richtung unternahm.[3] Es handelt sich in diesem Bericht wahrscheinlich um eine jener seltsamen Blüten, die jedes hoch integrierte System von Zeit zu Zeit treibt. Der König erwog nie ernsthaft, sich der Autorität Roms zu entledigen, die Kirchen des Landes in eigener Verantwortung wieder zu öffnen und die päpstliche Exkommunikation als Dauerzustand hinzunehmen. So etwas stand im dreizehnten Jahrhundert völlig außer Frage; drei Jahrhunderte später war es anders. Als derartiges möglich wurde, war das mittelalterliche System am Ende, in katholischen ebenso wie in protestantischen Ländern.

Die mittelalterliche Kirche war deshalb weniger als ein Staat, weil die Zwangsmittel letztlich nicht unter ihrer Kontrolle standen. In einem anderen Sinn war sie freilich viel mehr als ein Staat. Zum einen war sie nicht einfach *ein* Staat unter vielen, noch konnte sie es je sein; sie mußte *der* Staat schlechthin sein oder gar keiner. Sobald es Staaten gab, die in ähnlicher Weise zum Regieren ausgerüstet waren, begann die Kirche, eine freiwillige Vereinigung für religiöse Zwecke zu werden.

Bis es dazu kam, gab es mehrere Arten, wie man sich das einzigartige staatsähnliche Gebilde der Kirche vorstellen konnte. Man konnte sie als eine universale Gemeinschaft begreifen, die von einem christlichen Kaiser oder dem Papst oder auch beiden gemeinsam oder aber vom christlichen Volk in seiner Gesamtheit geleitet wurde. Das sind mittelalterliche Vorstellungen, wobei die Theorie der päpstlichen Monarchie, die man immer mit dem Mittelalter assoziiert, praktischem Erfolg zweifellos am nächsten kam. Wir werden die Bedeutung der päpstlichen Monarchie im Mittelalter später zu untersuchen haben; im Augenblick genügt die Bemerkung, daß, obschon die Vorstellungen über die anzuwendenden Machtmittel weit auseinandergingen, doch jeder davon überzeugt war, daß in der Kirche eine universale Zwangsgewalt ruhte. Es war der Zweck menschlicher Regierung, ob unter der Leitung des Papstes, des Kaisers, des Königs

---

[3] Matthew Paris, Chronica Majora, hg. von H. R. *Luard,* Rolls Series, 1874, Bd. 2, S. 559–564.

oder der Gemeischaft, die Menschen auf den einzigen, den christlichen Weg zu führen. Das Mittelalter kannte keinen Liberalismus. Nur wenige waren respektlos genug, zu glauben, es gäbe möglicherweise mehrere Wege, die alle gleich gut seien, soweit es im menschlichen Urteilsvermögen lag. Viele maßvolle Leute erkannten, daß übertriebener Zwang das eigentliche Ziel in Frage stellen könnte. Jeder aber glaubte, daß Zwang berechtigt sei, solange er Aussicht auf Erfolg bot, und daß er anzuwenden sei, um Lehre und Gehorsam orthodoxen Christentums zu fördern. Die Kirche war der einzig rechtmäßige Born von Zwangsmitteln, wo es darum ging, die Menschen auf diesem Weg zu führen.

Selbstverständlich war die Kirche weit mehr als nur die Quelle von Zwangsgewalt. Sie war nicht nur irgendeine Regierung, so großartig deren Ziele auch sein mochten. Sie war die Gesamtheit der menschlichen Gemeinschaft, die dem Willen Gottes unterworfen war. Sie war die Arche der Erlösung in einem Meer von Zerstörung. Es war umstritten, inwieweit es außerhalb dieser Arche überhaupt eine vernünftige soziale Ordnung geben konnte; im besten Fall konnte sie nur sehr begrenzt sein. Die Mitgliedschaft in der Kirche war es, welche den Menschen einen durchaus einsichtigen Sinn und Platz in Gottes All gab. Deshalb war die Kirche nicht nur irgendein Staat, sondern der Staat schlechthin; sie war nicht irgendeine Gemeinschaft, sondern die Gemeinschaft schlechthin – die menschliche *societas perfecta.* Jedes politische Handeln, aber auch alle Bildung und alles Denken waren Funktionen der Kirche. Die Kirche übernahm die politische Ordnung des römischen Reiches, sie übernahm aber auch die Naturwissenschaft der Griechen und die Literatur der Römer und stellte sie in den Dienst menschlichen Wohlergehens in dieser Welt. All das bereicherte sie durch die Gabe der Erlösung als den höchsten und ausschließlichen Besitz ihrer Mitglieder. Deshalb war sie in ihrer ganzen Fülle die Gemeinschaft der vernünftigen und erlösten Menschheit.

Eine der größten Errungenschaften des Mittelalters war die detaillierte Entwicklung dieser Idee einer universalen menschlichen Gemeinschaft als eines unveräußerlichen Teils in dem göttlich gesetzten Universum in Zeit und Ewigkeit, in Natur und Übernatur, in praktischer Politik und in dem Bereich geistiger Grundstrukturen. Fast alle bedeutenden Schriften, die im Mittelalter verfaßt wurden, bis diese Welt im vierzehnten Jahrhundert zu zerbrechen begann, zeugen irgendwie von dem Bewußtsein eines solchen kosmischen Hintergrundes. Selbstverständlich wandelten sich sowohl der kosmische Hintergrund als auch die praktischen Einzelheiten im Lauf von sieben oder acht Jahrhunderten in mannigfaltiger Weise. Allein die Größe des Versuchs, das gesamte All und den Ort des Menschen in ihm zu beschreiben, sowie die einzelnen Aspekte menschlichen Lebens im Licht dieser Beschreibung zu ordnen, machte die mittelalterliche Kirche, ohne daß es die Zeitgenossen ahnten, für geistigen und sozialen Wandel sehr empfänglich, viel mehr als die Kirche nach der Reformation mit ihren begrenzten Zielen und Machtmitteln. Wir müssen uns deshalb jetzt den Grundzügen dieser sich wandelnden Umwelt zuwenden.

DIE EPOCHENEINTEILUNG

Man kann das Mittelalter als diejenige Epoche in der Geschichte des Abendlandes bezeichnen, in der die Kirche zu Recht beanspruchen konnte, der einzig wahre „Staat“ zu sein und in der die Menschen, wie unterschiedlich auch immer sie das Wesen kirchlicher und weltlicher Macht beurteilen mochten, in ihrem Handeln von der Voraussetzung ausgingen, daß die Kirche überwältigende politische Autorität besaß. Natürlich ist das nicht die Definition derjenigen, die zuerst den Begriff „Mittelalter“ für diese Epoche prägten. Sie verstanden darunter eine Zeit der Barbarei, des Aberglaubens und der Unwissenheit, die Zeit zwischen zwei Kulturepochen, dem Altertum und der Neuzeit. Heute vertritt fast niemand mehr die Ansicht, daß es sinnvoll sei, die Jahrhunderte zwischen dem Zusammenbruch des römischen Reiches und dem Zusammenbruch des abendländischen Kirchenstaates in dieser Weise zu betrachten. Große historische Verallgemeinerungen, selbst wenn sie als ganzes überwunden sind, enthalten freilich einige Spuren von Wahrheit, die man nicht übersehen sollte. Der Verfall des römischen Reiches hinterließ Ruinen für Verstand, Geist und Politik, und es dauerte Jahrhunderte, diese wieder instand zu setzen. Der Verfall selbst war ein langwieriger und vielschichtiger Vorgang, doch im Abendland war er am Ende des siebenten Jahrhunderts abgeschlossen; der Wiederaufbau konnte beginnen. Dabei war der vorherrschende Gedanke der, die ausschließliche Autorität des Reiches durch die alleinige Autorität des Papsttums zu ersetzen. Als Hobbes spottete, das Papsttum sei der Geist des römischen Reiches, der gekrönt auf dessen Grab throne, kam er damit der Wahrheit näher, als er ahnte. Das am deutlichsten artikulierte Prinzip beim Wiederaufbau der mittelalterlichen Gesellschaft war ein kaiserähnliches Papsttum. Von daher erhalten die weltlichen und geistlichen Bewegungen des sechzehnten Jahrhunderts ihre Bedeutung, die für immer die Möglichkeit einer Neuschöpfung des römischen Reiches auf einer religiösen Grundlage zerstörten.

Der Versuch eines kaiserlichen Wiederaufbaus unter päpstlichem Vorzeichen gibt dem Mittelalter ein Maß von Einheit, aber nicht so, wie es sich die Schöpfer dieses Begriffes vorstellten, nämlich indem man die Ideale des Altertums aufgab, sondern indem man versuchte, sie mit neuem Leben zu füllen. Wenn man statt römischem Recht kanonisches Recht liest, an Stelle der Grenzlegionen Roms die Kreuzfahrer setzt, die mittelalterlichen Könige als Unterdynastien unter der allgemeinen Aufsicht des römischen Papstes betrachtet, wenn man sich schließlich Dante als Virgil des neuen Roms vorstellt, wird man allmählich sehen, daß der Versuch, das römische Reich am Leben zu erhalten, nicht völlig mißglückte. So gesehen ist es nicht abwegig zu behaupten, daß das römische Reich im dreizehnten Jahrhundert zur höchsten Blüte gelangte, als Innozenz IV. die Rolle Cäsars, Friedrich II. die des Pompeius spielte.

Die mehr oder weniger erfolgreiche Erhaltung einer Einheit, die ihre Kraft aus dem Altertum ableitet, schafft die Einheitlichkeit der Zeit vom siebenten bis zum sechzehnten Jahrhundert. Das moderne Zeitalter begann, als diese Kraft verebbte, trotz allen Geredes der Humanisten von der Wiederentdeckung klassischer Literatur und Kultur. Die Einheit unter der Führung Roms, die im sechzehnten Jahrhundert in Stücke ging, war freilich schon lange erschüttert gewesen. Der Zusammenbruch war bereits zweihundert Jahre bevor er stattfand vorstellbar; als er dann kam, setzte er viele, lange zurückgehaltene Impulse frei, und die anfänglichen Risse vergrößerten sich zusehends und nahmen einen Verlauf, den niemand hatte voraussehen können. Die endgültige Zerstörung der gesamten sozialen, politischen und geistigen Struktur des Mittelalters zeichnete sich bereits in der religiösen Spaltung der Reformation ab.

Während der gesamten Epoche des Mittelalters besaß Rom eine einzigartige geistige und weltliche Autorität, die über solche Macht verfügte, daß sie schließlich jene überflügelte, die einem römischen Kaiser selbst zu seinen besten Zeiten zur Verfügung gestanden hatte. Natürlich unterlag das Papsttum im Verlauf dieser Jahrhunderte starken Wandlungen. Seine Machtansprüche deckten sich nie mit seiner tatsächlichen Macht, und selbst seine stärksten Befürworter waren sich nicht über die rechtmäßigen Grenzen des päpstlicher Primats einig. Auch hatte das Papsttum offene Gegner. Die langsam zerfallende griechische Kirche, irgendwann einmal fast jeder weltliche Herrscher und eine bunte Sammlung antihierarchischer Kritiker setzten den weitgespannten Träumen des Papsttums während des gesamten Mittelalters ständigen Widerstand entgegen. Es wäre ein

Irrtum, sich das Mitelalter als eine Zeit der Einmütigkeit vorzustellen. Das Wesen der päpstlichen Monarchie und die mittelalterlichen Widerstände dagegen bedürfen sorgfältiger Prüfung. Aber man sollte nicht gleich am Anfang zu viele Einschränkungen machen. Während der gesamten Epoche, vom Zeitalter Bedas zu dem Luthers, von der tatsächlichen Ablösung der kaiserlichen durch die päpstliche Autorität im achten Jahrhundert bis zum Zerbrechen dieser Autorität im sechzehnten Jahrhundert, vom Abbruch der politischen Bindungen zwischen Europas Osten und Westen bis zum Aufbruch Europas in die Weiten der westlichen Welt jenseits des Meeres, war das Papsttum die beherrschende Institution des Abendlandes.

Die überragende Stellung des Papsttums gibt dem Mittelalter seine Einheit. Deshalb ist man geneigt, seinen Verlauf am Aufstieg und Verfall der päpstlichen Monarchie ablesen zu können. So betrachtet, bedeuten das 12. und 13. Jahrhundert, als diese Monarchie in Theorie und Praxis der Verwirklichung am nächsten kam, den Scheitelpunkt; was vorausgeht, ist eine Zeit der Vorbereitung, was folgt, ist Verwelken. Im Grunde ist eine solche Betrachtungsweise gar nicht so unrichtig. Fast alles, was zum Verständnis der mittelalterlichen Kirche wesentlich beiträgt, erreichte in dieser kurzen zentralen Epoche des Mittelalters seine höchste Entfaltung, seine vollkommenste Darstellung und seine erfolgreichste praktische Anwendung. Aber bei näherem Zusehen erscheint vieles verzerrt, wenn man das Mittelalter als Aufstieg, Reife und Welken einer einzigen Idee betrachtet. Erstens verschleiert eine solche Betrachtungsweise das Ausmaß, in welchem unabhängige und einander widersprechende Ideale dazu beitrugen, den Gang der Ereignisse zu bestimmen. Zweitens leugnet sie die Individualität verschiedener Abschnitte des Mittelalters, Zeiten die so verschieden voneinander sind wie England vor und nach der industriellen Revolution. Politischer Hintergrund, soziale Formationen und Geisteshaltungen sind im frühen, hohen und ausgehenden Mittelalter ganz unterschiedlich; gleiches gilt für religiöse Vorstellungen und Institutionen. Es gilt, Einheit, nicht Einheitlichkeit des mittelalterlichen Europas zu sehen. Deshalb müssen wir eingangs einige Unterscheidungen anmerken, um das Wesen der mittelalterlichen Kirche zu verstehen.

Jede chronologische Einteilung ist willkürlich, aber als Ausgangspunkt späterer Erörterungen ist es nützlich, eine Charakterskizze dreier Hauptepochen zu versuchen.

Grundlegung (ca. 700 – ca. 1050)

In dieser Epoche ist das auffälligste Merkmal die Unterlegenheit Westeuropas gegenüber den griechischen und islamischen Nachbarn. Das griechische politische und religiöse System stand in direkter Nachfolge des christlichen römischen Reiches und war daher der Rivale des lateinischen Abendlandes im eigenen Haus; der Islam hingegen bot sich der christlichen und römischen Tradition als Alternative an und war aus diesem Grund der Feind der Griechen ebenso wie der Lateiner. Sowohl das griechische wie auch das islamische System waren dem Abendland an Reichtum, Macht und geistiger Entwicklung weit voraus. Der Westen war der arme Verwandte von Byzanz und beanspruchte dennoch, nach Art armer Verwandter, unüberhörbar eine Überlegenheit, die bei jeder objektiven Betrachtung lächerlich erscheinen mußte. Ähnliches gilt von dem Verhältnis zum Islam. Mohammedanische Eroberer besetzten in dieser Zeit fast ganz Spanien und fast alle Inseln des westlichen Mittelmeers, einschließlich Siziliens. Die abendländische Christenheit war eine belagerte Festung und überlebte nur, weil ihr größter Feind, der Islam, den Zenith seiner Macht erreicht hatte, und weil ihre geringeren Gegner, die Slawen, Ungarn und Wikinger, nur auf Raub und Plünderung aus waren.

In einer solchen Lage konnte das Abendland überleben und sogar unabhängig werden, aber darüber hinaus blieb ihm kein großer Spielraum, vor allem auf Grund von Armut. Infolge von Seuchen, Hungersnöten, Verwüstungen und nur kümmerlicher Handelsbeziehungen war das ganze Abendland sehr dünn besiedelt. Keine Stadt zählte mehr als ein paar tausend Einwohner, es fehlte an wichtigen Industrien, und die ländliche Bevölkerung betrieb einen primitiven Ackerbau unter ungünstigen Bedingungen. Tatsächlich aber gibt es Anzeichen dafür, daß die Bevölkerungskurve sofort anstieg, sobald Friede herrschte. Eine mächtige Aristokratie, die Menschenkraft benötigte und nach Luxusgütern verlangte, die nur durch Außenhandel erhältlich waren, bot eine Grundlage für und den Anstoß zu Wachstum. Wenn man die potentielle Leistung dieser Bevölkerung beurteilt, ist es von Bedeutung, daß in dieser Epoche größter wirtschaftlicher Verarmung die Wassermühle, die das römische Reich schon gekannt hatte, ohne daß sie weit verbreitet gewesen war, sich über ganz Nordwesteuropa ausbreitete. In England allein zählt die unvollkommene Statistik des

Domesday Book etwa sechstausend Mühlen im Jahr 1086.[1] Es wäre daher falsch, eine Gesellschaft stagnierend zu nennen, die, im Gegensatz zu der Gesellschaft des Altertums, sich die Ausbeutung mechanischer Kraft bereitwillig zu eigen machte; doch ihre Kraft, sich zu organisieren und auszudehnen, war beschränkt, und die Menschen sahen mehr ihre Machtlosigkeit als ihre bescheidene und unscheinbare Möglichkeit zu ansteigender Leistung.

Vor langer Zeit nannte Kardinal Newman das Mittelalter vor dem zwölften Jahrhundert das Zeitalter Benedikts, und aus religiöser Sicht könnte man sich keine bessere Bezeichnung vorstellen. Während dieser ganzen Epoche hatte die Benediktinerregel in Westeuropa als religiöses Ideal eine Monopolstellung inne. Bis zum achten Jahrhundert hatte sie alle Rivalen aus dem Felde geschlagen, und in der Mitte des elften Jahrhunderts schien es, als beherrsche sie völlig das Denken und die Zuneigung der ganzen Bevölkerung. Die größten Gestalten der dazwischenliegenden Jahrhunderte waren entweder Benediktiner oder Gründer und Schutzherren von Benediktinerklöstern. Man war sich generell darin einig, daß der sicherste Weg des Menschen zu ewiger Seligkeit in der genauen Befolgung der Regel lag, oder, an zweiter Stelle, darin, zu ihrer Erhaltung und Verbreitung beizutragen. Man war sich darin einig, das feierliche Ritual und das bis in Einzelheiten geregelte Leben der großen Klöster zu bewundern. Die Benediktinerklöster waren Symbole von Stabilität und Unwandelbarkeit in einer sich ständig wandelnden Welt; sie waren die Pforte zum Himmel, ja Nachbildungen des Himmels auf Erden. Sie waren Einrichtungen, die dem Zweck dienten, die Ewigkeit darzustellen. Der Gedanke einer wandellosen Gesellschaft, die inmitten der flüchtigen Schatten der Welt konstant blieb, klingt in ihren Urkunden und in ihrer Disziplin an:

In dieser flüchtigen und vergänglichen Welt hasten alle sichtbaren Dinge ihren Ende schneller als der Wind entgegen, aber was man nicht sieht, bleibt für immer festgesetzt und unwandelbar. In meinem Bemühen, unsere zeitlichen und vergänglichen Güter dazu zu benutzen, um ewigen Lohn und dauernde Freude zu erringen... gebe ich dem Bischof und Kloster

---

[1] M. T. *Hodgen,* Domesday Water Mills, *in* Antiquity 13 (1939), S. 261–279; vgl. auch R. *Lennard,* Rural England 1086–1135 (1959), S. 278, wo es von Hodgens Gesamtzahl heißt, sie sei „fast sicher zu niedrig".

von Worcester dieses Land, das frei von allen menschlichen Dienstleistungen bleiben soll bis zum Ende der Welt.[2]

Dieses Dokument drückt den Geist der Gründer und Wohltäter von Klöstern in dieser Zeit aus: Sie griffen nach einem winzigen Teil einer sich willkürlich wandelnden Welt und bauten damit eine Nachbildung der Ewigkeit. Draußen herrschte sichtbarer zielloser Wandel, drinnen das Bild unsichtbarer Unwandelbarkeit.

Eine derart große Spannung beherrschte das gesamte Leben. Die Klöster waren lebende Symbole der Unwandelbarkeit inmitten von Wandel, und es gab andere Symbole dieser Art. Die Mehrheit der Bevölkerung muß die christliche Religion hauptsächlich als das Eindringen des Übernatürlichen in ihr Leben in Form von Wundern und rituellen Handlungen betrachtet haben. Die praktische Seite der Religion prägte sich den Menschen in den furchterregenden Zeremonien der Gottesurteile ein, in denen das göttliche Gericht in alltäglichen Ereignissen des Lebens gesucht wurde. Es gibt viele Berichte vom Zeremoniell zu diesen Anlässen. In einem Bericht zum Beispiel sehen wir angebliche Verbrecher drei Tage lang gemeinsam mit einem Priester fasten und dann das heilige Sakrament entgegennehmen mit den Worten des Priesters: „Der Leib und das Blut unseres Herrn Jesu Christi sei für euch heute Mittel des Beweises". Danach bereitete der Priester das Wasser für das Gottesurteil mit den Worten:

Ich beschwöre dich (das Wasser) im heiligen Namen der Dreieinigkeit, durch dessen Willen das Wasser sich teilte und die Israeliten trockenen Fußes hindurchschritten, daß du diese Männer zurückweist, wenn sie in irgendeiner Weise schuldig sind.[3]

Darauf küßte der Angeklagte Bibel und Kreuz; er wurde mit Weihwasser besprengt und in den Kübel hinabgelassen. Wen das reine Element des Wassers, das derart vorbereitet worden war, zurückstieß, der war schuldig. Man war besser daran, zu sinken und konnte dann nur hoffen, rechtzeitig herausgezogen zu werden.

---

[2] Hemingi Cartularium Ecclesiae Wigornensis, hg. von T. *Hearne* (1723), Bd. 2, S. 345. Ähnliche Formeln sind in dieser Sammlung alter Dokumente häufig.

[3] Das vollständige Ritual der Gottesurteile ist gedruckt in F. *Liebermann,* Die Gesetze der Angelsachen (1903), Bd. 1, S. 401 ff; für Parallelen auf dem Kontinent vgl. K. *Zeumer,* Formulae Merovingici et Karolini Aevi, MGH LL V, S. 601–722.

In diesen Zeremonien und in allen ähnlichen Proben und Gerichtsverfahren, in denen die vergänglichen Dinge der Welt vor das ewige Gericht gebracht wurden, begegnet uns die gleiche Gesinnung, die die Gründer von Klöstern bewegte. Sie suchten Stabilität und Sicherheit in einer physischen Kontaktnahme mit der Ewigkeit.

Am dringendsten suchten sie eine solche Berührung im Kontakt mit Heiligenreliquien. Während dieser Jahrhunderte waren Reliquien der wichtigste Wesenszug in der Welt der Religion. In ihnen stand die Macht der unsichtbaren Welt eher offen als irgendwo sonst. Jede Kirche, jeder Altar, jeder Edle, jeder König, jedes Kloster besaß Reliquien, manchmal in großen Mengen. Sie wurden hervorgeholt, um den Lauf der Gerechtigkeit zu bezeugen; man führte sie in Feldzügen mit; sie wurden in Prozessionen umhergetragen, um verdorrende Ernten zu retten; sie waren Instrumente von Staat, Recht und Ordnung ebenso wie von persönlichem Wohlergehen. Seit dem achten Jahrhundert, als die unablässige Nachfrage nach Reliquien dazu führte, die Leichen der ersten Heiligen und Märtyrer auseinanderzunehmen, wurden sie Gegenstand eines schwunghaften Handels. Könnten wir eine Statistik über die Einfuhr nach England im zehnten Jahrhundert aufstellen, dann stünden Reliquien sicher oben auf der Liste. Man benötigte sie zu allen wichtigen Unternehmungen. Bei allen theoretischen Ansprüchen, die man für den Papst erhob, verdankte er seine Autorität doch in erster Linie der Tatsache, daß er der Hüter des Leibes des heiligen Petrus war. Diese Tatsache führte die Menschen nach Rom und brachte sie dazu, der Stimme des heiligen Petrus zu lauschen, die durch seinen Stellvertreter auf Erden zu ihnen sprach.

Weltliche Herrscher stärkten ihre schwachen Kraftreserven mit der Macht der Heiligen. Der Thron Karls des Großen in Aachen, der nach den Maßen von Salomons Thron gebaut war, enthielt Hohlräume, die mit Reliquien angefüllt waren. Die Heilige Lanze, die die Seite des Heilands geöffnet hatte, war der wichtigste politische Besitz der Kaiser im zehnten Jahrhundert. Die Tatsache – oder die Fiktion –, daß sie Konstantin, dem ersten christlichen Kaiser, gehört hatte, erweiterte ihre Fülle von Macht und Bedeutung um eine Dimension. Die ottonischen Kaiser errangen ihre großen Siege unter ihrem Schutz. Aber sie war unter den Staatsreliquien nur die größte. Alle Könige trugen Reliquien in der Krone und um den Hals. In den Reliquiensammlungen des Königs ruhte die Sicherheit seines Reiches.

Sie entschädigten ihn für seine Machtlosigkeit vor Mensch und Natur.[4]

Derart war die Bedeutung der Reliquien und der Zeremonien und Symbole, mit denen sie verwoben waren, im Leben der Menschen. Als Sterbliche waren alle Menschen machtlos. Sie konnten nur durch Rückgriff auf das Übernatürliche überleben und versuchten, sich in die Macht der unsichtbaren Welt zu kleiden. Die Reliquien waren das Mittel, durch welches übernatürliche Macht für die Bedürfnisse des täglichen Lebens zur Verfügung stand. Gewöhnliche Sterbliche konnten sie sehen und berühren, und dennoch gehörten sie nicht in diese vergängliche Welt, sondern waren Teil der Ewigkeit. Am Tag des Jüngsten Gerichts würden sie zu den Heiligen zurückkehren und ein integraler Bestandteil des himmlischen Reichs werden. Unter allen Dingen der sichtbaren, bösen und unverständlichen Welt waren allein die Reliquien gleichzeitig sichtbar und voll von wohltuender Verständlichkeit. Sonst war die Welt entweder sinnlos oder voll von Bösem.

Die menschliche Regierung unterlag dem Fluch sinnlosen Wandels ganz besonders. Sie verkörperte zwei Merkmale der Vergänglichkeit weltlicher Dinge: brutale Gewalt und Hilflosigkeit. Aus diesem Grund bedurfte ein Herrscher übernatürlichen Segens, der ihn vor anderen Menschen auszeichnen und ihm göttliches Recht verleihen würde, um als Stellvertreter Christi zu herrschen. Die Menschen hatten kein Vertrauen in bloße Politik oder in die Mechanik menschlicher Regierung – völlig zu Recht, denn bloße Politik war selten ausreichend, und die Mittel der Regierung waren selten wirksam. Alles, was seinen Ursprung vom ungeheiligten menschlichen Tun ableitete, hatte Anteil am Reich von Sünde und Tod. Es war nicht genug, daß Könige Reliquien auf Reisen mit sich führten; sie benötigten eine Heiligung im Wesen ihres Amtes und fanden sie. Bei ihrer Salbung und bei feierlichen Anlässen trugen sie Gewänder, die im Grund geistliche Gewänder waren; sie wurden mit heiligem Öl gesalbt, das auch bei der Bischofsweihe benutzt wurde; Schwert, Szep-

---

[4] Abbildungen einiger der wichtigsten Reliquienschätze der abendländischen Kaiser findet man bei H. *Fillitz,* Die Insignien und Kleinodien des heiligen römischen Reiches (1954). Zum Aachener Thron Karls des Großen und seiner Bedeutung im Rahmen von Religion und Politik des Reiches vgl. Karl der Große, Lebenswerk und Nachleben, hg. von W. *Braunfels,* 5 Bde (1965–1968), bes. Bd. 3, S. 306–307, 452, 464–479, 501–505.

ter, Ring und Krone, die sie empfingen, wurden mit Formeln gesegnet, die kirchlichen Weihen angehörten. Könige, die aus diesen Zeremonien hervorgingen, übten drei Jahrhunderte lang, von etwa 750 bis 1050, eine Macht aus, die, so wurde ihnen glaubhaft gemacht, ihnen ein geheiligtes Wesen gab und sie bei der Regierung der christlichen Gemeinschaft über Bischöfe und Priester stellte. Im Jahr 775 schrieb ein Berater Karls des Großen:

Sei stets eingedenk, mein König, daß du der Stellvertreter Gottes, deines Königs bist. Es ist deine Aufgabe, alle seine Kinder zu schützen und zu beherrschen und am Tage des Jüngsten Gerichts Rechenschaft über sie abzulegen. Der Bischof steht an zweiter Stelle.[5]

Wenige Jahre später unterstrich Alkuin denselben Gedanken, als er an den König, seiner Gönner, schrieb:

Unser Herr Jesus Christus hat dich als Herrscher über das christliche Volk gesetzt, größer an Macht als den Papst oder den Kaiser von Konstantinopel, größer an Weisheit, erhabener in der Würde deiner Herrschaft. In dir ruht das ganze Heil der Kirchen Christi.[6]

Ähnliche Gedanken waren noch im politischen Denken des frühen elften Jahrhunderts ein Gemeinplatz:

Unsere Könige und Kaiser, auf unserer Pilgerfahrt Stellvertreter für den höchsten Lenker, stehen zu Recht über allen Hirten, denn es wäre sehr unpassend, wenn Männer, die Christus um seinetwillen als die ersten auf Erden eingesetzt hat, einer anderen Herrschaft unterständen als der, die durch den Glanz der Weihe und der Krone alle Sterblichen überragt.[7]

In den drei Jahrhunderten, die wir die erste Epoche des Mittelalters genannt haben, waren keine Gedanken ehrwürdiger als solche. Sie fanden ihren Ausdruck in prächtigen Zeremonien, in denen dem gesalbten Herrscher eine geheimnisvolle Macht übertragen wurde. Konnten sie zwar eine Regierung nicht wirksam machen, so ordneten sie sie doch der Würde und Beständigkeit der übernatürlichen Welt zu.

Eine Folge dieser außerordentlichen Abhängigkeit vom Übernatürlichen war, daß der Einzelne wenig zählte. Er ging völlig in der Gemeinschaft oder, war er ein bedeutender Mann, in seinem Amt

---

[5] MGH Epistolae Karolini Aevi, Bd. 2, S. 503.
[6] Ep. 174 (MGH Epistolae Karolini Aevi, Bd. 2, S. 288).
[7] Thietmar von Merseburg, Chronicon, I, 26 (hg. von Robert *Holtzmann,* MGH SS in us. schol., S. 34–35).

auf. Beide, Gemeinschaft und Amt, leiteten ihre Stärke vom Übernatürlichen ab. Die Verhaltensregeln für das Leben von Mönchen und Laien unterstrichen gleichermaßen die geringe Größe des Menschen, die unpersönliche Majestät der geistigen Welt, die Würde einer Ordnung, die im Diesseits nur durch symbolische Riten erreichbar war, und den Seelenfrieden, den man nur durch strenge Disziplin gewinnen konnte. Das war der Widerspruch, der dazu führte, daß die Schwachheit des Menschen, sein geringes Verständnis von Naturgesetzen und die Unwirksamkeit seiner Regierung dazu beitrugen, dieser ersten Epoche des Mittelalters in ihren Erzeugnissen den Eindruck von außerordentlicher Stärke und Festigkeit aufzuprägen. In allem, was die Menschen taten, sei es in weltlichen Zeremonien, in Liturgie oder Baukunst, ging ihr Bestreben dahin, inmitten einer Welt des Wandels das Bild einer ewigen Welt zu schaffen. Diese Schöpfungen sollten auf ewig bestehen, und viele von ihnen überlebten tatsächlich die soziale und geistige Ordnung, die sie hervorgebracht hatte. Zwar wurden Gebäude schnell abgerissen, wenn sich der Geschmack in der Architektur änderte, aber die detailierte liturgische Routine der Benediktinerklöster, die Einrichtung des Zehnten, die auf der Gesetzgebung des Alten Testaments beruhte, die Organisation von Bistümern und Pfarreien sowie die Loyalität Rom gegenüber, die sich im Abendland in diesen Jahrhunderten entwickelten, erwiesen sich als fast unzerstörbar. Darin bestand der bleibende Beitrag dieser Zeit der Grundlegung für die Zukunft. Doch der geheiligte Herrscher, der den Zeitgenossen als das stärkste Ergebnis dieser Zeit erschien, erwies sich von alldem als das gebrechlichste Wesen.

Wachstum (ca. 1050 – ca. 1300)

Im Jahre 1050 trug die soziale und politische Ordnung, die wir eben skizziert haben, wenig Anzeichen davon, auseinanderzubrechen. Ob man die allgemeine wirtschaftliche Lage, die religiösen Ideale, die Regierungsformen oder ihre rituellen Handlungen im Abendland betrachtet, kaum deutete sich an, daß große Umwälzungen bevorstanden. Und dennoch, im Verlauf der nächsten sechzig oder siebzig Jahre wandelte sich das Bild in fast allen Zügen. Der weltliche

Herrscher wurde von seiner erhabenen Stellung von gleichsam priesterlichem Glanz herabgestoßen, der Papst beanspruchte neue Macht, sowohl in geistlichen wie auch in weltlichen Angelegenheiten einzugreifen und sie zu lenken, die Benediktinerregel büßte ihr Monopol im klösterlichen Leben ein, Recht und Theologie erhielten völlig neue Impulse, und man tat einige bedeutende Schritte vorwärts auf dem Weg, die physische Welt zu verstehen und sogar zu beherrschen. Die Ausdehnung Europas begann ernsthaft. Daß all das in einer derart kurzen Zeit stattfinden konnte, ist an der Geschichte des Mittelalters am bemerkenswertesten.

Grundzüge der Entwicklung

Noch verstehen wir zu wenig von den Gründen eines schnellen Wandels in solchen Ausmaßen, aber der wichtigste Faktor war vielleicht eine große Beschleunigung der wirtschaftlichen Entwicklung im späten elften und frühen zwölften Jahrhundert. Gelegentliches Wachstum hatte es wahrscheinlich jahrhundertelang immer wieder einmal gegeben, aber am Ende des elften Jahrhunderts hatte dieses Wachstum sein Wesen grundlegend geändert. War es vorher stockend und leicht umkehrbar gewesen, so wurde es jetzt schnell, allgegenwärtig und zeitweise scheinbar grenzenlos. Expansion, die sich selbst vorantreibt, ein Phänomen, nach dem Wirtschaftler heute so verzweifelt in den unterentwickelten Ländern suchen, erreichte das Abendland im 11. Jahrhundert. Keine einzelne überragende technische Erfindung stand hinter dieser Expansion, wohl aber ein Zusammenspiel vieler Umstände, wachsende Anhäufung von Kapital, Bevölkerungszuwachs, die Rückkehr des Mittelmeers unter die Kontrolle des Westens, der politische Abstieg des griechischen und des islamischen Reiches, alles trug dazu bei, dem Abendland ständig wachsende Aussichten zu eröffnen.

Sobald die Expansion einmal angefangen hatte, war sie nicht mehr zu halten. Wachsende Gewinnchancen reizten zur Besiedlung von Ödland, zur Regulierung von Flüssen, zum Bau von Straßen und Kanälen, zur Einführung neuer Methoden im Ackerbau, und zur Gründung von Märkten und Kreditinstitutionen. Überall in Nordeuropa findet man jetzt neue Siedlungen, wo früher Ödland gewesen war. Der Rückgang der städtischen Bevölkerung, der vom

Ende des römischen Reiches gekündet hatte und ein Wesensmerkmal der ersten Epoche des Mittelalters geblieben war, erfuhr eine scharfe Wende. Kolonisierung begann an allen Grenzen Westeuropas, und mit der Kolonisierung kam eine nur allzu vertraute militärische Aggression. Zum erstenmal in seiner Geschichte wurde das Abendland zum Gebiet mit Überschuß an Bevölkerung und Produktion, und es entfaltete alle jene herrischen und aggressiven Züge, die einer sich schnell entwickelnden und selbstbewußten Gesellschaft eignen. Die Angst und Scheu vor der Umwelt, die die frühere Epoche gekennzeichnet hatte, wich einem tatendurstigen und blutrünstigen Gefühl von Überlegenheit. Die alte romantische Vorstellung vom Mittelalter als einer Zeit, die ihr Haupt in den Wolken hat und mit einem Fuß im Grab steht, ist wenigstens für diesen Abschnitt des Mittelalters so falsch, wie es überhaupt nur geht. Nach 1100 war das Abendland zwei Jahrhunderte lang im Griff eines Dranges nach Macht und Herrschaft, dem anscheinend keine selbst auferlegten Grenzen gesetzt waren.

Diese neue Energie trug mehr als sonst etwas dazu bei, die alte soziale und religiöse Harmonie der Epoche der Grundlegung zu zerstören. Sich ständig komplizierende Probleme forderten anspruchsvollere Lösungen als die, welche die alten Riten anzubieten hatten. Mit dem Wachstum der Bevölkerung wurden Rechte und Verpflichtungen zunehmend zahlreicher und schwieriger; Methoden von Kriegführung, Handel und Finanz wurden verfeinert, und ihr Betätigungsfeld verbreiterte sich. In jedem Lebensbereich wurde der Ruf nach dem Spezialisten dringlicher. An die Stelle des Rituals traten Verwaltung und Spezialisierung als die Hauptinstrumente der Regierung.

All das brauchte Zeit, aber die Anfänge davon sind im ersten Viertel des zwölften Jahrhunderts klar erkennbar, und vor diesem Hintergrund muß man den religiösen Wandel dieser Zeit sehen. Es wäre freilich verfehlt, in diesem Zusammenhang von „Hintergrund“ zu sprechen: Religiöser und wirtschaftlicher Wandel sind Aspekte einer und derselben Bewegung, denn beide regen weitreichende Expansionskräfte an und werden durch sie stimuliert. Die Auswirkung dieser Bewegung auf das Papsttum, den Klerus, die Klöster und die Gesetzgebung und Regierung werden später einzeln zu behandeln sein. Für den Augenblick genügt es, ihre wichtigsten Wesenszüge zu unterstreichen.

An erster Stelle schmolz die Zahl der Lebensbereiche, die durch

Anrufung übernatürlicher Kräfte direkt kontrolliert worden waren, langsam aber stetig zusammen. Dadurch bedingt, wurden neue Methoden und neue Anstrengungen, die Welt in neuen Bereichen einsichtig und verstehbar zu machen, die Hauptmerkmale des neuen Zeitalters. Diese beiden sich ergänzenden Bewegungen trifft man in vielen Bereichen an. Der weltliche Herrscher büßte seine übernatürlichen Attribute ein. Die geistliche Hierarchie beanspruchte als einzige Institution, übernatürliche Autorität zu vermitteln. Indem sich weltliche und geistliche Hierarchie in ihren Ämtern deutlicher voneinander absetzten, entwickelten sich neue Regierungstechniken und neue Kompetenzbereiche. Reliquien blieben im Privatleben wichtig, verloren aber ihre zentrale Stellung im Bereich von Regierung und Recht.

Auf den ersten Blick könnte es scheinen, als ob dieser Trend, den man im weiteren Sinn wissenschaftlich nennen kann, insofern er den Wirkungsbereich menschlicher Vernunft und Erfindungen erweiterte, die Stellung der Laien auf Kosten des Klerus vergrößerte. Im ganzen gesehen war gerade das Gegenteil der Fall.

Aufstieg und Grenzen der Übermacht des Klerus

Die Ursprünge der Entwicklung, die den weltlichen Herrscher seiner übernatürlichen Attribute beraubte, sind sehr vielschichtig. Eine große Rolle spielten dabei die Anstrengungen der kirchlichen Hierarchie, für sich die Hauptrolle in der Leitung der menschlichen Gesellschaft mit dem Ziel von Friede und Erlösung zu beanspruchen. Andererseits waren sie auch eine unvermeidliche Auswirkung der wachsenden Differenzierung der Gesellschaft, die zur Lösung ihrer Probleme nach organisierter Regierung anstatt nach dem Ritual verlangte. In kritischen Augenblicken in der Geschichte kommt es häufig vor, daß Vorstellungen, die lange Zeit ungeprüft anerkannt wurden, plötzlich nicht als falsch, aber als nutzlos erkannt werden; und dann sieht plötzlich fast jeder ein, wie absurd sie sind. So etwas passierte um das Jahr 1100. Auf einmal brauchte man kein großer Geist mehr zu sein, um zu sehen, daß die religiösen Prätentionen der Könige jeder Grundlage entbehrten. Man konnte sie ohne Schwierigkeit durchschauen:

Vielleicht gibt es Schwätzer, die mit weitschweifigen Ausführungen behaupten, daß der König nicht dem Laienstand angehört, da er mit heiligem

Öl gesalbt ist. Aber es gibt ein einfaches Argument, das diese Narrheit bloßstellt: der König ist entweder Laie oder Kleriker. Ist er Kleriker? Dann wäre er entweder Ostiarius, Lektor, Exorzist, Akolut, Subdiakon, Diakon oder Priester. Aber er ist nichts dergleichen. Deshalb ist er kein Kleriker. Deshalb ist er schlicht und einfach Laie, es sei denn, er wäre vielleicht Mönch. Aber wäre er Mönch, wie kommt es, daß er eine Frau haben kann und das Schwert führen darf? Nein, er ist weder Mönch noch Kleriker, nur ein Laie, sonst nichts.[8]

Es ist überraschend einfach, lange gehegte Vorstellungen über den Haufen zu werfen, wenn sie nicht länger den Bedürfnissen der Zeit entsprechen. Die Theorien, auf denen die königliche Herrschaft jahrhundertelang geruht hatte, platzten wie Seifenblasen. Fast niemand war bereit, sie zu verteidigen. Das alte sakrale Königtum hatte in der nüchternen neuen Welt keinen Platz mehr.

Auf die Dauer trug diese Entdeckung dazu bei, den Aktionsradius weltlichen Handelns zu erweitern, und sie kündigte den rein weltlichen Staat an. Aber als unmittelbare Folge wurde die Überlegenheit des priesterlichen Elements in der Gesellschaft unterstrichen, das nicht auf menschliche Maße zurechtgestutzt werden konnte. Die geistliche Blöße des weltlichen Herrschers enthüllte unwiderlegbar die Ansprüche der geistlichen Hierarchie in ihrer ganzen Größe. Mit der Säkularisierung des Laienherrschers erfuhr freilich jene ganze breite Schicht der Gesellschaft, der Laienstand, den er im besonderen verkörperte, eine entsprechende Wertminderung. Von dem Zeitpunkt an wurde es zunehmend selbstverständlicher, die kirchliche Hierarchie als „die Kirche“ zu bezeichnen. Natürlich war allen klar, daß das Wort auch einen anderen, älteren Sinn hatte, der die Gemeinschaft der Gläubigen in ihrer Gesamtheit umfaßte, aber selbst wo das Wort *ecclesia* in dieser weiten Bedeutung gebraucht wurde, begann man, die Rolle der Laien als sehr bescheiden zu sehen. Die ideale Kirche des zwölften und dreizehnten Jahrhunderts war die Gemeinschaft des geordneten und organisierten Klerus, der Denken und Handeln eines gehorsamen und empfänglichen Laienstandes leitete, Könige, Adel und Bauern in gleicher Weise.

Theoretisch erlitten deshalb die Laien in ihrer Gesamtheit infolge der Wandlungen, die die Gesellschaft in späten elften und frühen zwölften Jahrhundert durchmachte, einen ernsthaften Rückschlag.

---

[8] Honorius Augustodunensis, Summa Gloria de Apostolico et Augusto, Migne, PL 172, Sp. 1261–2.

Diese Abwertung der Laien beschränkte sich nun keineswegs auf die Theorie. Die Regierungen neuen Stils bedurften immer mehr der Experten, was wiederum die praktische Bedeutung derer vergrößerte, deren geistige Erziehung sie dazu ausgerüstet hatte, diese Bedürfnisse zu befriedigen. Der Laienstand hatte aller Teilnahme an scholastischer Bildung über die Elementarstufe hinaus entsagt, in einem langen Prozeß, der am Ende des elften Jahrhunderts so gut wie abgeschlossen war, gerade dann, als die praktische Bedeutung von gehobener scholastischer Erziehung im mittelalterlichen Europa zum erstenmal zutage trat. Dieser Zustand gab dem Klerus ein Monopol in all jenen Disziplinen, die nicht nur theoretisch die Struktur der Gesellschaft bestimmten, sondern auch praktisch die Mittel zur Regierung stellten.

Es wäre falsch, zu glauben, daß die Laien sich in ihrer Unterlegenheit beeinträchtigt fühlten. Einige von ihnen waren stolz darauf. Sie glaubten, den Klerus damit betraut zu haben, mühselige und undankbare Aufgaben zu erfüllen. Aber die Unterlegenheit blieb gleichwohl bestehen, und zu einer Zeit, als die Herrscher genau genommen „illitterati" waren (d. h. nicht fähig, Latein zu lesen, die Sprache sowohl von Regierung als auch von Bildung) erfand ein witziger Kleriker einen Satz, der der Mehrzahl der Herrscher nicht schmeichelte: *rex illitteratus est asinus coronatus* – „der ungebildete König ist ein gekrönter Esel".[9]

Ein Grund, warum sich der Laienstand durch die geistige Überlegenheit des Klerus nicht verletzt fühlte, war der, daß es unter den Laien keinen *esprit de corps* gab. Einheitsgefühle und Organisationen zum Schutz gemeinsamer Interessen gab es bei Adeligen, Bauern, Handwerkern und Rittern, aber nicht im Laienstand an sich. Die Laien verband kein gemeinsames Interesse, das nach Verteidigung rief. Im Gegensatz dazu gab es sehr deutlich ein gemeinsames Interesse des Klerus. Jeder Repräsentant und jeder Weihegrad des Klerus hatte Interesse daran, die klerikalen „Freiheiten", wie man sie nannte, zu verteidigen, nämlich die Exemtion des Klerus vom rauhen Verfahren weltlicher Gerichte, den Schutz seines Besitzes vor welt-

---

[9] Zum Ursprung dieses Satzes vgl. V. H. *Galbraith*, The Literacy of the Medieval English Kings, *in* Proceedings of the British Academy 21 (1935), S. 212 f.; zum gesamten Fragenkomplex ist grundlegend H. *Grundmann*, Litteratus-Illitteratus, *in* Archiv für Kulturgeschichte 40 (1958), S. 1–60.

licher Steuer, das Fernhalten von weltlicher Einflußnahme auf kirchliche Ernennungen usw. All das wirkte sich dahingehend aus, daß der Ordo des Klerus von der Spitze bis zur Basis ein Gefühl von Zusammengehörigkeit und von gemeinsamen Interessen besaß. Die Einheit war alles andere als vollkommen, aber in der Phase des Wachstums in Mittelalter war sie die wirksamste einzelne Kraft in der Gesellschaft des Abendlandes.

Gilden, die sich bildeten, um ihre Interessen zu schützen, die von Gewalt oder Einflußnahme von außen bedroht waren, sind ein besonderes Merkmal dieses Zeitalters, und die kirchliche Hierarchie war von allen die weitaus umfangreichste Gilde oder Gewerkschaft. Sie schuf Richtlinien für ihre Mitglieder, wo auch immer sie leben mochten. Sie baute ein massives System von Gerichten und Strafen auf, um die Erhaltung dieser Gesetze zu erzwingen und die Bedingungen festzulegen, unter denen ihre Mitglieder in der Gemeinschaft dienten. Da diese Dienstleistungen für die Gemeinschaft unentbehrlich waren, könnte man vielleicht sagen, daß die kirchliche Hierarchie des Mittelalters paradiesische Zustände für Gewerkschafter bot.

Wenn man die Sache so darstellt, nennt man freilich nur den einen wichtigen Teil der Wahrheit und vernachlässigt einen anderen. Wie alle Gewerkschaftsmitglieder bildete auch die kirchliche Hierarchie einen Teil der Gesellschaft, in der sie lebte. Mochte ein Kleriker auch noch so eng mit den anderen Mitgliedern seines Standes durch gemeinsame Ausbildung, gemeinsame Ideale und Interessen verbunden sein, so dachte er doch über die meisten Dinge ähnlich wie andere Männer seiner sozialen Herkunft. Er neigte deshalb zu Kompromissen in solchen Fragen, die ihm sozial gleichgestellte Mitmenschen erträglich fanden und sparte strenge Strafen für solche Vergehen auf, die auch sie untragbar finden mochten. Aus diesem Grund hielten kirchliche Bestimmungen und Vorstellungen mit den Wandlungen in der weltlichen Gesellschaft Schritt und setzten ihrer anhaltenden Entwicklung nur wenig Widerstand entgegen.

Daß Kleriker und Laien im Grunde ähnliche Anschauungen hatten, trotz der Kluft zwischen ihnen in ihren rechtlichen Ansprüchen und der Bürde ihrer Bildung, kann man sehr deutlich an der Entwicklung der Aspekte des Kirchenrechts ablesen, die sich mit dem weltlichen Leben befaßten. Über den Handel zum Beispiel sprach das Kirchenrecht im frühen zwölften Jahrhundert noch in einer Weise, als ob eine solche Tätigkeit mit dem Christentum kaum vereinbar wäre. Aber indem die wachsenden Bedürfnisse der Gesellschaft die Organisationsformen des Handels verfeinerten, begannen die kirchlichen Gesetzgeber, ihre Ansicht zu revidieren. Sie modifizierten einige Grundsätze und legten andere so lange aus, bis ein weites Betätigungsfeld für den Handel geschaffen war, und man ignorierte oder umging weitgehend die Beschränkungen, die noch blieben.

Ähnliches gilt vom Krieg. Im elften Jahrhundert war es noch eine schwere Sünde, im Kampf für weltliche Ziele einen Menschen zu töten. Selbst die Sieger der Schlacht von Hastings, einer Schlacht, die den Segen päpstlichen Einverständnisses erhalten hatte und die gegen Leute geschlagen wurde, die auf heilige Reliquien Meineide geleistet hatten, unterzogen sich schwerer Buße für die Opfer, die sie in der Schlacht getötet hatten. Aber in der Mitte des dreizehnten Jahrhunderts war es dann so weit, daß eine Theorie vom „gerechten" Krieg existierte, die fast allen verantwortungsbewußten weltlichen Herrschern ihren Krieg wohlwollend ermöglichte, es sei denn, es handelte sich um einen Krieg gegen die Interessen des Papsttums oder gegen solche Leute, die der Papst in seinen Schutz genommen hatte. Abgesehen von diesen Einschränkungen, war es fortan sehr schwer, zu entscheiden, ob ein ordnungsgemäß erklärter Krieg „gerecht" war oder nicht. Die Selbstgefälligkeit der kirchlichen Hierarchie gegenüber der weltlichen Gesellschaft im zwölften und dreizehnten Jahrhundert hatte in dieser Hinsicht Auswirkungen, deren Folgen die Kluft in der mittelalterlichen Gesellschaft überdauert haben.[10]

Ähnliches gilt von Steuern. Das Kirchenrecht bestand darauf, daß weltliche Herrscher kirchliche Einkünfte nicht besteuern durften, ohne daß der Klerus jedesmal audrücklich befragt wurde und einwilligte. Das war nicht immer einfach, aber die Zustimmung des Klerus war bestimmt nicht schwieriger einzuholen als die der Laien. Solch leichtes Nachgeben wurde so verdächtig, daß Papst Bonifaz VIII. 1296 versuchte, dem Widerstand im Klerus den Rücken zu stärken, indem er darauf bestand, daß für jede Besteuerung des Klerus durch weltliche Herrscher die Zustimmung des Papstes nötig sei. Seine Handlung stellt den letzten Versuch des Papsttums dar, die Gesellschaft des Abendlandes wirksam zu kontrollieren. Er war

[10] Zum Recht der Kriegführung weltlicher Herrscher im dreizehnten Jahrhundert vgl. Thomas von Aquin, Summa Theologiae, 2, 2, qu. xl, art. 1.

eine gewaltige Pleite. Nach wenigen Monaten sah sich der Papst gezwungen, die Bestimmungen seines Dekrets aus der Welt zu deuten, und bald war alles wie zuvor.[11] Es stand nicht in der Macht des Papstes noch sonst eines Menschen, die Toleranzstufe im Laienstand über Gebühr zu strapazieren.

Die kirchliche Organisation, die zwischen 1050 und 1300 erstand, war die glänzendste Ordnung, die die Kirche je gesehen hat, in Theorie und Praxis. Sie konnte denen, die ihr zuwiderhandelten, ihre furchteinflüßenden Zähne zeigen, aber diese Waffe konnte nur selten gegen Strömungen weitverbreiteter weltlicher Interessen wirksam werden. Das war das unausweichliche Dilemma. Die Grundlinien seines Rechts konnte man unendlich verfeinern, und innerhalb der Grenzen, die menschlichem Erfindergeist und menschlicher Schwäche gesetzt sind, konnten sie auch im Klerus wirksam sein, aber außerhalb dieser Körperschaft waren sie nur so weit wirksam, wie sie mit dem allgemeinen Trend weltlicher Interessen in Einklang blieben.

Der Versuch, eine allgemeine Kontrolle des Klerus über geistliche und weltliche Ereignisse Westeuropas zu errichten, erzielte tatsächlich beachtliche Erfolge. Die Theorie einer Überlegenheit des Klerus und die Mittel, sie zur Wirkung zu bringen, wurden eindrücklich vervollkommnet. Aber Theorie und Arbeitsweise der weltlichen Gesellschaft entwickelten sich auch weiter. Die Welt stand nicht still, während der Idealzustand für den Klerus geschaffen wurde, und allmählich merkte fast jeder, daß die Idee das Rennen gegen die Tatsachen verlor.

Die positive Bilanz

Man kann den Augenblick dieser Erkenntnis auf die frühen Jahre des vierzehnten Jahrhunderts datieren. Aber bevor wir uns diesen Störfaktoren zuwenden, können wir nicht die Zentralepoche des Mittelalters verlassen, ohne ein Wort über ihre Leistungen zu sagen. Es war in erster Linie eine Epoche vernünftigen und stetigen Fortschritts. In allen Sphären des Lebens und Denkens wurde eine er-

---

[11] Vgl. T. S. R. *Boase,* Boniface VIII, 1294–1303 (1933), S. 138–153, zu den Stationen, auf welchen Bonifaz nach anfänglicher Hartnäckigkeit zu der Einsicht gelangte, daß der König zu entscheiden habe, ob Steuern erhoben werden sollten, ohne den Heiligen Stuhl zu befragen.

staunliche Vielfalt schwieriger Einzelheiten in ein allgemeines System eingesponnen, fest und autoritativ zugleich, das auf rationaler Forschung und weitreichender Zustimmung ruhte. Man kann das auf dem Gebiet des Rechts, der Naturwissenschaften, der praktischen Kunst der Herrschaft ebenso wie in Theologie und Philosophie beobachten; die großen künstlerischen Leistungen des Zeitalters spiegeln denselben zuversichtlichen Geist wider.

Zwischen 1050 und 1300 sind die Entwicklungslinien sicher und klar; vorher sind sie schwach und undeutlich; nachher gehen sie oft in einem Meer widerstrebender Strömungen unter. Vom Anfang bis zum Ende dieser relativ kurzen Epoche geht man Schritt für Schritt vorwärts in Richtung auf systematische Vollständigkeit. Das Papsttum durchmißt von den ersten aggressiven Äußerungen über den päpstlichen Primat durch Kardinal Humbert und Gregor VII. über die Juristenpäpste Alexander III., Innozenz III., Innozenz IV. und Bonifaz VIII. die Strecke bis zur endgültigen Ausarbeitung eines Systems der päpstlichen Herrschaft. Jeder dieser Päpste fügte dem Gesamtplan etwas Besonderes hinzu; ihre Nachfolger hatten nichts zu tun als zu versuchen, das System in Gang zu halten.

Ähnlich war die Entwicklung im Kirchenrecht. 1050 hatte es als Wissenschaft kaum begonnen; um 1300 war das System vollkommen und abgeschlossen. Dasselbe gilt für die Theologie. Die ersten Versuche klarer systematischer Äußerungen fallen ins ausgehende elfte und beginnende zwölfte Jahrhundert; als Thomas von Aquin 1274 starb, waren die großen Tage der Systematiker vorüber. So auch bei den Orden. 1050 war das Monopol der Benediktiner unbestritten; bis 1300 war fast jede Variante religiöser Organisationen entstanden: die Karthäuser und die zahlreichen Eremitenorden; die Templer und eine ähnliche Verzweigung von Ritterorden; die verschiedenen Zweige der Regularkanoniker; die Zisterzienser; die vier großen Bettelorden; viele Arten von Spitälern; Organisationen zur Versorgung Gefangener. Alle diese Orden und Organisationen hatten ihre eigene Verfassung, die, mochten sie sich untereinander in Typ und Ziel auch unterscheiden, gleichwohl alle unter Schutz und Leitung des Papsttums entwickelt worden waren.

Es gibt Epochen in der europäischen Geschichte, in denen in einigen Richtungen schnellere Fortschritte erzielt wurden, in denen die Zahl einzelner genialer Persönlichkeiten größer war, aber es gibt keine zweite Epoche, die eine solche Vielzahl von Errungenschaften im Dienste einer einzigen Idee aufweisen kann.

Die soziale Basis, die für diese Errungenschaften notwendig war, kann im wesentlichen in wenigen Worten beschrieben werden. Offensichtlich war Europa während dieser gesamten Epoche eine dynamische Gesellschaft. Im Inneren wuchsen Organisationen und Bevölkerung, nach außen wuchsen territoriale Aggression und Aktivität im Handel. Diese Bedingungen erweiterten den Horizont und die Ambitionen einer ehedem befangenen Gesellschaft. Trotz allen Wachsens von Städten und Handel war Westeuropa im ganzen gesehen freilich noch immer überwiegend landwirtschaftlich orientiert. Noch immer war die Landwirtschaft die Hauptquelle von Reichtum und politischer Macht. Die größten und erfolgreichsten Herrscher blieben in ihren Wesen Großgrundbesitzer. In ihren Augen war der Adel ihr Partner und Freundeskreis, der Klerus galt als intellektuell überlegen, und ihr Reichtum diente prunkvoller Schaustellung und guten Werken. Sie betrachteten eine Teilnahme am Kreuzzug als ihr höchstes Ziel, das sie immer wieder aufschieben mochten, ohne es aber abzuschreiben. Ein jeder hatte seinen Platz in der Gesellschaft, und nur wenige stiegen sehr viel weiter ab oder sehr viel weiter auf, als ihre Herkunft ihnen in Aussicht stellte. Bei aller Gewalt und bei schnellem Wandel an der Oberfläche gab es guten Grund, die Gesellschaft als stabil zu betrachten, denn der wachsende Reichtum des Ganzen vergrößerte das Wohlergehen der traditionell herrschenden Schicht der Gesellschaft. Die geistige Vorherrschaft des Klerus und der Erfolg, den ihm die scholastische Methode bot, theoretische und praktische Probleme zu lösen, verlieh den Schöpfungen der Zeit Einheitlichkeit. Die schnelle Verzweigung und Entwicklung jeder Art von Betätigung garantierte eine Fülle von Erfindungen. Das Wachsen der päpstlichen Monarchie, die Vermehrung der Orden, die systematische Erweiterung des geistigen Horizonts, all das trug den Stempel einer Gesellschaft, die sich ausdehnte, ohne bislang von großen sozialen Aufständen zerrissen zu werden.

Sehen wir jetzt, was geschah, als das Gleichgewicht der Gesellschaft ernsthaft gestört zu werden begann.

Unruhe (ca. 1300 – ca. 1550)

Das frühe vierzehnte Jahrhundert enthält viele Anzeichen für eine weitreichende Wandlung in der Struktur der Gesellschaft und in dem theoretischen System, das diese Struktur interpretierte und dazu beitrug, sie weiter zu entwickeln. Dinge geschahen, Worte wurden ausgesprochen, die in den vorausgehenden zwei Jahrhunderten kaum denkbar gewesen wären. Der gewaltsame Überfall französischer Truppen auf Bonifaz VIII., die den päpstlichen Palast in Anagni im Jahre 1303 stürmten, bedeutete eine außerordentliche Umkehrung der Zusammenarbeit von Papsttum und französicher Monarchie, die fast zwei Jahrhunderte lang eine Konstante in der europäischen Politik gewesen war. Der Umzug des Papstes nach Avignon im Jahr 1309 hätte wie eines der vielen Exile in der Vergangenheit aussehen können, wenn es nicht nahezu siebzig Jahre gedauert hätte. Das Verbot des Templerordens in den Jahren 1312–13 zerstörte eines der wichtigsten Ausdrucksmittel des militanten Christentums, das der heilige Bernhard zweihundert Jahre früher freudig willkommen geheißen hatte. Die Verurteilung der spirituellen Franziskaner und anderer mit ihnen verbundener volkstümlicher religiöser Bewegungen in den Städten in den Jahren 1317–18 ist Ausdruck sowohl des zunehmenden Wachstums von Ideen, die sich mehr als ein Jahrhundert lang unter Schwierigkeiten und Schmerzen herausgebildet hatten, als auch der wachsenden Feindschaft, die sie hervorriefen. Schließlich zeigte eine Serie von päpstlichen Verurteilungen in den 20er Jahren des vierzehnten Jahrhunderts, daß das Papsttum in ein neues Verhältnis zu den geistigen und spirituellen Strömungen der Zeit getreten war. Zwei Jahrhunderte lang hatte das Papsttum im allgemeinen neue Gedanken und neue Organisationen gefördert. Die Erneuerer hatten instinktiv päpstlichen Schutz und päpstliche Billigung gesucht. Auf einmal war das Gleichgewicht gestört. Die Verurteilung der franziskanischen Armutslehre im Jahr 1323 stellt einen wichtigen Wendepunkt dar. Sie kündete von der wachsenden Furcht des Papsttums vor Radikalismus und führte auf Umwegen zur zusätzlichen Verurteilung Wilhelms von Ockham, Marsilius' von Padua und Eckharts. Diese Verurteilungen mögen alle gerechtfertigt gewesen sein, aber sie eröffneten den Ausblick auf ein Europa, das nicht länger unter päpstlicher Leitung stand, auf neue Gedankengänge, die man nicht länger zu lenken vermochte, sondern nur hindern konnte. Sie trugen dazu bei, ein Oppositionsverhalten zu schaffen, das bald zu neuem Radikalismus und neuem Widerstand führte. Der fähige und vorausschauende Johannes XXII., der diesen Reigen von Verurteilungen eröffnete, sah sich seinerseits schärferer Kritik ausgesetzt als je ein Papst seit Gregor VII., und er erlitt die noch nie dagewesene Schmach, daß seine eigene Lieblingslehre der Seligen Schau von seinem Nachfolger verurteilt wurde.

Die Verurteilung einer öffentlich vertretenen päpstlichen Lehre ist ein beachtliches Zeichen neuer Unsicherheit im päpstlichen Amt, mochte es sich in diesem speziellen Fall auch um ein persönliches Steckenpferd ohne große Bedeutung gehandelt haben. Die anderen Verurteilungen freilich standen mehr oder weniger in einem Abhängigkeitsverhältnis zu zwei bedeutenderen Wandlungen in der Struktur der Gesellschaft Europas, dem wachsenden Selbstvertrauen und selbstbewußten Auftreten der weltlichen Herrscher und ihrer Fürsprecher sowie der zunehmenden Bedrohung traditioneller Institutionen durch die wachsende städtische Bevölkerung und die Bewegungen, die sie hervorrief. Keiner dieser beiden Faktoren war im frühen vierzehnten Jahrhundert neu. Städte und weltliche Regierungen waren an Größe und Potential zwei Jahrhunderte lang gewachsen, aber erst im frühen vierzehnten Jahrhundert erhoben sie ihre Stimme. Marsilius von Padua war der erste bedeutende Sprecher des weltlichen Herrschers – die barocke Rhetorik der Pamphletisten Friedrichs II. war nur Schaumschlägerei gewesen – und Eckhart war der erste bedeutende Sprecher einer Religion der selbstbewußt gewordenen städtischen Bevölkerung.

Der Wandel in der Umwelt

Der Zeitpunkt, zu den neue Stimmen laut wurden, soll nicht betrachtet werden, als sei er mit einer neuen Phase in der Entwicklung des städtischen Lebens verwandt. Die feinen Änderungen des Gleichgewichts, die dazu führten, daß die Menschen andere Erwartungen an die Zukunft stellten als ihre Vorfahren, entziehen sich unserem Auge weitgehend. Dennoch heben sich einige Punkte so weit ab, daß man sie wahrnehmen kann.

An erster Stelle scheint es im frühen vierzehnten Jahrhundert einen deutlichen Einschnitt im Verhältnis der Wachstumsrate zwischen städtischen Zentren und ländlichen Gebieten gegeben zu haben. In dem anhaltenden Wachstum der ländlichen Bevölkerung trat gerade dann eine Beruhigung ein, als einige Städte sich ausdehnten wie nie zuvor. In Florenz zum Beispiel wuchs die Bevölkerung schätzungsweise von etwa 10 000 auf 30 000 in dem Jahrhundert vor 1300, von 30 000 auf etwa 120 000 zwischen 1300 und 1345. Das war zweifellos außergewöhnlich, aber im allgemeinen scheinen die Städte ihre Zuwachsrate beibehalten zu haben, während das Anwachsen der ländlichen Bevölkerung ins Stocken geriet. Im frühen vierzehnten Jahrhundert gab es in Europa viele Städte von 50 000 Einwohnern und darüber, besonders in Flandern, im Rheinland und in Oberitalien. Wirtschaftlich und politisch gesehen, waren die städtischen Gemeinschaften Westeuropas wichtiger als je zuvor seit dem vierten Jahrhundert.

Das hatte wichtige Folgen für die Geschichte der Kirche. Städtischem Leben eignet etwas, das zu Widerspruch anregt. Die verhältnismäßige Stabilität und Isolierung des Landlebens hemmt den Ausdruck oppositioneller Ansichten. Dachte jemand anders als sein Nachbar, dann hielt er besser den Mund. Aber sobald Rebellen und Exzentriker sich in Gruppen von zwanzig oder dreißig statt von zwei oder drei zusammenfinden, gibt ihre Zahl ihnen Sicherheit, ermutigen sie einander, ihre Meinung zu sagen, und sogar Männer, die ruhig veranlagt sind, fangen an, zu sagen, was sie denken, und fangen auch an, eigene Gedanken zu haben. Auch sind die Nöte des Stadtlebens schärfer ausgeprägt als die des Landlebens; Nachbarschaft bitterer Armut und aufdringlichen Reichtums, ständige Drohung von Arbeitslosigkeit, das Gefühl von Isoliertheit, all das gibt dem allgemeinen Leiden des Lebens eine weitere Dimension der Furcht. Genug Zeugnisse sprechen davon, daß all das in den Städten des zwölften und dreizehnten Jahrhunderts gegenwärtig war. Laien begannen zuerst in den Städten, über Religion zu diskutieren, oft in ungeschickter Art, aber immer subversiv. Das wiederum regte Prediger und Organisatoren dazu an, diesen Meinungen Form und Gestalt zu geben, und bisweilen ihnen zu widersprechen und sie zu denunzieren. Als das vierzehnte Jahrhundert anbrach, waren diese Bewegungen zu sehr erstarkt, als daß sie noch unterdrückt werden konnten. Sie waren der große neue Wesenszug in der Religion des späteren Mittelalters.

Diesen neuen Zug kann man von zwei Standpunkten aus betrachten. Einerseits stellte er eine Bedrohung der hierarchischen Stabilität dar, die das Hauptziel der vergangenen zwei Jahrhunderte gewesen war. Viele Beobachter hatten die Bedrohung wachsen sehen. Anfangs schien es in erster Linie eine Bedrohung des Seelenheils einzelner zu sein. Handel ermutigte Geldverleih zu hohen Zinssätzen, er führte zu Heuchelei; er entzog Männer dem produktiven Arbeitsprozeß und führte zu wachsender Gier und machte Männer groß, die sich das Unglück ihrer Nachbarn zum Vorteil machten. Als dann die Bedrohung zunahm, sah man sie nicht länger nur als die Bedrohung des Seelenheils einzelner an, sondern als Bedrohung der Stabilität und der guten Ordnung der Gesellschaft. *Communia est tumor plebis, timor regni, tepor sacerdotii:* die Kommune ist eine Ballung von Leuten, dem Königreich ein Schrecken, dem Klerus Anlaß zur Laxheit, schrieb ein englischer Beobachter des späten zwölften Jahrhunderts.[12] Aristoteles, der die Menschen lehrte, über Gesellschaftsprobleme nachzudenken, förderte solche Gedankengänge, und er wurde mit bezeichnender Gründlichkeit vom heiligen Thomas von Aquin aufgegriffen. Seine Gedankenführung ist knapp und kompromißlos: je selbstgenügsamer eine Gemeinschaft ist, desto vollkommener ist sie; weil Handel eine Gesellschaft weniger selbstgenügsam macht, schadet er ihrer Vollkommenkeit; er macht auch eine Gemeinschaft unfähiger zur Kriegführung, denn Händler werden weichlich; und paradoxerweise macht er eine Gemeinschaft weniger friedfertig, denn er bringt viele Leute auf begrenztem Raum zusammen; außerdem – Aristoteles wies bereits darauf hin – verursacht Handel zuviel Geschwätz und setzt eine Gemeinschaft der Ansteckung von schlechten Sitten und falschen Meinungen aus.[13] Aber trotz dieser Zweifel und kritischen Mahnungen wuchsen Handel und Städte weiter, und im Laufe des dreizehnten Jahrhunderts begannen sie, neue Formen religiöser Organisation und eine neue Intensität persönlicher Religiosität hervorzubringen. Beide Bewegungen wandten sich von den klerikalen und hierarchischen Idealen der Zeit ab und gaben insofern den Kritikern des städtischen Lebens recht.

---

[12] Richard von Devizes, De Rebus Gestis Ricardi Primi, S. 416 (Chronicles of the Reigns of Stephen, Henry II and Richard I, RS 1886, Bd. 3).

[13] De Regno, II, cap. 3 (S. Thomae Aquinatis Opuscula Omnia, hg. von P. *Mandonnet,* 1927, Bd. 1, S. 350 f.).

Gefühl ist das wesentliche Merkmal der Religion in der Stadt. Es löst die Menschen von dem Druck des Geschäfts, von der verwirrenden Fülle von Preis, Lohn und Zinssätzen, vom Elend wechselnder Überbeschäftigung und Arbeitslosigkeit, vom Konflikt der Klassen und Gilden, und versetzt sie in eine Welt des Geistes, in der, wie Eckhart sagte, „Gott seinen Sohn in der Seele zeugt“, und „in dieser Weise, wie einige Autoritäten sagen, wird die Seele Gott gleichgestellt.“[14]

In dieser oder jener Form verbreiteten sich solche Vorstellungen über die Städte Nordeuropas. Sie waren nicht unbedingt ketzerisch. Manchmal harmonierten sie mit einer strengen Achtung kirchlicher Disziplin und mit Respekt vor der geistlichen Hierarchie. Aber sie bedrohten die Sicherheit trotz allem, da sie dazu führten, daß die Institutionen der Religion weniger wichtig und, wenn auch vielleicht nicht gerade falsch, so doch belanglos schienen.

Politischer Wandel und seine Wirkung

Die Tendenz, hergebrachte Institutionen als belanglos zu betrachten, war umso gefährlicher, als sie mit einem Wandel in der Einstellung zur Politik zusammenfiel. Auch hier begann die hierarchische Struktur, die mit so viel Mühe errichtet worden war, unbrauchbar zu werden und vielleicht gar falsch auszusehen. Jeder konnte erkennen, daß weltliche Regierungen ohne theoretischen Anspruch stärker und unabhängiger wurden, und das wieder machte erst die Bedeutung, dann aber auch die Gültigkeit komplexer Theorien päpstlicher Oberherrschaft, universaler Herrschaft und priesterlicher Obergewalt suspekt. Gleichzeitig konnte jeder die tiefe Kluft sehen, die päpstliche Handlungen von päpstlichen Ansprüchen trennte. An sich war gar nichts anderes zu erwarten. Aber es breitete sich immer mehr der Verdacht aus, daß sich die Kluft vertiefen würde, und zwar deshalb, weil die Theorie hinter den Ansprüchen nicht stimmte. Man sah das in verschiedenem Licht. Dante war besonders erzürnt über die Art, wie päpstliche Ansprüche auf weltliche Herr-

[14] Für eine ausführlichere Würdigung von Eckharts Beitrag zur Religiosität in den Städten vgl. R. W. *Southern,* Medieval Humanism and Other Studies (1970), S. 19–26.

schaft in Wirklichkeit Mittel für den Familienehrgeiz des regierenden Papstes waren, in einem Ausmaß, daß sie die geistige Leitung der Kirche ebenso ruinierten wie das Wohl Italiens. Aber sogar weltliche Herrscher, die Dantes Weitblick nicht teilten, konnten sehen, daß in den meisten praktischen Angelegenheiten der Papst mit ihnen auf einer Ebene stand, daß ihn ähnliche Motive leiteten, daß er durch dieselben praktischen Grenzen beengt war und denselben Argumenten von Gewinn und Verlust ausgesetzt war.

In einer solchen Lage wurden viele Fragen wieder drängender: war eine universale Oberherrschaft theoretisch nötig: falls sie nötig war, stand sie dem Papst zu; falls sie ihm zustand, umfaßte sie weltliche und geistliche Dinge? Daß im Mittelalter Theorien entwickelt wurden ohne allzu große Rücksicht auf die Tatsachen, ist eine weitverbreitete Ansicht. Aber sie stimmt nicht. Theorie und Praxis hatten im Mittelalter dieselbe Beziehung zueinander wie zu jeder anderen Zeit auch. Mit anderen Worten, wenn eine Theorie praktischen Erfolg hatte, entwickelte sie sich schnell weiter und überschritt im Laufe der Zeit die Grenzen unmittelbarer Anwendbarkeit. Sobald dieser Punkt erreicht war, teilte sich ein Gefühl des Versagens schnell den Universitäten mit, die dazu beitrugen, die Ereignisse nach neuem Muster zu formen.

Dieses Ineinandergreifen von Theorie und Praxis führte zu einer neuen Betonung persönlichen Erlebens, der Werte des weltlichen Lebens und der Bedeutung der Gemeinschaft als Quelle politischer und geistiger Autorität. Diese Vorstellungen, die im frühen vierzehnten Jahrhundert auf ganz neue Weise formuliert wurden, sollten für die Zukunft sehr wichtig werden, aber unmittelbar führten sie weniger dazu, eine Neuorientierung der europäischen Gesellschaft zu bewirken, als es die klerikalen und hierarchischen Ideen des elften Jahrhunderts getan hatten. Dafür gibt es mannigfache Gründe. An erster Stelle war Europa nicht mehr die primitive Gesellschaft des elften Jahrhunderts. Damals hatte die Revolution praktisch keine rivalisierende Organisation vorgefunden, die sie hinwegfegen mußte. Europa hatte neue Regierungsformen benötigt, und wer sie als erster entwickelte, stärkte dadurch seine Stellung. Aber im frühen vierzehnten Jahrhundert gab es ein ausgearbeitetes System kirchlicher Regierung bis hinunter zu jedem Pfarrsprengel Europas; es kontrollierte einen Großteil des Kapitals und war mit den Organen der weltlichen Herrschaft eng verwachsen. Mochten auch die Zweifel an der theoretischen Gültigkeit des Systems noch so groß sein, jedes Heilmittel schien schlimmer zu sein als die Krankheit selbst. Das Gewicht etablierter Institutionen war überwältigend; es konnte nicht ohne großen Aufruhr verschoben werden, eine Aussicht, die jeder Herrscher im vierzehnten Jahrhundert fürchten lernte.

Es gibt einen weiteren Grund für den Mangel an praktischem Erfolg revolutionärer Denker wie Marsilius, Ockham und Wycliffe. Obwohl sie den Propheten der hierarchischen Regierung im 11. Jahrhundert geistig nicht nachstanden, waren sie gleichwohl nicht die Sprecher einer ausgedehnten Körperschaft mächtiger Meinungen. Die Kritiker der alten Gesellschaftsordnung im elften Jahrhundert hatten ein Mosaik von Interessen vertreten, das in der Hauptsache den Klerus, aber auch die Laien anging, und das unwiderstehlich war. Im vierzehnten Jahrhundert hingegen appellierten die Kritiker der kirchlichen Hierarchie an weltliche Herrscher, denen Einigkeit, Macht und Interesse fehlte, um den Ratschlägen zu folgen. Die gewaltigsten Kritiker, Marsilius und Ockham, setzten auf den deutschen König Ludwig den Baiern, der sich in der europäischen Politik als quantité négligeable erwies. Die wirksamste antiklerikale Macht in Europa war der englische König, aber seine Ziele waren bescheiden: geringfügig gesteigerte Besteuerung des Klerus, weniger Einmischung des Papstes bei der Ernennung kirchlicher Würdenträger, geringfügig erweiterte Zuständigkeit für die königlichen Gerichtshöfe. Was die Herrscher der italienischen Städte und Staaten angeht, so betrachteten sie den Papst als potentiellen Verbündeten oder Gegner, den man politisch, nicht ideologisch nehmen mußte. Überall zeigte es sich, daß die weltlichen Herrscher mit dem kirchlichen System einigermaßen auskommen konnten. Die meisten schätzten es nicht, aber jedenfalls konnten sie ihre Lage eher durch Drohungen und Kompromisse als durch einen totalen Konflikt verbessern. Die größte Stärke der päpstlichen Regierung im vierzehnten Jahrhundert bestand darin, daß sie die meisten Zähne eingebüßt hatte. Sie bedrohte niemanden. Zudem konnte man die kirchliche Hierarchie nicht ernsthaft angreifen, ohne die gesamte soziale Ordnung zu bedrohen. In der Rückschau auf das dreizehnte Jahrhundert konnte Bonifaz VIII. erklären, lange Erfahrung habe gelehrt, daß jeder Laie ein Feind des Klerus sei. Das vierzehnte Jahrhundert zeigte freilich, daß es sich um Feinde handelte, die nicht zusammenleben konnten, ohne einander einen Platz an der Spitze einräumen zu müssen.

Man kann das sehr deutlich an Vorgängen in England ablesen. England war das Ursprungsland der radikalsten politischen, sozialen und religiösen Bewegungen in Europa, aber es zählte gleichzeitig zu den konservativsten Elementen der abendländischen Kirche. Diese Kombination zu verstehen ist nicht schwer. Die weltliche Hierarchie von König und Adel hatte, trotz ziemlich beständiger Feindseligkeiten den Interessen des Klerus gegenüber, mehr mit der kirchlichen Hierarchie gemein als mit jenem gefährlichen und amorphen Körper, dem „Volk“. Es war gut und schön, daß der Erzbischof von Canterbury 1327, als Eduard II. abgesetzt wurde, ohne weiteres über das Wort predigte, „die Stimme des Volkes ist die Stimme Gottes“.[15] Mit dem „Volk“ meinte er den Adel. Er hätte schwerlich 1381 über dieses Wort gepredigt, als Wat Tyler seine Leute nach London brachte. Das wirkliche Volk war erst dann gekommen, und es hatte seine Ankunft damit angekündigt, daß es den Erzbischof von Canterbury umgebracht hatte. Es war dies der zweite englische Kirchenfürst, der im vierzehnten Jahrhundert vom Volk ermordet worden war, und es ist bezeichnend, daß, im Unterschied zum Fall Thomas Beckets zwei Jahrhunderte früher, beide nicht als Kleriker, sondern als Mitarbeiter der Krone ermordet wurden.

Die Solidarität zwischen der weltlichen und der kirchlichen Hierarchie, die um so enger wurde, je gefährlicher die Bedrohung von unten wurde, ist oberflächlich betrachtet der wichtigste Faktor in den letzten zwei Jahrhunderten der mittelalterlichen Kirche. Die meisten weltlichen Herrscher errangen einige Vorteile auf Kosten des Klerus, mit anderen Worten auf Kosten dessen, was man in den vergangenen zwei Jahrhunderten die „Freiheit der Kirche“ genannt hatte, aber sie waren sich bewußt, daß sie nicht zu weit gehen durften, ohne ihre eigene Position zu unterhöhlen. Das ist der Grund, weshalb zum Beispiel die englische Regierung papstfeindliche Gesetzgebung punktuell ermutigte, aber vor einem umfassenderen Angriff zurückscheute wie überhaupt vor allem, was nach Subversion aussah. König und Adel wurden die Hauptstützen der konservativen Haltung in der Kirche. Während die frühere Identität der Interessen von Papst und Klerus schwächer wurde, gewann eine neue Interessenidentität bei allen Fürsprechern des hierarchischen Prinzips in welt-

[15] Zu dieser Predigt vgl. Lanercost Chronicle, hg. von J. *Stevenson* (1839), S. 257 f.

lichem oder geistlichem Gewand das Feld und versuchte auf diese Weise, die Errungenschaften der Reform des elften Jahrhunderts zu schützen. Als Ergebnis der Bemühungen dieser Reformer errichtet, überlebte das kirchliche System die letzten beiden mittelalterlichen Jahrhunderte als unentbehrliches Hilfsmittel weltlicher Regierung und sozialer Ordnung. Solange dieses Bündnis weltlicher und geistlicher Hierarchie währte, überlebte das System; als es zusammenbrach, stand eine neue Krise bevor.

Wenn man in dieser Art über das mittelalterliche Europa spricht, bedient man sich moderner Anschauungen. Wenn versuchen würde, eine für die zeitgenössischen Beobachter verständliche Sprache zu sprechen, müßte man sich ganz anderer Kategorien bedienen. Man könnte zum Beispiel die drei Epochen des Mittelalters nach Art des prophetischen Schriftstellers Joachim von Fiore im ausgehenden zwölften Jahrhundert beschreiben. Er teilte die Geschichte mit kräftigen Linien in das Zeitalter des Vaters, des Sohnes und des Heiligen Geistes. Wer ihn beim Wort nahm, mußte viele Enttäuschungen hinnehmen. Aber wenn man seine Einteilung allegorisch versteht, trifft sie in eigenartiger Weise die Geschichte des Mittelalters. Das erste Zeitalter ist die strenge Epoche von Schöpfung und Überleben, in der die wichtigsten Institutionen Europas entstanden. Die zweite Epoche ist das Zeitalter der Vernunft und eines verständlichen Systems. In der dritten Epoche liegt die Betonung weniger auf dem System als auf der Institution, weniger auf Vernunft als auf Willen, Liebe und einem frei schwebenden Geist, und wie Joachims drittes Zeitalter des Heiligen Geistes war auch sie das Vorspiel zur Katastrophe.

SPALTUNGEN DER CHRISTENHEIT

Die Keime der Zwietracht

Am Beginn das Mittelalters steht eine geeinte Kirche, an seinem Ende eine große Zahl von gesonderten Kirchen, die sich gegenseitig verleumden. So wenigstens sieht es vom Blickpunkt des Abendlandes aus. Aber wenn man mehr Abstand nimmt, erkennt man, daß das Mittelalter mit Spaltungen eingeleitet wurde. Um das Jahr 700 war die Christenheit im Begriff, weite Gebiete an den Islam zu verlieren, die jahrhundertelang christlich gewesen waren. Nordafrika, Syrien, Palästina und Spanien waren bereits – oder wurden noch – von der Flut der islamischen Ausdehnung überrannt. Durch diese Ereignisse hörten drei von fünf Patriarchatskirchen auf, in der Christenheit eine Rolle zu spielen und verloren den Kontakt mit der restlichen Kirche; in Zukunft zählten in den kirchlichen Beratungen Alexandrien, Antiochien und Jerusalem nicht mehr. Seit dieser Zeit wußte das Abendland wenig oder gar nichts über das Los der Christen in den Gebieten der ersten Bistümer der alten Welt, und ähnliche Unkenntnis herrschte auf der anderen Seite. Dafür ist bezeichnend, daß ein Christ aus Antiochien im elften Jahrhundert bemerkte, daß man in Antiochien nach dem Tod Papst Agathos im Jahre 681 keine genaue Kenntnis mehr von der Folge der Patriarchen von Rom hatte.[1] Nach dieser Zeit hatte die Kirche von Antiochien den Kontakt mit der Außenwelt verloren. Sie hatte gerade noch genug Kraft, selbst zu überleben, mehr nicht.

Diese Zerstörung der Kirchen überließ es Konstantinopel und Rom, zwischen sich aufzuteilen, was von der christlichen Welt übriggeblieben war. Um 700 betrachteten sie einander noch nicht als Gegner. Im siebenten Jahrhundert war die Eintracht zwischen diesen beiden Patriarchatskirchen, von denen die Zukunft des geeinten Christentums abhing, natürlich und nicht in Frage gestellt. Beide

---

1 Histoire de Yaha-ibn-Said, hg. von A. *Vasiliev* (Patrologia Orientalis, 1924, xviii).

Kirchen waren Teil einer einzigen politischen Einheit, dem christlichen Kaiserreich, das zwar angeschlagen war und langsam kleiner wurde, aber noch immer intakt war. Noch immer war der Kaiser in Konstantinopel mehr oder weniger der tatsächliche Herrscher weiter Teile Italiens einschließlich Roms. Der Bischof von Rom war sein weltlicher Stellvertreter im römischen Dukat, und byzantinische Verwaltungsbeamte waren in den Straßen von Rom nichts Besonderes. Die Hauptverkehrsverbindung von Rom führte nach Ravenna, dem Hauptsitz der byzantinischen Verwaltung, und von dort nach Konstantinopel. Das Mittelmeer bis Marseille war noch immer eine byzantinische Verkehrsader. In gewisser Weise hatte sich die Einheit dieses ganzen Gebiets durch das Unglück, das den Patriarchen von Alexandrien, Antiochien und Jerusalem zugestoßen war, verstärkt, und die Bindungen zwischen Rom und Konstantinopel wurden noch enger. Palästina, Syrien und Ägypten waren schließlich nie in ähnlicher Art Teile der römischen Welt gewesen wie Rom und Konstantinopel. Sie waren Ausgangspunkte fremder und störender Einflüsse gewesen. Als sie nun zugrunde gegangen waren, hätte man erwarten können, daß das alte und das neue Rom zusammenrücken würden, um angesichts des gemeinsamen Feindes ihre Zivilisation und ihre Religion gemeinsam zu schützen.

In gewisser Weise war das tatsächlich der Fall. In dem Jahrhundert zwischen etwa 650, als der Islam bedrohlich wurde, und 750, als er im Abendland seine Grenzen erreicht hatte, verhielt sich Rom ökumenischer als je zuvor. Es war voll von griechischen und syrischen Mönchen, Flüchtlingen vor der Flut des Islam, die dazu beitrugen, griechische Sprache und griechische Sitten in der römischen Kirche lebendig zu erhalten. Die Herkunft der Päpste spiegelt diesen Zustand getreu wider. Zwischen 654 und 752 waren von 17 Päpsten nur fünf römischer Herkunft, fünf waren Syrer, drei Griechen, drei kamen aus dem stark griechisch geprägten Sizilien, und einer kam aus Italien, ohne daß man angeben kann, woher genau. Mit anderen Worten, 11 von 17 Päpsten in diesem Jahrhundert hatten einen vorwiegend griechischen, nur sechs einen vorwiegend lateinischen Hintergrund. Das steht in deutlichem Gegensatz zu dem Jahrhundert vor 654, als 13 von 15 Päpsten Römer oder Italiener gewesen waren. Unter dem Blickpunkt christlicher Einheit war das Anwachsen des griechischen Elements in der römischen Kirche ein hoffnungsvolles Zeichen; es bedeutete, daß die beiden Hälften der christlichen Welt noch gut miteinander auskamen.

Eine solche Vertrautheit ging über Sprache und Kultur hinaus, war vielmehr Tatsache des politischen Lebens, und nichts deutete darauf hin, daß das nicht so bleiben würde. Im Jahr 663 besuchte der griechische Kaiser Rom und wurde als der rechtmäßige Herrscher empfangen. Im Jahr 710 besuchte der Papst Konstantinopel und wurde vom Kaiser mit allen Anzeichen von Ehrerbietung empfangen, genau so wie sein Vorgänger im Jahr 536. Noch wichtiger ist, daß der Papst im Jahr 680 Gesandte zu einem Konzil nach Konstantinopel schickte, die mitverantwortlich dafür waren, die Lehren von vier Patriarchen von Konstantinopel und einem Papst als ketzerisch zu verurteilen.[2] Das war – oder schien – von großer Bedeutung, denn es zeigte einen möglichen Kompromiß in der alten Kontroverse über den Primat Roms unter den Patriarchalkirchen auf. Wenn ein Papst wie ein gewöhnlicher Patriarch irren konnte, sogar in einem Verhältnis von vier zu eins, bestand für beide Kirchen Aussicht, sich darüber zu einigen, daß der Primat Roms, worin auch sonst immer er bestehen mochte, keinen Gegensatz von absoluter Unfehlbarkeit Roms und wiederholter Irrlehren Konstantinopels bedeutete. Würde man sich in dieser Frage einigen können, so könnten die beiden Kirchen vielleicht weiterhin zusammenarbeiten. Anders als Jerusalem und Antiochien beanspruchte Konstantinopel nicht ernsthaft den Primat unter den christlichen Kirchen. Der Kaiser bestätigte das, als er sich vor dem Papst niederwarf und ihm in seiner eigenen Hauptstadt Reverenz erwies, die er dem Patriarchen von Konstantinopel verweigerte. Der einzige umstrittene Punkt war die Art des römischen Primats, und der wichtigste Aspekte dieser Frage war die Unfehlbarkeit des Papstes. Die Entscheidung des Konzils von 680 hätte auf dem Weg zur Einigung in dieser Frage ein Meilenstein sein können, aber die Ereignisse nahmen einen anderen Lauf.

Hinter der hoffnungsvollen Fassade von Einheit waren Kräfte am Werk, die sie zerstörten. Sie traten anfangs nur in vereinzelten und scheinbar nebensächlichen Episoden zutage, aber sie kündeten einen Szenenwechsel in Europa an. So betrachtete zum Beispiel keiner der Zeitgenossen das Jahr 668 als besonders entscheidend, aber in der

---

[2] Zu diesem Konzil und seinen Dekreten vgl. E. *Caspar,* Geschichte des Papsttums, 1933, Bd. 2, S. 620.

Rückschau zeigen sich einige drohende Anzeichen. In diesem Jahr wurde Kaiser Konstantius II. in Sizilien von einigen Männern seines Gefolges ermordet, und das war schlimm; obwohl niemand es wissen konnte, war viel schlimmer, daß der Kaiser starb, als er den letzten ernsthaften Versuch machte, Nordafrika, Italien und das östliche Mittelmeer unter byzantinischer Herrschaft zusammenzuhalten. Die politische Einheit des östlichen Mittelmeers, die, mit Unterbrechungen, bis ins vierte vorchristliche Jahrhundert zurückreichte, endete in dieser finsteren Gewalttat.

Unterschiedliche Bräuche

Im Jahr 668 waren die Aussichten keineswegs völlig düster. Im selben Jahr tat der Papst eine vielversprechende und hoffnungsvolle Geste. Er ernannte Theodor, einen Griechisch sprechenden Mönch von Tarsus, zum Erzbischof von Canterbury. Niemand hätte besser die Einheit der griechisch-römischen Welt verkörpern können. Gebürtig aus einer byzantinischen Stadt, war er in Athen erzogen worden, kam als Flüchtling vor den heranrückenden Heerscharen des Islam nach Rom und wurde vom Papst dazu ausersehen, die jüngste und westlichste Provinz der Christenheit zu leiten. In all diesem repräsentierte Theodor die Einheit der gesamten christlichen Welt. So strafte seine Laufbahn scheinbar alle drohenden Vorzeichen auf Grund der Ermordung des Kaisers Konstantius II. Lüge.

Aber dieses Bild von Einheit war nicht ungestört. Als der Papst Theodor nach England entsandte, gab er ihm den Abt eines Klosters aus der Nähe von Neapel als Begleiter mit, Hadrian mit Namen, aus Afrika gebürtig , der darauf achten sollte, daß Theodor „keine griechischen Sitten, die dem wahren Glauben entgegengesetzt seien, nach England einführen würde". Diese Vorsichtsmaßnahme war nicht unbillig, aber sie ist ein Anzeichen wachsender Verunsicherung. Schon damals trennte Griechen und Römer eine undurchdringliche Mauer unterschiedlicher Bräuche, von denen zwar viele nebensächlich waren, Pedanten jedoch in Unruhe versetzten.

Die Zeugnisse von Theodors Tätigkeit in Canterbury zeigen, wie oft diese Unterschiede ihn und seine Zuhörer beschäftigten. Als er seine Schüler in die Grundzüge der christlichen Disziplin einführte, vermerkte er viele Abweichungen zwischen den Bräuchen der griechischen und lateinischen Kirche. Er berichtete, daß die Römer einen Büßer in der Apsis der Kirche versöhnten, nicht aber so die Griechen; daß die Griechen jeden, der an drei aufeinanderfolgenden Sonntagen versäumte, zur Kommunion zu gehen, exkommunizierten, nicht aber so die Römer; daß die römischen, nicht aber die griechischen Mönche Sklaven hielten; daß die Griechen, nicht aber die Römer, Witwen als Nonnen akzeptierten, und so weiter und so fort.[3] Diese Berichte, die auf einer einzigartigen Erfahrungsbreite beruhen, zeigen uns die weitgehenden Unterschiede in den Bräuchen dieser beiden Zweige der Kirche. Großzügige Menschen wußten, daß sie nebensächlich waren, aber Großzügigkeit behält selten lange die Oberhand, wenn es um kirchliche Bräuche geht. Nichts ist aufreizender. Wenn es verschiedene Bräuche gibt, wie, so fragt man, kann Disziplin eingehalten werden? Wenn sie in ihrer Verschiedenheit andauern, was ist das dann anderes als Schisma? Wie kann man von Einheit sprechen, wenn Menschen nicht bereit sind, ihre Unterschiede aufzugeben? Mehr als in anderen Fragen lag darin die Saat der Unstimmigkeit zwischen den beiden Hälften der Christenheit.

Daneben gab es noch eine weitere tiefgreifende Trennungslinie. Gegen Ende des 7. Jahrhunderts war Rom eine Weltstadt, und die Päpste waren öfter griechischer als römischer Abstammung. Aber das Abendland hatte kein Interesse daran, ein weltstädtisches und halb griechisches Rom zu haben; es wollte sein eigenes Rom. Vom Standpunkt des materiellen Wohlstandes und der Kultur war das lateinische Abendland dem griechischen Osten weit unterlegen, aber in Rom besaß das Abendland ein Symbol von potentieller Überlegenheit, und es klammerte sich daran mit leidenschaftlicher Zähigkeit. Könige und Fürsten der neu geschaffenen barbarischen Reiche strömten nach Rom wie zur Himmelspforte. Auf ihrer Suche nach Autorität, Bildung und Ratschlägen wandten sich Mönche und Bischöfe nach Rom. Es war verwirrend, daß sie sich, sobald sie dorthin kamen, als Außenseiter an einem griechisch-römischen Hof fühlen mußten.

So erging es dem Heiligen Wilfrid, dem glühendsten Verehrer des Papsttums in dieser Zeit. Im Jahr 704 kam er als Kläger nach Rom

[3] Poenitentiale Theodori, hg. von A. W. *Haddan* und W. *Stubbs*, Councils and Ecclesiastical Documents relating to Great Britain and Ireland, 1871, Bd. 3, S. 173–203.

und appellierte gegen den Erzbischof von Canterbury an den Papst. Er hielt seine Rede in lateinischer Sprache und war erschüttert zu hören, daß der griechische Papst, sich an seine Ratgeber wendend, in einer fremden Sprache redete, und „die lächelten und viele Dinge sagten, die wir nicht verstanden".[4] Es war ein nebensächlicher Vorfall, aber er hat dramatische Bedeutung. Männer wie Wilfrid bildeten das Rückgrat der päpstlichen Autorität. Die Länder, aus denen sie kamen, an erster Stelle England, aber auch Deutschland und Frankreich, waren die einzigen Gebiete, in denen der Einfluß des Papsttums stark sein konnte, einfach deshalb, weil er sehr erwünscht war. Diese Art von Loyalität und die heroischen Taten, die sie bewirkte, zeigten, wie gefährdet die Stabilität der sprachlichen und kulturellen Einheit in der griechisch-römischen Welt war. Sofern es sich um die politische Einheit handelte, rissen die letzten Fäden bereits ab. Der griechische Kaiser hatte 663 Rom als oberster Herrscher besucht; so etwas gab es nicht mehr bis ins vierzehnte Jahrhundert, und dann kam er als Bittsteller. Der Papst besuchte Konstantinopel im Jahr 710; nie wurde ein solcher Besuch wiederholt. Die Übereinkunft der Griechen und Römer auf dem Konzil von 680 war über den wachsenden Spannungen des folgenden Jahrhunderts bald vergessen.

Politische Trennung

Wir haben gesehen, daß an der Schwelle des Mittelalters in den Beziehungen zwischen der griechischen und der lateinischen Kirche bereits viel Unklarheit herrschte. Auf der einen Seite gab es eindrucksvolle Zeichen starker Bindungen zwischen Rom und Konstantinopel, aber auf einer niederen Ebene herrschten mannigfaltige Unterschiede und Ressentiments vor. In der Folgezeit sollten letztere die Oberhand gewinnen, und das wurde schnell im Verlauf des 8. Jahrhunderts deutlich. Darum ist diese Zeit eine entscheidende Epoche in der Geschichte Europas. Das Zusammenspiel von Politik und der Verteidigung von Rechtgläubigkeit sollte die beiden Hälften der Christenheit auseinandertreiben.

Das unmittelbare Bedürfnis, die Rechtgläubigkeit zu verteidigen,

---

[4] Eddius Stephanus, Life of Bishop Wilfrid, Kap. 53, hg. von B. *Colgrave,* 1927, S. 112.

entsprang dem Bilderstreit, der die Kirche von Konstantinopel sechzig Jahre lang, von 726 bis 787, beherrschte. Im Jahr 729 schickte der griechische Kaiser Papst Gregor II. eine Botschaft, in der er ihm untersagte, in den seinem Jurisdiktionsbereich unterstellten Kirchen Bilder von Märtyrern und Engeln zur Schau zu stellen. Das war unklug. Es gab bereits Meinungsverschiedenheiten zwischen dem Kaiser und dem Papst über das Erheben von Steuern, und diese Anweisung erhob die Kontroverse von der niederen Ebene politischen Ungehorsams, wo die rechtliche Stellung des Papstes schwach war, auf die höhere Ebene der Rechtgläubigkeit, wo er stark war. Seine Antwort bezeugt ein überraschend tiefes Verständnis für die wirkliche Grundlage seiner Stärke. Auf der Suche nach Rückendeckung wandte sich der Papst an die neuen Völker des Westens:

„Das ganze Abendland hat seinen Blick auf uns gerichtet, obwohl wir unwürdig sind. Es vertraut auf uns und auf den heiligen Petrus, den Apostelfürsten, dessen Bild du zu zerstören beabsichtigst, den aber alle Reiche des Westens ehren, als ob er Gott selbst auf Erden wäre.“

Der Papst hatte die neuen Reiche des Abendlandes nie gesehen. Bisher war fast die einzige Straße, die er je betreten hatte, wenn er Rom verließ, diejenige nach Konstantinopel gewesen, aber jetzt erklärte er:

„Wir machen uns zu den entferntesten Gegenden des Westens auf, zu denen, die nach der Taufe verlangen. Obwohl wir Bischöfe und Kleriker unserer heiligen Kirche zu ihnen geschickt haben, haben ihre Fürste die Taufe noch nicht empfangen, denn sie wollen sie von uns allein erhalten.“[5]

Diese Worte hatten keine unmittelbare Wirkung, aber sie sind Anzeichen einer Wende. Wir sehen, wie sich der Papst von seiner traditionellen Verankerung in der griechisch-römischen Welt löste, von der er nichts mehr zu erhoffen oder zu befürchten hatte, und sich neuen Ländern zuwandte, in denen seine künftige Stärke lag. Die englischen Missionare in Deutschland, St. Willibrord und St. Bonifatius, hatten dem Papsttum diesen Weg gebahnt. Der Papst brauchte nur in die Fußstapfen dieser Erforscher des neuen Westens zu treten.

[5] Migne, PL 89, Sp. 520, 524. Zur Echtheitsfrage dieser Briefe vgl. E. *Caspar*, Gregor II. und der Bilderstreit, Zeitschrift für Kirchengeschichte 52 (1933), S. 29–70; dagegen J. *Haller*, Das Papsttum, 1950–53, Bd. 1, S. 548. Mich hat Caspar überzeugt, aber der Hauptpunkt bleibt von dieser Auseinandersetzung unberührt.

Es dauerte fünfundzwanzig Jahre, bis ein Papst tatsächlich den Weg nach Westen einschlagen sollte, von dem Papst Gregor II. gesprochen hatte, und dann war es nicht der Zweck seiner Reise, die Franken zu taufen, sondern eine neue politische Allianz zu festigen. Bis 754 verwaltete der Papst den römischen Dukat nominell als Beauftragter des Kaisers von Konstantinopel. Aber zu der Zeit befand sich die Macht des Kaisers in Italien unter dem Angriff der Langobarden in einem Zustand rascher Auflösung. Der Papst bedauerte kaum den Rückgang einer kaiserlichen Autorität, die er schon lange nicht mehr achtete oder befolgte, aber ihr völliges Verschwinden machte seine eigene Stellung äußerst verwundbar. Deshalb überquerte Papst Stephan II. im Dezember 753 die Alpen auf der Suche nach einer neuen politischen Grundlegung für die päpstliche Oberhoheit im Abendland. Als Ergebnis seiner Erkundung schloß er mit dem neuen karolingischen König Pippin ein Bündnis, dessen Folgen fast ebensolange anhielten wie das Mittelalter selbst. Auf Grund dieses Bündnisses wurde die politische Macht in Italien zwischen dem Papst und der karolingischen Dynastie geteilt. Der Karolinger trat in Italien die Nachfolge des griechischen Kaisers an, aber er kam nicht als politischer Herr des Papstes, sondern als Untergebener. Noch war er nicht Kaiser aus eigener Kraft, aber er war bereits Kaiser „im Wartestand", den man einsetzen konnte, sobald das Papsttum ihn brauchte. Das Zeremoniell, mit dem Pippin Papst Stephan II. begrüßte, als er sich seinem Palast näherte, scheint auf dem Zeremoniell zu beruhen, mit dem zuvor die Kaiser den Papst begrüßt hatten. In dieser Übertragung von Macht und Zeremoniell waren die Grundlagen von Kaisertum und Papsttum im Mittelalter gelegt.[6]

Die langfristigen Folgen dieser Neuorientierung für die Einheit der Christenheit wie auch für ihre Spaltung waren ungeheuer. Zum erstenmal in der Geschichte hatte der Papst als eine höchste politische Macht gehandelt, indem er den Machtwechsel im Frankenreich gebilligt hatte, und er hatte seine eigene politische Rolle als Nachfolger des Kaisers betont, indem er kaiserlichen Grundbesitz in Italien

---

[6] Zu den Einzelheiten der Reise des Papstes vgl. L. *Duchesne,* Liber Pontificalis, 1886, Bd. 1, S. 446–48, und 457–58, mit weiteren Querverweisen. Weitere bibliographische Angaben findet man in dem Supplementband, hg. von C. *Vogel,* 1957, S. 102f.

veräußerte. Das waren Schritte von größter Bedeutung für die Zukunft. Darüber hinaus waren sie höchst verräterisch. Statt lediglich seine Pflicht zu versäumen, dem griechischen Kaiser politischen Gehorsam zu erweisen, hatte der Papst den Schritt getan, selbst politische Macht zu ergreifen. Die Kaiserkrönung Karls des Großen im Jahr 800 war das praktische Ergebnis einer Politik, die fünfzig Jahre früher eingeschlagen worden war. Sie war gleichzeitig das Symbol einer politischen Befreiung des Abendlandes und der politischen und daher letztlich auch der religiösen Spaltung der Christenheit.

So sehr sind wir geneigt, uns die Christenheit als ein Ideal vorzustellen, das von allen Bindungen politischer Loyalität losgelöst ist, daß es geraten scheint, daran zu erinnern, daß seit Konstantin die religiöse Einheit in erster Linie ein Ausfluß der politischen Einheit gewesen war. Man konnte sich religiöse Einheit kaum getrennt von politischer Einheit vorstellen, sei es auch nur, weil religiöse Einheit einer höchsten Gewalt bedurfte, die sie durchsetzte. Aus diesem Grund waren alle Pläne im Mittelalter, die Christenheit zu einen, letzten Endes Pläne für eine erneute politische Integration.

Seit dem Ende des achten Jahrhunderts war die Christenheit nicht einmal scheinbar im entferntesten politisch geeint. Die politische Spaltung trat zu den anderen Ursachen der Zwietracht zwischen Griechen und Lateinern hinzu, die wir bereits angeführt haben, und sie war wichtiger als alle diese. Es fehlte nur noch, Unterschiede in der Lehre und in der kirchlichen Autorität anzuführen, um die Trennung zwischen der griechischen und der lateinischen Kirche vollständig zu machen.

Unterschiede in der Lehre

Trotz der Spannungen des achten Jahrhunderts standen an seinem Ende die Unterschiede in der Lehre noch nicht im Vordergrund. Der Bilderstreit war beigelegt worden, und die Päpste hatten kein Interesse daran, den Bruch, den sie durch ihre politischen Handlungen begonnen hatten, noch zu vertiefen. Im Gegenteil, selbst nach dem politischen Bruch fühlten sich die Päpste weiterhin geistig mehr den Griechen als ihren germanischen Verbündeten verwandt. Der Osten war noch immer der Teil der Christenheit, der am dichtesten besiedelt war, die beste Bildung genoß und am reichsten war. Er war noch immer das Ursprungsland von Bildung und Kultur, und er blieb der Ort der wichtigsten Bestimmungen christlicher Rechtgläubigkeit. Nach all den Mißstimmungen des achten Jahrhunderts schickte der Papst gleichwohl 787 seine Gesandten zum Konzil von Nikaia. Es war das letzte allgemein anerkannte ökumenische Konzil der ungeteilten Kirche. Es fand unter dem Vorsitz des Patriarchen von Konstantinopel statt und arbeitete eine Definition der Rolle von Bildern im christlichen Gottesdienst aus, die von den päpstlichen Gesandten gebilligt und vom griechischen Kaiser unterzeichnet wurde. Wie viele Ereignisse dieser Zeit des Abbruchs alter Bindungen war es das letzte Ereignis seiner Art.

Eine Weile konnte es noch scheinen, als würde die geistige und geistliche Einheit der Christenheit ihre politische Auflösung überleben. Auf die Dauer freilich hatte diese erhabene Einheit in Gesinnung und Geist wenig Aussicht zu überleben, sobald sie die natürliche Kraft entbehrte, die ihren Ursprung in politischer und sozialer Zusammengehörigkeit hat. Die Männer im Abendland, die dem Papsttum die einzige sichere Stütze boten, verachteten und haßten die Griechen, und die Päpste konnten sich nicht von ihren Verbündeten lossagen. Obwohl die Päpste ihrer Gesinnung nach Kostantinopel zuneigten, zogen ihre Interessen sie nach Westen.

Dafür gibt es in der Folge des Konzils von Nikaia von 787 ein eindringliches Beispiel. Obwohl es ein ökumenisches Konzil war, dem päpstliche Legaten beiwohnten, um die wichtige Frage der Rechtmäßigkeit von Bildern im christlichen Gottesdienst zu lösen, nahmen keine Vertreter der abendländischen Kirchen daran teil. Weder der Papst noch das Konzil glaubten, daß die Theologen des Abendlandes etwas zur Diskussion beitragen könnten. Aber Karl der Große, den man dazu gebracht hatte, sich als Schirmherr der Kirche unter seiner Herrschaft zu betrachten, fühlte sich übergangen. Sobald er eine Übersetzung der Beschlüsse des Konzils vorliegen hatte, veranlaßte er, die Beschlüsse scharf anzugreifen. Er und seine Gelehrten bezeichneten die Vorgänge auf den Konzil als dumm und anmaßend, die Beschlüsse als falsch, verbrecherisch, schismatisch und ohne Sinn und Stil.[7] Es spielte für die Kritiker keine Rolle, daß ihre eigene

[7] Die Libri Carolini, aus denen diese und die folgenden Sätze zitiert werden, sind gedruckt in MGH Conc. II. Zum Ursprung des Werkes vgl. W. v. d. *Steinen,* Entstehungsgeschichte der Libri Carolini, *in* QFIAB 21 (1929

Übersetzung der Beschlüsse mangelhaft war. Die griechische Kirche war die Quelle alles Bösen des Konzils: „Es überrascht nicht, daß Wässer, die aus Anmaßung und Überheblichkeit entspringen, sich in einem schmutzigen Höllenteich sammeln." Der fränkische Herrscher sprang für die verachteten Kirchen des Abendlandes als Vertreter des wahren Glaubens in die Bresche: „Wir sehen uns gezwungen, gegen diese Irrlehren vereint aufzutreten, in der Hoffnung, daß der feige Feind aus dem Osten im Westen zurückgeschlagen werden kann." Diesem Frontalangriff folgte ein langer theologischer Traktat, der den Griechen als Warnung dienen sollte, sich nicht anzumaßen, im Namen der gesamten Kirche zu sprechen. Er war gleichzeitig eine Warnung an den Papst, daran zu denken, daß seine tatsächliche Stärke im Abendland lag; man hatte ihn dabei ertappt, sozusagen mit dem Feind gemeinsame Sache zu machen.[8]

Natürlich war eine solche Haltung des abendländischen Herrschers für den Papst ebenso unannehmbar wie für die Griechen, aber aus unterschiedlichen Gründen. Für die Griechen war es absurd, daß ein Mann wie Karl der Große, der nicht lesen konnte, auf einem Konzil unbedeutender Bischöfe den Vorsitz führte und schwierige Lehrentscheidungen fällte. Solche Dinge sollten füglich dem gelehrten Kaiser und den Bischöfen des Ostens vorbehalten bleiben. Die Päpste waren sich der Absurdität ebenso bewußt; sie dachten nicht daran, einen ungebildeten westlichen Herrscher an die Stelle eines gelehrten griechischen Kaisers als Schiedsrichter in Lehrentscheidungen zu setzen. Im ungebildeten Abendland war das die Sache des Klerus, und vor allem des Klerus der unerschütterlich rechtgläubigen Kirche von Rom. An diesen unterschiedlichen Auffassungen kann man ablesen, wie sehr die Gesellschaft im Westen von der im Osten getrennt war.

Der Papst hatte keineswegs die Absicht, seine Freiheit im Lehramt

---

bis 1930), S. 1–93; auch A. *Freeman,* Theodulf of Orleans and the Libri Carolini, Speculum 22 (1957), S. 663–705. H. *Fichtenau* bezweifelt Karls des Großen persönliche Anwesenheit bei den Verhandlungen, vgl. MIÖG 61 (1953), S. 208–87.

[8] Ein weiteres Beispiel einer Warnung an den Papst, sich nicht mit den Griechen zu verbrüdern, ist in einem Brief Wilhelms von St. Benigne an Papst Johannes XIX. von 1024 enthalten, als man meinte, der Papst erwäge eine Teilung seiner Macht mit dem Patriarchen von Konstantinopel (Raoul Glaber, Historiae, hg. von M. *Prou,* 1886, S. 93).

durch seine faktische Gebundenheit an den Westen beschneiden zu lassen. Gleichwohl hatte der Laienherrscher weitgehenden Einfluß. Man konnte zwar den Angriff Karls des Großen auf das Konzil von Nikaia stillschweigend übergehen, aber in einer wichtigeren Frage hatte er beträchtlichen Einfluß auf die Erweiterung der Kluft zwischen Ost und West. Das war die Frage des nikänischen Glaubensbekenntnisses; da sie der auslösende Faktor für den ersten dauernden Streit um Lehrmeinungen zwischen Ost und West war, muß sie ein wenig ausführlicher behandelt werden.

Ein Konzil von Konstantinopel hatte im Jahr 381 eine endgültige Formulierung des Glaubens ausgearbeitet, die als das nikänische Glaubensbekenntnis bekannt werden sollte. Dieses Glaubensbekenntnis, das von der westlichen und der östlichen Kirche in ihrer Gesamtheit angenommen wurde, enthielt die Feststellung, daß der Heilige Geist „vom Vater" komme. Diesem Satz wurde inoffiziell durch eine unbekannte Person oder Gemeinschaft im Westen, vielleicht in Spanien, im siebenten Jahrhundert das Wort *filioque* „und vom Sohn" beigefügt. Das hätte vielleicht eine lokale Eigentümlichkeit bleiben können, wenn nicht einige Ratgeber Karls des Großen spanischer Herkunft gewesen wären. Unter ihrem Einfluß wurden die zusätzlichen Wörter dem Text des Glaubensbekenntnisses, das bei der Messe in der Kapelle Karls des Großen benutzt wurde, beigefügt. Seitdem erlangte der Zusatz erheblich mehr als nur lokale Bedeutung. Karl der Große und seine Mitarbeiter hatten eine Leidenschaft für Vereinheitlichung sowie Macht und Willenskraft, ihre Ansicht weiten Teilen der abendländischen Christenheit aufzuzwingen. Jede Formel, die am Hof Karls gebraucht wurde, erlangte zwangsläufig weitreichenden Einfluß. Das einzige Hindernis war das Papsttum. In dieser wie in anderen Fragen fühlte sich der Papst weiterhin bei den Griechen heimischer als bei den Franken. Papst Leo III. riet Karl, den Zusatz wegzulassen, aber sein Ratschlag wurde nicht befolgt, und allmählich wurde der Zusatz in der abendländischen Kirche mit Ausnahme von Rom allgemein üblich. Wie es der Zufall wollte, brauchte der Papst über den Zusatz keine Entscheidung zu treffen, denn man feierte in Rom die Messe nach einem altertümlichen Ritus, der das Glaubensbekenntnis überhaupt wegließ. Als deshalb zu Anfang des elften Jahrhunderts die abendländische Kirche allmählich generell die erweiterte Fassung des Glaubensbekenntnisses in der Messe benutzte, hatte sich der Papst noch nicht festgelegt, diese neue Version zu übernehmen.

Die päpstliche Kapelle schwenkte erst im frühen elften Jahrhundert auf die vorherrschende westliche Linie ein. Sie tat das, nach einem fast zeitgenössischen Bericht, auf Empfehlung Kaiser Heinrichs II.[9] Zweifellos war zu dieser Zeit das Fortbestehen des älteren Ritus in Rom eine Anomalie, aber die Art und Weise, in welcher der Wechsel vollzogen wurde, ist ein gutes Beispiel dafür, in welcher Form abendländischer Druck allmählich das Papsttum prägte. Es gab keine formale Konsultation, keine ausdrückliche Entscheidung. Es ist nicht einmal genau auszumachen, wann der Wechsel stattfand. Aber um 1030 wurde im Mittelpunkt der lateinischen Christenheit die Formel angenommen, die sich allmählich in der abendländischen Kirche ohne päpstliche Billigung durchgesetzt hatte. Erst dann war es möglich, einen deutlichen Unterschied in der Lehre zwischen Rom und Konstantinopel aufzuzeigen. Er war nicht, wie der kurze Bilderstreit im Osten im achten Jahrhundert, wie ein Donnerschlag auf die Welt niedergegangen, sondern heimlich, aus kleinen Anfängen,

crevit, occulto velut arbor aevo

war ein Baum mit giftiger Frucht gewachsen.

Wahrscheinlich war sich damals niemand bewußt, daß man einen wichtigen Schritt getan hatte. Sobald das Papsttum von den Griechen abgeschnitten war und sich mit dem barbarischen Abendland verbündet hatte, war es einfach unvermeidlich geworden, daß die Päpste einen Standpunkt vertraten, der zunehmend der des Abendlandes wurde. Der Wechsel in der Einstellung war durch einen Wandel in der Herkunft der Päpste beschleunigt worden. Wir haben bereits festgestellt, daß zwischen 654 und 752 in der Abfolge der Päpste das griechische Element stark war. Der letzte dieser griechischen Päpste war Zacharias, der sein Festhalten an einer ungeteilten griechisch-lateinischen Kirche durch die Übersetzung der „Dialoge" seines Vorgängers Gregors I. ins Griechische bekundete.[10] Sein Nachfolger Stephan II. war der erste in einer Abfolge ausschließlich lateinischer

[9] Berno von Reichenau, De Officio Missae, Migne, PL 142, Sp. 1060–61.

[10] Vgl. die zeitgenössische Biographie im Liber Pontificalis, hg. von L. *Duchesne*, 1886, Bd. 1, S. 432–35. Zu diesem Nachhall der alten Einheit der griechisch-lateinischen Welt berichtet der Biograph von einem Geschenk zweier wichtiger Landgüter in der Nähe Roms vom griechischen Kaiser

Päpste. Bis zum fünfzehnten Jahrhundert sollte es keinen Papst griechischer Herkunft mehr geben. Zwischen 752 und 1054 erzählt die Abfolge der Päpste ihre eigene Geschichte: 44 Römer, 11 Italiener, 4 Deutsche, 1 Franzose, 1 Sizilianer. Das Bekenntnis des Papsttums zum Westen könnte kaum deutlicher dargestellt werden.

Während dieser drei Jahrhunderte änderte sich nichts grundsätzlich an den Beziehungen zwischen der griechischen und der lateinischen Kirche. Niemandem war daran gelegen, die Trennung weiter zu treiben als unbedingt nötig. Die Stärke des Ostens in dieser Zeit hielt die Möglichkeit einer eventuellen Eroberung der verlorenen Gebiete im Westen offen, wodurch dann die Bande der Einheit wiederhergestellt würden. Die Schwäche des Westens machte Unabhängigkeitsgesten auf seiner Seite unmöglich. Dadurch wurde das Fortschreiten der Zwietracht aufgehalten. Im Verlauf dieser Jahrhunderte neigte sich die Verteilung von Macht und Prestige sogar deutlicher nach Osten als zuvor. In der Tragweite ihrer Ideen und Erfahrungen waren die Gelehrten und Staatsmänner des Abendlandes mit sehr wenigen Ausnahmen unscheinbare Größen, deren Stärke darin bestand, daß sie nicht wußten, wie unscheinbar sie waren. Sie wußten gerade genug über die Geisteswelt der Griechen, um sie der Verachtung würdig zu halten; von der Geisteswelt ihrer islamischen Zeitgenossen wußten sie überhaupt nichts. In seiner Unkenntnis war das Abendland fähig, ein gewisses Maß an Selbstvertrauen zu entwickeln, mochte es auch noch so verfehlt sein.

Die Fäden, welche im achten Jahrhundert abgerissen waren, wurden nie wieder angeknüpft. Darin liegt letztlich das Geheimnis der Spaltung der Christenheit. Von dem, was geschah, schien nichts unheilbar zu sein, aber seit dem achten Jahrhundert erhielt jeder weitere Schritt von der Einheit weg unverhältnismäßig große Wirkung, denn die politische und soziale Lage erlaubte es nicht, daß sich Impulse behaupten konnten, die dem entgegengewirkt hätten. Um die Mitte des elften Jahrhunderts hielt nichts als Passivität die Christenheit zusammen. Dem Westen fehlte noch immer ein Machtzentrum. Der Osten war verhältnismäßig stark, aber seine Grenzen umschlossen nicht länger die Seestädte Italiens, wie einige ergebnislose Anstrengungen gezeigt hatten. Mit Ausnahme der Frage des

---

an den Papst, vielleicht als Entschädigung für den Verlust des päpstlichen Besitzes in Sizilien und Kalabrien.

filioque hatte sich das Feld der Meinungsverschiedenheiten in den vergangenen Jahrhunderten nicht sehr vergrößert. In dieser Frage waren beide Seiten bei ruhiger Überlegung der Ansicht, daß beide Formeln zulässig seien, sofern sie richtig ausgelegt würden. Noch 1050 verteidigte Papst Leo IX. die Orthodoxie beider Auslegungen mit einem bildhaften Vergleich. Er sagte: man kann der Ansicht sein, eine Frucht wachse am Stamm des Baumes, an seinem Zweig oder am Stamm durch den Zweig; in gleicher Weise kann man sagen, der Heilige Geist komme vom Vater oder vom Sohn oder vom Vater durch den Sohn. Die Auslegung ist ein Beleg für die anhaltende Absicht der Päpste bis zu jener Zeit, die Trennung nicht stärker als nötig zu betonen. Doch dann kam der Augenblick, als dieser und andere Streitpunkte verschärft wurden.

Zwei Kirchen

Es war lange Zeit die herrschende Meinung, daß das Jahr 1054 das Jahr der großen Konfrontation zwischen den beiden Kirchen war, als, in Gibbons Worten,

> die wachsende Majestät Roms die Anmaßung eines Rebellen nicht mehr ertragen konnte; und Michael Kerularius (der Patriarch von Konstantinopel) wurde von den päpstlichen Legaten mitten in Konstantinopel exkommuniziert.

Es trifft zu, sagt Gibbon weiter,

> daß je nach der Notlage von Kirche und Staat manchmal wieder freundschaftliche Beziehungen aufgenommen wurden; manchmal dominierte eine betont freundliche Sprache von Güte und Eintracht; aber die Griechen haben ihre Irrlehren niemals widerrufen, und von diesem Donnerschlag kann man die Vollziehung des Schismas datieren.[11]

Jüngere Historiker machten ihre Zweifel an dieser Auslegung der Ereignisse von 1054 laut. Sie wiesen darauf hin, daß der Donnerschlag weder von den Zeitgenossen wahrgenommen noch von spä-

[11] Decline and Fall of the Roman Empire, Kap. lx (World's Classics, vi, S. 401). Eine neuere Darstellung jetzt bei S. *Runciman,* The Eastern Schism: a Study of the Papacy and the Eastern Churches during the Eleventh and Twelfth Centuries, 1955.

teren Generationen im Gedächtnis behalten wurde, daß die Autorität der Legaten hinfällig geworden war, bevor das Anathem ausgesprochen wurde, und daß alles so weiterging, als wäre nichts geschehen. Wenn man Ereignisse danach beurteilt, wie viele spätere Ereignisse sie hervorrufen, wird die Konfrontation von 1054 sicher sehr gering zu veranschlagen sein. Wenn wir die Ereignisse jedoch betrachten, um die Grundzüge einer Epoche zu sehen, zeigt sich, daß Gibbons Urteil im Grund richtig ist. 1054 vereinigten sich alle Elemente der Zwietracht, die im Lauf von Jahrhunderten zum Vorschein gekommen waren, zum erstenmal zu einem einzigen Vorfall.

In keinem Element dieser Uneinigkeit für sich betrachtet war etwas neu. Die unterschiedlichen sozialen und kirchlichen Gewohnheiten, Uneinigkeit in Bezug auf kirchliche und politische Autorität, in Bezug auf die Lehre und auf den Jurisdiktionsbereich, all das war alt. Aber 1054 kam alles zusammen, und es kam zusammen ohne das Zögern, das die Päpste bis dahin gezeigt hatten, den Bereich der Unstimmigkeit zu erweitern. Die päpstlichen Dokumente dieses Jahres betonten die Unterschiede mit aller wünschenswerten Deutlichkeit und Emphase; sie taten es, obwohl (man ist beinahe versucht zu sagen: weil) es ihr unmittelbarer Zweck war, eine Vereinigung der Christenheit zustande zu bringen.

Tatsächlich schien es, als sei der Augenblick für die Versöhnung gekommen. Papst und griechischer Kaiser hatten jetzt einen gemeinsamen Feind, gegen den sie sich verbünden konnten: die Normannen in Süditalien. Es war dies das einzige Gebiet Westeuropas, in dem Konstantinopel eine, wenngleich unsichere, politische und kirchliche Kontrolle ausübte. Politisch hatte der Bereich immer zum byzantinischen Kaiserreich gehört, aber kirchlich war er bis zum achten Jahrhundert Rom unterstellt gewesen, als (dies eine Gegenmaßnahme für den politischen Verrat des Papstes) der griechische Kaiser das Gebiet dem Patriarchen von Konstantinopel unterstellt hatte.[12] Der Papst war darum bemüht, seine kirchliche Autorität wieder aufzurichten,

[12] Zum römischen Verlust der Provinzen Sizilien und Kalabrien und ihrer Unterstellung unter die Gewalt des Patriarchen von Konstantinopel unter Kaiser Leo III. (717–741) vgl. F. *Dölger,* Regesten der Kaiserurkunden des oströmischen Reiches, 1924, Bd. 1, Nr. 301. Für ein späteres Datum plädiert V. *Grumel,* L'annexion de l'Illyricum oriental, de la Sicile et de la Calabre au patriarchat de Constantinople, *in* Recherches de Sciences religieuses 60 (1952), S. 191–200.

während es dem Kaiser darum ging, seine Kontrolle wiederherzustellen. Beider Interessen wurden durch die Normannen bedroht, die, in den Worten Leos IX. –

> sich überall gegen die Kirche erheben mit einer Brutalität schlimmer als Heiden, die Christen morden und nicht wenige mit neuen und schrecklichen Foltern zu Tode quälen. Sie verschonen weder jung noch alt, und sie haben keine Achtung vor Menschlichem oder Heiligem.[13]

1053 war diesen Worten ein militärischer Feldzug gegen die Normannen gefolgt, und die Normannen hatten den Papst besiegt und gefangengenommen. Das war die erste Niederlage des Papstes in einem Gebiet, das in den nächsten zwei Jahrhunderten immer wieder umkämpft werden sollte, und sie lehrte etwas, was man nie vergaß: ohne Verbündete kein Erfolg. Der griechische Kaiser seinerseits brauchte Verbündete. Süditalien lag am äußersten Rand seines Einflußbereiches, und es war nur mit italienischer Hilfe zu halten. Nie zuvor hatte es einen Augenblick gegeben, in dem die Zusammenarbeit zwischen den beiden großen Mächten in Ost und West größere Vorteile in Aussicht gestellt hatte. Natürlich müßten beide Seiten Zugeständnisse machen: der Papst erwartete die Wiederherstellung seiner kirchlichen, der Kaiser die seiner politischen Autorität. Beider Wünsche schienen im Bereich des Möglichen zu liegen.

Die Lage war freilich durch eine Auseinandersetzung über kirchliche Bräuche belastet. Zu jener Zeit waren die Kirchen Süditaliens in Disziplin und Bräuchen griechisch, und im Jahr 1052 erhielt der Bischof von Trani in Apulien von dem Metropoliten von Bulgarien ein Schreiben, in welchem jener den griechischen Gebrauch von ungesäuertem Brot in der Messe und das Fasten an Samstagen verteidigte und die lateinischen Bräuche in dieser und anderen Fragen angriff. Man legte dem Bischof von Trani nahe, diese Kritik dem Papst und den abendländischen Bischöfen zur Kenntnis zu bringen. Gemessen an theologischen Kontroversen war die Sprache des Schreibens nicht sonderlich heftig, aber natürlich enthielt es einige weniger schöne Dinge über die Lateiner, denen angelastet wurde, die Einheit der Christen zerstört zu haben.[14] Die Wirkung dieses Schreibens auf die bevorstehenden Verhandlungen zwischen Rom und Kon-

---

[13] Leo IX. an Kaiser Konstantin Monomachus, Migne, PL 143, Sp. 777–81 (Ep. 103).

[14] Migne, PG 120, Sp. 836–44.

stantinopel war freilich katastrophal. Es brachte in höchst scharfer Weise das ganze Problem der Autorität Roms zur Sprache und erregte die Geister, die nur auf neuen Zündstoff lauerten.

In dieser Situation sandte der Papst 1054 seine Legaten nach Konstantinopel, um umfassende Verhandlungen mit den Griechen aufzunehmen. Die päpstlichen Briefe, die diese bei sich trugen, waren in der Gefangenschaft geschrieben worden, und es zeugt von der außerordentlichen Stärke und Unbeirrbarkeit der päpstlichen Politik, daß sie die Schwäche des Papstes mit keinem Wort erwähnten. Mit außerordentlichem Geschick und großer Leidenschaft durchmaßen sie das ganze Spektrum der Meinungsverschiedenheiten und vertraten die päpstlichen Ansprüche mit neuer Größe des Selbstverständnisses und Argumentationskraft. Gleichzeitig eröffneten sie eine Politik, die fast bis zum Ende des Mittelalters andauerte.[15]

Die Politik war im wesentlichen wie folgt: der Papst richtete freundliche Worte an den Kaiser und strenge Worte an den Patriarchen; dem Kaiser bot er Freundschaft an, vom Patriarchen verlangte er Gehorsam; er behandelte den Patriarchen wie einen Schuldigen und den Kaiser wie einen Sohn. Dem Kaiser schrieb der Papst wie einem bevorzugten Sohn, der, wenn er nur wollte, nach lange anhaltender und zerstörerischer Zwietracht Frieden und Eintracht wiederherstellen könne. In gemäßigtem Ton drängte er auf Einheit mit der römischen Kirche. Er beschrieb die Verpflichtungen des großen Vorfahren des Kaisers, Konstantins, Rom gegenüber und mahnte ihn, diesem Beispiel zu folgen. Er suchte die Zusammenarbeit gegen den gemeinsamen Feind, die Normannen. In dieser besänftigenden Ausführung fällt die Mischung von Festigkeit und Nachgeben auf. Selbst in seiner kritischen Lage versäumte es der Papst nicht, die Rechte Heinrichs II. von Deutschland, des westlichen Kaisers, „in seinem Bereich" zu verteidigen. Dann, gleich im nächsten Satz, schwächte er die Härte dieser Erwähnung des kaiserlichen Rivalen durch raffinierten Sprachgebrauch ab, der sicher kein Zufall ist. Als er von Heinrich III. sprach nannte er diesen einfach *clarissimus* und gab ihm dadurch keinen höheren Ehrentitel als den, welcher in alter Zeit

[15] Die im folgenden behandelten Briefe, in denen sich diese Politik abzeichnete, sind gedruckt in Migne, PL 143, Sp. 744–81. Zu dem zeitgenössischen Rahmen vgl. R. *Mayne,* East and West in 1054, *in* Cambridge Historical Journal 11 (1954), S. 133–48. Zur Verfasserfrage vgl. A. *Michel,* Humbert und Kerullarios, 2 Bde, 1924–30.

den Konsuln und Patriziern zustand; gleich darauf wandte er sich an den griechischen Herrscher und zeichnete ihn mit dem kaiserlichen Beiwort *serenissimus* aus. Ich kann mir vorstellen, daß sich der Schreiber dieses Briefes eines Schmunzelns nicht erwehren konnte, als er diese Nuance aufsetzte. Solche verbalen Feinheiten sind wesentlicher Bestandteil im diplomatischen Spiel, und wir dürfen nicht vergessen, daß die Vereinigungspolitik auf beiden Seiten eine diplomatische Übung war.

Als es dazu kam, an den Patriarchen zu schreiben, versagte die Sprache der Diplomatie. Zwei Briefe wurden an ihn gerichtet, und der längere von ihnen (er enthält etwa 17 000 Wörter) ist ein Meisterwerk an Vollständigkeit und leidenschaftlicher Auseinandersetzung. Er skizzierte eine Geschichte Roms aus päpstlicher Sicht, die Geschichte einer Kirche, die seit ihren frühesten Tagen vom Heiligen Petrus und seinen Nachfolgern geleitet worden war, die von Konstantin die kaiserliche Würde über den Westen erhalten hatte, die von Konzilien als über jedes menschliche Urteil erhaben anerkannt wurde, die der vielfältigen Ketzerei Konstantinopels und des Ostens eine nicht wankende Rechtgläubigkeit entgegengesetzt hatte, die ein mütterliches Verhältnis zu ihren Töchtern, den Kirchen von Jerusalem, Antiochien, Alexandrien und Konstantinopel pflegte. Dieser geduldigen, leidenden und verfolgen Mutter war Konstantinopel eine ungehorsame, freche und verworfene Tochter,

> die zu Hause in bequemer Sicherheit, in Vergnügen und Lust sitzt; sie vergeudet ihre Zeit mit Müßiggang und weigert sich, am Kampf teilzunehmen, während die fromme Mutter für sie kämpft; sie entgilt die Anstrengungen der Mutter, indem sie sich über deren hohes Alter und ihren Leib, der von großen Mühen ausgezehrt ist, lustig macht; sie achtet nicht die Würde der Mutter, und mit kindischer Gedankenlosigkeit bietet sie sich an, die Mutter mit ihrer Milch zu nähren.[16]

Rom ist die Mutter, Gott ihr Bräutigam. Jedes Volk, das sich Rom widersetzte, war nichts als „eine Ansammlung von Ketzern, ein Konventikel von Schismatikern, eine Synagoge des Teufels"; wenn die Griechen die in Rom üblichen Bräuche angriffen, stellten sie lediglich ihre lasterhafte Frechheit und schmutzige, schwachsinnige manichäische Absonderlichkeit der Welt zur Schau. Ich glaube nicht, daß je zuvor eine derartige Sprache gesprochen worden war. Freilich

---

[16] Migne, PL 143, Sp. 761.

war die päpstliche Botschaft nie zuvor der griechischen Kirche so umfassend vorgelegt worden, mit einer derartigen Fülle von Bildern und Vorstellungen und mit einem solch betonten Fordern umfassenden Gehorsams.

Man hat oft bedauert, daß das päpstliche Anliegen bei diesem Anlaß so hart vorgebracht wurde; die Schuld dafür schob man in jüngster Zeit allgemein Kardinal Humbert zu, dessen Federführung man in der Wortwahl der Briefe entdeckte. Aber gleichviel welche Rolle Humbert gespielt haben mag, es wäre falsch, ihm zuviel anzulasten und so zu tun, als seien diese Sätze nur der Ausfluß seiner maßlosen Sprache. Nichts deutet darauf hin, daß diese Briefe in großer Eile aufgesetzt wurden. Nichts deutet darauf hin, daß sie einen Zentimeter über das hinausgingen, was fast die ganze abendländische Kirche gebilligt hätte. Die Briefe trugen die Unterschrift des Papstes, und von Juni 1053, als er gefangen nach Benevent gebracht wurde, bis Januar 1054, als er seine Legaten abschickte, hatte er genug Zeit, alle Gesichtspunkte dieses Falls abzuwägen. Der Unterschied zwischen den Briefen an den Kaiser und an den Patriarchen reicht aus, um zu zeigen, mit welch großer Sorgfalt sie abgefaßt wurden, und die Politik in diesen Differenzierungen war nicht zufällig. Vor allem aber gibt der Gedanke der Einheit, den sie ausdrückten, getreu die Ansichten wieder, die in den folgenden Jahrhunderten zum vorrangigen Handlungsmotiv wurden.

Bis zu diesem Zeitpunkt waren Ost und West einfach auseinandergebrochen. Was noch an Einheit übrig war, beruhte nicht auf gemeinsamer Handlung, sondern war das Ergebnis von Passivität und Mangel an Kontakt. Aber all das änderte sich. Das Mittelmeer begann wieder, seine alte Rolle als Hauptverkehrsader für Westeuropa zu spielen. Die Beziehungen zu Konstantinopel mußten notwendigerweise enger werden. Je enger sie wurden, desto augenfälliger wurden die Unterschiede, und das Bedürfnis nach wirklicher statt lediglich nomineller Einheit wurde drängender. Von diesem Zeitpunkt an erstrebte man, wenigstens im Westen, Einheit unter den Gesichtspunkten von Disziplin, Gehorsam und Einheitlichkeit. Darin bestand der große Beitrag des lateinischen Mittelalters zu dem Problem der Einheit der Christen. Vielleicht war es ein großer Fehler. In der Tat wurde tiefer getrennt, was nicht enger zu verbinden war. Aber es bedeutete einen ersten Schritt, ernsthaft über Wege und Ziel der Vereinigung nachzudenken.

Auf der Suche nach Einheit

Es gab, grob gesprochen, drei Möglichkeiten, die nach 1054 ernsthaft erwogen wurden, um die Christenheit zu einen. Erstens militärische Eroberung, zweitens politische Verhandlungen von der Art, die man heute ein Verhandlungspaket nennen würde, und drittens religiöse Versöhnung. Die erste Möglichkeit gab es nur für das Abendland; die zweite war das gemeinsame Ergebnis von Diplomatie des Paptes und Not des griechischen Kaisers. Was die dritte Möglichkeit betrifft, so leisteten schließlich Ost und West ihren Beitrag, der für die jeweiligen Gemeinschaften bezeichnend war. Nur die letzte Möglichkeit ist noch heute von praktischen Interesse, aber es ist wichtig, an die politischen und militärischen Lösungen zu denken, denn sie allein waren es, die im Mittelalter einige Aussicht auf Erfolg boten; die dritte Möglichkeit erwuchs erst aus dem Scheitern der anderen.

Die militärische Lösung

Es besteht kein Zweifel darüber, daß die militärische Lösung die weitaus besten Erfolgschancen bot. Viele Leute waren sich damals dessen bewußt, und sie hatten recht. Wenn nur ein Bruchteil der Anstrengungen, die zwischen 1095 und 1261 auf die Kreuzzüge verwandt wurden, dazu benutzt worden wäre, das griechische Kaiserreich zu besiegen und zu übernehmen, wäre nicht nur die Christenheit aller Wahrscheinlichkeit nach wiedervereinigt worden, sondern auch der Kreuzzug gegen den Islam hätte viel bessere Erfolgsaussichten gehabt. Man schaudert bei dem Gedanken. Aber wenn man sich die Grundvoraussetzungen des abendländischen Denkens im Mittelalter zu eigen macht, ist es schwierig, zu sehen, welche Einwände gegen diese Lösung des Problems vorgebracht werden könnten. Ein Angriff auf die schismatischen und vielleicht gar ketzerischen Griechen war viel leichter zu rechtfertigen als der Krieg gegen den Islam. Das Abendland fühlte sich bei seiner Rechtfertigung des Kreuzzuges gegen den Islam nie recht wohl. Die Wortgewalt seiner Fürsprecher verdeckte einige äußerst schwache Punkte in ihrer Argumentation. Die Anwendung des weltlichen Arms gegen Ketzer und Schismatiker war theoretisch viel besser zu rechtfertigen. Warum griff man dann, mit Ausnahme von 1204, als wirre Zielvorstellungen und päpstliche Mißbilligung das Unternehmen erheblich schwächten, nicht zu diesem Mittel?

Ich glaube, es gibt drei Hauptgründe für das Zögern, die Frage mit Gewalt zu lösen. Erstens kannte man nicht die Schwäche der Griechen in ihrem vollen Umfang, bis die Kreuzzüge eine Richtung genommen hatten, von der es kein Zurück gab. Zweitens paßten sich die Leute gewohnheitsmäßigen Handlungsweisen an, und man zögerte instinktiv, eine Frage mit Gewalt zu lösen, die aus unscheinbaren Anfängen erwachsen war, bis sie dann im Laufe der Zeit fast zum normalen Bestandteil des kirchlichen Lebens wurde. Drittens, und das ist am wichtigsten, waren die politischen Gefahren einer erfolgreichen militärischen Aktion gegen Konstantinopel für das Papsttum außerordentlich groß. Der gegebene Anführer einer solchen Aktion war entweder ein Staufer oder später ein Anjou, und die Päpste konnten einer Machterweiterung dieser beiden Familien nicht ruhig zuschauen. Politisch waren diese Bedenken sehr wohl gerechtfertigt, denn nur ein abendländischer Herrscher, der für das politische Sicherheitsbedürfnis des Papstes sowieso schon zu stark war, hätte den Osten militärisch halten können. Folglich zog die Kurie durchwegs politische Verhandlungen militärischer Aktion vor.

Das politische Verhandlungspaket

Eine politische Lösung bedeutete im Grunde päpstliche Unterstützung für den griechischen Kaiser im Austausch für die Unterwerfung der griechischen Kirche unter den Papst. Diese Lösung war sowohl für den griechischen Kaiser als auch für den Papst so verlockend, daß ihnen der Gedanke daran nie fern lag. Wie wir gesehen haben, war das eine Politik, die sich bereits in den ergebnislosen Verhandlungen von 1054 abgezeichnet hatte. Zu jener Zeit lag der Ansatzpunkt für eine politische Zusammenarbeit in Süditalien; aber die Politik überlebte den Zusammenbruch der Byzantiner in diesem Gebiet und wurde als Gegengewicht gegen die Macht der Staufer und der Normannen im zwölften Jahrhundert wiederbelebt. Sie überlebte auch den Zusammenbruch der Staufer und wurde durch die Bedrohung der ehrgeizigen Anjou neu belebt. 1274 war sie für einen Augenblick erfolgreich. Die Politik hatte die Einfachheit einer großen Idee, deshalb bestand sie fort.

Nichts konnte einfacher sein. Im Austausch für kirchlichen Gehorsam hätte der griechische Kaiser relative Ruhe vor Angriffen von Westen und möglicherweise Hilfe gegen den Islam erhalten. Der Papst hätte einen Kaiser gehabt, der mit Italien nichts zu tun hatte. Man würde sich sogar wieder einen einzigen Kaiser in Konstantinopel vorstellen können. Die Kreuzzüge hätten ein neues, hoffnungsvolles Ziel erhalten. Es war eine Vision von Frieden und Eintracht, die für Idealisten ebenso verlockend war wie für Pragmatiker. Papst Clemens IV., der beide Eigenschaften in sich vereinigte, gab dem Plan seine greifbarste Gestalt, als er 1267 an Michael VIII. Palaeologus schrieb:

> Der Kreuzzug wird vorbereitet, und ganz Europa erhebt sich auf unseren Ruf. Wenn du die Mohammedaner von einer Seite angreifst, während die Kreuzritter sie von der anderen Seite angreifen, werden wir ein für allemal das Ende ihrer verdammungswürdigen Religion sehen. Und wenn du sagst, du fürchtest, daß die Lateiner *dich* angreifen, während deine Truppen auf deiner anderen Front kämpfen, ist die Antwort einfach: kehre zurück zur Einheit der römischen Kirche, und du kannst alle Furcht dieser Art für immer begraben.[17]

Diese wenigen Zeilen umreißen mit aller wünschenswerten Deutlichkeit den Plan, den nacheinander verschiedene Päpste mit wachsender Überzeugung und Intensität verfolgt hatten. Sie sind der Höhepunkt all dessen, was seit 1054 geschehen war. Wenn uns die freimütige politische Botschaft befremdet, müssen wir daran denken, daß es eine Politik war, die glänzende Aussichten auf die Einheit der Christenheit bot. 1267 war sie noch vorstellbar. Noch hatte der Papst nicht die Macht eingebüßt, über einen beträchtlichen Anteil der militärischen Reserven des Abendlandes zu verfügen; noch konnte er hoffen, daß dieser Anteil größer werden würde; und, wenn man erst einmal eine feste politische Basis im östlichen Kaiserreich hätte, wäre der Kreuzzug gegen den Islam nicht aussichtslos. Die vom Papst verkündete Politik enthielt die wesentlichen Züge großer politischer Pläne, indem sie nämlich Idealismus und Eigeninteresse fein gegeneinander abwog. Im ganzen betrachtet, war es der imposanteste und am sorgfältigsten ausgearbeitete Plan mittelalterlicher Staatskunst.

---

[17] A. *Potthast,* Regesta Pontificum Romanorum, 1874–75, Nr. 20012; *Martène* und *Durand,* Veterum Scriptorum Amplissima Collectio, 1724, Bd. 2, S. 469 f.

Freilich gab es eine Schwierigkeit. Der Plan baute auf die Bereitschaft einer großen Anzahl von Leuten, Klerus und Laien, dem zuzustimmen, worüber sich die führenden Politiker verständigen würden. Wahrscheinlich war sich der griechische Kaiser dessen nie sicher gewesen, aber wenn er überhaupt verhandeln wollte, mußte er tun, als ob es Zweifel nicht gäbe. Was den Papst und seine Berater betrifft, so gab es genügend Gründe, warum sie lange Zeit dieses Hindernis nicht in Rechung stellten. Vor allem überschätzten sie das Ausmaß, in dem der Kaiser tatsächlich das Oberhaupt der griechischen Kirche war. Sie sahen alles in Proportionen päpstlicher Macht. So wie sie sich den Kalifen von Bagdad als eine Papst des Islams vorstellten, glaubten sie, der Kaiser sei eine Art Papst in Konstantinopel. Sie wußten, daß er Patriarchen ein- und abgesetzt hatte; sie wußten nicht oder sahen füglich darüber hinweg, wie oft der Patriarch den Kaiser gedemütigt hatte. Als gute Erläuterung dieses Mißverständnisses mag man den Brief betrachten, den Papst Paschalis II. 1112 an Kaiser Alexios I. schrieb. Als er auf die Verhandlungsvorschläge des Kaisers für eine Übereinkunft zu sprechen kam, sagte er:

> In dieser Angelegenheit sehen wir uns in großen Schwierigkeiten, denn wegen ihrer großen Vielfalt können sich *unsere* Völker nicht leicht auf eine Meinung einigen. Aber das ist, durch Gottes Gnade, für dich einfach, denn die Haltung von Klerikern und Laien, Vorgesetzten und Untertanen, hängt von deiner Entscheidung ab.[18]

Das gewährt einen interessanten Einblick, wie der Papst seine eigenen Schwierigkeiten beurteilte, und es steht in überraschendem Gegensatz dazu, wie wir die Lage einschätzen. Uns beeindruckt die Leichtigkeit, mit der päpstliche Entscheidungen in Fragen der Orthodoxie im Abendland angenommen wurden, Paschal glaubte, es sei schwierig, für seine Entscheidungen allgemeine Zustimmung zu erhalten, und er nahm an, daß der griechische Kaiser die öffentliche Meinung im Osten mehr in der Hand hatte als der Papst in Westen.

In Wirklichkeit aber war die Lage ganz anders. Im Westen gab es noch keine öffentliche Meinung in Fragen von Disziplin, und die Meinung des Klerus war mindestens bis zum Ende des dreizehnten

---

[18] P. *Jaffé,* Regesta Pontificum Romanorum, 2. Aufl. hg. von W. *Wattenbach,* 1885–88, Nr. 6334.

Jahrhunderts der päpstlichen Autorität sehr zugänglich. Der griechische Kaiser war, selbst in Übereinstimmung mit seinem Patriarchen, in einer viel schwächeren Lage. Dort gab es eine aktive Beteiligung der Laien an der theologischen Meinungsbildung, einen noch aktiveren und fest etablierten Anteil daran in den Klöstern und große Gefahr von Volksaufruhr. Angesichts dieser potentiellen Oppositionsgruppen war die Macht des Kaisers in kirchlichen Entscheidungen äußerst begrenzt. Er muß sich seiner Grenzen bewußt gewesen sein, konnte sie aber nicht artikulieren, ohne seine Verhandlungsposition zu schwächen. Er mußte sich so verhalten, als ob er Verhandlungsergebnisse jedweder Art durchsetzen könnte.

Politiker müssen oft Dinge versuchen, von deren Undurchführbarkeit sie im Grunde überzeugt sind, entweder, weil es keine Alternative gibt, oder weil sie sich scheuen, Alternativen, die es geben mag, in Erwägung zu ziehen. Wie wir gesehen haben, mußte die Möglichkeit einer gewaltsamen Lösung ausgeschlossen werden, weil sie für das Papsttum politische Gefahren barg. Wenn man auch die politische Lösung ausschließen mußte, weil sie nicht durchführbar war, blieb als einzige Alternative das Gespräch zwischen beiden Seiten über die kirchlichen Probleme, mehr oder weniger auf der Basis von Gleichberechtigung.

So weit war man aber auf beiden Seiten noch nicht. Im Prinzip neigten die Griechen zum Gespräch, aber angesichts der langen Tradition ihrer intellektuellen Überlegenheit zweifelten sie an der Diskussionsfähigkeit der Lateiner; in ihren Augen waren jene noch immer Barbaren, die intellektuell nichts zu bieten hatten. Die Lateiner waren hingegen prinzipiell gegen Diskussion. Fragen zu diskutieren, als ob sie noch offen wären, obwohl Päpste sie bereits entschieden hatten, das hätte notwendigerweise die Autorität des Papstes in Zweifel gezogen, und das war ja gerade der Vorwurf der Lateiner gegen die Griechen. Um noch einmal aus dem Brief Paschals II. an Kaiser Alexios zu zitieren:

> Der erste Schritt zur Einheit besteht darin, daß unser Bruder, der Patriarch von Konstantinopel, den Primat und die Würde des Apostolischen Stuhles anerkennt... und seine frühere Hartnäckigkeit aufgibt... Die Unterschiede in Glaube und Bräuchen zwischen den Griechen und den Lateinern können nicht entfernt werden, bevor die Glieder mit ihrem Haupt vereinigt sind. Denn wie können Fragen zwischen unstimmigen und

entgegengesetzen Gruppen besprochen werden, solange sich einer weigert, dem anderen zu gehorchen und ihm zuzustimmen?[19]

Mit anderen Worten, das Gespräch ist zwecklos, außer man einigt sich erst darüber, wer recht hat, und dann ist es natürlich überflüssig. Man muß freilich betonen, daß die wenigen Gespräche zwischen Griechen und Lateinern, die im 12. und 13. Jahrhundert tatsächlich stattfanden, den Eindruck verstärkten, daß es zwecklos sei, miteinander zu sprechen, solange es keine höchste Instanz gab, die entscheiden würde.[20]

Wenn man Krieg und Gespräch gleichermaßen ausschloß, blieb nichts anderes übrig, als auf eine Art von Verhandlungen zurückzugreifen, die wir ein Paket nennen würden, eine Art von Verhandlungen somit, die auf einen Austausch von Vorteilen zwischen Partnern hinzielt, denen es an gemeinsamen Prinzipien fehlt, auf Grund derer sie miteinander sprechen könnten. 1274 erzielte diese Verhandlungstaktik einen kurzlebigen Erfolg. Nach vielfältigen und intensiven Vorbereitungen, die sich fast eine Vierteljahrhundert hinzogen, wurde auf dem Konzil von Lyon ein Ergebnis ausgehandelt.[21]

Das Ergebnis erfüllte alle Wünsche, die durchzusetzen die Legaten Leos IX. 1054 so offensichtlich versagt hatten. Der Zeitpunkt war besonders günstig. Ähnliche Voraussetzungen für diese Art von Vereinigung sollten nicht wieder kommen. Aber der Erfolg verpuffte aus einem einfachen Grund: was der Kaiser in Lyon akzeptiert hatte, fand nicht die Zustimmung von Klerus und Volk in Konstantinopel.

---

[19] Ebenda. Der Abschnitt wird von W. *Norden,* Das Papsttum und Byzanz, 1903, S. 94, Anm., zitiert.

[20] Das heißt nicht, die bedeutenden Anstrengungen auf beiden Seiten, mit dem anderen Lager Kontakt aufzunehmen, herabzusetzen. Vgl. z. B. A. *Dondaine,* Hughes Ethorion et Léon Tuscan, *in* Archives de l'historie doctrinale et litt. du Moyen Age 19 (1952), S. 67–134, für das 12. Jahrhundert; für das 13. Jahrhundert, neben dem Werk von Humbert de Romanis (vgl. unten S. 69) A. *Dondaine,* Premiers écrits polémiques des Dominicains en Orient, *in* AFP 21 (1931); M. Roncaglia, Les Frères mineurs et l'église grecque orthodoxe au XIIIe siècle, 1954. Aber in allen Fällen war es das Ziel, die Meinung der Gegenseite als falsch zu erweisen, was die Bemühungen von Anfang an zum Scheitern verurteilte.

[21] Zu diesen Verhandlungen vgl. D. J. *Geanakoplos,* The Emperor Michael Palaelogus and the West, 1959; auch Dictionnaire de Théologie Catholique, 1409, IX (Aufsatz: Le IIe Concile de Lyon, von F. *Vernet* und V. *Grumel).*

Das war der Faktor in allen Verhandlungen, den man nicht berücksichtigt hatte, und er war ausschlaggebend. 1274 wurde wie 1054 zu einem der großen Jahre, in denen nichts geschah. In einer Art war es das letzte hoffnungsvolle Jahr des Mittelalters. Künftig fochten die Griechen einen aussichtslosen Überlebenskampf gegen Angriffe von außen, und die Lateiner waren in ausreichendem Maß mit wachsenden Schwierigkeiten des inneren Zerfalls geplagt.

Die führenden Persönlichkeiten im Abendland begriffen die wichtigste Lehre nicht sofort und ohne Schwierigkeiten, daß nämlich eine Kirchenunion, die aus politischen Motiven über den Kopf von Klerus und Volk hinweg vollzogen wurde, keine Aussicht auf Erfolg hatte. Sie schoben den Mißerfolg lieber auf die Unzuverlässigkeit der Griechen. Trotzdem wurde deutlich, daß in der Art der Verhandlungen, die zum Fiasko von 1274 geführt hatte, etwas nicht stimmte. Man wußte nicht genau was, und es blieb wenig Zeit, darüber nachzudenken, Die Umstände trugen freilich dazu bei, beiden Seiten einige Elemente der Wahrheit bewußt zu machen.

Der Weg zur Verständigung

Bis 1274 waren alle Unionspläne davon ausgegangen, daß die kirchlichen und dogmatischen Ansichten des Abendlandes ohne die geringste Änderung den Sieg davontragen würden, und daß die Griechen politische Sicherheit gegen kirchliche Unterwerfung eintauschen würden. Diese Ansicht über die Art und Weise, wie die Union am besten erreicht werden könnte, blieb bestehen, aber sie wurde in den zwei Jahrhunderten nach 1274 in verschiedener Weise überlagert; diese Entwicklungen sind deswegen interessant, weil sie auf beiden Seiten, zu wenig zwar und zu spät, zu etwas führten, was einer Einstellung von Verständnis und Versöhnung nahe kam.

Es gibt drei Symptome für diese neue Haltung. Das erste ist die Würdigung der Verdienste des Partners, das zweite eine Bereitschaft zur Selbstkritik, und das dritte ein Gefühl von Unvollkommenheit auf beiden Seiten, solange die Trennung anhielt. Vor 1274 fehlte eine wohlwollende Würdigung des Partners auf beiden Seiten fast völlig. Was den Geist der Selbstkritik angeht, so war er im Westen weit verbreitet, aber nur in Bezug auf einzelne Verfehlungen, und er verband sich mit übersteigertem Optimismus in der Frage der Selbstgenügsamkeit westlicher Institutionen und Denkweisen. Am wichtigsten aber ist, daß das Gefühl, man brauche den anderen, auf griechischer Seite nur ein politisches, auf lateinischer Seite nichts als ein theoretisches Bedürfnis war, um das System der päpstlichen Macht zu vervollkommnen. Das Ungenügen einer solchen Basis für eine Kirchenunion war 1274 aufgezeigt worden. Was konnte man sonst noch tun?

Gegenseitige Achtung

Wenn wir zuerst nach einer sich abzeichnenden Bereitschaft zu Freundschaft und Achtung des Partners suchen, kann kein Zweifel darüber bestehen, daß in den zwei letzten Jahrhunderten des Mittelalters die Griechen viel weiter gingen als die Lateiner. Eine solche Achtung erwuchs zum Teil einfach der Angst. Das griechische Kaiserreich lebte unter einem Todesurteil, und von allen öffentlichen Pflichten derer, die ihre Kirche und ihre Kultur liebten, war der Versuch am wichtigsten, alles zu tun, um mit dem Abendland einig zu werden. Dieses dringende Bedürfnis brachte eine Reihe griechischer Theologen hervor, deren Bemühen, Literatur und Leben des lateinischen Mittelalters zu verstehen, zu den Glanzleistungen der byzantinischen Kirche im vierzehnten Jahrhundert zählt. Das äußerte sich auf zweierlei Weise: in Übersetzungen der Klassiker der mittelalterlichen lateinischen Theologie und in dem Versuch, sie als Bestandteil des allgemeinen Lebens der Kirche zu würdigen.

Die Übersetzungen der Werke von Augustin, Boethius, Anselm, Petrus Lombardus und Thomas von Aquin ins Griechische, die im 14. Jahrhundert veranstaltet wurden, gaben der byzantinischen Welt zum erstenmal einen Überblick darüber, was im Abendland geschehen war, seit die Christenheit in zwei Teile zerfallen war.[22] Eine besondere Bedeutung hatte Thomas von Aquins *Summa Theologiae,* denn kein Autor war je besser geeignet, einer fremden Welt die geistigen Fähigkeiten seiner eigenen Zeit nahezubringen. Seine Tiefe und Klarheit, seine systematische Rationalität und sein Sinn für Gerechtigkeit, ebenso wie sein unerschütterliches Einstehen für die Traditionen der abendländischen Kirche haben ihn zum Sammel-

---

[22] Zu den Anfängen dieser Bewegung im 13. Jahrhundert vgl. G. *Hoffmann,* Patriarch Johann Bekkos und die lateinische Kultur, *in* Orientalia Christiana Periodica 11 (1945), S. 141–64.

punkt all dessen gemacht, was das abendländische Denken des 13. Jahrhunderts besonders auszeichnet. Seine Wirkung auf die griechischen Bewunderer im vierzehnten Jahrhundert kann man mit seinem Einfluß in der Neuzeit nach 1870 vergleichen. In beiden Fällen war der Grund für seinen mächtigen Einfluß derselbe: er zeigte plötzlich, daß eine bis dahin gering geachtete Gesellschaft Vorzüge hatte, die dem wachsenden Chaos der eigenen Zeit die Stirn boten. Einer Generation, die von Unsicherheit geplagt und von unberechenbaren Gefahren bedroht war, bot er Sicherheit und Gewißheit. Menschen, die unsicher geworden waren, zeigte er die Möglichkeit systematischer und präziser theologischer Aussagen. Seine Werke setzten die abendländische Kirche in ein völlig neues Licht. Einigen der besten Denker in der griechischen Kirche wurde er der „wunderbare Doktor", der „nützlichste aller Doktoren der Kirche", der „makellose Theologe – mit Ausnahme seines Irrtums bezüglich des Heiligen Geistes". Ein ungenannter griechischer Leser schrieb an den Rand seines Exemplars der *Summa Theologae:*

> O Thomas, ich wünschte, du wärest im Osten, nicht im Westen geboren. Dann hättest du über den Ursprung des Heiligen Geistes ebenso richtig geschrieben wie über alle die anderen Fragen, die du hier so ausgezeichnet abhandelst.[23]

Die Vision von Ordnung und Disziplin, die in den Werken des Heiligen Thomas zutage trat, wurde auch von einigen der zahlreichen Griechen geteilt, die im Verlauf der endlosen Verhandlungen seit etwa 1330 ihren Weg an den päpstlichen Hof fanden. Unter ihnen ragt besonders ein kalabrischer Mönch griechischer Eltern namens Barlaam hervor. Er wurde im Laufe der Zeit zu einem überzeugten Verteidiger des päpstlichen Primats und dadurch für die Griechen zum Prototyp derer, deren Sympathien für die Lateiner sie ihrer urspünglichen kirchlichen Obödienz entfremdet hatten. Es wäre faszinierend, die Stadien zu verfolgen, in denen er diese Überzeugung gewann. Barlaam war in vieler Hinsicht der Newman der orthodoxen Erweckung des 14. Jahrhunderts. Zwar schrieb er keine *Apologia pro vita sua,* und es ist deshalb unmöglich, einigermaßen zuverlässig die Einflüsse zu bestimmen, die ihn aus seiner Bindung an Byzanz lösten, aber in einem Brief an seine Freunde nach seiner

---

[23] Zitiert von M. *Jugie,* Demetrios Cidones et la théologie latine à Byzance aux XIVe et XVe siècles, *in* Echos d'Orient 27 (1928), S. 385–402.

Bekehrung gibt er einen lebendigen Bericht der Eindrücke, die die abendländische Kirche auf ihn gemacht hatte. Wohin er im Abendland auch blickte, sah er (oder glaubte es wenigstens) ein wundervolles Bild von Ordnung und Integration. Alles hatte seinen Platz:

> Alle Leute werden durch Gesetze geleitet. Sogar die geringsten Einzelheiten sind Bestimmungen und ordnungsgemäßer Verwaltung unterworfen. Allen Schichten der Gesellschaft wird gelehrt, wie sie sich zueinander verhalten sollen. Sie wissen genau, wie Sünden bestraft, wie gute Werke belohnt werden, und woran man Verhalten mißt; das und alles andere, was dazu beiträgt, die Gesellschaft in Frieden zu erhalten, wird durch Gesetze bestimmt und beschützt.[24]

Er erklärte, daß er die abendländische Gesellschaft wohl unterrichtet im Glauben sah, voll Verehrung für päpstliche Entscheidungen, die befolgt wurden, als seien sie direkte Erlasse Christi. Im Gegensatz zu diesem Bild übernatürlicher Tugend sah er bei den Griechen nichts als Chaos: Kirche und Staat in Verfall, das Gesetz dem Belieben der Mächtigen unterworfen, Gelehrsamkeit gering geachtet und häufige Übertritte zum Islam. Aus diesen Sätzen scheinen wir die Stimme Newmans zu vernehmen, und es ist ironisch, sie von einem Griechen zu einem Zeitpunkt zu hören, als die Lateiner immer mehr an ihrem Versuch verzweifelten, gerade die Ordnung zu schaffen, die Barlaam im Abendland zu sehen glaubte.

Das Abendland entdeckte die byzantinische Kirche nie in der Weise, wie die Griechen die lateinische Kirche im 14. Jahrhundert entdeckten. Sicher gab es griechische Theologen wie Johannes von Damaskus und Pseudo-Dionysius, deren Werke seit langem einen Ehrenplatz im abendländischen Denken eingenommen hatten, aber sie gehörten einer fernen Zeit an, der Zeit vor der Trennung der Kirchen. Sie regten nicht zu Interesse an der byzantinischen Kirche und an den Griechen der Gegenwart an.

Es ist eine eigenartige geistige Enge des Abendlandes, daß es trotz aller intellektuellen Kraft und Neugier, trotz großer Verpflichtung an die griechische Wissenschaft kein Interesse an der griechischen Welt seiner Zeit fand. Die Männer, die sich für die griechische Naturwissenschaft begeisterten, blickten durch die byzantinischen Griechen hindurch, als ob es sie nicht gäbe. Jene verursachten im Denken des Abendlandes weder Neid noch Furcht, es gab daher keinen Anreiz, wie ihn zum Teil wenigstens der Islam bot, sie zu

---

[24] Migne, PG 151, Sp. 1255–83.

verstehen. Die oberflächlichen und oft irrtümlichen Kenntnisse der griechischen Religion, die nach Westen gelangten, entmutigten jedes nähere Kennenlernen. Wie Humbertus de Romanis, der Berater Papst Gregors X. in Fragen der Union, dem Papst sagte, die große Sünde der Lateiner in dieser Frage war ihre Gleichgültigkeit.[25]

Eine solche Haltung prägte die abendländische Geschichte mit erstaunlicher Beharrlichkeit. Als Papst Pius II. 1453 vom Fall Konstantinopels hörte, vergoß er eine Träne über den zweiten, symbolischen Tod von Plato und Homer, aber er betrachtete die Zerstörung der griechischen Kirche nur als neuen Anlaß, um sein literarisches und diplomatisches Geschick wieder einmal zur Schau zu stellen. Dreihundert Jahre später nahm Gibbon seinen „ewigen Abschied vom griechischen Kaiserreich", auf das er all sein Geschick verwandt hatte, ohne ein Wort des Mitleids für die Verlierer, aber mit einer Lobeshymne auf das „überragende Talent" des Eroberers Mohammeds II. Der Papst wie auch der Historiker waren unbewußt Vermächtnisträger einer mittelalterlichen Tradition von Gleichgültigkeit gegenüber byzantinischen Tugenden.

Selbstkritik

Freilich war die Haltung des Abendlandes der griechischen Kirche gegenüber nicht ganz konstant, obwohl die gewandelte Anschauung nicht so sehr stärkerer Beachtung der Griechen und größerem Verständnis für sie entsprang als vielmehr einer vertieften Selbstbetrachtung und Selbstkritik. Die wachsende Kritik an den Institutionen und Gewohnheiten des Abendlandes, die mit ziemlich oberflächlichen Satiren im 12. Jahrhundert einsetzte und mit ungeheuren Anschuldigungen im späten Mittelalter endete, ist eines der wichtigen Themen der mittelalterlichen Geschichte. Sie begann die Haltung der Lateiner zu den Griechen während der Besetzung Konstantinopels nach 1204 zu beeinflussen. Die Bettelmönche in der besetzten Stadt bemerkten als erste, in welchem Ausmaß westliche Verfehlungen das Schisma zwar nicht herbeigeführt hatten, aber

---

[25] Diese Äußerung fiel im Verlauf einer gründlichen Analyse der Ursprünge des Schismas bei der Vorbereitung des Konzils von Lyon 1274. Vgl. K. *Michel,* Das Opus Tripartitum des Humbertus de Romanis, O. P.: ein Beitrag zur Geschichte der Kreuzzugsidee und der kirchlichen Unionsbewegungen, 1926.

doch für sein Anhalten verantwortlich waren. 1252 berichteten die Dominikaner von Konstantinopel, daß das prunkvolle Auftreten und die Forderungen der päpstlichen Legaten nach Ansicht der Griechen angeblich einer der Gründe für die Fortdauer des Schismas war; Matthäus Paris, der eine gute Nase hatte, übernahm diese Anschuldigung auf seine Weise und machte die merkwürdige Entdeckung, daß das Schisma erst in jüngster Vergangenheit durch die maßlosen Forderungen der römischen Kirche unter Gregor IX. entstanden sei.[26] Die Geschichte, mit der er seine Behauptung belegte, zeigt die gewaltige Unkenntnis sonst gut unterrichteter Abendländer über die Verhältnisse in der griechischen Kirche; sie zeigt aber auch den Beginn einer Tendenz bei den Christen im Abendland, das Schisma den eigenen Unterlassungen zuzuschreiben.

Man konnte leider nicht mehr tun, als diese Unterlassungen zu beklagen. Die Erkenntnis, daß beide Seiten Fehler gemacht hatten, war neu und wichtig; doch diejenigen, die diese Fehler am stärksten unterstrichen, hatten mehr Interesse daran, ihren Gegnern im eigenen Lager Schwierigkeiten zu machen, als die fernen Griechen verstehen oder ihnen helfen zu wollen. Wycliff führte den Gedanken, der in England bei Matthäus Paris entstanden war, bis zum letzten aus. Er behauptete, das Schisma sei durch den Stolz und die Habgier des römischen Papstes verursacht worden und allein die Griechen seien Christus treu geblieben.[27] Aber damit half er den Griechen wenig. Die herrschenden Schichten im Abendland hatten zu der Zeit schon starke Widerstandskräfte gegen Kritik aus den eigenen Reihen entwickelt. Trotzdem wurde die Vorstellung, daß Stolz und Ehrgeiz des Abendlandes zur Entstehung des Schismas beigetragen hatten, ein Bestandteil des geistigen Rüstzeuges vieler gemäßigter Männer, und sie trug dazu bei, die Bitterkeit früherer Einstellungen den Griechen gegenüber zu mildern.[28]

---

[26] Chronica Majora (A. D. 1237) Bd. 3, S. 448–69; vgl. auch Bd. 5, S. 191, Bd. 6, S. 336 f.

[27] De Christo et Antichristo, ii, 8 (John Wiclif's Polemical Works in Latin, hg. von R. *Buddensieg*, 1883, Bd. 2, S. 672).

[28] Außer Matthäus Paris und Wycliff erwähnen viele andere westliche Schriftsteller Stolz und Habgier päpstlicher Legaten und der ganzen lateinischen Kirche als wichtigen Beitrag zum Schisma, vgl. den Bericht der Dominikaner in Konstantinopel von 1252, Migne, PG 140, Sp. 540; Kardinal Simon von Gramaud in einem Brief an den Erzbischof von Can-

Gegenseitige Abhängigkeit

Dieser Trend zur Selbstkritik im Abendland brachte die beiden Seiten einander näher; aber es gab zwei Strömungen, die mehr bewirkten. Die erste war der offensichtliche Niedergang und die bevorstehende Auflösung des griechischen Kaiserreiches, die zweite der Konziliarismus. Die erste beeinflußte die Gemüter aller Menschen guten Willens im Abendland. Guter Wille den Griechen gegenüber wurde umso stärker, je näher der Zusammenbruch ihrer Kirche und ihrer Zivilisation rückte. Der Besuch des griechischen Kaisers Manuel Palaeologus in Paris und London in den Jahren 1400 bis 1403 war ein Anlaß, bei dem sich diese großzügige Haltung in der Bevölkerung der großen Städte und im Adel beider Länder kundtun konnte. Die öffentliche Feier des griechischen Ritus in Paris und die Anwesenheit der schismatischen Griechen bei großen kirchlichen Feiern empörten engstirnige Leute, aber Herrscher und Volk überboten sich gegenseitig in Gesten von Verständnis und Freundschaft.[29] Während all dieser Vorgänge herrschte eine Stimmung ritterlichen Verstehens angesichts des gemeinsamen Feindes. Aber dabei blieb es. Manuel Palaeologus kehrte ebenso arm zurück, wie er gekommen war, und er verdankte das Überleben seines Reiches nicht der Ritterlichkeit Frankreichs und Englands, die bald andere Betätigungsfelder fand, sondern den Ausschreitungen des blutrünstigen Tamberlaine in den Reihen seiner Feinde.

Gleichwohl dauerte der Geist guten Willens an. Er wurde theoretisch und praktisch durch den beginnenden Konziliarismus im Abendland unterstützt. Diese dort lange nur unterschwellig existierende Strömung wurde plötzlich durch die wachsende Überzeugung gestärkt, das Schisma im Papsttum könne nur gelöst werden, indem man die Autorität eines allgemeinen Konzils anrief, unabhängig davon, wie es um das griechische Schisma bestellt sein mochte. Genau das aber hatten die Griechen ständig als den einzigen gangbaren Weg gefordert, um die Streitpunkte zwischen Rom und Kon-

---

terbury um 1400, *Martène* und *Durand,* Thesaurus Novus Anecdotorum, 1771, Bd. 2, 1235; Bonifaz Ferrier, General der Karthäuser 1402–10, ebenda, Bd. 2. 1450; Thomas Gascoigne, Loci e libro Veritatum, hg. von J. E. Thorold *Rogers,* 1881, S. 102 f.

29 Vgl. G. *Schlumberger,* Un empereur de Byzance à Paris et à Londres *in* Revue des Deux Mondes 30 (1915), S. 786.

stantinopel zu bereinigen. Wenn sich das jetzt als der einzige Weg erweisen sollte, die Einheit der römischen Kirche zu retten, dann wäre die Union der Griechen und Lateiner in Sicht.

Diese Hoffnungen und Pläne finden ihren würdigsten Ausdruck in einer Predigt, die Jean Gerson, der Kanzler der Pariser Universität, 1410 vor dem französichen König hielt.[30] Gersons Predigt zeigt, wie weit man im Abendland Liberalismus und Orthodoxie im äußersten Fall verbinden konnte, um mit den Griechen einig zu werden. Zwar bestand Gerson auf der Notwendigkeit des päpstlichen Primats, aber der Primat an sich war für die Griechen nicht unannehmbar. Der wirkliche Streitpunkt bestand in seinem Ursprung und Ausmaß; leitete er sich von der Autorität der Kirche in Form von Entscheidungen allgemeiner Konzilien ab oder von dem ursprünglichen Auftrag Christi an Petrus; wie weit reichte er? Gerson schwieg zum ersten Punkt, aber er war äußerst bemüht, überall sonst den Griechen entgegenzukommen. Er erklärte, keine päpstliche Entscheidung, nicht einmal aus dem Schoß eines allgemeinen Konzils, sei bindend, mit Ausnahme von Fragen, die direkt die Wahrheit des Glaubens und der Schrift beträfen. All die Probleme lokaler Bräuche, die so viel Ärger bereitet hatten – Gebrauch von ungesäuertem Brot in der Messe, Priesterehe, unterschiedliche Beichtgewohnheiten usw. – lägen außerhalb des Bereiches päpstlicher Autorität. Im übrigen sei die Forderung der Griechen nach einem allgemeinen Konzil gerechtfertigt, und ihre Forderung nach gerechter Repräsentation vernünftig. Mit anderen Worten, der Augenblick für die Einheit war nahe, und niemand war besser geeignet als der König von Frankreich, dessen Schutzpatron, der griechische Heilige Dionys, der Apostel Frankreichs war, in Zusammenarbeit mit Papst Alexander V., dem ersten Papst griechischer Abstammung seit Zacharias in der Mitte des achten Jahrhunderts. Ein griechischer Papst und ein französischer König mit einem griechischen Schutzpatron schienen Werkzeuge aus Gottes Hand, um die Einheit zu schmieden.

Einen kurzen Augenblick sah es aus, als ob die Suche nach Einheit eine andere Richtung nehmen könnte, als stünde sie nicht mehr unter dem Zeichen politischer und kirchlicher Grundsätze einer vergangenen Zeit, sondern der tragischen und lehrreichen Erfahrung der letzten hundert Jahre. Als Jean Gerson einen Überblick über die

---

[30] J. Gerson, Opera Omnia, hg. von *du Pin*, Bd. 2, 1706, S. 141–53.

endlosen Konflikte im Abendland anstellte und sie dem Anspruch des Abendlandes gegenüberstellte, der ganzen Welt Frieden zu bringen, war er im Begriff, den Standpunkt der Griechen teilweise zu verstehen. Er unterstützte ihre Weigerung, durch die Entscheidungen von Konzilien, auf denen sie nicht vertreten waren, gebunden zu sein; er konnte es sich als möglich und klug vorstellen, große Bereiche lokaler Autonomie in kirchlichen Bräuchen zu gestatten; er betrachtete ungesäuertes Brot, Priesterehe und eine große Anzahl anderer Bräuche ohne Abscheu, all das, was seit langem der Schrekken des Abendlandes gewesen war. Das waren hoffnungsvolle Anzeichen, aber der griechische Papst starb bald, der französische König vergaß schnell seinen griechischen Schutzpatron über den näherliegenden Kämpfen mit England, und der ganze Konziliarismus versank bald in Zwietracht und Machtlosigkeit. Die Predigt Gersons und die ganze Gedankenrichtung, die sie vertrat, blieben ebenso wirkungslos wie der ritterliche Empfang Manuels Palaeologus.

Rückschritt

Es blieb jetzt nicht mehr viel Zeit. Seit der Mitte des vierzehnten Jahrhunderts waren die Griechen weniger im Absinken als vielmehr zum Untergang verdammt. Es war für jedermann ersichtlich, daß, falls die Union nicht bald käme, nichts übrigbleiben werde, was vereinigt werden könnte. Bei einigen ritterlich gesinnten Menschen erweckte diese furchtbare Aussicht den Wunsch, den Griechen weiter entegenzukommen als zu einer Zeit, da sie noch stark waren. Aber anderen, und diese waren in der Mehrheit, erschien es törichter denn je, überhaupt etwas zu geben. Es kommt dazu, daß im Laufe der Zeit die ganze körperschaftliche Theorie der kirchlichen Verwaltung sich unüberwindlichen Schwierigkeiten gegenübersah. Diese Schwierigkeiten waren zum Teil das Ergebnis der chaotischen Zustände auf den Konzilien, welche die körperschaftliche Gestalt der Kirche versinnbildlichten, und teilweise beruhten sie auf der Unfähigkeit der Päpste, selbst wenn sie dem Konziliarismus im Prinzip zugeneigt hätten, irgendeinen Teil ihrer Macht aufzugeben, die für ihr Amt in der Vergangenheit beansprucht worden war. Der Apparat der päpstlichen Regierung war zu stark, als daß ein Papst hätte wirklich großzügig sein können. In der Fülle dieser Zweifel und Schwierigkeiten erstickte der Geist von Großmut.

Überhaupt schwand die Gelegenheit, ihn auszuüben, schnell dahin. Bei den Griechen herrschte große Ratlosigkeit. Angesichts der Aussicht auf totalen Untergang, falls keine Hilfe aus dem Abendland kam, wurde ihnen wegen alter Meinungsverschiedenheiten, die vielen ihrer führenden Persönlichkeiten unerheblich schienen, Hilfe verweigert; verunsichert von Versprechen, die niemand als vollig illusionär abtun konnte, waren sie auf allen Seiten bedrängt.

Im Jahr 1422 schrieb Papst Martin V. an den Kaiser Manuel Palaeologus in einem Ton, der stark an den Brief erinnert, den fast zweihundert Jahre früher Clemens IV. an Michael Palaelogus geschrieben hatte:

> Die Türken werden zögern, euch anzugreifen, wenn sie wissen, daß ihr mit den übrigen Christen vereint seid; die Christen werden euch umso bereitwilliger zu Hilfe kommen, wenn sie wissen, daß ihr euch in vollem Einverständnis mit ihnen befindet.[31]

Sie hatten die Wahl zwischen Unterwerfung und Vernichtung. Im 13. Jahrhundert waren diese Möglichkeiten noch durch die Aussicht auf wirksames päpstliches Handeln gestärkt gewesen, jetzt waren es leere Worte. Aber niemand, nicht einmal der Papst, konnte ganz sicher sein, daß sie nur Illusion waren. 1439 schließlich erklärten sich die griechischen Gesandten in Florenz unter der Führung ihres Kaisers, geschwächt durch Todesfälle, Desertion und einfach Erschöpfung, zur Unterwerfung bereit. Sie unterwarfen sich der Lehre, daß der Heilige Geist „sein Wesen und seine Substanz gleichermaßen vom Vater und vom Sohn hat", daß „das Wort *filioque* rechtmäßig und mit guten Gründen dem Glaubensbekenntnis hinzugefügt worden war" und daß der Papst „der wahre Stellvertreter Christi ist mit der vollen Gewalt, die ihm von unserem Herrn Jesus Christus im Heiligen Petrus gegeben worden war, um die universale Kirche zu nähren, zu lenken und zu regieren".[32] Diese Sätze, obwohl

---

[31] O. *Raynaldus,* Annales Ecclesiastici, 1752, Bd. 8, S. 545.

[32] Die Bestimmungen der Union wurden in einem Dokument Papst Eugens IV. vom 6. Juli 1439 aufgeführt (Conciliorum Oecumenicorum Decreta, hg. von J. *Alberigo* u. a., 1962, S. 499–504). Zur letzten Phase der Verhandlungen vgl. J. *Gill,* The Council of Florence, 1959, S. 270–304. Es sei ergänzend hinzugefügt, daß, obwohl die Griechen in den Hauptpunkten nachgeben mußten, sie eine Erklärung der Rechtmäßigkeit ihres

an einigen Stellen unklar, so daß ein Teil der Griechen fälschlicherweise glaubte, ihre althergebrachte Position zu wahren, stellten die Ansprüche der Lateiner kompromißlos dar und verweigerten all die wichtigen Punkte, an denen die Griechen ständig festgehalten hatten.

Wahrscheinlich wird es immer unterschiedliche Meinungen über diese Form der Union geben, wie auch über die Art und Weise, auf die sie erreicht wurde. Es ist jedoch unmöglich, nicht über die Farce entrüstet zu sein, daß die Christen des Abendlandes denen im Osten im Austausch für eine Unterwerfung, die die Griechen guten Gewissens nicht vollziehen konnten, eine Rettung anboten, die sie praktisch nicht durchführen konnten. Es blieb dem Klerus und Volk von Konstantinopel vorbehalten, – zweifelsohne aus falschen Gründen und unter Einfluß des alten Hasses und ahnungslosen Selbstvertrauens – sich zu weigern, das aufzugeben, was sie lange für die Wahrheit gehalten hatten, im Austausch für Hilfe, die nie kommen würde. Ihre unverrückbare Opposition brachte die Union fast zum Scheitern. Obwohl sie schließlich am 12. Dezember 1452 in der Hagia Sophia verkündet wurde, kam sie zu spät und wurde zu wenig akzeptiert, um irgendwelche Spuren in der griechischen Kirche zu hinterlassen. Innerhalb von sechs Monaten fielen die Stadt und das Kaiserreich. Zu dem Zeitpunkt war der unionsfreundliche Patriarch nach Rom geflohen; der letzte Kaiser starb am 29. Mai 1453 in einer Bresche der Mauern am letzten Tag der Belagerung. Das Problem der rivalisierenden Patriarchen war vom Islam gelöst worden, wie schon achthundert Jahre zuvor in Jerusalem, Antiochien und Alexandrien.

Rom hatte keinen Nebenbuhler mehr. Papst Pius II. beeilte sich, mit dem Eroberer Kontakt aufzunehmen, und er bot ihm das Kaisertum der Griechen an, wenn er sich taufen ließ:

> Laß dich taufen, und kein Fürst der Welt wird dir an Ruhm und Macht ebenbürtig sein. Wir wollen dich Kaiser der Griechen und des Orients nennen, und was du jetzt auf Grund von Gewalt und Unrecht besitzt, wirst du rechtmäßig besitzen. Alle Christen werden dich verehren und dich zum Richter ihrer Streitigkeiten erwählen ... Der Apostolische Stuhl wird dich

---

Gebrauchs von ungesäuertem Brot bei der Eucharistie erhielten. Dreihundert Jahre früher hatte das ganz oben auf der Liste der griechischen Irrtümer gestanden.

wie jeden anderen christlichen König lieben, sogar noch mehr, denn deine Stellung wird den anderen überlegen sein.[33]

Das war der letzte Ausdruck jener Vision einer politisch und kirchlich geeinten Christenheit, die auf den zwei Pfeilern von päpstlicher Macht in Rom und kaiserlicher Gewalt in Konstantinopel, welche der Papst garantieren würde, ruhte, die seit 1054 mal stärker, mal schwächer die größeren politischen Ziele des Papsttums bestimmt hatte. Wenn sich in diesem Augenblick das Wunder der Bekehrung von Konstantin und Chlodwig wiederholt hätte, wäre die Vision vielleicht doch noch wahr geworden. Aber es sollte nicht sein. Statt dessen geschah etwas, was 1453 viel unwahrscheinlicher schien: die Zerstörung jener ungeteilten päpstlichen Oberhoheit, die in den Augen der Welt mit der Zerstörung der griechischen Kirche und des Kaiserreiches so klar errichtet worden war, von innen heraus.

Freilich sieht der Historiker, der in die Zukunft blickt, zu weit. 1453 hatte die päpstliche Beurteilung der Christenheit triumphiert. Stärker als jede andere Kraft war das Papsttum dafür verantwortlich gewesen, der westlichen Christenheit eine unabhängige Existenz zu geben und in seiner Lehre eine glaubensmäßige Grundlage für die Übermacht des Abendlandes seit dem 11. Jahrhundert zu schaffen. Der Trend zur konziliaren Kirchenregierung, der einen neuen Weg zur Union hätte bieten können, war schließlich zusammengebrochen, nicht zuletzt wegen der Stärke des Papsttums. Von Standpunkt der Christenheit als ganzer war deshalb das Papsttum während des gesamten Mittelalters die große trennende Kraft gewesen. Aber vom Standpunkt des Abendlandes aus war es die Quelle von Einheit und ein Zeichen seiner Stärke. Wir müssen uns jetzt dieser Seite des Papsttums zuwenden.

---

[33] Pio II, Lettra a Maometto II, hg. von G. *Toffanin* (Coll. umanistica, 8, Napoli 1953), S. 113 f.

DAS PAPSTTUM

Will man in Kürze über das Papsttum in Mittelalter schreiben, ohne oberflächlich zu werden, dann ist es nötig, die zu behandelnden Fragen streng einzugrenzen. Selbst dann ist es keine einfache Aufgabe. Angesichts des Glanzes und der überwältigenden Macht des Papsttums während eines Großteils unserer Epoche, angesichts der Fülle der Quellen und der weiten Ausstrahlung des Tätigkeitsbereiches des Papsttums über ganz Europa sowie seiner Einflußnahme auf alle Aspekte des Lebens, ist es schwierig, die Grenzen abzustecken. Das Wort aus dem 13. Jahrhundert: *Papa qui et ecclesia dici potest,* „der Papst, den man auch die Kirche nennen kann", enthält genügend Wahres, um es riskant zu machen, vom Papsttum als einer Institution zu handeln, die von dem Körper, der ihm das Leben gab, getrennt werden kann. Gleichwohl können wir das Problem bis zu einem gewissen Grad vereinfachen, indem wir uns auf folgende Fragen beschränken: Welche Macht hatten die Päpste zu verschiedenen Zeitpunkten des Mittelalters tatsächlich? In welchem Verhältnis stand diese faktische Macht zu der Autorität, die die Päpste theoretisch forderten oder die für sie gefordert wurde? Warum war die Macht so groß, wie sie war, aber nicht größer?

Das sind unsere Fragen, und wenn wir sie jetzt besprechen, werden wir jener Epocheneinteilung folgen, die eingangs skizziert wurde.

Grundlegung (ca. 700 – ca. 1050)

Einen geeigneten Ausgangspunkt, um die Ansprüche und die Machtfülle des Papsttums in dieser Epoche und auch während des ganzen Mittelalters zu betrachten, bildet ein berühmtes Dokument: die „Konstantinische Schenkung".[1]

---

[1] Die jüngste und beste Ausgabe ist die von Horst *Fuhrmann,* Das Constitutum Constantini, MGH Fontes Iuris Germanici Antiqui, Bd. X, 1968.

Es ist eine Fälschung, wie viele frühe Rechtsdokumente. Obwohl sie angeblich ein Brief ist, den Kaiser Konstantin am 30. März 315 an Papst Silvester I. schrieb, besteht heute Einmütigkeit darüber, daß sie im achten Jahrhundert oder sogar noch später verfaßt wurde. Verschiedene Vorschläge sind zu der Abfassungszeit gemacht worden, aber die wahrscheinlichste Erklärung ist die, daß sie bald nach 750 verfaßt wurde, zum Teil, um den päpstlichen Bruch mit dem Kaiser von Byzanz zu rechtfertigen, zum Teil auch, um den Franken zu beweisen, daß der Papst berechtigt war, ihnen weite Gebiete von ehemals byzantinischem Besitz in Italien anzutragen. Was auch immer der unmittelbare Zweck des Dokuments gewesen sein mag, so gibt es zweifellos eine klare und vollständige Darstellung von päpstlicher Macht, so wie sie von den engsten Freunden des Papsttums im ausgehenden achten Jahrhundert gesehen wurde. Eine kurze Inhaltsangabe wird es dem Betrachter ermöglichen, Ideal und Wirklichkeit zu vergleichen und zu sehen, wie beide sich von dem unterscheiden, was später kommen sollte.

Bevor wir das Dokument beschreiben, soll auf eine Schwierigkeit hingewiesen werden. Es mag seltsam, ja sogar abstoßend erscheinen, die Erörterung der größten aller kirchlichen Institutionen mit einer Fälschung zu eröffnen. Um diese Frage richtig zu sehen, ist es wichtig, die Bedeutung von Fälschungen als Ideenträger in dieser frühen Epoche zu erkennen. Sie hatten nicht den schlechten Ruf moderner Fälschungen. Die frühe Epoche besaß wenige schriftliche Quellenzeugnisse, aber sie hatte klare Vorstellungen von der Vergangenheit. Diese Vorstellungen basierten auf angesammelten Traditionen, Legenden, frommen Fabrikationen und vor allem auf der Hemmung, zu glauben, daß die Vergangenheit weitgehend unverständlich sein könne. Folglich liebten selbst gelehrte und kritische Leute den Gedanken, die Vergangenheit sei wie die Gegenwart, nur besser, kurzum, sie sei eine verklärte Gegenwart. Deshalb verfaßte man Dokumente, in denen die Theorien der Gegenwart als Tatsachen der Vergangenheit dargestellt wurden. Diese Dokumente entsprangen der großen Furcht, man könne irgendwelche Besitztümer verlieren,

---

Zur Geschichte dieses Dokuments bis zum 14. Jahrhundert vgl. F. *Laehr*, Die Konstantinische Schenkung in der abendländischen Literatur des Mittelalters bis zur Mitte des XIV. Jahrhunderts (Historische Studien Bd. 166, 1926).

die die Heiligen, deren Herrschaft jede Kirche in der Christenheit umspannte, als die ihrigen beanspruchen könnten. Man war der Ansicht, es sei besser, eine Sache überzeichnet darzustellen und für seine Kirche auch einmal ein bißchen zuviel zu tun, als etwas zu verlieren, das rechtmäßig beansprucht werden konnte. Jede Kirche beanspruchte Land und Privilegien, für die es wenige schriftliche Belege gab. Aber die zeitlichen Diener dieser Kirchen kämpften für ihre umstrittenen Ansprüche mit leidenschaftlicher Überzeugung, als seien es unveräußerliche Rechte. Die Fälschungen, die in dieser Zeit auffällig häufig vorkamen, waren schriftliche Beweise für Ansprüche, die nach Ansicht derer, die sie abfaßten, kaum gerechtfertigt zu werden brauchten. Die Feder korrigierte den natürlichen Zerstörungsprozeß und versetzte die fühlbaren Unzulänglichkeiten und Ungerechtigkeiten der Welt wieder in einen Zustand ursprünglicher Herrlichkeit. Die Unwahrhaftigkeit, die in diesen Fälschungen impliziert war, berührte tatsächlich moralische Probleme, deren sich die Zeitgenossen wohl bewußt waren; aber die Verfasser glaubten, Wahrheiten zu festigen, auf die sie ohne große Gefahr für ihr Seelenheil nicht verzichten konnten. Fälschungen brachten wie Kunstwerke Ordnung in die Unordnung und Unzulänglichkeit der Gegenwart. Solcherart war die Konstantinische Schenkung in einer Reihe von sehr vielen anderen, weniger wichtigen Dokumenten.

Sie beginnt mit einem langen Bericht von Kostantins Bekehrung, Taufe und Heilung von der Lepra auf Grund der Fürbitte Papst Silvesters. Sie berichtet weiter von den Geschenken des Kaisers an den Stellvertreter des Heiligen Petrus: die Verleihung der Vorrangstellung über die Patriarchate von Antiochien, Alexandrien, Jerusalem und Konstantinopel und über alle anderen Kirchen; die Übergabe der kaiserlichen Insignien ebenso wie den Lateranpalast in Rom; und schließlich die Übertragung der kaiserlichen Gewalt an den Papst in Rom, Italien und allen Provinzen des Abendlandes. Um die Unverletzlichkeit dieser Gaben zu garantieren, heißt es, habe Konstantin das Dokument der Schenkung auf den Leib des Heiligen Petrus gelegt, dem diese Gaben persönlich zugedacht waren.

All das ist natürlich nicht historisch, sondern Theorie im Gewand von Geschichte. Aber deshalb verdient es nicht weniger Aufmerksamkeit, denn der Verfasser dieses Dokuments legte dem ersten christlichen Kaiser alle grundlegende Ideen des mittelalterlichen Papsttums in den Mund. Der Papst erscheint als der „universale Bischof", als

Lehrer, Beschützer und Gevatter des Kaisers, als der Stellvertreter, durch welchen der Heilige Petrus seine Macht darstellte; schließlich war der Papst auf Grund der Schenkung der oberste weltliche Herr des Abendlandes. Wie sah es mit solchen Ansprüchen in Wirklichkeit aus?

Stellvertreter des Heiligen Petrus

Wir beginnen mit dem Papst als Stellvertreter des Heiligen Petrus, denn mochte man ihm im Abendland auch vieles streitig machen, so leugnete niemand, daß der Papst die gesamte Macht des Heiligen Petrus über die Kirche innehatte. Der Ursprung der päpstlichen Macht schien eine der klarsten geschichtlichen Tatsachen zu sein. Man konnte die Ableitung dieser Macht von den ersten Tagen an Schritt für Schritt verfolgen, ohne jede Andeutung von Zweifel oder Unkenntnis, die den modernen Betrachter beunruhigen: Im Jahr 34 wurde der Heilige Petrus Bischof von Antiochien, im Jahr 40 verlegte er seinen Bischofssitz nach Rom, in Jahr 57 führte er das Fasten während der Adventszeit und der Fastenzeit ein, im Jahr 59 weihte er Linus und Cletus zu seinen Nachfolgern. Es gab keine peinlichen Lücken. Von Anbeginn sah man den Heiligen Petrus und seine Nachfolger tätig in der Leitung der Kirche, der Einrichtung von Weihehandlungen, der Festlegung von Disziplin und der Gründung von Bistümern. Dieser Handlungsablauf war von ebenso unzweifelhafter Klarheit wie die Generationen der Menschheit seit Adam.

Neben dieser historischen Sicherheit gab es zudem seine unbestreitbare leibliche Gegenwart in Rom. Für die abendländische Kirche zwischen dem 7. und dem 11. Jahrhundert war das Vorhandensein des Grabes des Heiligen Petrus die bedeutendste Tatsache in der Christenheit. Der Leib im Grab, der eines Tages den Türhüter des Himmels aufnehmen würde, war das Bindeglied zwischen der Gegenwart im Himmel und der Kirche auf Erden. Mit seiner andauernden leiblichen Gegenwart vor allem konnte der Heilige Petrus weiterhin segnen und verfluchen, heilen und bestätigen. Die Menschen glaubten tatsächlich, er sei in Rom gegenwärtig. Als Ceolfrid, der Abt von Jarrow, im Jahr 716 nach Rom reiste, nahm er eine Bibel mit, die eine Widmung, nicht an den Papst, sondern an den Leib des Heiligen Petrus enthielt.[2] Ähnlich beschrieb die Konstantinische Schenkung den Kaiser, wie er dem Heiligen Petrus den Eid ablegte, das Geschenk, das er auf den Leib des Apostels legte, zu wahren. Im Jahr 731 versammelte sich eine Synode in Rom „vor dem heiligsten Begräbnisplatz des seligsten Leibes des Heiligen Petrus", und man berief sich auf solch einen physischen Kontakt zwischen den Synoden und der Quelle ihrer Autorität. Die Herrscher und Pilger der jüngst bekehrten Völker Europas, die nach Rom kamen, um getauft zu werden und möglichst auch in der Gegenwart des Apostels zu sterben, brachten nicht subtile Theorien päpstlicher Gewalt dorthin, sondern die Überzeugung, daß sie nirgendwo solch eine Sicherheit finden konnten wie in der leiblichen Gegenwart des himmlischen Schlüsselbewahrers.

Der Heilige Petrus wirkte noch im Grab, aber seine *persona* auf Erden gehörte dem Papst. Obwohl die Menschen in erster Linie nach Rom kamen, um den Apostel aufzusuchen, warfen sie sich gerade deshalb vor dem Papst zu Boden. Mochten auch die Hände Gregor oder Leo gehören, so war die Stimme gleichwohl die des Heiligen Petrus. Die päpstlichen Dokumente dieser Zeit wurden nie müde, den Namen des Heiligen Petrus zu wiederholen. Als die päpstlichen Legaten im Jahr 680 zum Konzil nach Konstantinopel fuhren, reisten sie „in der Begleitung des Heiligen Petrus". Als der Erzbischof von Ravenna 710 vom Kaiser für den Aufstand gegen den kaiserlichen Stellvertreter in Rom, der zufällig der Papst war, geblendet wurde, erschien diese Strafe dem römischen Schriftsteller als eine Strafe, die der Heilige Petrus für den Ungehorsam *seinem* Stellvertreter gegenüber ausgesprochen hatte.[3] Ungehorsam dem Papst gegenüber, selbst in weltlichen Dingen, war gleichbedeutend mit Ungehorsam gegenüber dem Heiligen Petrus. Natürlich galt das in verstärktem Maß in kirchlichen Angelegenheiten. Das Argument, welches die Engländer am stärksten beeinflußte, vom irischen zum römischen Kirchenkalender überzugehen, war die einfache Rechnung, daß der Heilige Petrus mehr Macht hatte als der Heilige Columban:

„Wurde eurem Heiligen Columban ähnliche Gewalt gegeben?" „Nein." „Dann sage ich euch, ich möchte nicht diesem Türhüter widersprechen,

---

[2] Der Text dieser jetzt verstümmelten Inschrift ist erhalten bei Beda, Opera Historica, hg. von C. *Plummer,* 1896, Bd. 1, S. 402.

[3] Zu diesen und ähnlichen Einzelheiten vgl. Liber Pontificalis, hg. von L. *Duchesne,* 1886, Bd. 1, SS. 351, 352, 389, 416.

denn wenn ich sonst zur Himmelspforte komme, ist der Schlüsselträger mein Feind, und es gibt niemanden, der mir aufmacht."[4]

Auf diesen Einwand gab es keine Antwort. Ähnlich dachten die englischen Missionare, die die Stellung des Papsttums in der Kirche des Abendlandes dadurch stärken, daß sie nach Rom gingen, um für die Mission in Deutschland Erlaubnis zu erhalten, nicht an das Ansehen des Papsttums, sondern an das des Heiligen Petrus. Die Befehle, denen in Deutschland zu gehorchen Bonifatius versprach, kamen von dem Heiligen Petrus persönlich, und der Eid, den er ablegte, bezog sich direkt auf „dich, Heiliger Petrus, und deinen Stellvertreter".[5] Das Pallium, welches er und andere Erzbischöfe als Zeichen ihrer Amtsgewalt erhielten, hatte auf dem Grab des Heiligen Petrus gelegen; ihm haftete die persönliche Berührung des Apostels an.

Beispiele solcher Art könnten endlos vermehrt werden; sie alle verdeutlichen die Tatsache, daß zwischen dem achten und dem elften Jahrhundert, stärker als zu anderen Zeiten vorher und nachher, der Heilige Petrus persönlich die treibende Kraft in Rom war. Die Menschen erschienen in seiner Gegenwart, von ihm erhielten sie ihre Befehle.[6] Sie übersahen den Papst keineswegs, sie blickten einfach durch ihn hindurch und sahen den Mann, der als erster auf dem Thron gesessen hatte. Ohne metaphorisch zu werden, konnte man ganz konkret sagen, daß sich die Menschen in Rom „in der Gegenwart des Heiligen Petrus" versammelten. Diese Präsenz war in diesen Jahrhunderten der Ursprung der Einheit des Abendlandes.

Diese Einheit war mit einem Minimum an verwaltungstechnischem Aufwand möglich. Die Angelegenheiten der Kirche erfuhren wenig Lenkung aus Rom. Klöster und Bistümer wurden gegründet, Bischöfe und Äbte wurden von weltlichen Herrschern ohne Hinderung oder Widerspruch ernannt. Die Könige beriefen Kirchenversammlungen; Könige und Bischöfe erließen für die Kirchen in ihrem Bereich Gesetze über Zehnt, Gottesurteil, Befolgung des Sonntags und Buße; Heilige wurden auf die Altäre gehoben – alles ohne Bezugnahme

---

[4] Beda, op. cit., Bd. 1, S. 188 f.

[5] S. Bonifatii et Lullii Epistolae (MGH Epistolae Selectae, Bd. 1) hg. von M. *Tangl,* S. 28 f.

[6] Zur Frage der Pilgerfahrt nach Rom im frühen Mittelalter vgl. die aufschlußreiche Studie von W. J. *Moore,* The Saxon Pilgrims to Rome and the Schola Saxonum, 1937.

auf Rom. Jeder Bischof handelte als unabhängiger Hüter des Glaubens und der Disziplin. Man holte, so gut es ging, Ratschläge von Gelehrten und Nachbarbischöfen, aber letzten Endes mußte man in eigener Verantwortung handeln. Die Gesetzessammlungen, die zu ihrer Anleitung zusammengestellt wurden, waren die Arbeit lokaler Kompilatoren. Die Mehrzahl der Papstbriefe in dieser Zeit bestätigten und billigten einfach, was andere getan hatten.

Die Einheit des Abendlandes orientierte sich an Rom, aber sie entstand weniger durch päpstliche Aktivität als durch die Spontaneität, die die Menschen dem Heiligen Petrus zuführte. Was päpstliche Aktion betrifft, beinhaltete sie ein bewußtes Zurückweisen politischer und kirchlicher Ansprüche aus Byzanz. Doch soweit es sich um allgemeine Impulse handelte, gab es einfach die Gravitation in Richtung auf das sichtbare Zentrum übernatürlicher Macht.

Obwohl freilich spontane Verehrung ausreichte, um das Papsttum in dieser Zeit am Leben zu erhalten, hatte der Verfasser der Konstantinischen Schenkung offensichtlich größere Ziele im Auge. Nie würde der Papst der „universale Bischof" und höchste weltliche Herr des Abendlandes sein, solange er nur auf diejenigen hörte, die zu ihm kamen, und billigte, was sie vorschlugen. Der Verfasser der Schenkung hatte ein klassisches und kaiserliches Regierungskonzept geerbt, und er betrachtete den Papst als aktiven und unabhängigen Herrscher in einer wirklichen Welt, nicht nur als lebendes Bildnis. Diese kraftvolle Regierungstradition war nicht tot. Einige Päpste im neunten, zehnten und elften Jahrhundert waren Männer, die wußten, worum es in der Politik ging; nur die Umstände schwächten sie. Freilich zeigten die Umstände, die kraftvolles und konsequentes Handeln unmöglich machten, kein Anzeichen von Wandel, und jene Teile der Schenkung, die von der geistlichen und weltlichen Gewalt des Papsttums sprachen, waren nichts als ein fernes und sich weiter entfernendes Idealbild.

Das einzige beständige Bindeglied zwischen dem Papst und den regionalen Kirchen waren die Erzbischöfe. Vermutlich kam in England im siebenten Jahrhundert die Vorstellung auf, daß kein Erzbischof sein Amt ausüben könne, ohne ein Pallium aus Rom erhalten zu haben.[7] Was auch immer der Ursprung dieser Praxis gewesen sein

---

[7] Vgl. W. *Levison,* England and the Continent in the Eighth Century, 1946, S. 19–21.

mag, sie wurde bald in den Provinzen der abendländischen Kirche allgemein üblich. Ein neuer Erzbischof mußte, bevor er sein Pallium erhielt, eine Erklärung über seinen orthodoxen Glauben ablegen, und diese Forderung machte den Papst zum Richter über Rechtgläubigkeit auf der höchsten provinzialen Ebene der kirchlichen Hierarchie. Außerdem verlangten die Erzbischöfe einiger Provinzen ein ähnliches Glaubensbekenntnis von ihren Suffraganbischöfen. Es gab somit eine durchlaufende Kette von Bekenntnis und Gehorsam in der ganzen Kirche des Abendlandes.

Mögen auch die praktischen Auswirkungen dieses Systems gering gewesen sein, so unterstützten sie gleichwohl im Prinzip die Idee eines höchsten Schiedsrichters durch diese lockeren Bande von Autorität zu einer Zeit, als päpstliche Legaten noch die Ausnahme waren, als es im Abendland keine allgemeinen Konzilien gab, als päpstliche Schreiben nur ausnahmsweise Befehle aussprachen und als päpstliche Befehle auf keinen Fall erzwungen werden konnten. Diese praktische Unwirksamkeit war den Päpsten, die noch eine Vorstellung von Regieren hatten, höchst unwillkommen. In Rom gab es immer noch Archive, eine offizielle Hierarchie und die Andeutungen einer Geschäftsroutine, die ihnen bewußt machten, was das Papsttum sein könnte. Die Päpste arbeiteten inmitten von Überresten einer älteren Regierungskonzeption, und einige von ihnen wußten wohl, daß es einmal eine Verwaltung gegeben hatte, von der zu ihrer Zeit nur noch Trümmer vorhanden waren. Sie fühlten die Enttäuschung von Machtlosigkeit. Papst Nikolaus I. schrieb 867, er wolle gern die Erzbischöfe des Abendlandes nach Rom berufen, um über die griechische Opposition gegen „jede Kirche, die die lateinische Sprache benutzt, und besonders die unsere" zu konferieren, aber die schlechten Zeiten verhinderten ein solches Treffen. Der Papst mußte sich deshalb darauf beschränken, die Erzbischöfe zu bitten, seinen Brief weiterzureichen, in dem er an Solidarität im Abendland gegen die Abweichler von Konstantinopel appellierte:

> Ich kann mich nicht erinnern, daß die Kirchen des Westens – um nicht von anderen zu reden – in dieser Frage mit dem Stuhl des Heiligen Petrus jemals uneins waren.[8]

Es war der Appell an das barbarische Abendland, und er blieb nicht ohne Wirkung. Aber er war kein Ersatz für aktives Regieren.

---

[8] MGH Epp. VI, Nr. 100, S. 603–605.

Oberster weltlicher Herr

Die Stellung des Papstes als „universaler Bischof" und „Stellvertreter des Heiligen Petrus" war also durch die physischen Umstände Westeuropas beschränkt. Was den anderen großen Anspruch der Konstantinischen Schenkung angeht, die oberste weltliche Herrschaft im Abendland, so waren die Grenzen noch enger, denn in diesem Bereich konnte der Papst nicht hoffnungsvoll an ein westliches Solidaritätsgefühl appellieren. Sehr wahrscheinlich war die Kaiserkrönung Karls des Großen durch den Papst mit der Absicht geschehen, zu zeigen, daß der Papst im Einklang mit den Richtlinien der Konstantinischen Schenkung im Abendland die kaiserliche Würde delegieren konnte, an wen er wollte. Aber es ist sicher, daß Karl der Große mit solch einer Interpretation seiner Stellung nicht einverstanden war.

Tatsächlich ist ersichtlich, daß die Idee eines abendländischen Kaisertums als Mittel, um die päpstliche Macht zu vergrößern, von Anfang bis Ende eine Fehlkalkulation war; vor allem deshalb, weil der Papst, indem er einen Kaiser schuf, keinen Stellvertreter bestellte, sondern eher einen Rivalen oder sogar einen Herrn. Der theoretische Supremat, der in der Erhebung impliziert war, konnte nie in einen praktischen Gehorsam auf Befehle, die gegeben und empfangen würden, umgemünzt werden. Aus diesem Grund endete die praktische Überlegenheit des Papstes über den Kaiser im Augenblick der Krönung. Es überrascht nicht, daß die Päpste im späteren Mittelalter versuchten, ihre oberste Herrschaft in weltlichen Dingen durch andere Mittel als durch das Kaisertum auszuüben, welches Papst Leo III. zu Weihnachten 800 zu diesem Zweck überstürzt geschaffen hatte. Diese Handlung war der größte Fehler, den die Päpste im Mittelalter je in ihrem Versuch begingen, Theorie in Praxis umzusetzen.

Ganz abgesehen davon, daß Gehorsam an sich schon unwahrscheinlich war, gab es einen anderen Grund für den Mißerfolg dieser päpstlichen Initiative. Zwar konnte der Papst jederzeit an das Ressentiment des Abendlandes gegen die Griechen appellieren, aber er konnte nicht verhindern, daß die Kaiser des Westens etwas von den Herrschern lernten, die sie an Macht und Ansehen übertrafen. Unter anderem lernten sie, sich nicht nur als Beschützer, sondern auch als Schiedsrichter und Aufseher des Papsttums zu betrachten. Das ist sehr klar in der großen Schenkung ausgedrückt, in der Otto I. im Jahr 962 dem Papsttum seine Besitzungen in Italien bestätigte, „unter Vorbehalt in allen Dingen unserer Macht und der unserer Nachfolger“.[9] Für Otto implizierte die kaiserliche Macht das Recht, darauf zu achten, daß die Papstwahl richtig und kanonisch vollzogen wurde, was darauf hinauslief, daß keine Wahl gegen den Willen des Kaisers stattfinden konnte. Außerdem verfügte der Kaiser, daß ihm jährlich Rechenschaft über die Rechtsprechung in den päpstlichen Besitzungen abgelegt werden sollte. Man hat eingewandt, daß diese Klauseln eine spätere Interpolation des urspünglichen Dokuments seien, aber sie drücken gleichwohl die Einstellung Ottos und der Mehrzahl seiner Nachfolger aus. Sie verstanden ihr Verhältnis zum Papst in gleicher Weise wie der griechische Kaiser seines zum Patriarchen von Konstantinopel. Mehr als ein Jahrhundert lang war eine solche Interpretation nicht unrealistisch. Die Verantwortung des Kaisers für das Wohlverhalten des Papstes war von theoretischer und praktischer Bedeutung zu einer Zeit, als die weltliche Herrschaft des Papstes im Abendland nur eine leere Formel war. Vor 1050 gab es keine Anzeichen dafür, daß sie je mehr sein könnte.

Ausbau (ca. 1050 – ca. 1300)

Wenn wir uns jetzt dem großen Wandel in den päpstlichen Ambitionen nach 1050 zuwenden, müssen wir zuerst die Persönlichkeit Leos IX. betrachten, der von 1049 bis 1054 Papst war. Er war ein stillerer und viel weniger umstrittener Mann als Gregor VII., doch fast alles, was wir mit dem Papstum zur Zeit seiner größten Machtentfaltung verbinden, kann auf seine Initiative zurückgeführt werden: das politische Bündnis mit den Normannen, die Verschlechterung der Beziehungen zu den Griechen, die Reform des päpstlichen Verwaltungsapparats, die Anfänge eines planmäßigen Regierungskonzepts mit Hilfe von Legaten, Konzilien und einer stark anwachsenden Korrespondenz. Das waren die Grundlagen des wieder erwachen-

[9] MGH DOI, Nr. 235 (13. Februar 962): Wie der bereits erwähnte Eid des Bonifatus ist auch dieses Dokument in die Form eines Versprechens an den Heiligen Petrus „et per te vicario tuo“ gekleidet.

den Papsttums, die Leo IX. legte, oder vielmehr, die von den Leuten gelegt wurden, die er nach Rom brachte. Leo hatte eine glückliche Hand in der Auswahl seiner Mitarbeiter, und er brachte Männer in den Dienst des Papsttums, die die Energie und den Mut besaßen, das allzu lange ruhende Programm einer päpstlichen Monarchie in die Tat umzusetzen.

Diese Männer dachten zurück an eine glücklichere Zeit päpstlicher Tätigkeit. Sie widmeten sich der Aufgabe, das Papsttum zu der Höhe zu erheben, die es in einer fernen Vergangenheit eingenommen hatte und die es wieder einnehmen sollte. Vor allem wünschten sie, dem Papsttum die Kontroll- und Leitungsfunktion in der Kirche zurückzugeben, welche es nach ihrer Ansicht früher innegehabt hatte, und sie wollten die weltliche Herrschaft des Papstes zu einer unbestrittenen Kraft in der Politik Europas machen. Wenn sie in die Vergangenheit blickten, sahen sie die Spuren früherer Größe, die durch jahrhundertelange deutsche Tyrannei verkümmert war; unter den altehrwürdigen Monumenten von Größe nahm die Konstantinische Schenkung einen ganz hervorragenden Platz ein.

Es ist leicht verständlich, warum dieses Dokument sie fesselte. Vor allem war es sehr alt. Es zeigte, wie der erste christliche Kaiser dem Papst seine kaiserliche Stellung im Westen abtrat und ihm überall die kirchliche Oberhoheit zuerkannte; die Schenkung sprach angeblich von einer Zeit, als päpstliche Macht wirklich etwas bedeutete. Das war ein Stückchen Vergangenheit, von dem die Idealisten am Hof Leos IX. und seiner Nachfolger gern reden hörten, und keiner mehr als der größte unter ihnen, der Mönch Hildebrand, der 1073 Papst Gregor VII. wurde. Unter seinem Einfluß und dem des Kardinal Humbert wurden die zentralen Passagen aus der Konstantinischen Schenkung in die neuen kirchenrechtlichen Sammlungen übernommen und dadurch Bestandteil des offiziellen Rüstzeuges der Päpste.

Obwohl dieses Dokument im Grund zufriedenstellend war, erfüllte es doch nicht in jeder Hinsicht die Vorstellungen Hildebrands und seiner Mitarbeiter. Ein aufmerksames Studium seiner Ausführungen mußte den Eindruck erwecken, daß das reine Ideal päpstlicher Herrschaft bereits im vierten Jahrhundert nicht mehr vollkommen gewesen war. Das Dokument sprach vom Kaiser, der dem Papst Autorität über die anderen Kirchen *gab*, und davon, wie *er* die Kaiserkrone dem Papst aufs Haupt *setzte*. Gregor VII. hatte eine andere Auffassung. Für ihn und für alle seine Nachfolger war der Primat eine Gabe von Christus persönlich; die päpstliche Autorität über Kaiser und Könige hatte nicht in menschlicher Übertragung der kaiserlichen Würde ihren Ursprung, sondern kam von Gott selbst.

Obwohl wir daher diese Epoche der Geschichte des Papsttums mit einer Rehabilitierung der Schenkung beginnen, obwohl sie noch jahrhundertelang als Beweisstück für den päpstlichen Rechtsanspruch in geeigneten Fällen benutzt wurde, war sie bereits im ausgehenden elften Jahrhundert veraltet. Nicht nur das, sie konnte auch gefährlich werden, sollte sie von der kaiserlichen Partei interpretiert werden. Außerdem widersprach jede Berufung auf sie einem Grundprinzip der neuen Generation päpstlicher Juristen, daß nämlich kein Dokument weltlichen Ursprungs als rechtsetzend zitiert werden dürfte. Daher wurde die Schenkung in fast allen Fällen durch Texte ersetzt, die die päpstlichen Ansprüche fundamentaler ansetzten. Es gibt keine Worte, die den Geist des mittelalterlichen Papsttums so glänzend vermitteln wie die schneidenden Sätze über die Stellung des Papstes, die sich in dem Register der Briefe Gregors VII. finden und die vielleicht auf Anweisung des Papstes selbst dort aufgezeichnet wurden. Unter diesen Feststellungen finden wir folgendes:

der Papst darf von niemanden gerichtet werden;
die Römische Kirche hat nie geirrt und wird bis zum Ende der Tage niemals irren;
die Römische Kirche wurde von Christus allein gegründet;
nur der Papst kann Bischöfe absetzen und wieder einsetzen;
nur er kann neues Recht setzen, neue Bistümer errichten und schon bestehende aufteilen;
nur er kann Bischöfe versetzen;
nur er kann allgemeine Konzilien berufen und kanonisches Recht verfügen;
nur er kann seine eigenen Entscheidungen revidieren;
nur er kann kaiserliche Insignien tragen;
er kann Kaiser absetzen;
er kann Untertanen von ihrer Gehorsamspflicht entbinden;
alle Fürsten sollen seine Füße küssen;
seinen Legaten, gleichgültig welchen Weihegrad sie haben, gebührt Vortritt vor allen Bischöfen;
Appell an den päpstlichen Hof steht über allen Rechtsentscheidungen geringerer Gerichte;
ein ordnungsgemäß geweihter Papst wird zweifellos durch die Verdienste des Heiligen Petrus geheiligt.[10]

---

[10] Gregorii VII Registrum, MGH Epistolae Selectae, II, hg. von E. *Caspar*, S. 201–208.

In ihrer Gesamtheit enthalten diese Feststellungen ein vollkommenes Aktionsprogramm. Sie implizieren nicht weniger als die totale Souveränität des Papstes in allen Angelegenheiten der christlichen Gemeinschaft, und es zeugt von der Größe des Mannes, der die Sammlung dieser Sätze veranlaßte, daß sie, vielleicht mit Ausnahme des letzten, keine leere Prahlerei waren. Mit der einen genannten Ausnahme wurde jeder einzelne Satz in erstaunlich kurzer Zeit zu einer fühlbaren Kraft im Leben Europas. Vergleichen wir diese Feststellungen mit anderen großen Aktionsprogrammen, etwa der Magna Carta, der „Bill of Rights", der amerikanischen Verfassung oder dem Kommunistischen Manifest, dann gewinnen wir den Eindruck, daß nur das letztgenannte dieser Dokumente eine vergleichbare und ins einzelne gehende Wirkung auf das Alltagsleben vieler Nationen hatte.

Unter diesen visionären und dabei doch äußerst praktischen Ansprüchen erscheint einer wie ein Denkmal einer anderen Geisteshaltung. Da Ausnahmen oft Hinweise auf das System geben, von dem sie abweichen, müssen wir einen Augenblick bei den Worten verweilen, die feststellen, daß „ein ordnungsgemäß geweihter Papst zweifellos durch die Verdienste des Heiligen Petrus geheiligt" wird. Dies gehört zu den am schlechtesten dokumentierten Handlungsmaximen Gregors VII., und man wird fragen, was er dabei im Sinn hatte. Wir haben bereits erwähnt, in welchem Ausmaß die Päpste der frühen Zeit sozusagen in der Persönlichkeit des Heiligen Petrus aufgegangen waren und einfach als Sprachorgan des Apostels betrachtet wurden. Gregor VII., von sehr jungen Jahren an ein Kind der Römischen Kirche, teilte diese Auffassung. Im kritischsten Augenblick als er sich 1076 dazu durchrang, Heinrich IV., den Erben des westlichen Kaiserreiches, zu exkommunizieren, stellte er der Exkommunikation ein leidenschaftliches Gebet an den Heiligen Petrus voran:

Seliger Petrus, Fürst der Apostel, neige dein gnädiges Ohr und erhöre mich, deinen Diener, den du von Jugend an genährt hast und bis zum heutigen Tage den Händen böser Menschen fernhältst, die mich für meine Treue dir gegenüber hassen. Du bist mein Zeuge, zusammen mit meiner Herrin, der Gottesmutter, und deinem Bruder Paul vor allen Heiligen, daß deine heilige Römische Kirche mich widerwillig zwang, sie zu regieren; ... deshalb glaube ich, ist es zu deinem Wohlgefallen, daß die christliche Gemeinschaft, die dir besonders anvertraut ist, mir gehorchen soll, besonders, da ich deine Stellvertretung innehabe.[11]

---

[11] Ebenda, S. 270.

Diese Worte gehören der alten Tradition der persönlichen Abhängigkeit vom Heiligen Petrus an, und man könnte vielleicht mit Recht sagen, daß kein späterer Papst das Aufgehen in der Person des Apostels so vollkommen hätte ausdrücken können, wie es Gregor VII. tat. Wir werden gleich sehen, daß die Päpste künftig Christus mehr als den Apostel betonen sollten. Die Worte Gregors in dieser Krise seines Lebens zeigen, daß er sein ganzes Leben, und besonders den Höhepunkt politischer Auflehnung, als im besonderen den Diensten des Heiligen Petrus persönlich geweiht betrachtete. Es war ein entscheidender Augenblick. Im achten Jahrhundert hatten sich die Päpste vom Kaiser von Konstantinopel abgewandt und ihre Zukunft der neuen karolingischen Dynastie im Abendland anvertraut. Jetzt wandte sich Gregor VII. von einem Nachfolger der Karolinger ab und stellte sich allein der Welt entgegen. Als er die lange Liste der fast einhundert Päpste überblickte, die als Heilige verehrt wurden – dieser Gedanke wird ihm nie fern gewesen sein –, scheint er zu dem Schluß gekommen zu sein, daß ihre individuelle Heiligkeit und Erlösung vom Heiligen Petrus persönlich garantiert wurden. Damit haben wir den Höhepunkt der Stellvertretung des Heiligen Petrus erreicht. Weiter konnte man nicht gehen. Aber Gregors Nachfolger gingen nicht einmal so weit wie er; statt dessen schlugen sie einen anderen Weg ein.

Stellvertreter Christi

Nach Gregor VII. beriefen sich die Päpste weniger stark auf den Heiligen Petrus. Die starke Abhängigkeit vom Apostel gehörte der Zeit an, als Rom zwar eine Stätte von Schreinen und Pilgern gewesen war, aber in der praktischen Leitung der Kirche wenig Macht hatte. Als sich das änderte, wurde der Titel „Stellvertreter des Heiligen Petrus“ allmählich ungebräuchlich; an seine Stelle trat ein anderer, der größere Macht und ein weiteres Betätigungsfeld implizierte. Seit der Mitte des 12. Jahrhunderts fingen die Päpste an, den Titel »Stellvertreter Christi“ zu führen und ihn für sich allein zu beanspruchen.[12] In früherer Zeit hatten sich Könige und Priester „Stellvertreter Christi“ genannt, nicht aber der Papst. Ihm schien

[12] Vgl. dazu M. *Maccarrone,* Vicarius Christi: storia del titolo papale (Lateranum, nova series, XVIII, 1952).

der Titel zu vage. Er war zuvorderst der „Stellvertreter des Heiligen Petrus"; in einer Welt, die von Heiligen und Reliquien beherrscht wurde, konnte nur dieser Titel die besondere Stellung des Papstes ausdrücken. Aber in Zukunft würde man um Jurisdiktion und Souveränität kämpfen, und deshalb brauchten die Päpste einen Titel, der zweifellos universale Autorität ausdrückte.

Der Titel „Stellvertreter Christi" bot genau das, was man brauchte. Er kam dem Bedürfnis entgegen, das von allen Regierungen im 12. Jahrhundert geteilt wurde, Ansprüche auf ihren Ursprung zurückzuführen. Er befriedigte auch das Bedürfnis, das von Theologen und Philosophen der Zeit gleichermaßen empfunden wurde, Ideen ihre allgemeinste Formulierung zu geben. In der Auslegung des neuen scholastischen Denkansatzes beanspruchte der Titel klare universale Souveränität. Die neue Formel zeigte, daß die Päpste nicht länger ihren Blick nach rückwärts wandten und daß es ihnen nicht mehr in erster Linie darum ging, die althergebrachte Tradition eines Verwalters des Heiligen Petrus auf Erden zu bewahren. Sie waren Stellvertreter Christi, mit der ganzen Fülle seiner Macht. Gegen Ende des 12. Jahrhunderts konnte Innozenz III. die Einschränkungen, die in dem früheren Titel enthalten waren, bewußt beiseite schieben:

> Wir sind der Nachfolger des Apostelfürsten, aber wir sind nicht sein Stellvertreter, nicht der Stellvertreter von Menschen oder Aposteln, sondern der Stellvertreter von Jesus Christus selbst.[13]

Wenn man mit diesem neuen Titel ausgerüstet war und ihn voll ausschöpfte, war der Weg offen zur vollen Machtausübung im Namen des „Königs der Könige und des Herrn der Herren, vor dem alle Knie sich beugen sollen, von Dingen im Himmel und von Dingen auf Erden". Derartige Formulierungen sind großzügig in den Briefen Innozenz' III. verteilt. Es bleibt nur die Frage, was sie in der Praxis bedeuteten.

Zunehmende Arbeit

Die Theorie des päpstlichen Primats ist sicher eines der gewaltigsten, bestintegrierten und ausgearbeiteten Systeme, die je geschaffen wurden, um den Verlauf menschlichen Lebens zu bestimmen; aber letzten Endes kommt es auf seine praktische Anwendung an.

---

[13] Migne, PL 214, Sp. 292.

Wenn es nicht möglich sein sollte, Ansprüche, die Gregor VII. subtil formulierte und die seine Nachfolger ausbauten, in die Tat umzusetzen, wären sie nichts weiter als eine geschichtliche Kuriosität.

Wie viele Menschen, die von zu wenig Entschlußkraft bei anderen irritiert werden, war Gregor VII. ungeduldig, Ergebnisse zu sehen. Er verlangte sofortigen Gehorsam. Einmal schickte er Legaten nach Norddeutschland, mit großen Vollmachten ausgestattet, um Ordnung zu schaffen. Die Legaten verlangten vom Erzbischof von Bremen, er solle ihnen helfen, in seiner Provinz eine Synode abzuhalten. Er weigerte sich, und daraufhin befahlen ihm die Legaten, sich unverzüglich nach Rom zu begeben. Er erschien nicht. Daraufhin suspendierte ihn der Papst sofort von seinem Amt und befahl ihm, zur nächsten Synode nach Rom zu kommen. Als der Erzbischof diesen Brief erhielt, waren es nur noch vier Wochen bis zum Zusammentritt der Synode. Die Reise von Bremen dauerte sechs bis sieben Wochen, und deshalb fehlte der Erzbischof bei der Synode. Sofort wurde er wegen „Stolz und Ungehorsam“[14] suspendiert und exkommuniziert.

Solche radikalen Maßnahmen waren nicht nur Ausdruck des Temperamentes Gregors VII.; sie waren typisch für die erste chaotische Phase erneuter päpstlicher Aktivität. Die allgemeine Theorie päpstlicher Macht wurde freilich in Westeuropa nicht durch derart grobschlächtige Methoden zum erfolgreichsten Aktionsplan der nächsten zwei Jahrhunderte. Das geschah vielmehr durch die ständige Verfeinerung eines Verwaltungsapparats, durch die wachsende Zahl päpstlicher Beauftragter und vor allem durch das Anschwellen der Zahl derer, die mit allen Mitteln versuchten, in ihren Rechtsstreitigkeiten den päpstlichen Hof einzuschalten. Wir müssen daher zu verstehen versuchen, wie diese Faktoren zusammenwirkten, um die päpstliche Regierung im Europa des 12. und 13. Jahrhunderts zur zentralen Kraft zu machen.

---

[14] Gregorii VII Registrum, SS. 160, 196. Zu den historischen Umständen siehe M. *Tangl* in Abhandlungen der Preußischen Akademie der Wissenschaften, 1919, wieder abgedruckt in seinen gesammelten Schriften, Das Mittelalter in Quellenkunde und Diplomatik, Bd. 1, 1966, S. 255.

Die Werkzeuge zum Regieren

Es ist am leichtesten, das Anwachsen des Apparats und der Träger der päpstlichen Regierung zu verfolgen. Was hier Schwierigkeiten schafft, ist nicht verstiegene Theorie oder Mangel an Zeugnissen, sondern die Vielzahl und Komplexität der Einzelheiten. Jeder, der an einer mittelalterlichen Quellengruppe arbeitet, wird sehr bald merken, daß sich die päpstliche Aktivität nach 1050 beschleunigte und daß sie nach etwa 1130 auswucherte. Allein die Zahlen sprechen eine deutliche Sprache. Wenn wir Konzilien, Legaten und Briefe als die wichtigsten Werkzeuge päpstlicher Politik betrachten, kann man die Geschichte der päpstlichen Expansion in den folgenden kurzen Statistiken zusammenfassen.

Man kann die Konzilien, die die westliche Kirche als ökumenisch anerkennt, zwischen 680 und 1312 auf einer chronologischen Linie folgendermaßen graphisch darstellen:

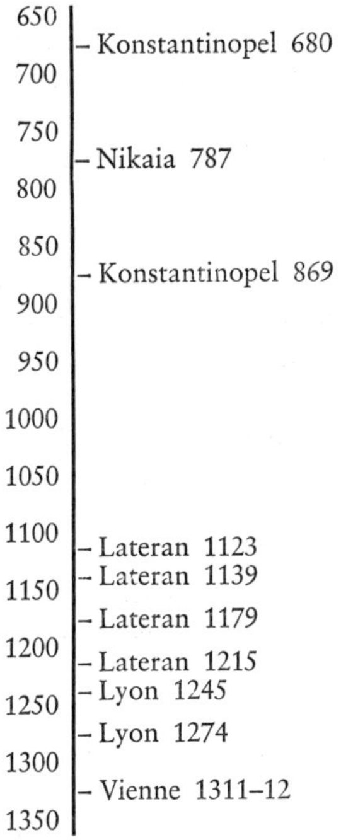

Konzilien in Ost und West (680–1312)

Diese kurze Skizze erlaubt folgende deutliche Schlüsse: Zwischen dem siebenten und dem frühen zwölften Jahrhundert gab es nur wenige und, aus der Sicht des Abendlandes, unbedeutende Konzilien. Sie versammelten sich alle auf byzantinischen Staatsgebiet, und abgesehen von den päpstlichen Legaten, die bei den Verhandlungen eine geringe Rolle spielten, war das Abendland nicht vertreten. Es ergibt sich ein Bild von völliger Untätigkeit des Abendlandes und Machtlosigkeit des Papsttums. In den zwei Jahrhunderten nach 1123 wandelt sich das Bild dramatisch. Es gibt nicht weniger als sieben allgemeine Konzilien, die mit dem großen Konzil von Vienne 1311–12 einen Höhepunkt erreichen. Einberufen wurden sie alle vom Papst, der auch den Vorsitz führte und für die Konzilsbeschlüsse verantwortlich war; alle Konzilien wurden auf abendländischem Gebiet abgehalten; sie waren fast rein lateinisch; die Verhandlungen waren in vielen Bereichen der Lehre, Verwaltung und Politik von großer Bedeutung. Sie waren alle wesentlich konstruktiv. Nach 1312 dauerte es dann hundert Jahre, bis es zu einer neuen Serie von Konzilien kam, die sich zwischen 1414 und 1445 in Disharmonie und ständigen Krisen versammelten. Wenn man lediglich auf Grund der Konzilien urteilt, kann man den Zeitraum von 1123 bis 1312 als die konstruktive Phase päpstlicher Regierung bezeichnen.

Für die päpstlichen Legaten kann man keine einfache Statistik geben. Es ist unmöglich, in einem Überblick die Vielfalt von Legatenkommissionen zu erfassen. Aber wenn wir uns auf ein Land, England, beschränken, und lediglich auf die Tätigkeit der Legaten, lokale Synoden abzuhalten, ergibt sich ein Bild, das dem eben gezeichneten erstaunlich ähnelt. Vor 1070 gab es in England praktisch keine Legatensynoden (mit einer Ausnahme: 786 besuchten zwei Legaten Hadrians I. das Land). Zwischen 1070 und 1312 gab es mindestens 21, vielleicht sogar 30. Nach 1312 gab es keine Legatensynoden, bis wir schließlich zwischen 1519 und 1523 unter Wolsey wieder einen kurzen Ausbruch von Aktivität sehen.[15] Auch hier ist die große Epoche päpstlicher Initiative verhältnismäßig klar auf jene zweieinhalb Jahrhunderte beschränkt, die das Hochmittelalter bilden.

Schließlich zu den Papstbriefen, dem wichtigsten Instrument des täglichen Geschäftsganges. Hier werden laufend noch neue Ent-

[15] Vgl. die Liste im Handbook of British Chronology, hg. von F. M. *Powicke* und E. B. *Fryde* (Royal Hist. Society Handbook, Nr. 2, ²1961) S. 545–565.

deckungen gemacht, aber für unseren Zweck können wir uns auf die letzte allgemeine Übersicht der Papstbriefe beschränken, die vor etwa 80 Jahren zusammengestellt wurde. Die Durchschnittszahl der erhaltenen Briefe für jedes Jahr unter verschiedenen Päpsten wird auf das An- und Abschwellen im Umfang der päpstlichen Tätigkeit hinweisen. Der Jahresdurchschnitt erhaltener Papstbriefe fällt in der ersten Hälfte des 11. Jahrhunderts von 10 unter Silvester II. (999 bis 1003) auf einen unter Benedikt IX. (1033–46). Dann steigt der Durchschnitt unter Leo IX. auf 35 und hält sich auf diesem Niveau bis etwa 1130. Danach beginnt ein schnelles und anhaltendes Wachstum: ein Jahresdurchschnitt von 72 unter Innozenz II. (1130–1143), 130 unter Hadrian IV. (1154–1159), 179 unter Alexander III. (1159–1181), 280 unter Innozenz III. (1198–1216), 730 unter Innozenz IV. (1243–1254), anwachsend auf 3646 jährlich unter Johannes XXII. (1316–1334).

Diese Zahlen sind sicher sehr ungenau, und ihre Deutung kann in vieler Hinsicht qualifiziert werden, aber es ist sehr unwahrscheinlich, daß sie die Wachstumsrate nach 1050 übertreiben. Mögen die Zahlen auch grob und unvollständig sein, zeigen sie gleichwohl anschaulich das bescheidene Wachstum des Geschäftsganges unter Leo IX. und seinen unmittelbaren Nachfolgern, aber auch die Riesenschritte nach der Mitte des 12. Jahrhundert, als der Apparat päpstlicher Justiz und Verwaltung sich voll zu entfalten begann.

Natürlich muß man sich hüten, das Anwachsen der päpstlichen Administration von dem Wachstum in allen anderen Bereichen des europäischen Lebens zu isolieren. Man muß diese Zahlen zusammen mit einer sich schnell ausdehnenden Gesellschaft verstehen, und es ist wohl bekannt, daß in einer Zeit allgemeiner Expansion fast jede Organisation, wie rückständig und unbedeutend sie auch sein mag, zu wachsen pflegt. Wenn man lediglich nach der Zahl offizieller Schriftstücke geht, die noch erhalten sind, weisen die königlichen Verwaltungen von Frankreich, England und sogar Deutschland eine ähnliche Entwicklung auf. Aber es besteht kaum Zweifel darüber, daß das Papsttum in jener Zeit die größte Wachstumsrate von allen Organisationen hatte.

Arbeitsdruck

Wenn die Tätigkeit anschwillt, dann bedeutet das freilich nicht unbedingt, daß die Maßnahmen, die das Anwachsen verursachen, auch erfolgreich sind. Es ist deutlich zu erkennen, daß die päpstliche Politik seit der Zeit Leos IX. selbst dazu beitrug, Beschäftigung für den päpstlichen Hof zu schaffen. Aber die Beschäftigung nahm nicht hauptsächlich deswegen zu, weil die Päpste es so wünschten, sondern weil andere Leute ihren eigenen Interessen am päpstlichen Hof nachgehen konnten.

Die Päpste des 11. Jahrhunderts konnten die Folgen dieses Hungers nach Rechtsprechung, der Europa im 12. Jahrhundert überfiel, nicht voraussehen. Sicher wünschte Gregor VII., Erzbischöfe, Bischöfe und Rechtsuchende in Rom zu sehen. Aber das war nur ein Teil seines Traumes von einer großen christlichen Gemeinschaft, die durch ihre Ergebenheit an den Heiligen Petrus verbunden war, mit Königen, Fürsten, Bischöfen und Mönchen, die unter einem einzigen Führer für ein einziges Ziel zusammenarbeiten würden, und der Führer sollte der Papst sein. Er selbst erwog, eine Befreiungsarmee persönlich nach Osten zu führen.[16] Die Einzelheiten meisterte er nicht; aber er fühlte auch noch nicht die tägliche Last der Arbeit, die die Idealvorstellung späterer Päpste trüben sollte. In der Zeit zwischen Konflikten hatte er Muße zum Träumen. Nach etwa 1150 hatten die Päpste diese Freiheit verloren. Sie waren die fleißigsten Männer Europas. Einige der Päpste sahen dieses Anschwellen der Arbeit sehr ungern, aber sie konnten es nicht ändern.

Calixt II., Papst von 1119 bis 1124, war einer der ersten, der die Last, welche die neuen Umstände dem Papsttum aufbürdeten, verspürte:

> Ich weiß – schrieb er an die Kanoniker von York, die ihm zu seiner Wahl gratulierten – daß der römische Bischofsstuhl eine größere Ehrenposition ist als jeder andere, aber sein Glanz ist Elend und Leiden für mich. Wenn ich in Rom bin, habe ich ebenso viele Herren wie Kardinäle und ebenso viele Meister wie Bürger – ich kenne sie![17]

Indem er das sagte, blickte er sich verstohlen um, ob ihn auch keiner seiner neuen Herren hörte. Seine glücklichen Tage als Erzbischof von Vienne konnte er nicht vergessen, als er selbst ein großer Herr gewesen war: „Wohin ich auch ging, gab es fast keinen be-

---

16 Vgl. die Briefe vom Dezember 1074 in P. *Jaffé,* Regesta Pontificum Romanorum, hg. von W. *Wattenbach,* 1885, Bd. 1, Nr. 4904 (7. Dez.), 4910 und 4911 (16. Dez.).

17 Historians of the Church of York, hg. von J. *Raine,* Rolls Series, Bd. 2 (1886), S. 163.

deutenden Menschen, der nicht mein Vetter, Neffe, Nachbar oder Vasall war."

Diese Worte stammen aus dem Jahr 1119. Hundert Jahre früher waren die Päpste tatsächlich große Herren gewesen, aber jetzt wurden sie mehr und mehr zu Gefangenen des Apparats, und auf Grund eines Instinktes, den man Selbsterhaltungstrieb nennen möchte, entwickelte sich ein neuer Typ des Papstes, der auf den Apparat zugeschnitten war. Viele kluge Leute beobachteten diesen Vorgang belustigt, zynisch oder verärgert, je nach Veranlagung. Der Heilige Bernhard sah ihn mit Empörung und Entrüstung. Im Jahr 1150 schrieb er an seinen Schützling Eugen III., um ihn vor dem Apparat zu warnen:

> Wo soll ich anfangen? Laß mich bei der Arbeitslast anfangen. Wenn du sie haßt, habe ich Mitleid mit dir; wenn du sie nicht haßt, traure ich umso mehr, denn ein bewußtloser Kranker ist in größerer Gefahr... Sieh an, wohin dich diese verdammungswürdige Geschäftigkeit führt. Du vergeudest deine Zeit. Ich werde mit dir reden, wie Jethro mit Moses sprach, und sagen: „Was ist's, was tust du mit dem Volk? Warum sitzt du von morgens bis abends und hörst Beschwerden an?" Was fruchten diese Dinge? Sie bringen nur Spinnweben hervor.[18]

Vielleicht wollte Eugen diesen päpstlichen Abstieg in ein tiefes Meer von Rechtstreitfällen anhalten, aber dazu fehlten ihm die Erkenntnis und die Kraft. Von seinen Nachfolgern fand sich Hadrian IV. mit dieser Lage gutmütig und kompetent ab, und Alexander III. stürzte sich auf die Feinheiten von Rechtsgeschäften mit unvergleichlichem Geschick und großer Ausdauer. Als er 1181 starb, war das Verhaltensmuster für die Tätigkeit der Päpste für den Rest des Mittelalters geschaffen.

Es war nicht das Muster, welches der Heilige Bernhard angestrebt hatte. Er wollte den Papst wie einen Moses sehen, in den Worten Jethros, „des Volkes zu pflegen, sie Befehle und Gesetze zu lehren und den Weg, da sie wandeln sollten", aber nicht zwischen einzelnen Personen „in allen geringen Sachen" zu richten. Aber die Führungsposition konnte nur zu den Bedingungen erreicht werden, die damals zu Gebote standen. Führungsposition bedeutete Herrschaft, und die Päpste begaben sich in eine Arena, in der Herrschaft gewonnen werden konnte. Sie konnte nur nach der Art jedes anderen

---

[18] De Consideratione I, i-ii (Migne, PL 182, 727–31).

mittelalterlichen Herrschers gewonnen werden, nämlich in der endlosen Folge von kleinlicher Tätigkeit und Rechtsentscheid.

Quellen der Tätigkeit

Die zwei wichtigsten Wesenszüge mittelalterlicher Regierung, in weltlichem wie in geistlichem Bereich, waren folgende: der Herrscher verteilte Gaben und sorgte für Gerechtigkeit. An erster Stelle verteilte er Gaben, weil das die beste Methode war, durch die sich ein Herrscher Loyalität erwerben konnte; man erwartete von den Großen Freigebigkeit, und sie verhielten sich entsprechend. Das war die wichtigste Bedingung für Herrschaft seit der ältesten Zeit, als der Herrscher als „Geber von Ringen“ bekannt war und Männer freudig in den Tod gegangen waren in dem Bewußtsein der Belohnungen, die ihr Herr ihnen übertragen hatte. Im 13. Jahrhundert war der englische König Heinrich III. von diesem Stück politischer Weisheit so beeindruckt, daß er an die Wände seiner Schlösser und auf den Rand seines Schachbretts das Motto malen ließ: „Wer nicht gibt, was er hat, wird nicht bekommen, was er will“.[19]

Diese Kette von gegenseitigen Belohnungen war keine Schande, sie war eine allgemeine Lebensregel:

> Es geziemt einem König, der ein Reich hat,
> Den Männern, die ihm treu dienen, Lohn zu geben;
> Fremde und alle Männer mit Geschenken zu ehren.
> Lohn bringt die Menschen dazu, ihn zu lieben und seine Männlichkeit zu ehren...
> Der Papst und alle Prälaten machen Geschenke,
> Und Lohn bewirkt, daß die Menschen die Gesetze halten.[20]

Das oberste Gebot politischen Lebens war es, geben zu können, und es bestand eine enge Verbindung zwischen dem und der wichtigsten Funktion mittelalterlicher Herrschaft, für Gerechtigkeit zu sorgen. War die Verteilung von Gaben für das Bestehen von Herrschaft wesentlich, so war die Aufrechterhaltung von Gerechtigkeit dazu nötig, den Einflußbereich der Herrschaft auszudehnen. Dafür gab es mehrere Gründe. Erstens vermehrte die Verwaltung des

---

[19] H. M. *Colvin*, History of the King's Works, 1963, Bd. 1, S. 497, Bd. 2, S. 1011.

[20] William Langland, Piers the Plowman, B-Text, iii, 208–215.

Rechts ungeheuer die Gaben, die ein Herrscher verteilen konnte; tatsächlich war sie in den meisten Fällen die Quelle von ihnen. Bestrafung von Leuten, die Unrecht taten, war eine Belohnung derer, die rechtschaffen waren; wer seine Feinde bestrafte, konnte auch seinen Freunden vergeben. Die Quellenzeugnisse der Regierungen sind voll von solchen Akten von Vergebung und Belohnung von Freunden, die aus dem tiefen Quell richterlicher Oberhoheit entsprangen. Diese Belohnungen und Vergebungen hielten das Rad der Verwaltung in Schwung, und sie zur rechten Zeit auzuteilen, war ein wichtiger Bestandteil der Herrscherkunst.

Das war ein Grund, weshalb Verfügung über Gerichtsbarkeit überall am meisten zum Wachstum von Herrschaft beitrug und weswegen fast alle politischen Auseinandersetzungen auf Auseinandersetzungen über Gerichtsbarkeit hinausliefen. Ein anderer Grund war der, daß Rechtsprechung ein Zweig der Herrschaftsform war, der sich finanziell lohnte. Sobald die Zuständigkeit der Gerichtsbarkeit einmal festgestellt worden war, kamen klagende Parteien freiwillig. Sie kamen nicht mit leeren Händen. Sie bezahlten auf Heller und Pfennig für alles, was sie bekamen. In jedem anderen Bereich mußten die Regierenden um die Anerkennung ihrer Oberhoheit kämpfen, und ihre Bemühungen kosteten Geld; aber in der Rechtsprechung ergab sich die Tätigkeit von allein, solange die Ware gut war. Die Gebühren der streitenden Parteien deckten die Kosten für alles.

Es wäre verfehlt anzunehmen, daß die Regierungen Gerichtsbarkeit hauptsächlich wegen der daraus erwachsenden Einkünfte erstrebten, denn fast alles wurde wieder an die Leute abgegeben, die im Rechtsapparat beschäftigt waren. Regierungen verschafften sich Gerichtsbarkeit hauptsächlich, weil sie das einzige praktische Mittel darstellte, durch das ihr Herrschaftsanspruch verwirklicht werden konnte. Hatte freilich dieser Vorgang erst einmal begonnen, so zeigten die Leute, die darin Beschäftigung gefunden hatten, starkes Interesse daran, ihn in Gang zu halten.

Belohnung und Rechtswahrung gingen also Hand in Hand, und in diesen beiden Bereichen übertraf der Papst alle anderen Herrscher. Er konnte beträchtliche und dauerhafte Belohnungen austeilen, und das Recht, über das er verfügte, war stärker und besser als jedes andere. Es kannte keine zeitlichen Grenzen, und man konnte dagegen nicht appellieren. Wir wollen das Wesen dieser beiden Tätigkeiten untersuchen, indem wir aus der überwältigenden Fülle von Material einige Beispiele herausnehmen.

Päpstliche Belohnungen. Die Mehrzahl der noch erhaltenen Papstbriefe aus den ersten beiden Generationen von 1050 bis etwa 1130 besteht aus Belohnungen verschiedener Art für Klöster. Die großen Klöster waren die erste wichtige Klasse von Kundem am päpstlichen Hof. Sie ersuchten um Bestätigung ihrer Besitztümer, ihrer Gewohnheiten, Befreiung von bischöflicher Jurisdiktion, Ehreninsignien wie den Gebrauch der bischöflichen Mitra und Sandalen. Der gemeinsame Stolz großer religiöser Gemeinschaften verwirklichte sich in ihrer Raffsucht nach Ehre, Würde und Exemtion; sie bot den Päpsten ein sehr einfaches Mittel, um ihre Großzügigkeit zu zeigen. Als zum Beispiel die Mönche von St. Albans erfuhren, daß Nicholas Breakespeare, der Sohn eines Mitglieds ihrer Gemeinschaft, zum Papst gewählt worden war, trafen sie sorgfältige Vorkehrungen, um wechselseitige Belohnungen in Gang zu setzen. Ein ganzes Jahr lang sammelten sie Geld und Geschenke, um sie nach Rom zu bringen, und ihre Gesandtschaft kehrte heim, beladen mit Privilegien und Vorteilen jeder Art, die ein Papst kraft seiner jurisdiktionellen Oberhoheit einem Kloster übertragen konnte.[21] In ganz Europa hatten Klöster derartiges mehr als ein Jahrhundert lang getan, obwohl nur wenige von ihnen in einer dem Kloster St. Albans vergleichbaren günstigen Ausgangsposition waren.

Auf den ersten Blick ist es schwer verständlich, warum Päpste sich und ihr Amt zu solchem oft sinnlosen Ehrgeiz von Klöstern zur Verfügung stellten. Es kann nicht oft wirklich im Interesse klösterlicher Disziplin gewesen sein, Klöster von der bischöflichen Aufsicht freizustellen oder ihnen die anderen Privilegien zu geben, die die Päpste zu geben in der Lage waren. Vielleicht gaben Päpste einfach, wie andere Herrscher auch, was sie geben konnten, all denen, die darum baten und ihre Gesuche bezahlen konnten. Sie gingen den Weg des geringsten Widerstandes, und indem sie das taten, öffneten sie Schleusen, durch die ein wachsender Strom von

---

[21] Gesta Abbatum Monasterii Sancti Albani, Rolls Series, Bd. 2 (1867), S. 125 f.; W. *Holtzmannn,* Papsturkunden in England, Bd. 3, Nr. 100–113, 117–119 (Abhh. der Ges. der Wissenschaften zu Göttingen, 1962). Weitere Einzelheiten bei R. W. *Southern,* Medieval Humanism and Other Studies, S. 249.

päpstlichen Anleitungen fließen konnte. Sie folgten den normalen Grundsätzen mittelalterlichen Herrschens, weil sie keine anderen Grundsätze kannten.

Man sieht das sehr deutlich am Beispiel eines anderen großen englischen Klosters, Bury St. Edmunds. Gegen Ende des 12. Jahrhunderts zeigte Abt Samson ein großes Geschick dafür, päpstliche Privilegien für sein Kloster zu erwerben. Diese Privilegien brachten das Kloster in enge Abhängigkeit vom päpstlichen Hof, und selbstverständlich wurde erwartet, daß der Abt als Gegenleistung Pfründen, über die er verfügen konnte, päpstlichen Kandidaten zuteilte. Der Biograph Abt Samson berichtet, ein Kandidat des Papstes habe einmal einen Brief vorgezeigt, der ihm den Anspruch auf eine Pfründe des Klosters gab. Das fiel in die Frühzeit der Geschichte derartiger päpstlicher Briefe, aber Samson wußte bereits Bescheid. Er öffnete eine Lade und zeigte dem Bewerber sieben andere Briefe. „Siehst du diese Papstbriefe?", sagte er. „Wenn ich diejenigen zufriedengestellt habe, die eher kamen, wirst du deinen Lohn bekommen; wer zuerst kommt, mahlt zuerst."[22] Die gutmütig-nüchterne Einstellung dieser Szene ist ein sehr wichtiges Element in der Herrschaft der Kirche im Mittelalter. Bis das ganze System unter Beschuß kam, war es unmöglich, die Kette gegenseitiger Geschenke zu sprengen, weil sie die größtmögliche Zahl einflußreicher Leute befriedigte. In vieler Hinsicht muß das dazu beigetragen haben, das Leben lohnend und lebenswert zu machen. Es war nicht sehr erbaulich, und viele religiöse Bewegungen begannen damit, besonderer päpstlicher Wohltaten zu entsagen; doch letzten Endes gaben sie alle nach. In dieser Ausübung päpstlicher Macht steckte allzuviel Menschliches, als daß man lange widerstehen konnte.

Die Päpste konnten Klöstern und später ganzen Ordensgemeinschaften die umfassendsten Privilegien erteilen, aber der Strom päpstlicher Gütebezeugungen war nicht auf diesen engen Kanal begrenzt. Wir werden später einige der vielfältigen Methoden verfolgen, durch welche Gunstbezeugungen der Päpste deren Herrschaft auf allen Ebenen der Gesellschaft annehmbar machten. Doch bevor wir das tun, müssen wir die wichtigste Entwicklungsstufe päpstlicher Machtentfaltung im gesamten Mittelalter untersuchen, nämlich

---

[22] Chronica Jocelini de Brakelonda, hg. von H. E. *Butler*, 1949, S. 56.

das Hervortreten des Papsttums als universalen Gerichtshof in höchster Instanz in einem großen Bereich von Rechtsstreitigkeiten.

Päpstliche Justiz. In dem Jahrzehnt zwischen 1140 und 1150 entwickelte sich die Jurisdiktion der Päpste zu einem erkennbaren Faktor im Alltag Europas. In diesen Jahren sehen wir, wie sie zum erstenmal die untersten Schichten der Struktur der Kirche routinemäßig durchdringt.

Ein Brief, der im Jahre 1144 von Papst Lucius II. an den Bischof von Worcester gerichtet wurde, veranschaulicht diese Durchdringung in einem frühen Stadium.[23] Der Brief beauftragte den Bischof, seinen Kollegen von Hereford sich zur Seite zu stellen und einen Streitfall wegen einer Pfarrkirche im Bistum Lichfield zu beenden. Die Kanoniker von Evreux behaupteten, sie stehe ihnen zu; angeblich hatte der Graf von Worcester ihren Vikar vertrieben und das Recht künftiger Präsentation an den Archidiakon von Chester verkauft. Zu dem Zeitpunkt, an dem wir zum erstenmal von diesem Fall hören, war er schon aus der Normandie nach Rom gewandert und von Rom nach England, und jetzt hatte man zwei englische Bischöfe damit beauftragt, Vertreter eines Grafen, eines Archidiakons, eines Domkapitels und zweier oder dreier Vikare oder ehemaliger Vikare von beiden Seiten des Kanals zu versammeln und den Streit mit päpstlicher Autorität zu beenden. Wenn man einen Augenblick nachdenkt, dann ist das sehr bemerkenswert. Zu einer Zeit, als in England akuter Bürgerkrieg herrschte, als die Beziehungen zur Normandie unterbrochen waren und als kleine Tyrannen überall das Feld beherrschten, konnte der Papst darauf rechnen, daß seine Befehle 3000 km von Rom ausgeführt wurden, in einem Streit um einen Besitz, der vielleicht 10 Pfund jährlich wert war.

Ein sehr beachtlicher Wesenszug dieses Falles ist die Hartnäckigkeit der streitenden Parteien und die Kosten, die sie aufzuwenden bereit waren, um zum Ziel zu kommen. In diesem Fall müssen die Kosten ein Vielfaches des Einkommens der Pfarrkirche gewesen sein. Aber Rechtsstreitigkeiten zwischen Gemeinschaften weisen ähnliche Züge auf wie das Wettrüsten: man konnte nicht aufhören, ohne einen berechtigten Anspruch aufzugeben, und dazu war keiner bereit. Rechtsstandpunkte von Gemeinschaften sind von Dauer, die Kosten eines Rechtsstreites sind bald verschmerzt. Niemand war

---

[23] W. *Holtzmann,* op. cit., 1930, Bd. 1, Nr. 29.

dazu bereit, für einige lächerliche Pfunde die Zukunft zu opfern. Auf diese Weise schwoll die Flut der Rechtsfälle an. 1144 lief sie gerade an, aber ihre Umrisse sind im großen und ganzen schon festgelegt.

Diese Tätigkeit zeitigte ein großes positives Ergebnis. Sie sorgte dafür, daß Ordnung in viele Bereiche des täglichen Lebens gebracht wurde. Der päpstliche Hof schützte Pfarrpriester gegen Vertreibung und gab ihnen ein Mindesteinkommen, das nicht leicht enteignet werden konnte; es legte den Laien eine Disziplin auf, die klar und nicht allzu drückend war; es erließ Richtlinien und Bedingungen für alle wichtigen Ereignisse und Bereiche des täglichen Lebens, für Taufe, Firmung, Beichte, Kommunion, Buße, Ehe, religiöse Unterweisung und religiöse Pflichten, Almosen, Geldverleih, Testamente und letzte Verfügungen, letzte Ölung, Begräbnis, Friedhöfe, Gebete und Totenmessen. Mit ähnlicher Klarheit und Vollständigkeit behandelte sie alle Einzelheiten im Leben des Klerus, Kleidung, Erziehung, Ordination, Pflichten, Stand, Vergehen und Strafen. Sie knüpfte den gewaltigen Koloß religiöser Orden, der im 12. Jahrhundert entstand, zu einem komplizierten, aber zusammenhängenden System zusammen. Die Baustoffe für einen Großteil dieser Arbeit lieferten die Schriften früherer Jahrhunderte, aber dem Papst vor allen anderen fiel die Verantwortung zu, diese Baustoffe zu sortieren, viele Lücken zu füllen und sich den Problemen zu stellen, die eine sich schnell entwickelnde Gesellschaft aufwarf. Es ist unvorstellbar, daß sich ein solch umfassendes Rechtssystem ohne die päpstliche Oberherrschaft hätte herausbilden können. Indem die Päpste der Zeit diese Verantwortung aufgriffen, rechtfertigten sie den Anspruch der römischen Kirche, die Mutter aller Kirchen zu sein, zumindest im Abendland. Doch diese positiven Erscheinungen waren nur ein Nebenerzeugnis der großen, unkontrollierbaren Flut von Streitfällen. Es ist bemerkenswert, bei wie wenigen Anlässen die Päpste in diesen frühen Tagen des Ausbaus die Initiative ergriffen. Es war nicht nötig. Arbeit flog ihnen zu; sie brauchten lediglich die Richtlinien festzusetzen und die Entscheidungen zu fällen.

Die aktiven Teilnehmer

Die Flut der Tätigkeit durch den päpstlichen Hof im 12. und 13. Jahrhundert hinterließ einen wertvollen Kern rechtlicher Errungenschaften, aber dafür mußte auch ein Preis bezahlt werden, der freilich in seinem vollen Umfang erst später fällig wurde. In seiner Rolle als Jethro hatte der Heilige Bernhard den Preis teilweise vorausgesehen: „Die Sache, die du tust, ist nicht gut; sicher wirst du dich und das Volk, das bei dir steht, verbrauchen, denn die Sache ist zu schwer für dich." Streitfälle am päpstlichen Hof wurden zur Manie des religiösen Lebens, wie man überall aus den Sammlungen jeder wichtigen religiösen Gemeinschaft ersehen kann.

So bewahrten die Mönche von Canterbury in vorzüglicher Weise die Zeugnisse ihrer Tätigkeit am päpstlichen Hof zwischen 1185 und 1201 auf. Sie waren nicht streitbarer als viele andere Mönche, aber wie andere Mönche auch waren sie entschlossen, ihr Recht zu wahren. Als deshalb ihr nomineller Abt, der Erzbischof, vorschlug, ein Stift für Kanoniker in der Nähe von Canterbury zu errichten, fühlten sie sofort ihre Interessen und ihre Rechte gefährdet. Sie widersetzten sich dem Plan mit aller Macht, und das Ergebnis war ein Rechtsstreit am päpstlichen Hof, der fünfzehn Jahre dauerte. In diesem Zeitraum schrieben sie hunderte von Briefen an Päpste, Kardinäle und Könige, an jeden, der möglicherweise seinen Einfluß in dem Fall geltend machen konnte. Die beteiligten Päpste schrieben nacheinander etwa siebzig Briefe dazu; Innozenz III., der sechste daran beteiligte Papst, wurde ziemlich unwirsch: „So oft mußte ich Befehl auf Befehl und Brief auf Brief in dieser Sache der Kirche von Canterbury häufen, daß ich mich schäme, von dieser faulen Geschichte zu hören."[24] Doch die Mönche waren stur, und am Ende setzten sie ihren Wunsch durch. Sie rühmten sich ihres Leidens und bewahrten die Unterlagen des Streitfalls auf als eine würdige Fortsetzung des Martyriums von Thomas Becket.

Der Weg nach Rom war mit Tod und Unheil gepflastert, und man mußte Geld wie Wasser verschwenden, um sich der Ernennung von wohlmeinenden Richtern zu vergewissern:

> Wir können uns mit der Partei des Erzbischofs in der Menge der Gaben nicht messen, aber da unser Fall nicht ohne Geschenke verhandelt werden kann, versprechen wir lieber, was wir nicht haben, als mit Ausgaben zu geizen und dafür ewige Knechtschaft zu erleiden. Es wäre unklug, mit

---

[24] Epistolae Cantuarienses (Chronicles and Memorials of the Reign of Richard I, Bd. 2, Rolls Series (1865), hg. von W. *Stubbs*), S. 509; der Fall zog sich über ein weiteres Jahr hin, und der Papst mußte noch einige Briefe schreiben, bevor er beigelegt wurde.

vergänglichem Reichtum hauszuhalten, wenn wir bereit sind, für die Verteidigung unserer Kirche unser Leben zu opfern.[25]

Selbst als die Richter am Ende angelangt waren, mußte man sich noch um die Räder des Rechtsapparats kümmern:

Der neue Legat ist ziemlich fromm, gewitzt, schweigsam und bescheiden; seid deshalb auch ihr in euren Worten umsichtig, kurz und bescheiden. Hütet euch, ihm irgendwelche Geschenke anzutragen. Ich habe versucht, ihm ein Reliquiar zu geben ... aber er lehnte es ab wegen des Silbers und der Edelsteine. Unter einigen Schwierigkeiten ist es mir jedoch gelungen, ihm das Pferd des Priors zu leihen.[26]

Sogar die kleinste Kugel wollte geölt sein:

Zeigt dem Diener des Legaten ein freundliches Gesicht und überhäuft ihn mit Versprechungen. Unsere augenblickliche Armut soll dafür kein Hinderungsgrund sein: „Solange es bei Versprechungen bleibt, kann jeder großzügig sein".[27]

Auf diese Weise verbreiterte sich der Strom vom Papst zum Legaten, vom Legaten zu dessen Diener. Das waren glorreiche Zeiten für klagende Parteien. Sie kämpften für ihr Recht wie die Löwen. Nichts hielt sie zurück, nicht einmal leere Geldbörsen, solange Geldverleiher bereitwillig zur Verfügung standen. Für die Päpste war der offene Weg nach Rom der Beweis ihres Primats geworden. Sie betrachteten Versuche der weltlichen Herren, diese Flut zu kontrollieren, vielleicht zu Recht als versteckten Angriff auf den Primat selbst. Widerstand von Bischöfen und Erzbischöfen, die ihre eigene Jurisdiktion zu erhalten suchten, wurde durch die Rechtslogik des päpstlichen Hofes beiseite gewischt. Und selbst ohne Zuflucht zu Logik wäre aller Widerstand durch den Druck der Rechtsuchenden selbst überwunden worden. Die Flut der Streitenden erforderte die Bereitstellung entsprechender Einrichtungen. Allmählich wich die heroische Improvisation und das hektische Werben um Unterstützung, wie sie in den Briefen der achtziger Jahre des 12. Jahrhunderts zutage treten, einem geordneteren Geschäftsgang, den die Richtlinien der päpstlichen Kurie festsetzten. Um 1225 war der Apparat der päpstlichen Rechtsprechung sehr gut in Schuß.

Man könnte zahllose Beispiele für die Entwicklung anführen, in

---

[25] Ebenda, S. 197.
[26] Ebenda, S. 272.
[27] Ebenda, S. 303.

deren Verlauf der Wirrwarr in Streitfällen während des 12. Jahrhunderts wenigstens oberflächlich einer wohlgeordneten Folge von Rechtsvorgängen Platz machte, die der Kontrolle des päpstlichen Hofes unterlagen. Wir glauben in all den Beispielen, die wir vorgefunden haben, eine grundsätzliche Ähnlichkeit zu erkennen. Zwei letzte Beispiele aus Canterbury mögen stellvertretend für alle aufgeführt werden. Sie stammen aus den Jahren 1184 und 1228, somit von den beiden Grenzpunkten der Zeit der Konsolidierung.

In beiden Jahren war der Erzstuhl unbesetzt, und in beiden Fällen kam es zu einem Zusammenstoß zwischen den Interessen der Mönche von Canterbury, der kanonischen Wähler, und denen des Königs und der Bischöfe des Reiches. Im Jahr 1184 war der Kampf zwischen den Parteien wirr und offen erkennbar.[28] Jeder erhob Ansprüche, die später modifiziert oder zurückgenommen wurden. Der König förderte die Verwirrung, indem er Mönchen und Bischöfen unvereinbare Versprechungen machte. Niemand wußte, wie man vorgehen sollte. Durch düstere Intrigen und Streitigkeiten über Formeln verschleppte sich die Angelegenheit. Ein Beispiel dafür: wären die Mönche zufrieden, wenn ihr Prior die Wahl mit den Worten bekanntgeben würde: „die Bischöfe von England, und ich, der Prior, und die Mönche von Canterbury, haben mit der Zustimmung des Königs ... gewählt"? Es war schwer, auf diese Fragen eine Antwort zu finden. In jedem Schritt, den die eine Seite vorschlug, witterte die andere eine Falle. Es gab schrecklich-gefühlvolle Szenen. Nach einer ärgerlichen Rede des Königs wurde der Prior ohnmächtig, worauf der König sagte, er habe nur Spaß gemacht. Es war alles sehr unwürdig. Nach vielen Monaten fruchtlosen Gezerres brachten die Mönche Dokumente zum Vorschein – von denen man gern wüßte, woher sie stammten –, die ihnen das Recht auf freie Wahl und die erste Stimme bei der Ernennung eines Erzbischofs zusicherten. Dennoch erhielten letzten Endes König und Bischöfe den Mann ihrer Wahl, und den Mönchen blieb die kärgliche Befriedigung, die Wahl durch ihren Prior zu verkünden.

Die Ereignisse während der Vakanz im Jahr 1228 könnten keinen größeren Gegensatz darstellen, wenigstens nach außen hin.[29] Von

[28] Für die Einzelheiten vgl. Gervasius von Canterbury, Historical Works, hg. von W. *Stubbs,* Rolls Series (1879–80), Bd. 1, S. 310–325.

[29] Die Einzelheiten sind in der Fortsetzung des Gervasius festgehalten, op. cit., Bd. 2, S. 115–124.

Anfang bis Ende herrschte ein äußerer Schein freudiger Einmütigkeit unter der Autorität Roms. Alles geschah in gebührender Ordnung. Die Mönche eröffneten das Verfahren, indem sie sich, ihre Güter und Freiheiten unter den Schutz des Papstes stellten. Der König versprach bereitwillig Freiheit der Wahl. Die Mönche wählten, wobei sie sorgfältig die Vorschriften des Kirchenrechts beachteten und ihre Handlungen mit der nötigen Dokumentation absicherten. Dann schickten sie ihren erwählten Kandidaten nach Rom, um dort die päpstliche Bestätigung zu erhalten. Dort stießen sie freilich auf ein unerwartetes Hindernis. Boten des Königs und der Bischöfe waren ihnen zuvorgekommen und hatten des Papstes Ohr gefunden. Der Papst untersuchte den Fall mit allem Ernst und großer Sorgfalt und erklärte die Wahl der Mönche für ungültig. Darauf ernannte er den Mann, den der König empfohlen hatte. Es gab keine Proteste, keine gefühlvollen Szenen. Ein gut geölter Apparat führte reibungslos zu demselben Ergebnis, das 1184 einen ungeheuren Verschleiß an Nerven gekostet hatte. Das Ergebnis war im Grunde das gleiche.

Das waren die goldenen Zeiten von Herrschaft, und besonders von der päpstlichen Herrschaft, bevor der Apparat an politischen Störmanövern und Überspezialisierung erstickte. Vieles wurde getan, was praktisch keine Auswirkungen hatte. Vieles, was eigens getan wurde, wäre in jedem Fall geschehen. Trotz dieser Einschränkung darf man dennoch sagen, daß der päpstliche Herrschaftsapparat so wirksam war, wie ein Herrschaftsapparat vor dem ausgehenden 19. Jahrhundert nur sein konnte. Die Kurie des 13. Jahrhunderts war, gemessen an Maßstäben, die Gültigkeit hatten, bevor es moderne mechanische Hilfsmittel und Verwaltungsbeamte gab, eine große und wirksame Organisation. Wie jede andere Regierung auch war sie ständig in Krieg oder Kriegsvorbereitungen, Diplomatie, Verwaltung ihrer Besitzungen, Berechnen und Eintreiben von Steuern verwickelt; doch der weitaus bestentwickelte Zweig der Organisation war der, welcher sich mit verschiedenen Stufen von Rechtsprozessen befaßte. Es gab ein ausgeklügeltes System, Bittgesuche und Beschwerden anzuhören, Entscheidungen aufzuzeichnen, Dokumente zu entwerfen, die man brauchte, um sie auszuführen, und Kopien der auslaufenden Korrespondenz herzustellen.[30] Die Amtsroutine zur Bewerkstelligung

---

[30] Die erste ernsthafte und noch immer nützliche Skizze dieser Organisation ist L. *Delisle,* Mémoire sur les actes d'Innocent III, *in* Bibliothèque de

dieser Aufgaben in systematischer Weise wurde zum Thema einer Spezialliteratur. Meist gab es wahrscheinlich ein gutes Hundert Fachleute am päpstlichen Hof, die sich mit Rechtsfragen befaßten. Jeder Mensch von Bedeutung, ob Laie, ob Kleriker, und jede Gruppe in Europa mußte mit den Verfahrensfragen des päpstlichen Hofes vertraut sein; die bedeutendsten unter ihnen hielten sich ständige Rechtsexperten an der Kurie, die ihre Interessen in dem Labyrinth der päpstlichen Verwaltung zu wahren hatten.

Zur Vielfalt der Tätigkeiten

Bevor wir den päpstlichen Hof auf dem Höhenpunkt seiner Wirksamkeit verlassen, wollen wir das Bild während einiger Monate im Jahr 1244 näher betrachten, genau ein Jahrhundert nach dem päpstlichen Brief an den Bischof von Worcester, den wir bereits erwähnten. Wir wählen eine ruhige Zeit, von Januar bis Juni 1244, als die Verwaltungsroutine nur wenig durch große Ereignisse und dringende Geschäfte gestört wurde. Die hektische Geschäftigkeit, die der Wahl eines neuen Papstes, Innozenz IV., im Juni 1243 gefolgt war, war verebbt. Es herrschte eine Atempause im Kampf mit Kaiser Friedrich II., der noch immer hoffte, der neue Papst würde umgänglicher sein als sein Vorgänger. In Rom dachte der Papst an das Konzil, das er für das folgende Jahr einzuberufen verkündet hatte. Zufällig wissen wir auch, daß er bereits weitere Aktionen gegen Friedrich II. plante; aber an der Oberfläche herrschte eitel Friede, und die päpstlichen Archive geben den Eindruck von alltäglicher Emsigkeit.

Während dieser sechs Monate verfertigten die päpstlichen Schreiber Kopien von etwa 400 Briefen.[31] Es müssen viel mehr geschrieben worden sein, aber die noch erhaltenen bieten eine gute Auswahl der wichtigsten Tätigkeiten. Sie befassen sich mit allen Aspekten kirchlicher Administration in fast jedem Land Europas. Privilegien von Cluniazensern, Zisterziensern und Dominikanern wurden bestätigt. Den Karthäusergründungen wurde zugestanden, bis zu je sechshun-

---

l'école des Chartes, 1858, 4. Serie, Bd. 4, S. 1–73. Eine neuere Übersicht mit reicher Bibliographie bei B. *Rusch,* Die Behörden und Hofbeamten der päpstlichen Kurie des 13. Jahrhunderts, 1936.

[31] E. *Berger,* Les Registers d'Innocent IV, 4 Bde, 1884–1919; die Briefe zwischen dem 1. Januar und dem 30. Juni 1244 tragen die Zahlen 357 bis 747, aber es befinden sich darunter einige früheren Datums.

dert Kühe zu halten. König Ludwig IX. wurde aufgefordert, Exemplare des Talmud und anderer jüdischer Bücher zu verbrennen. Der Theologe Roland von Cremona wurde dazu angehalten, die Ketzereien des rebellischen Ezelinus de Romanis zu untersuchen. Eine Verfügung bestimmte, daß im Bistum Toulouse für die nächsten fünf Jahre Exkommunikationen ausgesetzt werden sollten, da die große Zahl dieser Strafen ihren Wert geschmälert hatte. Das Mönchsgelübde des Schulmeisters von Asti, den man in betrunkenem Zustand dazu verführt hatte, dem Dominikanerorden beizutreten, wurde für nichtig erklärt. Normale Erlasse wie Freiheit von Exkommunikation, Freistellung vom Interdikt, Erlassen von Schulden bei Wucherern und ein allgemeiner Nachlaß künftiger kirchlicher Strafen wurden unter anderen an den König von Frankreich, den Fürsten von Antiochien, die Grafen der Provence, Vienne und der Toskana, die Herren von Bourbon, den Landgrafen von Thüringen, den Erzbischof von Mainz erlassen; nichts hätte friedlicher ausschauen können.

Aber wenn man nur ein wenig hinter diese Briefe blickt, erkennt man die Schatten der großen Ereignisse, die den Papst beschäftigten. Zu jener Zeit war Europa in zwei lockere Lager geteilt, das des Papstes und das des Kaisers. Die Einflußsphäre des Papstes hatte ihren Schwerpunkt in der Grafschaft Provence, wo die Könige von Frankreich und England durch Heiratsverbindungen in einem losen Familienbündnis standen. Der Einflußbereich des Kaisers, der ebenso durch Heirat mit dem englischen König verbunden war, umfaßte Sizilien, viele italienische Städte, einen großen Teil Deutschland sowie die Grafschaft Toulouse. Auf beiden Seiten gab es Leute, die an der Versöhnung der Gegner arbeiteten, und am 31. März wurde in Rom ein allgemeiner Friede zwischen dem Papst und dem Kaiser geschlossen. Wäre dieser Friedensvertrag erfolgreich gewesen, so hätte die spätere Geschichte der mittelalterlichen Kirche deutlich anders verlaufen können; nach einem Monat jedoch war er bereits zerbrochen.

Bei der Lektüre vieler päpstlicher Verlautbarungen dieser Zeit muß man sich immer wieder diese Situation vergegenwärtigen. Der Papst machte kein Geheimnis aus dem durchaus praktischen Zweck, den seine Gunstbezeugungen verfolgten. Es war das Ziel der Erlasse, seinen Freunden Mut zu geben, wankelmütige Leute wie den Grafen von Toulouse und den Landgrafen von Thüringen für seine Sache zu gewinnen und die Feinde des Papsttums zu strafen. Bei sehr vielen dieser kleinen und scheinbar nicht zusammenhängenden Drohungen und Gunstbezeugungen verfolgte der Papst diese Ziele, und er legte sie den französischen König offen dar:

Es ist der Brauch des Apostolischen Stuhles, mit ehrenvollen Privilegien solche edlen Männer auszuzeichnen, die sich in seinem Dienst als zuverlässig und feurig erwiesen haben.[32]

Päpstliche Privilegien trugen dazu bei, auf gemeinsamem Interesse gegründete Allianzen zu festigen, und in diesen ruhigen Monaten wurden sie stillschweigend dazu benutzt, des Papstes antikaiserliche Politik in Italien und in Deutschland zu fördern.

Politische Überlegungen dieser Art spielten bei den Beziehungen des Papstes zu England die geringste Rolle; die 77 Briefe, die während der ersten sechs Monate des Jahres 1244 an dieses ferne Königreich gingen, zeigen einen guten Querschnitt gewöhnlichen Routinegeschäfts der päpstlichen Verwaltung.[33] Fast alle diese Briefe erhellen die Arbeitsweise einer höchsten Rechtsgewalt. Etwa ein Drittel gab päpstliche Richtlinien in kirchlichen Rechtsstreitigkeiten. In einem anderen Drittel übte der Papst die Macht einer obersten Rechtsinstanz aus, die gleichzeitig die oberste gesetzgebende Gewalt war, indem er seine eigenen Gesetze überging. Dispense waren großenteils Routineangelegenheiten. Zehn Bastarden wurde erlaubt, kirchliche Ämter zu bekleiden, die ihnen durch das Hindernis ihrer illegitimen Geburt verstellt gewesen waren; es wurde 31 Klerikern gestattet, mehr als eine Seelsorgestelle zu verwalten. Auf höherer Ebene erhielt ein vornehmer Kleriker aus dem Hause der Clare die Erlaubnis, so viele Pfründen mit Seelsorgepflicht einzunehmen, daß er ein jährliches Einkommen von 200 Pfund zusammenbrächte; ein päpstlicher Kaplan, Johannes von Vercelli, erhielt ein ähnliches Privileg. Diese Briefe vermitteln am besten die unauffällige Zusammenarbeit von weltlicher und geistlicher Autorität. In einem Brief bestätigte der Papst die Bedingungen eines Leihgeschäftes zwischen dem König und seinem Schwiegervater; in einem anderen bestätigte er des Königs testamentarische Verfügungen über sein Königreich und die Größe der Mitgift der Königin; wieder in einem anderen gab er dem Erzbischof Vollmacht, den König von automatischer Exkommunikation loszusprechen, die dadurch zustande kom-

---

32 Ebenda, Nr. 718.
33 C. P. R. Bd. 1, S. 204–210.

men würde, daß seine Beamten Gewalt gegen Kleriker üben würden; in einem anderen Brief wiederum ermahnte er den König, die Translation des Bischofs von Norwich nach Winchester zu gestatten.

Hier haben wir also einen repräsentativen Querschnitt von der päpstlichen Regierung der Kirche während einiger relativ ruhiger Monate in der Mitte des 13. Jahrhunderts. Natürlich bezeugen diese Dokumente nicht die ganze Machtfülle des Papstes, aber sie zeigen doch ganz deutlich, daß die in Einzelheiten gehende Kontrolle aller kirchlichen Angelegenheiten kein leerer Wahn war. Die päpstlichen Weisungen überspülten mit sanfter Wirksamkeit ganz Westeuropa, und es ist bemerkenswert, wie wenig Opposition sich gegen sie erhob. In diesem Bereich wenigstens schien der Traum von päpstlicher Macht, wie ihn Gregor VII. geträumt hatte, in Erfüllung gegangen zu sein.

Der Primat und die weltliche Gewalt

Wenn wir uns jetzt der Frage päpstlicher Autorität über die weltlichen Herrscher zuwenden, so ist das Ergebnis unserer Stichprobe während der ersten sechs Monate im Jahr 1244 nicht gleichermaßen eindeutig. Sicherlich übte der Papst ungleich weiterreichenden politischen Einfluß aus, als das im 11. Jahrhundert möglich gewesen war. Seine Macht, Kaiser abzusetzen, würde in Kürze endlich auf die Probe gestellt werden; es sollte sich zeigen, daß sie nicht völlig erfolgreich war, obschon sie die Familie seines Gegners vernichtete und gleichzeitig auch das Kaiserreich praktisch zerstörte. Aber es gibt Anzeichen von Schwäche grundsätzlicher Natur. Die Macht des Papstes über Fürsten konnte nur wirksam werden, indem sie in übertriebener Weise ausgeübt wurde. Es lag nicht in seinem Belieben, wahlweise einzelne Fürsten herauszugreifen und zu vernichten, ohne ein allgemeines politisches und manchmal auch kirchliches Chaos zu verursachen. Noch 1244 versuchte der Papst, indem er in der Gegend von Toulouse weitere Exkommunikationen untersagte, den Schaden zu lindern, den die Entscheidung angerichtet hatte, drei Jahrzehnte früher den aufsässigen Grafen von Toulouse unschädlich zu machen. Drei Jahrzehnte später hatten die Päpste noch immer mit dem Schaden zu tun, den die Zerstörung des Hauses der Staufer angerichtet hatte.

Der Grund für diese Unstimmigkeit zwischen Zielvorstellungen und tatsächlich erreichten Zielen war einfach: die einzigen Waffen, über die der Papst persönlich verfügte, waren Interdikt und Exkommunikation. Diese Waffen hätten wirksam sein können, wenn sie allgemein Respekt und Gehorsam eingeflößt hätten; aber das war nicht der Fall. In weniger bedeutsamen Fällen wirkten sie gelegentlich; wenn es um größere Dinge ging, waren sie entweder ganz wirkungslos oder lösten in der Folge eine solche Flut von eigennütziger Gewalt aus, die alles, was erreichbar war, zerstörte, letzten Endes auch das Ansehen der Macht, die jene Gewalt rechtfertigte.

Die Wirkungsweise dieses Gesetzes, bei dem Mittel und Ziel in keinem Verhältnis zueinander standen, vermittelt das Bild eines der tragischsten Schauspiele europäischer Geschichte. Die päpstlichen Ansprüche im weltlichen Bereich hatten nie Aussicht auf Erfolg, weil der Papst nicht über entsprechende Waffen verfügte; aber er konnte sich nicht enthalten, mit unzureichenden Waffen nach Erfolg zu suchen, solange es keine wirksame Herausforderung an die Theorie des päpstlichen Primats in weltlichen Angelegenheiten gab. Im 12. und 13. Jahrhundert gab es keine befriedigende theoretische Antwort auf die Prämisse, daß „es das Recht der geistlichen Gewalt ist, die weltliche Gewalt einzusetzen und zu richten“[34]. Die alte Antwort daß nämlich der weltliche Herrscher seine unabhängige Gewalt unmittelbar von Gott ableitete, war zerstoben. Die spätere Antwort, die aus der detailierten Analyse des Wesens der geistlichen Gewalt im 14. Jahrhundert entwickelt werden sollte, stand noch aus. In der Zwischenzeit war jeder größere Versuch des Papstes, die Theorie der weltlichen Gewalt in die Praxis umzusetzen, von unglückseligen Folgen. Theoretisch hätte die Macht, unwürdigen Königen ihre Reiche zu entziehen und sie denen zu geben, die der Papst für würdig befand, der Gipfelpunkt des Systems von päpstlicher Jurisdiktion und Gunstbezeugung sein sollen. Tatsächlich aber waren die normannischen Könige, die als die Schützlinge des Papstes nach England kamen, ihm bedrohlicher als die Angelsachsen, die sie ablösten; Heinrich V., den der Papst zum Kaiser krönte, war gefährlicher als Heinrich IV., dem er die Krönung verweigerte; und selbst der politische Scharfsinn eines Innozenz III. konnte keinen annehmbaren

[34] Hugo von St. Victor, De Sacramentis, II, 2 (Migne, PL 176, 418).

Nachfolger für Heinrich VI. hervorbringen. Päpste konnten „entwurzeln und zerstören", sie konnten nicht „bauen und pflanzen".[35]

Das Scheitern des Papstes im Bereich der weltlichen Herrschaft steht in scharfem Gegensatz zu seinem Erfolg beim kirchlichen Primat. Man sollte freilich den Gegensatz nicht übertreiben. Selbst der Erfolg beim kirchlichen Primat unterlag denselben Gesetzmäßigkeiten wie das Scheitern der weltlichen Herrschaft; es gab ihr nur, insoweit er für eine große Zahl einflußreicher Leute annehmbar war. Erfolg und Scheitern wurden von weltlichen Überlegungen bestimmt. Es bedarf kaum einer Bemerkung, daß viele Menschen der Überzeugung waren, daß die päpstliche Autorität in beiden Sphären berechtigt war und von Erfolg gekrönt werden sollte. Ohne einen solchen Glauben wäre es gar nicht erst zu einem wie auch immer gearteten Erfolg gekommen. Aber der Glaube allein genügte nicht, um Erfolg zu garantieren. Um die Grenzen päpstlicher Macht zu verstehen, im kirchlichen und im weltlichen Bereich, müssen wir nach den Gründen suchen, die außerhalb des Bereichs theoretischer Überzeugung liegen.

Den ersten Beitrag zum Erfolg des Papsttums im 11. und 12. Jahrhundert lieferte die Unterstützung durch die Ordensgemeinschaften, die in der päpstlichen Autorität die beste Garantie gegen den Druck bischöflicher Disziplin und weltlicher Raubzüge sahen. Später bot der päpstliche Primat weiteren Kreisen des Klerus überall beträchtliche Vorteile: Sicherheit für seinen Besitz, Freiheit vor weltlicher Strafe, Zuflucht vor Gewalt, sowie auch die Möglichkeit, komplizierte Streitfälle zu lösen. Der päpstliche Primat stärkte die Stellung eines jeden Klerikers, indem ihnen allen etwas von der Größe Roms zuteil wurde. Wir haben die Interessengemeinschaft des Klerus im Mittelalter die größte aller Gewerkschaften genannt, und der päpstliche Primat wäre nie wirksam geworden, wenn er nicht die Unterstützung der kirchlichen Hierarchie gewonnen hätte, indem er an den Interessen des Klerus an sich festhielt. Ebenso wäre er aber auch nie wirksam geworden, wenn die weltlichen Herrscher nicht gelernt hätten, daß ihnen dadurch fast nichts abging, mochte er ihnen auch selbst nichts bieten.

---

[35] Für Innozenz III. spiegelten diese beiden Ausdrücke die Gesamtheit der Macht des Papstes in weltlichen Dingen wider; vgl. z. B. C. R. *Cheney* und W. H. *Semple,* Selected Letters of Innocent III concerning England (1953), S. 24, 151, 216, mit weiteren Angaben dort.

Wie wenig die Herrscher letzten Endes trotz anfänglicher Befürchtungen unter dem Anwachsen päpstlicher Autorität litten, kann man an einem der Papstbriefe vom Jahr 1244 sehr schön sehen. Der Brief enthielt eine deutliche Mahnung an den englischen König, es zu gestatten, daß der Bischof von Norwich nach Winchester versetzt werden dürfe.[36] Er erscheint auf den ersten Blick als eine einfache Ausübung des Supremats des Papstes; dahinter steckt freilich eine Geschichte, die die ganze Stärke und Schwäche der päpstlichen Regierung der Kirche im Mittelalter aufzeigt. Sie verdient es, kurz angeführt zu werden.

William Raleigh war der Bischof, zu dessen Gunsten der Papst sich einschaltete, einer der größten Diener des Königs. Man hat ihn den bedeutendsten Richter am königlichen Hof genannt, ebenso wie den Verteidiger des weltlichen englischen Common Law gegen Gesetze, Bestimmungen und die gesamte öffentliche Meinung der Christenheit.[37] Zum Lohn für seine Dienste hatte ihm der König eine eindrucksvolle Anzahl kirchlicher Pfründen gegeben, und es lag nahe, daß die höchste Belohnung, ein Bistum, bald folgen würde. Zweifellos hatte der König die ernste Absicht, Raleigh im Laufe der Zeit gebührend zu belohnen; es war freilich das Pech des Kandidaten, daß die Mönche ihn, als das Bistum Winchester im Jahr 1238 vakant wurde, überstürzt wählten, ohne die Zustimmung des Königs einzuholen. Das war ein Fehler. Winchester war das begehrteste Bistum im ganzen Reich. Es wies einen prächtigen Palast auf, war günstig gelegen, besaß reiche Einkünfte und spielte politisch eine große Rolle, kurzum, es besaß alles, was man sich wünschen konnte. Aber der König hatte nicht die Absicht, seinen gleichwohl verdienten alten Gefolgsmann damit zu überschütten. Er hatte die Stelle für Wilhelm von Savoyen, einen Verwandten seiner Frau, vorgesehen. Deshalb sorgte er dafür, daß Raleigh zum Bischof von Norwich gewählt wurde, einer bescheideneren Stelle, während Wilhelm von Savoyen Winchester erhielt. Freilich hatte man sich kaum friedlich geeinigt, da starb Wilhelm von Savoyen, und die Mönche von Winchester, unbelehrbar, wie sie waren, wählten noch einmal in aller

---

[36] C. P. R. Bd. 1, S. 206, vom 28. Februar 1244.

[37] F. *Pollock* und F. W. *Maitland,* History of Englisch Law, ²1898, Bd. 1, S. 189, 196. Der Verlauf dieser umstrittenen Wahl ist in Einzelheiten berichtet bei F. M. *Powicke,* Henry III and the Lord Edward, Bd. 1, S. 270–274.

Eile Raleigh. Der König war sichtlich verärgert, aber jetzt wußte er einen anderen Ausweg. Da Raleigh bereits Bischof von Norwich war, erforderte seine Versetzung die Zustimmung des Papstes, und der König bediente sich des besten Kanonisten seiner Zeit, um die Wahl am päpstlichen Hof anzufechten. Er hatte es nicht eilig. Während der Fall ruhte, erfreute er sich aller Einkünfte von Winchester und verwaltete die gesamte kirchliche Patronage des Bistums. Sein Rechtsberater, Heinrich von Susa, zukünftiger Kardinal und sehr berühmter Kanonist, hatte es gleichfalls nicht eilig. Der Fall gab ihm Erfahrung, wie seine späteren Schriften zeigen, und vergrößerte ständig seinen Ruhm und Reichtum.[38] Die Mönche von Winchester mußten lange auf ihren Bischof warten, und vielleicht hatten auch sie es nicht eilig.

Das Bistum war fünf Jahre lang vakant, bis 1243 eine päpstliche Entscheidung zu Gunsten der Mönche fiel. Heinrich von Susa erhob ein letztes Mal Einspruch mit der Begründung, das Urteil stünde im Gegensatz zu den Rechten des Königs. Der Fall dauerte weitere sechs Monate, aber damit hatte selbst der beste Jurist seine Möglichkeiten erschöpft. Im Januar 1244 schrieb der Papst einigermaßen streng an den König; im Februar appellierte er ein letztes Mal an ihn, bevor er zu scharferen Mitteln greifen würde. Der König sah ein, daß er am Ende des Rechtsweges angelangt war und gab nach. Vielleicht hätte er den Fall noch ein paar Jahre hinziehen können, wodurch die Bitterkeit auf beiden Seiten nur gewachsen wäre, aber er wußte, wie weit er gehen konnte. Als Folge der Vakanz war er um etwa 20.000 Pfund reicher. Viele seiner Diener hatten Pfründen erhalten, die sie sonst nicht bekommen hätten. Heinrich von Susa wurde Prior des Hospitals vom Heiligen Kreuz, eines der angenehmsten Orte bei Winchester. Gegen seinen alten Diener Raleigh war der König nicht nachtragend. Dieser erfreute sich sechs Jahre lang des Bistums, und danach war ein anderes Mitglied der königlichen Familie alt genug, um das Bistum zu übernehmen. Der Papst hatte die Befriedigung, daß das Recht eingehalten worden war. Es war alles sehr freundschaftlich verlaufen; keiner war zu weit gegangen, keiner hatte die Beherrschung verloren, keiner war exkommuniziert worden. Jeder konnte zufrieden sein.

---

[38] Vgl. N. Didier, Henri de Suse en Angleterre (1236?–1244), *in* Studi in onore V. Arangio-Ruiz, 1952, Bd. 2, S. 333–351.

In einer wichtigen kirchlichen Angelegenheit war der päpstliche Primat aufrechterhalten worden. Niemand hatte dem Papst das Recht bestritten, die Frage vor seinem eigenen Gerichtshof auf Grund seiner Gesetze zu lösen, in einem Prozeßverlauf, den er bestimmte. Niemand hatte geleugnet, daß er sich über alle lokalen Rechte und Ansprüche hinwegsetzen konnte, seien sie kirchlicher oder weltlicher Natur. So weit war der Fall ein glänzender Triumph päpstlicher Autorität. Er hinterließ keine Wunden, weil er niemanden verletzte. Aber gerade das ist es, was an diesem seltsamen kleinen Antidrama, das wir verfolgt haben, am bedenklichsten stimmt. Es zeigt die Fähigkeit aller, die an dem Fall beteiligt waren, es sich in den Korridoren des gewaltigen Apparats der päpstlichen Verwaltung bequem zu machen.

In einem früheren Kapitel haben wir gefragt, warum die Laienschaft sich mit der geringen Stellung zufriedengab, die ihr die vorherrschenden klerikalen, sozialen und politischen Theorien der Zeit zuwiesen. Anscheinend bestand die Antwort zum großen Teil darin, daß trotz aller allgemeinen Grundsätze bei Anwendung im Einzelfall diese Theorien derart geformt waren, daß sie Platz auch für weltliche Interessen hatten, ebenso wie in den Bereichen von Finanz und Krieg. Wir sehen jetzt, daß dieselben Erklärungen weiter gefaßt werden können und auch den Bereich umfassen, in dem die kirchliche hierarchische Theorie offensichtlich am erfolgreichsten war, nämlich bei der Behandlung von rein kirchlichen Angelegenheiten. In diesem Bereich mußten die weltlichen Interessen einige sehr offenkundige und sogar spektakuläre Niederlagen hinnehmen. Könige und Laien verloren die direkte Kontrolle über die Besetzung der meisten kirchlichen Stellen; sie verloren ihre Rechtsprechung über kirchliche Personen und Sachen; sie verloren die Macht, kirchliche Würdenträger ihrer Ämter zu entheben; sie konnten sich nicht auf Dauer dem Papst widersetzen. All das zeigte sich dramatisch in einer Reihe von Ereignissen, die die Phantasie späterer Generationen beschäftigen sollten: der deutsche König Heinrich IV. in Canossa, Heinrich II. von England im Büßerhemd in Canterbury, König Johann als Lehnsmann des Papstes, die Vernichtung der Familie Friedrichs II., ein päpstlicher Kandidat auf dem sizilianischen Thron. Aber diese Vorfälle berichten nicht die zentrale Wahrheit, daß nämlich die weltlichen Herrscher lediglich die Regeln eines komplizierten Spiels zu erlernen hatten, um über einen Vorrat an kirchlichem

Reichtum und Talent zu verfügen, der größer sein würde als je zuvor.

Die Herrscher Europas vor dem 12. Jahrhundert waren von der fast uneingeschränkten Kontrolle der Besetzung kirchlicher Stellen abhängig gewesen und hatten viele Vorteile daraus gezogen. Auf Grund dieser Kontrolle verfügten sie über zuverlässige Helfer in Friedenszeiten, über Truppen und Geld im Krieg, über eine regelmäßige Auffüllung ihrer Finanzen bei jeder Vakanz, Gold- und Silberreserven, wann immer sie diese benötigten, und eine Vielzahl von Quartieren auf ihren Reisen. Selbstverständlich nahmen sie den Verlust solcher Privilegien nicht gleichgültig hin. Aber indem sie sich an diesen Zustand gewöhnten, entdeckten sie, daß ihre Sorge unbegründet gewesen war. Freilich konnten sie nicht länger einfach Bischöfe ernennen oder sich für die Bereitstellung kirchlicher Ämter bezahlen lassen; weder konnten sie künftig Kirchengut einziehen noch sich in die kirchliche Rechtsprechung einmischen. Doch mehr denn je stand ihnen der Reichtum der Kirche zur Verfügung, um die wachsende Betätigung der weltlichen Regierung zu finanzieren. Kirchlich geweihte Kleriker, die gleichwohl persönlich lediglich kirchlicher Jurisdiktion unterstanden, waren im 12. und 13. Jahrhundert die wirksamsten Helfer bei der weltlichen Regierung. Als Belohnung für ihre Mühen erwarteten sie Beförderung in der Kirche, und ein König hatte nie Schwierigkeiten, derartiges zu besorgen. Kirchliche Ämter waren der wichtigste Schatz, aus dem die weltlichen Herrscher ihre Diener bezahlten. Jeder, auch der Papst, fand sich damit ab. Natürlich wuchs dadurch das Heer königlicher Beamter sprunghaft an. Dank päpstlichen Dispenses gelang es den erfolgreichsten unter ihnen, sehr große Reichtümer aufzuhäufen; auf dem Höhepunkt ihrer Laufbahn konnten sie mit einem Bistum rechnen.

Für all das genügte die königliche Genehmigung allein nicht mehr. Man mußte sich an die Spielregeln halten. Wo es Spielregeln gibt, braucht man Fachleute, und wo es Fachleute gibt, gibt es Schlupflöcher. Es war der Klerus selbst, der die Fachleute stellte, die dem König zeigten, wie er den kirchlichen Schatz nach Regeln kirchlicher Disziplin handhaben konnte. Diese Fachleute, Männer wie Heinrich von Susa, erwarteten gleichermaßen vom weltlichen Herrscher kirchliche Belohnungen, aber solange man dabei Vorsicht walten ließ, gab es keinen Anlaß zu Bitterkeit. Dramatische Auseinandersetzungen entsprangen entweder Ungeschicklichkeit, Dummheit, übertriebener Vertrauensseligkeit oder persönlichem Haß. Wenn man sich aber an die Spielregeln hielt und nicht zu weit ging, konnte man alle Unannehmlichkeiten vermeiden.

Der Streit um das Bistum Winchester zwischen 1238 und 1244 zeigt einen König, der nicht zu weit ging. Er zeigt auch, wie wenig der verlor, der zu verlieren wußte, und wie wenig der Papst gewann, der nach seinen eigenen Spielregeln gewann. Was in diesen Jahren geschah, zeigte keine großen Anzeichen von Korruption, aber weltliche Motive waren überall bestimmend und behielten immer die Oberhand. Man kann verstehen, daß viele Zeitgenossen zu glauben begannen, die Kirche sei eine Verschwörung der weltlichen und geistlichen Mächte, um den kirchlichen Reichtum auszubeuten, und der Papst sei als Haupt dieser Verschwörung tatsächlich der Antichrist. Solche Ansichten waren noch nicht sehr einflußreich, aber doch beunruhigend. Sie sollten in der Folgezeit an Einfluß gewinnen.

Die Juristenpäpste

Es gibt eine Tatsache, die besser als alles andere diese Epoche der Geschichte des Papsttums erklärt: jeder bedeutende Papst zwischen 1159 und 1303 war Jurist. Diese Tatsache erhellt die überragende Beschäftigung des Papsttums mit der Formulierung und Durchsetzung des Rechts. In diesem Feld war die päpstliche Stellung am stärksten. Zu einer Zeit, als die Tradition von altem Recht und alter Regierungsweise fast ganz aus Europa verschwunden war, behielten die Päpste die Bestandteile eines Rechtssystems, auf dem sie aufbauen konnten. Zudem konnten sie eine Autorität in der Gesetzgebung beanspruchen, die für jeden anderen Herrscher des Abendlandes unerreichbar war. Jeder Aspekt der Gesellschaft im 12. Jahrhundert begünstigte das schnelle Wachstum päpstlichen Rechts, und dieses wiederum wurde durch die große Reihe von Juristenpäpsten ständig verstärkt, durch Alexander III., Innozenz III., Gregor IX., Innozenz IV., Bonifaz VIII. Die Gesellschaft des Mittelalters und zu einem großen Teil auch die der Neuzeit ist diesen Päpsten in wesentlichen Grundzügen sehr stark verpflichtet. Sie übernahmen ihre Aufgabe mit gedanklicher Klarheit, Festigkeit in prinzipiellen Fragen und weitreichender praktischer Klugheit. Aber sie zeigten auch alle Schwächen von Juristen in führender Position. Immer weniger strebten sie danach, die Führungsqualitäten zu bieten, die immer gerade außerhalb ihrer Reichweite zu sein schienen, und zunehmend wurden ihre Kräfte davon in Anspruch genommen, lediglich das Getriebe der Verwaltung in Gang zu halten. Wenn es um große Fragen ging, gaben sie sich zunehmend damit zufrieden, einen formalen Sieg zu erringen, der dann mit wohlklingenden Verallgemeinerungen bekräftigt wurde. Immer mehr verzehrten sie ihre Kräfte in den Nebensächlichkeiten von Ausbau, Verteidigung und Regierung des päpstlichen Staates. Dafür bedienten sie sich solcher Methoden, die sich von denen weltlicher Herrscher gar nicht mehr unterschieden. An Stelle der gewaltigen Brüderschaft gehorsamer Könige oder Ritter des Heiligen Petrus, von denen die Päpste früher geträumt hatten, verengte sich die Vision der Päpste im 13. Jahrhundert darauf, einen von ihnen abhängigen König in Unteritalien zu haben und Mittelitalien mit Hilfe ihrer Verwandten zu regieren. Einen Papst nach dem anderen trieb die Unsicherheit politischer Bündnisse dazu, Neffen, Vettern und weitere Verwandte aufzubauen, die seinen Interessen dienen würden und von seiner Gunst abhängig waren; die politische Karte Italiens wurde zu einem Palimpsest dieser unerfreulichen Verbindungen. Mehr als jede theoretische Kritik trieb die Notwendigkeit solcher Maßnahmen mit den Worten des Propheten Jeremia ihren Spott, welche Bonifaz VIII. in seiner letzten großen Stellungnahme über das päpstliche Amt zitierte: „Siehe, ich setze dich heute dieses Tages über Völker und Königreiche, daß du ausreißen, zerbrechen, verstören und verderben sollst und bauen und pflanzen.[39]

Inflationäre Tendenzen (ca. 1300 – ca. 1520)

1309 siedelte Clemens V. nach Avignon über. In vieler Hinsicht war das eine sehr gute Sache. Das Papsttum wurde den großen Spannungen italienischer Politik entzogen und in einer Gegend angesiedelt, in welcher der politische Druck schwach war. Geo-

[39] *Extravagantes Communes,* I, viii, 1 (*Friedberg,* Corpus Iuris Canonici, Bd. 2, 1246). Das Zitat entstammt der Bulle *Unam Sanctam,* die, so wird berichtet, Bonifaz selbst abfaßte und persönlich aufzeichnete, vgl. H. *Finke,* Aus den Tagen Bonifaz' VIII., 1902, S. 147 Anm.

graphisch lag der neue Sitz der Verwaltung viel günstiger; für vier Fünftel der Bewohner des christlichen Abendlandes verkürzte sich die Reisezeit an den päpstlichen Hof um fünf Wochen. Zwar gab Avignon keine Anregung zu großen Ideen, und leidenschaftliche Gemüter sehnten sich nach Rom zurück, aber in den vorangegangenen Jahren war den Päpsten von großartigen Ideen nicht viel Gutes widerfahren. Wenn die Hauptbeschäftigung des Papsttums darin bestehen sollte, die täglichen Routinearbeiten im Rechtsbereich zu erledigen – und davon gab es jetzt kein Zurück mehr –, dann war Avignon ein viel günstigerer Mittelpunkt als Rom. Dort herrschte eine Atmosphäre wie in einem effektiven Verwaltungszentrum.

Allein die Tatsache, daß die Päpste siebzig Jahre lang ohne physischen Kontakt mit Rom wirken konnten, ist ein bemerkenswertes Anzeichen für den Weg, den man in den vergangenen zwei Jahrhunderten zurückgelegt hatte. Eine von Rom getrennte päpstliche Macht wäre zu jeder Zeit vor der Mitte des 13. Jahrhunderts undenkbar gewesen; im vierzehnten Jahrhundert wurde man damit fertig, mit einem Ausdruck des Bedauerns vielleicht, sicher aber ohne Schwierigkeiten. Jetzt war der päpstliche Hof hauptsächlich ein Ort, an dem gearbeitet wurde. Niemand konnte sich vorstellen, daß er nicht da sein würde, und nichts konnte sein Wesen grundlegend ändern. Man mußte ihn nehmen, wie er war, und je günstiger er lag, desto besser.

In den vergangenen zwei Jahrhunderten waren alle Typen von Verwaltung gewachsen, und in vielen Bereichen hatte man einen Grad von Komplexität erreicht, der das wirksame Abwickeln von Geschäften stark beeinträchtigte. Dafür gab es verschiedene Gründe. An erster Stelle bewirkte die Einfachheit, mit der man ein Heer von Beamten fast ohne Geldauslagen durch kirchliche Pfründen halten konnte, daß sich die Verwaltung dermaßen aufblähte, daß sie nicht mehr wirksam sein konnte. Diesen Faktor gab es bei der Ausdehnung der päpstlichen ebenso wie in der weltlichen Verwaltung. Als Folge davon schuf die Tendenz von Rechtsfragen, immer komplizierter zu werden, das Bedürfnis nach mehr Beamten, die ihrerseits wiederum mehr Arbeit schufen. Die päpstliche Verwaltung litt an all diesen Symptomen einer zu weit getriebenen Perfektion. Die Betätigung nahm weiter zu, aber sie bewirkte nicht ein entsprechendes Anwachsen des Einflusses der Päpste auf die Angelegenheiten Europas.

Wenn wir uns noch einmal den ruhigen Monaten im Jahr 1244 zuwenden, können wir sehen, daß es damals bereits Anzeichen dafür gab, wie das päpstliche Verwaltungssystem in Begriff war, seine eigenen Abwehrkörper zu entwickeln, die den Bereich wirksamer Einflußnahme einschränkten. Auffällig war dabei, daß der weltliche Herrscher innerhalb des päpstlichen Systems zu seinem eigenen Vorteil tätig wurde. In der freundschaftlichsten Weise war es Heinrich III. von England gelungen, aus den Verzögerungen in der päpstlichen Rechtsprechung einen solchen Gewinn zu ziehen, um den Wilhelm Rufus ihn hätte beneiden können, zu einer Zeit, als die päpstliche Rechtsprechung den Kinderschuhen noch nicht entwachsen war. Während freilich Rufus überall gegen die kirchlichen Vorstellungen ankämpfen mußte, operierte Heinrich III. in einem günstigen Stimmungsklima mit der wertvollen Hilfe eines berühmten Kanonisten. Eine solche Handlungsweise barg im Grunde viel größere Gefahren für die päpstliche Stellung als die rohe Gewalt eines Rufus: man kann nun einmal gegen ehrenwerte Handlungen keine Sanktionen einsetzen!

Ein anderer bedrohlicher Aspekt der Zeugnisse von 1244 waren die Anzeichen dafür, daß die Waffe der Exkommunikation überstrapaziert worden war und an Wirksamkeit einbüßte. Der Brief des Papstes, in dem weitere Exkommunikationen für die kommenden fünf Jahre im Bistum Toulouse ausgesetzt werden sollten, war das Eingeständnis einer bedeutenden Niederlage, denn ohne diese Sanktion war die gesamte päpstliche Stellung entscheidend geschwächt. Viele weitere Anzeichen für das gleiche Nachlassen der mächtigsten Waffe des Papstes könnten die italienischen Städte bieten. Dort waren die Anzeichen für die Gefahr der Situation besonders groß. Die Mehrzahl der großen italienischen Städte unterlag irgendwann einmal im 13. Jahrhundert mehrere Jahre lang dem päpstlichen Interdikt. Sie reagierten darauf mit fast kaufmännischer Kalkulation, so wie sie auf eine Knappheit an Lebensmitteln oder Rohstoffen reagiert hätten. Die Exkommunikation war eine ziemlich unangenehme Sache, aber kein großes Unglück. Die äußerste Waffe des Papsttums war nicht länger eine Sanktion, die sich qualitativ von anderen unterschied.

Auch bemerkt man wenige Jahre nach 1244 bereits die ersten Anfänge einer anhaltenden Opposition des Klerus gegen Handlungen des Papstes. Heute wird jeder zustimmen, daß bei dem berühmten Anlaß, als sich Bischof Robert Grosseteste 1253 weigerte, auf Befehl des Papstes einem Neffen desselben den Einzug in ein Kanonat zu gestatten, er sich mit einer überragenden Lehre der päpstlichen Autorität auseinandersetzte.[40] Sein Handeln war jedoch auch ein Zeichen dafür, daß päpstliche Macht allein keinen ausreichenden Schutz mehr für kirchliche Rechte bot. Die Macht der Päpste war in erster Linie gewachsen, weil sie die Bedürfnisse und Hoffnungen der großen Mehrheit der kirchlichen Hierarchie befriedigte. Sollte das einmal zu Ende gehen oder sollte es einmal so aussehen, als ob andere Mächte, der König zum Beispiel, diese Bedürfnisse und Hoffnungen besser befriedigen würden, dann wären die Tage der Macht des Papstes gezählt. Derartiges lag noch in ferner Zukunft, aber Zweifel machten sich schon damals bemerkbar.

Diese neuen Faktoren setzten einem weiteren Anwachsen der päpstlichen Macht Grenzen, aber sie beeinflußten nicht unmittelbar das Zunehmen der Beschäftigung. Wenn wir nun ein Jahrhundert vorausschauen und einen ähnlichen Überblick über die noch erhaltenen päpstlichen Dokumente der ersten sechs Monate des Jahres 1344 vornehmen, stellen wir eine bedeutende Zunahme in drei Betätigungsfeldern fest: in der Ausgabe von Ablässen, in der Schiedsrichterfunktion des Papstes in internationalen Angelegenheiten und in der Perfektionierung des Systems von Besetzung kirchlicher Pfründen durch den Papst. Eine Untersuchung dieser drei Betätigungsfelder wird uns Auskunft darüber geben, wie sich die Beziehungen zwischen dem Papsttum und der europäischen Gesellschaft in den letzten mittelalterlichen Jahrhunderten entwickelten.

Ablässe

Die Verkündigung von päpstlichen Ablässen in großer Zahl geht auf das Jahr 1095 zurück, als Urban II. erklärte, daß eine Teilnahme am Kreuzzug als Ersatz für alle anderen Bußhandlungen angerechnet würde – oder, volkstümlicher, aus gedrückt, daß sie jedem Kreuzfahrer den sofortigen Zutritt zum Himmel garantieren würde –,

---

[40] Die beste Untersuchung der Stellung Grossetestes stammt von W. A. *Pantin*, Grosseteste's Relations with the Papacy and the Crown, *in* Robert Grosseteste, Scholar and Bishop, hg. von D. A. *Callus*, 1955, S. 178–215.

sofern er in einem Zustand der Reue und Beichte sterben würde.[41] Nach 1095 waren solche Generalablässe, die nur der Papst vergeben konnte, lange Zeit für ganz besondere Ereignisse aufgespart worden. Sie dienten vor allem als Belohnung für die Teilnahme am Kreuzzug zu Bedingungen, die der Papst niedergelegt hatte. Ähnliche Verleihungen für andere verdienstvolle Handlungen waren extrem selten. Dennoch stellten sie von Anfang an einen besonders persönlichen Ausdruck der Fülle päpstlicher Macht dar, und der Vergabe solcher Privilegien durch den Papst waren keine Grenzen gesetzt.

Eines der frühesten Beispiele für die Ausübung dieser Macht zeigt in rührender Weise die persönliche innere Teilnahme des Papstes. Es ist von Johann von Salisbury überliefert. Eines Tages im Jahr 1150 saß Papst Eugenius III. zu Gericht und hörte eine Scheidungsklage, in der der Graf von Molise Trennung von seiner Frau wegen zu naher Verwandtschaft suchte. Nach einer Weile konnte sich der Papst nicht länger beherrschen. Er brach in Tränen aus, erhob sich von seinem Thron und warf sich dem Grafen so heftig zu Füßen, daß seine Mitra in den Staub fiel. Als die Bischöfe und Kardinäle ihn wieder auf die Beine gestellt und seine Mitra aufgehoben hatten, bat der Papst den Grafen flehentlich, seine Frau wieder aufzunehmen:

> Um dich bereit und willens zu machen, das zu tun, will ich, der Nachfolger des Petrus und Stellvertreter Christi, dem die Schlüssel zum Himmelreich gegeben sind, deiner Frau eine unschätzbare Mitgift geben: wenn du ihr treu bleibst, wird sie dir Freiheit (von Strafe) für alle die Sünden einbringen, die du bisher begangen hast, und ich werde sie am Tag des Jüngsten Gerichtes auf mich nehmen.[42]

Obwohl die späteren Verlautbarungen mittelalterlicher Päpste über den Ablaß selten so aussagekräftig sind wie gerade diese, sehen wir hier die tief empfundene persönliche Verantwortung, die den besten Ablaßverkündungen nie ganz fehlt. Die spätere Geschichte des Ablasses, so katastrophal sie schließlich wurde, ist einfach eine Fortentwicklung dessen, was man in diesem Vorfall im Keim wahrnimmt, in der Macht und dem Wunsch des Papstes, die Straflosigkeit, welche

---

[41] Zur Entstehung der Ursprünge und Entwicklung des Systems vgl. N. *Paulus,* Geschichte des Ablasses im Mittelalter, 3 Bde, 1922–1923, und H. *Delehaye,* Les lettres d'indulgence collectives, *in* Analecta Bollandiana 1926–1928, Bd. 44, S. 342–379; Bd. 45, S. 97–123, 323–344; Bd. 46, S. 149–157, 287–343.

[42] Historia Pontificalis, hg. von R. L. *Poole* (1927) S. 84.

Eugenius III. den Grafen von Molise entgegenzunehmen bat, immer weiter auszudehnen.

Wir können uns mit einer knappen Skizze der Entwicklungsstufen begnügen, auf denen diese weitreichende Immunität der Christenheit geboten wurde. Gegen Ende des 12. Jahrhunderts sehen wir, wie Innozenz III. den Generalablaß der Kreuzfahrer außer auf die Kämpfer auch auf alle jene ausdehnte, die mit Geld oder Ratschlag halfen; zur vollen Straflosigkeit fügte er ein Versprechen größerer himmlischer Belohnungen für gute Werke hinzu.[43] In der Mitte des 13. Jahrhunderts ging Innozenz IV. einen Schritt weiter und gewährte den Generalablaß unter besonderen Umständen ohne überhaupt irgendwelche Dienstleistungen. Anfangs waren diese Gewährungen sehr selten. Wie die Gabe Eugenius' III. an den Grafen von Molise hundert Jahre zuvor stellten sie spontane Handlungen des Papstes dar, veranlaßt durch die Verdienste religiöser Männer und Frauen wie der Heiligen Clara oder des franziskanischen Chronisten Salimbene. Aber am Ende des 13. Jahrhunderts wurden sie auch weltlichen Herrschern aus politischen Überlegungen gewährt.

Mit Hilfe einer weiteren Ausdehnung der päpstlichen Gnade sahen sich Einzelpersonen bald in der Lage, in ihrer Sterbestunde das Privileg eines Generalablasses von ihren Beichtvätern zu kaufen. Bis zum Jahr 1344 hatte dieser freie Gebrauch päpstlicher Macht enorm zugenommen. In der ersten Hälfte dieses Jahres gewährte Clemens VI. die Gunst allein in England nicht weniger als zweihundert Personen[44]. Natürlich waren das alles bedeutende Leute, die die Gebühr für einen derartigen Ablaß bezahlen konnten, aber der Preis war nicht sonderlich hoch, nicht einmal zehn Schillinge Sterling nach der gestaffelten Preisliste des päpstlichen Hofes. Selbst wenn man viele zusätzliche Nebenauslagen mit berechnete, lag ein Generalablaß in der Stunde des Todes für Leute aus vielen Kreisen der Gesellschaft durchaus im Bereich des Möglichen. 1344 teilten Ritter, Pfarrpriester und Stadtleute diese Gunst mit der Königin von England und anderen Mitgliedern der königlichen Familie. Ihnen allen wurde versichert, daß es letzten Endes ausreichen würde, wenn ein

---

[43] *Paulus,* wie oben Anm. 41, Bd. 1, S. 207; für den vollständigen Text vgl. Migne, PL 214, Sp. 828–832.

[44] C. P. R. Bd. 3, S. 4–8, 95–181; die Verfasser dieses Verzeichnisses erstellten keine chronologische Reihenfolge, und folglich sind die Briefe von Januar bis Juni 1344 mit früherem und späterem Material vermischt.

Laie die Worte sprach: „Der Herr möge dich von deiner Schuld und Strafe erlösen gemäß der Gnade, die du nach deinen Angaben vom Papst erhalten hast", und dann würde der Ablaß voll wirksam werden. Clemens VI., der Papst des Jahres 1344, pflegte zu sagen: „Ein Papst soll seine Untertanen glücklich machen".[45] Er hätte kaum mehr tun können, um diesen Regierungsgrundsatz in die Tat umzusetzen.

Einzelne Ablässe kosteten natürlich Geld, aber Clemens wollte die höchste Gabe, die dem Papst zur Verfügung stand, auch auf die ausdehnen, die kein Geld hatten, sondern nur gut zu Fuß waren. Er hatte das Vorbild Bonifaz' VIII. vor Augen. Im Jahr 1300 hatte Bonifaz allen reuigen Sündern, die gebeichtet hatten, Generalablaß erteilt, sofern sie im Lauf dieses Jahres die Kirchen der heiligen Apostel in Rom aufsuchen würden; künftig sollte es diesen Ablaß alle hundert Jahre geben. 1343 verkürzte Clemens VI. den Zeitraum auf fünfzig Jahre, gestützt auf den Text in Leviticus: „Du sollst das fünfzigste Jahr heiligen und Freiheit im ganzen Land verkünden allen seinen Bewohnern". Er fügte dieser Entscheidung eine ausführliche Erklärung über die päpstliche Ablaßtheorie bei:

> Ein Tropfen des Blutes Christi würde für die Erlösung des gesamten Menschengeschlechtes ausgereicht haben. Aus diesem Überfluß des Opfers Christi ist ein Schatz gekommen, den man nicht in einem Tuch verbergen oder im Feld vergraben darf, sondern gebrauchen soll. Dieser Schatz wurde von Gott seinen Stellvertretern auf Erden gegeben, dem Heiligen Petrus und seinen Nachfolgern, um ihn für die vollständige oder teilweise Vergebung der weltlichen Strafen für die Sünden der Gläubigen zu verwenden, die bereut und gebeichtet haben.[46]

Im Jahr 1389 verkürzte Urban VI., aus der vernünftigen Überlegung heraus, daß die meisten Menschen nicht das Alter von fünfzig Jahren erreichen würden, den Zeitraum zwischen den Jubeljahren auf dreiunddreißig Jahre. Paul II. verkürzte ihn 1470 auf fünfundzwanzig Jahre, nach einer weiteren Überlegung, wie vergänglich der Zustand des menschlichen Lebens sei[47]. Auf diese Weise konnte jeder

---

[45] G. *Mollat,* The Popes at Avignon (englische Übersetzung), [9]1963, S. 38.

[46] *Extravagantes Communes,* V, ix, 2 (*Friedberg,* Corpus Iuris Canonici, Bd. 2, 1304–1306).

[47] Für einen Bericht aus dem vierzehnten Jahrhundert über die Entwicklung des Jubeljahres und der dahinterstehenden Lehre vgl. Raulph Higden, Polychronicon, hg. von J. R. *Lumby,* Rolls Series Bd. 9, S. 206–210, wo

normale Mensch im Laufe seines Lebens, sofern er nach Rom reiste, die volle Vergebung der Qual im Fegefeuer erlangen.

In der Zwischenzeit gab es freilich Entwicklungen, die die Reise selbst kaum noch erforderten. Seit den späteren Jahren des 14. Jahrhunderts war die Ausdehnung ähnlicher Gnadenerlasse auf gewöhnliche Kirchen zu besonderen Anlässen sehr häufig geworden. Zudem erweiterte sich die Gunst, in der Stunde des Todes von einem Beichtvater eine völlige Vergebung zu erlangen, eine Erscheinung, die wir im Jahr 1344 als eine blühende Neuerung angetroffen haben, im Verlauf der nächsten 150 Jahre gewaltig. Die Neigung, jede Neuerung bis an ihre Grenzen zu treiben und jede denkbare Einzelheit auszuarbeiten, wurde in diesen Entwicklungen vollauf befriedigt. Es gab Vergebungen in der Stunde des Todes; Vergebung in einer einzelnen Lebensgefahr; Vergebung für eine Vielzahl von Lebensgefahren; Vergebungen, die von der päpstlichen Kanzlei erhältlich waren; von Leuten, die der Papst damit beauftragt hatte; Vergebungen für Pilger nach Rom oder zu anderen Kirchen; Vergebungen ohne jede Auflage, außer der allgemeinen von Reue und Beichte. Sobald der unerschöpfliche Schatz geöffnet war, gab es bei der Verteilung kein Halten mehr. Gegen Ende des 15. Jahrhunderts war das System so weit verzweigt, daß es jede vernünftige Grenze überstieg. Viele Einflüsse trugen dazu bei, um zu einer allgemeinen Erweiterung zu führen: der Wunsch rivalisierender Päpste, ihren Einfluß auszubauen und ihre Finanzlage zu verbessern; das Verlangen von einzelnen Kirchen, Herrschern und Städten, am Schatz teilzuhaben, sowie das allgemeine Begehren der gesamten Menschheit nach garantierter Erlösung. Man braucht die Geschichte nicht weiter zu verfolgen; wichtiger, als die Mittel zu verfolgen, mit denen die Päpste den instinktiven Drang nach einer Ausweitung befriedigten, ist es, die Lage zu begreifen, in der sich die Päpste sahen, sowie auch den Grund für ihre Freigebigkeit.

Auf diesen Seiten geht es uns darum, das System der Ablässe hauptsächlich unter verwaltungstechnischen Gesichtspunkten zu untersuchen, doch bevor wir zu Schlüssen über seine Bedeutung in diesem Bereich kommen, scheint es angeraten, zum Ausgangspunkt

---

der Text der Bulle Urbans VI. wiedergegeben wird. Für die Bulle Pauls II. vgl. C. *Cocquelines,* Bullarium Pont. Romanorum (1743), Bd. 3, Teil 3, S. 128.

zurückzukehren und an die tief persönlichen und emotionalen Wurzeln der ganzen Entwicklung zu erinnern. Wir haben gehört, daß Eugenius III. im Jahr 1150 unter dem Eindruck einer starken Gemütsbewegung einen wichtigen Schritt tat, und es wäre völlig unrealistisch anzunehmen, daß es im 15. Jahrhundert an ähnlichen emotionalen Motivationen fehlte. Die verstreuten Zeugnisse über Pilgerfahrten, die organisiert wurden, um päpstliche Ablässe zu erlangen, haben vieles gemeinsam mit den Bewegungen der Flagellanten und der *illuminati;* schließlich ist es schwer vorstellbar, daß die Päpste nicht von ihrer Umgebung beeinflußt wurden.

Ein kleiner Vorfall aus dem Jahr 1476 mag dazu dienen, den emotionalen Hintergrund der Entwicklungen, die wir besprochen haben, zu erläutern. In diesem Jahr besuchte Sixtus IV. mit einigen Kardinälen die Franziskanerinnen in Foligno. Der Beichtvater der Nonnen bat um einen Ablaß, und der Papst erteilte ihnen einen Generalablaß für das nahe Fest der Jungfrau Maria. Dann, aus dem Wunsch heraus, etwas großzügiger zu sein, fügte er hinzu: „Außerdem sollt ihr die volle Immunität von *poena et culpa* haben, wenn immer ihr eure Sünden beichtet.“ „Was“, riefen die Kardinäle, „jedesmal?“ „Ja“, sagte der Papst und legte seine Hand auf sein Herz, „ich gebe euch alles, was ich habe.“ Da fielen die Kardinäle auf die Knie und riefen: „Uns auch!“, und der Papst sagte: „Schon gut, euch auch.“[48]

Wäre dieser Vorfall nicht von einem Augenzeugen überliefert, dann würden wir nie ahnen, daß es hinter dem außerordentlichen Privileg des Papstes für die Nonnen von Foligno, das im Jahr 1482 endgültig abgefaßt wurde, keine Suche nach Präzedenzfällen, keine komplizierten Kalkulationen gegeben hatte, sondern nur einen alten Mann, der seine Hand zu seinem Herzen führte und alles gab, was er hatte.

Szenen wie diese haben ihre eigene Schönheit, aber wenn man sie unter dem Aspekt der päpstlichen Verwaltung betrachtet, handelt es sich eindeutig um Inflation. Natürlich ist es eine Inflation von ganz eigener Art, denn der Schatz, welcher die, wenn man so sagen möchte, geistige Währung stützte, war unerschöpflich. Gleichwohl waren die Folgen einer unbegrenzten Ausgabe solcher Dokumente denen ähnlich, die große Auflagen von Papiergeld verursachen: der

[48] *Paulus,* wie oben Anm. 41, Bd. 2, S. 305.

Überfluß an Scheinen führt zu einem Absinken des daran gebundenen Wertes. Man kann die Symptome einer solchen Entwertung bereits in einem frühen Stadium der Inflation erkennen, weit eher, als die Echtheit des Schatzes, über den der Papst verfügte, in Zweifel gezogen wurde. Man sieht sie bereits im Absinken der Zahl derer, die nach 1300 vom Jubeljahr Gebrauch machten. Es ist durchaus möglich, daß im ersten Jubeljahr zwei Millionen Gläubige nach Rom reisten. In den zeitgenössischen Quellen ist das Jubeljahr ein großes Ereignis.[49] Das nächste Jubeljahr 1350 wird von den zeitgenössischen Chronisten kaum erwähnt, und offensichtlich waren die Menschenmassen erheblich kleiner. Die gerade vergangene Pest hatte sicher den Menschen andere Probleme wichtiger erscheinen lassen, und wer sehr dringend nach Erlösung strebte, suchte Linderung in viel extremeren Handlungen als in einer Romfahrt. Für diejenigen, die ruhiger veranlagt waren, gab es persönliche Generalablässe, die schon damals verhältnismäßig leicht erhältlich waren. Statt diese Leute nach Rom zu locken, war das Jubeljahr ein Anlaß, private Privilegien in großer Zahl an Fürsten, ihre Familien und Ordensgemeinschaften zu verteilen. Wenn wir die Analogie der Währung noch ein wenig weiterverfolgen wollen, drängte die Ausgabe der leicht erhältlichen Währung natürlich die schwereren Münzen aus dem Verkehr und führte dazu, daß man nach noch billigerem Geld verlangte. Im 15. Jahrhundert mußte das römische Jubeljahr mit vielen lokalen Festen gleicher Art konkurrieren, die die gleichen Vorteile boten. Einige dieser Feste scheinen begeistert begrüßt worden zu sein, aber in einer überraschend großen Zahl von Städten fuhren die Chronisten mit ihrem Bericht über lokale Querelen fort, ohne das große religiöse Ereignis in ihrer Mitte zu erwähnen. Es wurden große Anstrengungen unternommen, um die päpstlichen Schenkungen anzupreisen, und sie waren oft erfolgreich; aber wie alle großen Reklamekampagnen stießen sie bisweilen auf hartnäckigen Widerstand und auf Ablehnung.

Jedes Zugeständnis führte zu der Erwartung weiterer Zugeständnisse und verringerte den Wert dessen, was bereits im Angebot war.

---

[49] Zu zeitgenössischen Angaben über die Zahlen der Pilger vgl. T. S. R. *Boase,* Boniface VIII, S. 233–236. Zu den Eindrücken Dantes und Villanis vgl. *Paget Toynbee,* Dictionary of Proper Names and Notable Matters in the Works of Dante, ²1968, S. 325 f.

Fälscher päpstlicher Bullen griffen ein, um die Lücke zwischen Erwartung und Wirklichkeit zu füllen, und sie trieben den Abwertungsprozeß noch schneller voran. Gegen Ende des 15. Jahrhunderts bedurfte es keiner Hellseherei und keines gründlichen Wirtschaftsfachmannes mehr, um zu sehen, daß der Tag bevorstand, an dem die Frage auftauchen würde: wodurch ist schließlich die päpstliche Währung der Ablässe gedeckt, und was wird geschehen, wenn man sie eines Tages zur Einlösung vorlegt? Diese Tendenz ist für uns leichter zu sehen als für die Päpste, die täglich mit kniffligen Fragen beschäftigt waren, von denen der Glanz päpstlichen Pompes die einzige vorübergehende Erleichterung brachte.

Die Geschichte der päpstlichen Ablässe zwischen 1095 und 1500 ist ein Gleichnis der Geschichte des Papsttums in dieser Zeit. Bis zum Ende des 13. Jahrhunderts standen die Zeichen auf Erfolg und Güte. Erleichterungen widerfuhren denen, die unter der Last der Angst gebeugt waren, welche das alte strenge Bußsystem der abendländischen Christenheit auferlegt hatte, und man war sicher, daß die Gewalt, die Gott der Kirche gegeben hatte, beträchtlich in die Ewigkeit hinüberreichte. Die theoretische Rechtfertigung des Systems wurde allmählich verfeinert, und, wie viele andere Verfeinerungen, wies sie auch auf eine endgültige päpstliche Machtfülle hin. Man verband mit päpstlichem Handeln Hoffnung, Vertrauen und Kontrolle. Aber nach 1300 setzte ein Prozeß von übertriebenen Regelungen und folglich Verwirrung ein, der nicht von einem besonderen moralischen oder geistigen Versagen der Päpste verursacht wurde, sondern von dem erbarmungslosen allseitigen Druck, das System bis an seine Grenzen zu treiben. Dabei verdüsterte sich die Hoffnung der vorausgehenden Epoche, das Vertrauen wurde von Verwirrung erschüttert, schließlich von Zweifel, und am Ende hielten die Päpste Fäden in der Hand, die keine Kontrollfunktion mehr hatten.

Es ergibt sich eine ähnliche Entwicklung in dem zweiten Bereich des päpstlichen Handelns, dem wir uns jetzt zuwenden wollen.

Internationale Politik

„Wer leugnet, daß das weltliche Schwert der Macht des Papstes untersteht, versteht die Worte des Herrn nicht ...“. Mit solch einfachen Worten faßte Bonifaz VIII. 1302 die Stellung der Päpste im

13. Jahrhundert zusammen. Kraft ihrer Machtfülle als Stellvertreter Christi auf Erden besaßen sie die höchste politische und kirchliche Macht. Gleichwohl gab es einen Unterschied in der Ausübung dieser beiden Machtbereiche. Das geistliche Schwert wurde unmittelbar geführt, das weltliche durch die Tätigkeit der Fürsten und Könige. Diese indirekte Kontrolle beinhaltete freilich keine unabhängige Gewalt für die ausführenden Organe, ebenso wenig wie eine Schwächung der päpstlichen Machtkontrolle; es gab sie aus praktischen Gründen, und sie war ein Ausdruck dafür, daß die weltliche Macht der geistlichen unterstellt war. Ebenso wie die Apostel die Diakone damit beauftragt hatten, an Tischen zu bedienen, damit sie selbst sich Gottes Wort widmen könnten, so standen die Könige im Auftrag der Päpste. Die päpstliche Macht wurde durch die Delegierung keineswegs verringert; im Gegenteil, sie wurde gestärkt, denn Macht zur Delegierung ist das vornehmste Privileg der Herrschenden.

Trotzdem führt Delegierung zu schwerwiegenden praktischen Problemen, wie der Wahl der Helfer, der Absetzung ungeeigneter Helfer, der Beaufsichtigung ihrer Handlungen und Entscheidungen, der Berichtigung ihrer Fehler und der Unterstützung gegen ihre Feinde. Kein Papst im Mittelalter verstand diese Probleme so gut, keiner dachte so gründlich über sie nach wie Innozenz III., und wir müssen seine Erfahrungen berücksichtigen, wenn wir uns der prekären Situation des Papsttums in späteren Mittelalter zuwenden.

Innozenz III. hat einzigartiges Material für die Beurteilung seiner Gedanken und Handlungen auf höchster politischer Ebene hinterlassen. Im Jahr nach seiner Erhebung zum Papst begann er, ein Register von Briefen zu führen, die mit seinen Beziehungen mit dem Reich zu tun hatten.[50] Das geschah zu einem kritischen Zeitpunkt, als es keinen Kaiser, aber drei Anwärter auf dieses Amt gab. Gerade damals, oder aber nie, hatte der Papst die Möglichkeit, seine Macht in der Wahl seines wichtigsten weltlichen Partners auszuüben. Das Register, welches der Papst 1199 anzulegen begann, ist daher nicht einfach das Produkt normaler offizieller Routinearbeit; es ist ein Zeugnis von angestrengten Bemühungen, das dringendste weltliche Problem des Papstes zu lösen. Es war als Handbuch für seine Nach-

---

[50] Eine vorzügliche Ausgabe liegt vor von F. *Kempf,* Registrum Innocentii III Papae super Negotio Romani Imperii (Miscellanea Historiae Pontificiae Bd. XII, 1947).

folger geplant gewesen, vielleicht gar als ein erster Band in einer langen Reihe von Werken, die die päpstliche Beherrschung der weltlichen Angelegenheiten bezeugen sollten.

Doch es blieb das einzige seiner Art. Auf den ersten Blick muß das verwundern, denn der Band Innozenz' III. über seine Beziehungen mit dem Reich endet triumphierend mit dem erfolgreichen Abschluß der ersten Stufe der päpstlichen Kontrolle. Der Papst hatte den Kaiser, den er sich wünschte, den Mann, den er ständig gegen alle Widerstände unterstützt hatte. Eines der letzten Dokumente dieses Bandes enthält die völlige Unterwerfung des Kaisers unter den Papst und seinen Verzicht auf jedwede Tätigkeit, die dem Willen des Papstens zuwiderlaufen würde. Die lang ersehnte Utopie der päpstlichen Theorie war Wirklichkeit geworden. Innozenz begrüßte ihre Ankunft mit leidenschaftlichen Worten:

> Durch Gottes Gnade gibt es nun wahren Frieden und völlige Übereinkunft zwischen Kirche und Reich ... Die Harmonie der Welt, die fast zerstört war, wird durch unsere Wachsamkeit und Sorgfalt wiederhergestellt werden ... Wenn wir beide uns einig sind, wird „was ungleich ist, eben werden, und was höckericht ist, schlicht werden", denn die priesterliche Autorität und die königliche Macht, welche beide letztlich in uns ruhen, sind völlig ausreichend, wenn ein Teil dem anderen hilft.[51]

Innozenz war kein Schwärmer. In seiner sicheren und wohlausgewogenen Art ergab er sich nie den wilden Hoffnungen, die viele seiner Zeitgenossen betrogen, aber in diesem Augenblick seiner Laufbahn berührte er den Saum einer apokalyptischen Vision.

In dieser Stimmung endet die Sammlung seines gewaltigsten politischen Unterfangens. Es ist sehr gut bezeugt, daß seine Nachfolger diese Sammlung studierten, aber in ihrer jetzigen Gestalt (sie schließt mit dem Jahr 1209) ist sie sehr trügerisch. Wenige Monate später hatte der päpstliche Kaiser, Otto IV., das in ihn gesetzte Vertrauen enttäuscht. Innerhalb von weiteren zwei Jahren hatte sich der Papst genötigt gesehen, Friedrich II. zu nominieren, den Bewerber, den er am allerwenigsten wünschte. Damit war der Weg zu dem langen Zerstörungsprozeß geebnet, der die Familie der Staufer, das Reich und alle Aussicht des Papstes auf eine wirksame Kontrolle der weltlichen Gewalt beiseite fegte und stattdessen zu einer allgemeinen politischen Lähmung führte.

---

[51] Ebenda, S. 385–387 *(Ep.* 179 vom 16. Januar 1209).

Das Scheitern Papst Innozenz' III. blieb seinen Zeitgenossen völlig und auch späteren Betrachtern teilweise verborgen durch so viele Anzeichen von Erfolg in so vieler Hinsicht. Auch verbirgt das Geschick der päpstlichen Briefschreiber das Scheitern, die jeden Fehlschlag in eine Wolke biblischer Bilder und zuversichtlicher Allgemeinplätze hüllten. Die Rhetorik auf päpstlicher Seite ist unvergleichlich besser als die auf kaiserlicher Seite; sie vermittelt einen wunderbaren Eindruck von Beherrschung der Lage. Aber es ist wichtig, das Ausmaß des Scheiterns und die Gründe dafür zu verstehen, denn dort liegt die Saat für den Zusammenbruch der gesamten mittelalterlichen Theorie päpstlicher Gewalt verborgen.

Die Theorie einer obersten politischen Gewalt, die dem Papst von Christus gegeben worden war, bildete einen integralen Bestandteil der päpstlichen *plenitudo potestatis,* wenigstens in den Augen der Päpste des 13. Jahrhunderts. Wenn sie fallen würde, dann geriete alles ins Wanken. Freilich konnte der Papst diese höchste politische Gewalt nicht persönlich ausüben; dafür brauchte er Helfer, und der wichtigste dieser Helfer war der Kaiser. Nicht nur war der Kaiser der wichtigste päpstliche Helfer im politischen Bereich, sondern er unterstand theoretisch auch der päpstlichen Kontrolle am stärksten, denn sein Amt war nicht erblich, und er bedurfte der Krönung durch den Papst. Sollte es sich herausstellen, daß der Papst den Kaiser nicht kontrollieren konnte, dann war es unwahrscheinlich, daß ihm solches bei anderen weltlichen Herrschern gelingen würde. Daraus erklärt sich die erbitterte Verbissenheit, mit der Päpste im 13. Jahrhundert versuchten, das Reich unter ihre Kontrolle zu bekommen. Es gab auch andere, spezifisch territoriale Gründe, für den Kampf mit Friedrich II., aber erst die Überzeugung, daß die ganze Lage des Papsttums von einem Sieg abhängig war, verleiht den Ereignissen, die sonst nur abstoßend wären, eine gewisse Würde.

Im Verlauf dieses Kampfes machte man die bestürzende Entdeckung, daß es einen Sieg nur geben könnte, wenn man mit allen Kräften am politischen Kampf teilnahm. Zum Erfolg war es nötig, jede geistliche und weltliche Waffe zu führen, um Bündnisse zu schmieden, Kriege zu schüren und Widersacher zur Ordnung zu rufen. Es wurde den Päpsten klar, daß sie mit Leib und Seele an der Politik teilnehmen müßten, um wirksam zu werden. Indirekte Macht zählt nichts, wenn sie nicht von einer Drohung unmittelbarer weltlicher Handlung gestützt ist. Als weltlicher Herrscher war der Papst freilich unbedeutend, es sei denn, er könnte seine Macht in geistlichen Dingen für politische Ziele einsetzen. Das war der große Konflikt, in dem sich der Papst befand. Indem er seine ganze Kraft in den Dienst politischer Ziele stellte, konnte er gewinnen, aber dabei würde er die einzigartige Stellung einbüßen, die seinen Sieg ermöglicht hatte. Er würde in der gemeinen Welt politischer Manöver untergehen.

All das vollzog sich auf höchster politischer Ebene. Auf einer niedrigeren Ebene wäre die Ausübung indirekter politischer Macht vielleicht noch möglich gewesen, wenn das Papsttum eine zuverlässige Schar politischer Helfer oder Beobachter in ganz Europa gehabt hätte, um Bericht zu erstatten, Befehle weiterzuleiten und auf ihre Befolgung zu drängen. Das aber war unmöglich. Weder Mittel noch Organisation der Verwaltung im 13. Jahrhundert konnten mit einem System ständiger politischer Vertreter fertig werden. Nur direkte päpstliche Jurisdiktion in weltlichen Dingen konnte die päpstliche Macht auch in die niedrigsten Ränge der weltlichen Gesellschaft hinabtragen. Zur Zeit der ersten Welle päpstlicher Jurisdiktion in der Mitte des 12. Jahrhunderts schien es möglich gewesen zu sein, irgendein System weltlicher Appellationen zu errichten, ähnlich den geistlichen Appellationen, die sich als so sehr erfolgreich erwiesen hatten. Die weltlichen Herrscher fürchteten, das könne tatsächlich geschehen, und nicht ganz zu unrecht. Im Jahr 1156 hielt es ein unbedeutender schottischer Grundbesitzer im Tal des Tweed der Ausgabe wert, sich ein päpstliches Privileg zu besorgen, das seine Besitzungen bestätigte und ihm das Recht gab, den päpstlichen Hof anzurufen, wenn er bedrängt würde.[52] Zur gleichen Zeit scheint der Graf von Surrey, der Erbe König Stephens, dem Papst viel Geld dafür geboten zu haben, daß er eine Erbschaftsklage gegen Heinrich II. vor den päpstlichen Hof bringen könnte.[53] Wenn derartiges üblich geworden wäre, dann wäre der Papst tatsächlich der oberste Heer in weltlichen Dingen geworden, aber diese Entwicklung wurde

---

[52] W. *Holtzmann,* Papsturkunden in England, Bd. 3, 1952, Nr. 115, 153, 321. Der Empfänger war Askitill von Ridale. Die Verleihung erfolgte ursprünglich durch Hadrian IV.; es gibt eine zweimalige Bestätigung von Alexander III.

[53] Letters of John of Salisbury, hg. von V. J. *Millor,* H. E. *Butler* und C. N. L. *Brooke,* Bd. 1, 1955, S. 82.

durch das beschleunigte Wachstum des weltlichen Rechts ebenso wie durch den Widerstand der weltlichen Herrscher im Keime erstickt.

Gleichwohl gab es einen Bereich, in dem sich der politische Einfluß des Papstes in quasi-richterlicher Funktion ausbreiten konnte. Das war das Feld der internationalen Diplomatie, und es verdankte sein Entstehen den Umständen mittelalterlicher Kriegführung.

In einer Hinsicht glichen die Kriege im Mittelalter denen der Neuzeit: es war schwierig, sie zu beenden. Es herrschte eine unsaubere Art der Kriegführung vor, die sich ohne entscheidende Ergebnisse jahrelang hinziehen konnte und oft wechselnde Gruppen von Teilnehmern umfaßte. Der erste Schritt in Richtung Frieden war ein Waffenstillstand. Bei schwierigen Verhandlungen, dahin zu kommen, bestand ein dringendes Bedürfnis nach einer internationalen Macht, welche, mochte sie auch eine noch so schwache Exekutivgewalt haben, für die unterschiedlichsten Friedenstätigkeiten wirksam werden konnte, als Schiedsrichter, Garant oder einfach als Vermittler. Das Bedörfnis danach wurde umso stärker, je mehr die alten feudalen Beziehungen zerbrachen und es deshalb noch schwieriger wurde, die komplexen Fragen von Krieg und Frieden zu entwirren. Für diese Aufgabe war das Papsttum trefflich gerüstet. Im allgemeinen begann der Vorgang mit dem Appell einer der kriegführenden Parteien an den Papst, und das fügte sich dem Eigenverständnis des Papsttums sehr gut ein. Es implizierte eine Andeutung von Herrschaft, ohne die Fragen der Rechtskompetenz allzu stark zu betonen. Dadurch wurden päpstliche Ambitionen befriedigt, ohne weltliche Empfindlichkeiten zu verletzen. Es erforderte außerdem eine professionelle Expertise, worin der päpstliche Hof seine besondere Stärke hatte. Dem Papst standen in Rechts- und Verhandlungsfragen mehr Fachkräfte zur Verfügung als irgend jemandem sonst in ganz Europa, und zudem verfügte er über Dispense, welche Verhandlungen beschleunigen und einen Friedensvertrag herbeiführen konnten.

Man kann den Vorgang sehr deutlich im Jahr 1345 verfolgen, als Clemens VI. seine Nuntii ausschickte, um zwischen den Königen von England und Frankreich den Frieden vermitteln zu helfen. Sie waren augerüstet mit einem ganzen Bündel von Anreizen, Vollmachten, unbesetzte Pfründen zu besetzen, über die der Papst verfügte, dem Angebot von fünfundzwanzig Stellen päpstlicher Notare, zehn Dispensen von unehelicher Geburt, der Macht, mit Exkommunizierten zu verkehren und sie loszusprechen, Gelübde abzuändern, General- und Teilablässe zu gewähren, der freien Ausdrucksweise hartnäckiger kirchlicher Würdenträger zu wehren, und so weiter und so fort.[54] Diese Vollmachten konnten ganz sicher nicht den Frieden herbeiführen, solange der Wunsch nach Krieg anhielt, aber sie konnten den Weg ebnen, sobald auch nur eine Seite den Frieden wünschte. Sie verschafften die Ellenbogenfreiheit, welche ein Vermittler braucht.

Vielleicht entdeckten die englischen Könige als erste, was es für ein Vorteil war, den Papst in normale diplomatische Geschäfte einzuschalten. Das geschah nicht ohne guten Grund. Nach der Unterwerfung König Johanns unter Papst Innozenz III. im Jahr 1213 war das Königreich eineinhalb Jahrhunderte päpstliches Lehen. Sowohl Johann als auch sein Sohn Heinrich III. nützten diese Lage voll aus. Gegen Feinde im Inneren konnten sie der Unterstützung des Papstes gewiß sein und in ihrer Außenpolitik auf ein wohlwollendes Ohr hoffen. In ihrer diplomatischen Korrespondenz gibt es viele Beispiele dafür, wie sie in ihrer Außenpolitik den Papst um Hilfe anriefen. Das erreichte im Jahr 1298 einen Höhepunkt, als man Bonifaz VIII. bat, in den Auseinandersetzungen zwischen England und Frankreich zu vermitteln, die die beiden Könige in den vergangenen vier Jahren in Kriegszustand gehalten hatten. Bonifaz zögerte nicht, die beiden Könige unterwarfen sich seinem Urteil, man ernannte Prokuratoren, alle nötigen Rechtstitel und Vollmachten wurden aufgezeichnet. Im Juni 1298 verkündete der Papst in einer Serie von langen und umständlichen Bullen seinen Urteilsspruch. Es sah einen Augenblick lang so aus, als stünde der Papst auf dem Höhepunkt seiner weltlichen Souveränität und urteile in Streitfragen untergeordneter Könige. Dann aber, in letzter Minute – wahrscheinlich auf Drängen des französischen Königs – sah er sich zu einem überraschenden Eingeständnis gezwungen. Er sagte, er handle „als Privatperson, als Herr Benedikt Gaetani, als Schiedsrichter und befreudeter Vermittler, um Frieden und Eintracht zwischen den Königen zu schaffen", nicht als Stellvertreter Christi mit der einzigartigen Verantwortung dafür, Frieden auf Erden zu schaffen.[55]

Das war eine große Antiklimax. Kein Papst maß seiner weltlichen

[54] C. P. R. Bd. 3, 195–198.
[55] T. *Rymer,* Foedera, Ausgabe von 1816, I, ii, 894, 896.

Souveränität mehr Bedeutung bei als Bonifaz VIII. Und dennoch zog er es letzten Endes vor, als einfacher Herr Benedikt Gaetani zu handeln als überhaupt nicht. Man kann sich kaum vorstellen, daß frühere Päpste in eine derartige Trennung zwischen ihrem Amt und ihrer Person eingewilligt hätten. Es blieb dem größten Theoretiker der weltlichen Oberhoheit des Papstes vorbehalten, für das Papsttum eine diplomatische Rolle zu schaffen, die ausgebaut werden konnte, ohne auf die weltliche Oberhoheit zurückgreifen zu müssen.

Diese Entwicklung war im ganzen positiv. Der Papst verzichtete auf seine Teilnahme an einem lautstarken Wettkampf, in dem die Stimmen desto schriller wurden, je kleiner der Handlungsspielraum wurde, und beschränkte sich auf kleinere, dafür aber mögliche Verbesserungen in einem Zustand allgemeiner Unordnung. Im Verlauf des 13. Jahrhunderts hatte die *plenitudo potestatis* in weltlichen Dingen zwischen zwei Extremen geschwankt, nämlich dem, nichts zu erreichen, und dem, nichts als Zerstörung zu bewirken. Im Gegensatz dazu bewirkte die „Privatperson" 1298, anständiges Verhalten in dem barbarischsten Krieg des Mittelalters herbeizuführen. Das war bei weitem nicht so viel, wie sich die Päpste des 13. Jahrhunderts erhofft hatten, aber in der Praxis war es viel mehr, als sowohl Innozenz III. wie auch Innozenz IV. je erreicht hatte.

Im Verlauf der folgenden zwei Jahrhunderte gab es einige Anlässe, bei denen die Päpste, um als Vermittler tätig werden zu können, erklären mußten, sie handelten „nicht auf Grund unserer Macht, sondern auf Grund der Gewalt, welche die zwei Parteien uns übertragen haben", oder, mit den Worten eines englischen Chronisten aus dem Jahr 1344, „weder als Papst, noch als Richter, sondern als Privatperson und gemeinsamer Freund".[56] Oft freilich bedurfte es derartiger Erklärungen gar nicht, da sie überflüssig waren. Das Vorhandensein eines annehmbaren Vermittlers was für die Könige zu vorteilhaft, um unnötige Schwierigkeiten zu machen. Wenn ein Papst Legaten ernannte, um kriegerische Fürsten zum Waffenstillstand zu bringen, dann wußte jeder, daß deren Macht von den beteiligten Parteien selbst begrenzt war. Trotz des Wortschwalls, mit dem ihre Ernennung verkündet wurde, konnten die Legaten nicht mehr tun, als den Weg zum Frieden zu ebnen und kirchliche Strafen zu ver-

---

[56] Adam von Murimuth, Continuatio Chronicorum, hg von E. M. *Thompson,* Rolls Series 1889, S. 136.

hängen, um den zwischen den streitender Parteien ausgehandelten Bedingungen Gewicht zu verleihen.

Bevor wir die Übersicht der Entwicklung abschließen, durch welche die Päpste im ausgehenden Mittelalter ihren Anspruch auf politische Oberhoheit stillschweigend aufgaben und statt dessen als Vermittler einen wirklich nützlichen Handlungsbereich fanden, sollten wir auf folgende Dinge hinweisen.

Die Päpste konnten als uneigennützige Vermittler in den Kriegen zwischen England und Frankreich vor allem deshalb auftreten, weil sie dort selbst keine territorialen Ansprüche hatten. In Italien lagen die Dinge ganz anders. Dort gab dem Papst seine Stellung als einer unter vielen Herrschern ein persönliches Interesse an den Kriegen des ausgehenden 15. und beginnenden 16. Jahrhunderts. Als deshalb der Hundertjährige Krieg zu Ende ging und Italien wieder, wie schon im 13. Jahrhundert, zum militärischen und diplomatischen Mittelpunkt Europas wurde, trat an Stelle päpstlicher Vermittlung zunehmend aktives militärisches Eingreifen. Zu der Zeit aber versuchte der Papst nicht länger ernsthaft, sich auf seine angebliche Stellung als universaler weltlicher Herr zu berufen. Er gab sich damit zufrieden, ein Fürst unter italienischen Fürsten zu sein.

Und doch war die alte Glut noch nicht erloschen. Sie entflammte am hellsten in der Person Papst Julius II., der inmitten der großen Komplikationen italienischer Kriege noch immer an dem päpstlichen Anspruch festhielt, Fürsten in der ganzen Christenheit ein- und abzusetzen. Er berief sich auf die universale Gewalt des Papstes, um seine Italienpolitik zu unterstützen, und bei seinem Tod hinterließ er den Entwurf einer Bulle, die Ludwig XII. von Frankreich „als Feind der Heiligen Römischen Kirche und Zerstörer des Hortes der universalen Kirche“ seines Königreiches beraubte und das Königreich nebst dem Titel des allerchristlichen Königs Heinrich VIII. als Gegenleistung dafür übertrug, daß dieser ihm bei seinen Kriegen helfen würde.[57] Die Bulle wurde nicht veröffentlicht, aber sie bleibt als Denkmal des hartnäckigen Fortbestehens großartiger Visionen aus dem 13. Jahrhundert, als längst jede Möglichkeit vorbei war, sie zu verwirklichen.

---

[57] Vgl. D. S. *Chambers,* Cardinal Bainbridge in the Court of Rome 1509–1514, 1965, S. 38 f.

Der Kampf um die Pfründen

Wir kommen schließlich zu dem langen komplizierten Kampf um die Kontrolle der kirchlichen Ämter. Dieser Kampf nimmt auf der mittelalterlichen Bühne eine wichtige Rolle ein, und er verbreitert sich allmählich von der Spitze zur Basis der kirchlichen Hierarchie, um schließlich nicht nur die Wahl von Bischöfen und Päpsten, sondern auch Ernennungen auf kleine Pfründen in Domkirchen und Pfarrbezirken zu umfassen. An dieser Entwicklung kann man Entstehen und Verfall des Versuches der Päpste ablesen, das gesamte mittelalterliche Kirchensystem zu kontrollieren; jede Interessen- und Machtgruppe in Europa nahm irgendwann einmal an dem sich entfaltenden Schauspiel teil.

Doch obgleich man generell von einem Kampf zwischen rivalisierenden Kräften sprechen muß, ist dieser Kampf doch nicht frei von Grundsatzfragen, die wenigstens teilweise über reine Machtkämpfe hinausgehen. Ein Grundsatz – und er war in der Leitung der christlichen Kirche von Anfang an wesentlich – war der, daß die Diener der Kirche auf jeder Ebene Repräsentanten der Gemeinschaften sind, in deren Namen sie sprechen und handeln. Eine notwendige Folge dieses Grundsatzes war immer der Anspruch, daß der Wille der Gemeinschaft bei der Wahl ihrer Würdenträger irgendwie zum Ausdruck kommen müsse. Wie sich herausstellen sollte, war es sehr schwierig, diesem mehr oder weniger instinktiven Bedürfnis der Gemeinschaft nach Meinungsbildung an und für sich Wirksamkeit zu verleihen; und doch wurde der Versuch nie ganz aufgegeben, obwohl auf den ersten Blick die Geschichte dieses Versuches eine lange Kette von Fehlschlägen war.

Die frühmittelalterlichen Jahrhunderte haben in der Gesetzgebung nicht viel dafür hinterlassen, wie umfassende allgemeine Prinzipien praktisch wirksam werden sollten, doch die wenigen Texte über kirchliche Wahlen unterscheiden im allgemeinen drei Elemente für die Zustimmung, nämlich, Klerus, Volk und Bischof, die gegenwärtig sein müssen, um eine Stellenbesetzung gültig zu machen. Diese Elemente wurden nicht ausführlich behandelt, so wenig wie ihre Rolle oder Handlungsweise; das Vertrauen im frühen Mittelalter auf Tradition und Gewohnheit wird daran deutlich, daß vor 1059 keinerlei Versuche unternommen wurden, um selbst die Prozedur der Papstwahl zu regeln, und auch dann geschah es sehr zögernd und keineswegs eindeutig. Die frühe Epoche ging nicht darüber hinaus, ältere Sätze zu wiederholen, wie den von Papst Cölestin I.:

Kein Bischof soll unwilligen Untergebenen aufgezwungen werden, sondern Zustimmung und Wünsche von Klerus und Volk sind zu berücksichtigen;

oder den von Papst Leo:

Auf keinen Fall soll ein Bewerber Bischof sein, der nicht vom Klerus gewählt, vom Volk verlangt, und von den Bischöfen der Provinz mit Genehmigung des Metropoliten geweiht wurde;

oder den eines Konzils von Orleans aus dem sechsten Jahrhundert:

Niemand soll zum Bischof geweiht werden, bevor Klerus und Volk des Bistums sich versammelt haben und sich auf eine Person geeinigt haben.[58]

All diese Bestimmungen lassen einen weiten Spielraum. Wie sie in der Praxis ausgelegt wurden, überließ man dem Zusammenspiel sozialer Kräfte, bis im späteren Mittelalter die Gesetzgebung versuchte, diesen Kräften in einem bestimmtem Stadium ihrer Entwicklung Einhalt zu gebieten. Wir werden diese Entwicklung auf drei Ebenen der kirchlichen Hierarchie betrachten: dem Papsttum, dem Bischofsamt und den Pfründen, die Bestandteile der Kanonate an Bischofskirchen bildeten.

Die Papstwahl

Die Wahl des Papstes unterlag den gleichen allgemeinen Regeln wie die eines gewöhnlichen Bischofs. Doch gab der päpstliche Anspruch auf universale Autorität der „Zustimmung von Klerus und Volk", die eine Wahl erforderte, einen weiteren Rahmen. Bis zum 11. Jahrhundert gab es im Abendland nur eine Person, die einigermaßen den Anspruch erheben konnte, Klerus und Volk des Abendlandes bei der Papstwahl zu vertreten: den Kaiser. Kraft der weltlichen und geistlichen Gaben, mit denen er bei seiner Krönung ausgestattet wurde, konnte er den Anspruch erheben, mit Autorität für die gesamte lateinische Kirche zu sprechen. Es gab im 10. und 11. Jahrhundert einige Gelegenheiten, bei denen er das erfolgreich

---

[58] Diese Bestimmungen werden von Ivo von Chartres aufgeführt, Decretum v, 61, 65, 66 (Migne, PL 161, Sp. 347–349).

tat. Zuletzt geschah das 1046, als Kaiser Heinrich III. den Vorsitz über die Absetzung zweier rivalisierender Päpste und die Ernennung eines dritten führte.

Der Kaiser schien damals über ein eindrucksvolles Machtreservoir zu verfügen, aber die Wirklichkeit sah anders aus. Ohne die Gunst einer ganz ungewöhnlichen Häufung von Umständen war er normalerweise viel zu weit vom Ort der Handlung entfernt, um wirksam zu werden. Nur selten hörte er von einer Vakanz, bevor sie von den Männern an Ort und Stelle bereits beigelegt worden war, und nie wieder wurde er dazu aufgefordert, ein Schisma zu heilen oder einen Streit beizulegen. Die Rolle des Kaisers als universaler Vertreter der abendländischen Christenheit endete im Augenblick seines größten Triumphs, und er ließ die Aufgabe, den Papst zu wählen, in den Händen seiner einzig wirklichen Rivalen, dem Klerus und Volk von Rom, den Leuten an Ort und Stelle.

„Klerus" bedeutete praktisch die Kardinäle, „Volk" der römische Adel. Dieser Adel hat noch nie einen guten Ruf gehabt. Man ist sich darin einig, daß der tiefste Tiefstand des mittelalterlichen Papsttums mit der Herrschaft der örtlichen Grafen von Tusculum zusammenfiel (manch einer würde sagen, von ihr verursacht wurde), die zwischen 1012 und 1046 nacheinander drei Päpste stellten. Sicherlich waren diese Päpste, Benedikt VIII., Johannes XIX. und Benedikt IX. keine großen kirchlichen Herrscher, und der letzte von ihnen war vielleicht wirklich ein sehr schlechter Mensch, aber es lag nicht an ihnen, daß ihre Einflußsphäre so begrenzt war. Auch wurde das Papsttum, als seine universale Macht zunahm, keineswegs von den Einflüssen lokaler dynastischer Politik frei; ganz im Gegenteil.

Während des gesamten Mittelalters, solange das Papsttum in Rom war, blieb der römische Adel der wichtigste einzelne Faktor bei der Entscheidung von Papstwahlen, und nie war er wichtiger als im 13. Jahrhundert, als das mittelalterliche Papsttum auf dem Höhepunkt seiner Macht stand. Familienpolitische Entscheidungen und dynastische Berechnungen der Päpste des 13. Jahrhunderts sind tatsächlich weniger auffällig als die des 10. und 11. Jahrhunderts, freilich aus dem einfachen Grunde, weil die Streitsucht Erwachsener weniger offensichtlich ist als die von Kindern – die Schläge sind feiner, die Kombinationen raffinierter, und in jedem Augenblick geschieht unvergleichlich mehr. Nepotismus, politische Bestechung und die Aneignung institutionellen Reichtums, um die eigene Familie zu versogen, so etwas war für mittelalterliche Herrscher kein Verbrechen; es gehörte zur Staatskunst und war für Päpste ebenso unentbehrlich wie für andere Leute. Obwohl es freilich nie wieder eine solch ungebrochene Abfolge einer Dynastie von Päpsten gab wie im frühen 11. Jahrhundert, beruhten die Überlegungen, welche Innozenz III., Gregor IX. und Alexander IV. aus dem Haus der Conti, Cölestin III. und Nikolaus III. aus dem der Orsini, Honorius III. und Honorius IV. aus dem der Savelli, Bonifaz VIII. aus dem der Gaetani auf den päpstlichen Stuhl erhoben, ebenso sehr auf dem politischen Kräftespiel lokal eng begrenzter Mächte.[59]

Ebenso, wie der römische Adel des 10. und 11. Jahrhunderts seine fremden Rivalen in den deutschen Kandidaten des Kaisers hatte, die sich ihren bitteren Haß eintrugen, hatte auch der bedeutende römische Adel des 13. Jahrhunderts seine französischen Rivalen in Urban IV., Clemens IV., Martin IV. und Cölestin V. Dieselben Spannungen trate zutage und führten zu Vorfällen, die noch brutaler waren als jene im 11. Jahrhundert. Cölestin V. wurde in den Ruhestand gezwungen, nachdem er in einem Pontifikat von nur vier Jahren acht französische Kardinäle erhoben hatte; Bonifaz VIII., sein Gegner und Nachfolger, wurde durch eine Verbindung von französischen und römischen Interessen tätlich angegriffen. Sogar die Übersiedlung des Papsttums nach Avignon und auch das große Schisma waren eine Fortdauer der bitteren Feindseligkeiten zwischen den römischen Familien und der franzosenfreundlichen Partei im Kardinalskollegium. Es lag nicht in der Natur der mittelalterlichen Gesellschaft, daß das Papsttum frei von lokalen Adelsrivalitäten sein konnte. Aber diese Tatsache zeigt umso deutlicher die Macht weiter sozialer Kräfte, die das Wachstum des Papsttums als Institution prägten.

Der große Unterschied zwischen dem früheren und dem späteren Mittelalter bestand nicht in dem Vorhandensein dynastischer Kämpfe, sondern in der Weise, in der sie wirksam wurden. Im frühen Mittelalter wurden die Päpste aus Tumulten erhoben; in den späteren Jahrhunderten traten sie aus den Konklaven der Kardinäle hervor, die die Tumulte selbst in ihrem Herzen austrugen. Das ausschließliche Recht der Kardinäle, den Päpst zu wählen, ent-

---

[59] Zu den lokalen Verbindungen und politischen Handlungen dieser Päpste vgl. Daniel *Waley*, The Papal State in the Thirteenth Century, 1961.

stammte einem Dekret von Papst Nikolaus II. aus dem Jahr 1059. Zweifellos war es das allgemeine Ziel dieses Dekretes, das Papsttum zu reinigen, indem man es von der Welt, besonders vom Lokaladel, frei machte.[60] Das wurde versucht, indem die Wahl künftiger Päpste in der Hauptsache den Kardinalbischöfen übertragen wurde. Aber das Dekret war sowohl in seinem allgemeinen Zweck als auch in den meisten seiner Einzelbestimmungen ein Fehlschlag. So leicht ließ sich die Welt nicht ausschalten; man hatte den Kampf der weltlichen Interessen lediglich auf das heilige Kollegium übertragen. Den Kaiser konnte man nicht einfach ausschalten, denn er konnte jederzeit unter den Kardinälen einige Gesinnungsgenossen finden. Außerdem waren die Kompetenzen der Kardinalbischöfe, die bei der Wahl die wichtigste Stimme haben sollten, gegen die der Kardinalpriester und-diakone, deren Meinung eingeholt werden sollte, nicht genau abgegrenzt. Wenn die Stimmen der Priester und Diakone nicht dasselbe Gewicht hatten wie die der Bischöfe, wie sollten sie dann bewertet werden? Wogen fünf Bischöfe, sieben Priester und ein Diakon schwerer als zwei Bischöfe, zwanzig Priester und sechs Diakone? Das wußte niemand zu sagen. Aus diesem Grund gab es in den 120 Jahren nach 1059 die meisten Gegenpäpste des Mittelalters. Nur in einem Zeitraum von insgesamt 45 Jahren regierte in dieser Zeitspanne jeweils ein einziger allgemein anerkannter Papst; in den übrigen 75 Jahren gab es immer zwei Kandidaten, die die Unterstützung einiger Kardinäle gewinnen konnten und dadurch den Zusammenhalt des Abendlandes gefährdeten.

Diese Situation wurde durch das dritte Laterankonzil 1179 beendet; es verfügte, daß alle Kardinäle die gleiche Stimme hätten und daß eine gültige Wahl mit Zweidrittelmehrheit vollzogen werden müßte.[61] Auf diese Art wurde eine Regelung geschaffen, die die Papstwahl bis zum heutigen Tage bestimmt und die, obwohl sie die Welt nicht ausschließt, der Kirche gute Dienste geleistet hat. Fast zwei Jahrhunderte lang war die Abfolge der Päpste unbestritten; mit Ausnahme weniger Monate zwischen 1328 und 1330 gab es zwischen 1179 und 1378 keine Gegenpäpste. Selbst die

---

[60] Vgl. Hans Georg *Krause,* Das Papstwahldekret von 1059 und seine Rolle im Investiturstreit (Studi Gregoriani 7, 1960).

[61] X, I, VI, 6. Spätere Änderungen der Bestimmungen von 1179 befaßten sich mit Verfahrensfragen, bis im Jahr 1945 die erforderliche Mehrheit auf zwei Drittel plus eine Stimme erhöht wurde.

wachsenden Spannungen im ausgehenden 13. und beginnenden 14. Jahrhundert, die in früheren Zeiten sicherlich zu einem Schisma geführt hätten, wirkten sich nur derartig aus, daß die Vakanzen länger dauerten. Erst mit der Entstehung nationaler Gruppierungen unter den Kardinälen im 14. Jahrhundert stellte es sich heraus, daß das 1179 verfügte Wahlsystem nicht ausreichte, um die Kirche im Abendland zusammenzuhalten. Die neuerliche Epoche von Schismen zwischen 1378 und 1417 zeichnete bereits in Umrissen die nationalen Spaltungen der Reformation ab. Abgesehen von dieser Panne jedoch funktionierte das Wahlsystem durch die Kardinäle im Mittelalter, nicht weil es die Welt ausschaltete, sondern weil die Kardinäle in ausreichendem Maß die wirksamen Kräfte der Welt verkörperten, um ein annehmbares Maß von Übereinstimmung in ihrer Wahl von Päpsten zu garantieren.

Päpstliche Kontrolle der Bischofswahlen

Die Kontrolle von Bischofswahlen war problematischer, teils weil diejenigen, die nach Macht strebten, einander eher ebenbürtig waren, teils auch, weil kein System geschaffen werden konnte, das alle Eventualitäten einschloß. Die Forderung, daß die Bischöfe von Klerus und Volk der Diözese gewählt werden sollten, hieß in Wirklichkeit, daß sie vom achten bis zum elften Jahrhundert durchweg vom weltlichen Herrscher gewählt wurden. Das war, objektiv betrachtet, gar nicht so ungerecht, denn die Könige hatten, wie der Kaiser, eine priesterähnliche Stellung. Sie trugen vor Gott die Verantwortung für Ordnung in der Kirche ihres Herrschaftsbereichs und konnten behaupten, in ihrer eigenen Person Klerus und Volk gleichermaßen zu verkörpern.

Doch ebenso wie in der Mitte des 11. Jahrhunderts der Klerus formal das Monopol der Papstwahl forderte, geschah das auch bei den Bischofswahlen. Es dauerte lange, bis diese Forderung anerkannt wurde, aber um die Mitte des 12. Jahrhunderts hatte sich überall die Ordnung durchgesetzt, daß die Domkanoniker das Recht hatten, ihren Bischof zu wählen. Das Papsttum war führend daran beteiligt, daß es dazu kam. Der päpstliche Hof stand für Untersuchungen jeder Unregelmäßigkeit zur Verfügung, und die Päpste betrachteten sich als Aufseher mit der Aufgabe, für die Einhaltung der Regeln zu sorgen.

Die Domkapitel, wie jedes Wahlgremium, neigten freilich dazu, sich über einer Wahl zu entzweien; es geschahen nur wenige Wahlen, an denen es gar nichts auszusetzen gab. Die Zeugnisse über mittelalterliche Bischofswahlen sind voll von Einwänden, daß die Kandidaten in Bezug auf Alter, Geburt oder Bildung unannehmbar seien oder daß sie keine klare Mehrheit unter den gewichtigeren Mitgliedern des Kapitels erzielt hätten oder daß die rechtlichen Formalitäten nicht beachtet worden seien. Das waren Fragen, die nur am päpstlichen Hof entschieden werden konnten. Eine Flut von Einsprüchen in Rom war daher das wichtigste Ergebnis der Kontrolle der Bischofswahlen durch das Domkapitel.

Dafür bedurfte es keiner Anstrengungen des Papstes, es geschah von selbst. Gleichzeitig entwickelte man den theoretischen Hintergrund, der den Weg für aktiveres päpstliches Eingreifen ebnete. Formell hat diese Theorie ihren Ursprung in einem sehr alten Dokument. Im fünften Jahrhundert hatte Papst Leo I. einen Brief an den Bischof von Saloniki geschrieben, welcher in irgendeiner Weise seine Machtbefugnisse überschritten hatte. Dabei hatte der Papst darauf hingewiesen, „dem Bischof stehe nicht die gesamte Machtfülle zu Gebote, sondern lediglich eine Teilhaftigkeit an der Verantwortung (des Papstes)“.[62] Wir brauchen uns nicht mit der genauen Bedeutung dieser Begriffe in ihrem ursprünglichen Zusammenhang zu befassen. Den Juristen des 12. Jahrhunderts, die die Beziehungen zwischen dem Papst und den Bischöfen präzisieren wollten, bot dieser Brief die Formulierung, die sie suchten: dem Papst gebührte die „Machtfülle“, den Bischöfen „eine Teilhaftigkeit an der Verantwortung“. Die Beziehungen, die diese Definition enthält, entsprachen denen zwischen einem souveränen Herrscher und seinen Gehilfen. Das bedeutete praktisch, daß ein Bischof der lokale Vertreter des Papstes war; wie bei einem Beamten des Königs entsprang seine Rechtsbefugnis seinem Vorgesetzten.

Die Worte *plenitudo potestatis* für den Papst und *vocatus in*

[62] Migne, PL 54, Sp. 666 (*Ep.* 14), zitiert in Gratian, C. 3, q. 6, c. 8. Bis zum Jahr 1150 waren diese beiden Sätze so sehr zum Allgemeingut geworden, daß der Heilige Bernhard an den Papst schreiben konnte: „Juxta canones tuos, alii in partem sollicitudinis, tu in plenitudem potestatis vocatus es“ (De Consideratione, II, 8). Zu einigen weiteren Anwendungen der Wendung *plena potestas* vgl. Gaines *Post,* Plena potestas and consent in medieval assemblies, *in* Traditio 1 (1943), S. 355–408.

partem sollicitudinis für den Bischof wurden so unmerklich zum allgemeinen Sprachgebrauch, daß sie sich durchgesetzt hatten, bevor jemand fragte, was sie genau besagten. Als sie dann einmal da waren, blieben sie. Sie artikulierten das Wesen der Lehre des Papsttums im Mittelalter. Was sie praktisch bedeuteten, mußte sich noch herausstellen.

Anfangs schien es, als böten diese Worte nur eine letzte Sicherung für den Papst in seiner Aufgabe, Wahlvorgänge zu überwachen. Sogar Innozenz III., der die Worte häufig gebrauchte, zögerte, die Rechte örtlicher Wähler zu übergehen. Er verwandte viel Zeit auf den Versuch, die rivalisierenden Parteien in einem Domkapitel auf einen gemeinsamen Kandidaten einzustimmen, bevor er den „königlichen Weg“ wählte und selbst jemanden nominierte. Aber die Zeit, die ein Papst auf die Schlichtung lokaler Streitigkeiten verwenden konnte, hatte ihre Grenzen. Es muß sehr nutzlos gewesen sein, einem Erzbischof oder Bischof, bei dessen Wahl der Papst selbst keine Stimme gehabt hatte, dessen Amtsführung er aber mißbilligte, zu schreiben und ihn daran zu erinnern, daß „der römische Stuhl in seiner Machtfülle ihn dazu berufen habe, an seiner Verantwortung teilhaftig zu werden.“ Die Versuchung war groß, diesen Worten tatsächliche Bedeutung zu geben, indem der Papst sein direktes und universales Recht in Anspruch nahm, Bischöfe zu ernennen. Überraschend ist nicht, daß die Päpste dieses Recht schließlich in Anspruch nahmen, sondern daß sie es so lange nicht taten und das letzte Ziel nur durch sehr viele unmerkliche Schritte erreichten. Erst im 14. Jahrhundert bestimmte eine Folge von Gesetzen von Johannes XXII. und Benedikt XII., daß alle Bischofserhebungen dem Papst zustünden, wodurch die Rechte der lokalen Wähler dem Papst zur Verfügung standen. Die Worte Benedikts XII. vom Jahr 1335 geben dieser Stellung den bestmöglichen Ausdruck:

> Wir behalten unserer Ordinierung, Verfügung und Vorsorge alle Patriarchats-, Erzbischofs-, und Bischofskirchen vor, alle Klöster, Priorate, Würden und Ämter, alle Kanonate, Pfründen, Kirchen und andere kirchliche Würden, mit oder ohne Seelsorge, säkular und regular, jedweder Art, bereits vakant oder vakant werdend, selbst wenn sie bereits durch Wahl oder in anderer Weise besetzt worden sind oder besetzt werden sollten ...[63]

Künftig waren die Rechte der normalen bischöflichen Wähler hin-

---

[63] Extravagantes Communes III, ii, 13 (*Friedberg,* Corpus Iuris Canonici, Bd. 2, Sp. 1266).

fällig, und der Papst griff als universaler Vertreter von ihnen allen ein. Freilich bedeutete das nicht, daß auch die Rechte der weltlichen Herrscher abgeschafft waren. Im Gegenteil, sie erlebten eine neue Blüte. Für die Herrscher war es einfacher, mit einem einzigen Papst ins reine zu kommen als sich mit einem komplizierten Netz lokaler Interessen in Gestalt des Domkapitels auseinanderzusetzen. Der neue Zustand bedeutete praktisch, daß der Papst die Funktion der Stellenbesetzung mit den weltlichen Herrschern teilte. Auf diese Weise bereitete die päpstliche Monarchie den Weg für den weltlichen Alleinherrscher. Es ist einer der seltsamsten Züge dieser ganzen Entwicklung, wie jede Stufe das Material für ihren Umsturz bereitstellte. Ohne die führende Rolle des Papsttums hätten die örtlichen Wähler nie einen bestimmenden Einfluß gegen die Macht des weltlichen Herrschers gewonnen. Die Schwierigkeiten der örtlichen Wähler, ihre Rechte auszuüben, vergrößerten dann den Spielraum für die Oberaufsicht des Papstes und führten im Lauf der Zeit zu einer völligen Übernahme durch den Papst. Er jedoch konnte seine Gewalt nur mit der Zustimmung (und letztlich auf Grund der Aufforderung) des weltlichen Herrschers wirksam machen. Das wiederum ermöglichte es dem weltlichen Herrscher, mit oder ohne Zustimmung des Papsttums den ganzen Komplex der bischöflichen Stellenbesetzung zu übernehmen. Hier also, wie in vielen anderen Bereichen, neigte die Situation am Ende des Mittelalters dazu, sich der an seinem Beginn wieder zu nähern, freilich in einem Zustand von viel größerer Komplexität und politischem Bewußtsein. Der weltliche Herrscher wurde zu einem ständigen Bevollmächtigten kirchlicher Macht.

Päpstliche Kontrolle bei der Besetzung geringerer Stellen

Die Entwicklung, welche wir bei der Besetzung der Bistümer verfolg haben, hat eine fast genaue Entsprechung auf einer niedrigeren Ebene, bei der Besetzung von Kanonaten und anderen kirchlichen Stellen. Es gab dieselben rivalisierenden Kräfte, dieselben miteinander in Konflikt stehenden Ansprüche, und in weiten Bereichen der Stellenbesetzungen wurden aus ähnlichen Gründen ähnliche Ergebnisse erzielt.[64]

---

[64] Zur Einführung in die vielfältige Literatur zu diesem Thema vgl. G. *Barraclough,* Papal Provisions, 1935; G. *Mollat,* La Collation des bénéfices

Das Dekret Benedikts XII. vom Jahr 1335, das wir soeben angeführt haben, erfaßte im Netz des Papsttums unterschiedslos Tausende von kleinen Fischen zusammen mit Patriarchen, Erzbischöfen, und Bischöfen; alle unterlagen gleichermaßen der päpstlichen Provision. Eine derartig massive Nivellierung war nicht das ursprüngliche Ziel des Papsttums gewesen, noch war sie auf Grund irgendwelcher gezielter Absicht von bestimmten Päpsten zustande gebracht worden. Wie bei den Besetzungen höherer Ämter galt die Sorge der Päpste im 12. Jahrhundert bei der Besetzung geringerer Ämter der Behauptung kirchlicher Rechte gegen Laien. Auch war die Praxis der Urkirche, als der Bischof die Stellen in seiner Diözese besetzte, in Vergessenheit geraten, und die Päpste beabsichtigten, diese Regelung so weit wie möglich wiederherzustellen. Im Lauf der Jahrhunderte hatten weltliche Adelige viele Kirchen gebaut und ausgestattet; weltliche Gesetzgebung hatte dafür gesorgt, daß diesen Kirchen der Zehnt entrichtet wurde; weltliche Schutzherren hatten das Recht oder die Pflicht in Anspruch genommen, für die Kirchen auf ihrem Besitz den Klerus zu bestellen. Diese lange und komplexe Entwicklung konnte nicht mit einem Federstrich ausgelöscht werden. Das einzige, was kirchliche Gesetzgebung tun konnte, war es, die Bischöfe darin zu bestärken, jene Kandidaten, die ihnen zur Ordination und Einsetzung vorgeführt wurden, zu prüfen und zu billigen.

Freilich gab es nie genügend offene Stellen für die große Zahl der Bewerber um die besser ausgestatteten Pfründen. Diese Bewerber waren von unterschiedlichster Couleur. Am wichtigsten waren die vielen gebildeten, einkommenshungrigen und nicht ausreichend versorgten Kleriker, die seit der Mitte des 12. Jahrhunderts in ständig wachsender Anzahl am päpstlichen Hof zu tun hatten. Sehr oft kamen sie als Sprecher wichtiger Personen, mit Geld in der Tasche, um die vielen Ausgaben für den offiziellen Geschäftsgang zu begleichen und den guten Willen von Kardinälen und Beamten zu gewinnen. Ihre Tätigkeit konnte unter Umständen viele Monate dauern, und es war nur natürlich, daß sie ihre Begabung und die Gelegenheit auch zu ihrem eigenen Vorteil zu nutzen verstanden. Solch ein Mann war zum Beispiel Magister David von London, ein Kleriker des

ecclésiastiques à l'époque des papes d'Avignon, 1921; B. *Guillemain*, La Politique bénéficiale du Pape Benoît XII (1334–1342), 1952.

Londoner Bischofs Gilbert Foliot, der seinen Arbeitgeber in den Jahren 1169–1170 am päpstlichen Hof vertrat. Es war der Zweck seiner Mission, den Papst zu überreden, Bischof Foliot von der Exkommunikation zu lösen, die ihm seine Gegnerschaft zu Thomas Becket eingetragen hatte; aber er verlor auch seine eigenen Interessen nicht aus dem Auge. So gut kam er an der Kurie aus, daß er bei seiner Rückkehr ein ganzes Bündel von Empfehlungen des Papstes und der Kardinäle mitbrachte. Am wichtigsten davon war ein Brief des Papstes, folgenden Inhalts:

> Da es unsere Pflicht ist, für gelehrte Kleriker zu sorgen, und da das Bistum Lincoln gegenwärtig ohne Bischof ist, haben wir, den Gott nicht nur berufen hat, an der Verantwortung teilzunehmen, sondern uns Machtfülle gegeben hat, kraft unserer eigenen Gewalt und der des Heiligen Petrus dich zum Kanoniker der Kathedrale von Lincoln gemacht, und wir geben dir die erste in dieser Kirche frei werdende Pfründe auf Grund der Macht, die uns zu Gebote steht.[65]

Die Sätze dieses Briefes verdienen aufmerksame Untersuchung. Der Papst beansprucht nicht irgendein allgemeines Recht, sich über die Macht eines Bischofs in seiner eigenen Diözese hinwegzusetzen. Er handelt einfach, weil es zu dem Zeitpunkt keinen Bischof gibt. Freilich deutet der Hinweis auf seine Machtfülle auch an, daß, wenn er wollte, er mehr vermöchte, als in einem vakanten Bistum einem einzigen Kleriker eine einzige zu erwartende Pfründe zu übertragen.

Zu diesem Zeitpunkt hatten die Päpste kaum angefangen, aus dem bodenlosen Reservoir ihrer theoretischen Macht zu schöpfen. Innozenz III. ging 25 Jahre später weiter, als er Bischöfe anwies, Pfründen und andere Benefizien an seine Kandidaten zu übertragen. Innozenz IV. ging einen Schritt weiter, indem er diese Übung von der Ausnahme zur Regel machte. Clemens V. ging noch einen Schritt weiter, als er für sich alle Stellenbesetzungen in Anspruch nahm, die dem Bischof oblagen. Johannes XXII. reservierte sich die Besetzung aller Stellen, die aus den verschiedensten Gründen frei wurden; Benedikt XII. vergrößerte außerordentlich den Bereich päpstlicher Vorbehalte. Clemens VI. führte diese Entwicklung völlig in das Reich der Phantasie, als er allen armen Klerikern, die in den ersten

---

[65] F. *Liverani,* Spicilegium Liberianum, 1863, S. 547. Zur Laufbahn des Magister David vgl. Z. N. *Brooke in* Essays in History presented to R. L. Poole, 1927, S. 227–245.

Monaten seines Pontifikats an den päpstlichen Hof kommen würden, Aussicht auf eine Pfründe bot. Einhunderttausend sollen erschienen sein, um an dieser verschwenderischen Großzügigkeit teilzuhaben, und zwölf Bände von Papstbriefen verzeichnen nur einen Bruchteil der Versprechungen. Überall bietet die Kirche im 14. Jahrhundert das Bild einer anschwellenden Flut päpstlicher Verleihungen und Versprechungen von kleinen Pfründen, an Bewerber aus ganz Europa.

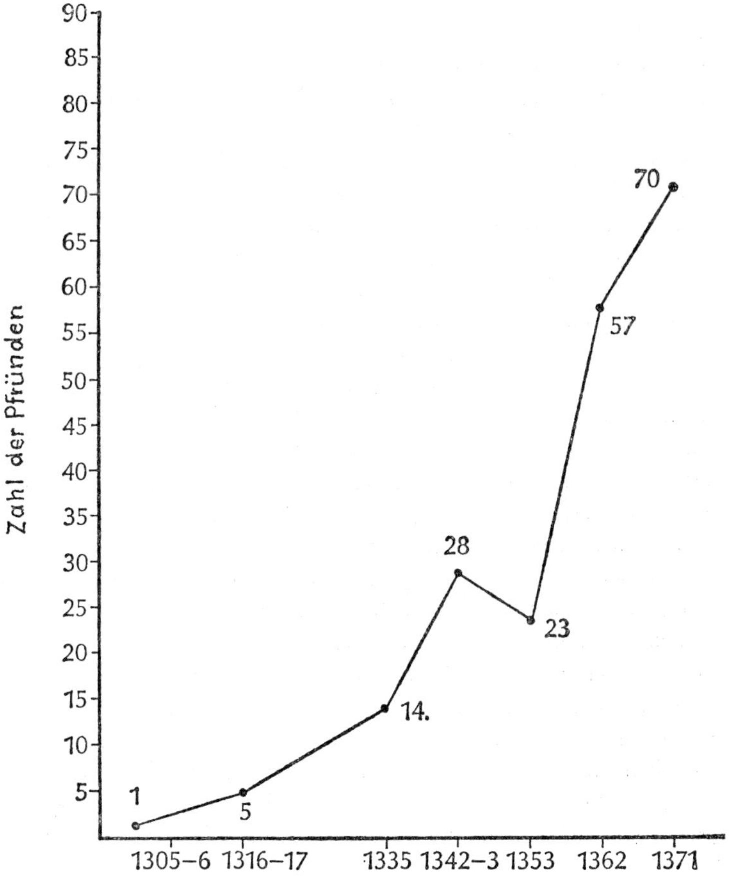

Durch päpstliche Provision erworbene Pfründen im Bistum Konstanz (1305–1371)

Das Schaubild auf Seite 149 zeigt die Zahl der Pfründen, die verschiedene Päpste in ihrem ersten Amtsjahr im Bistum Konstanz vergaben:[66]

Zweifellos würde das Bild von Bistum zu Bistum verschieden ausfallen, aber es ist sehr wahrscheinlich, daß die allgemeine Tendenz überall die gleiche war.

Diese ganze Phase päpstlicher Aktivität berührt einige sehr schwierige Probleme, an erster Stelle das der Motivation. Es ist nicht vorstellbar, daß der Papst, von wenigen Ausnahmen abgesehen, zuverlässige Kenntnis über die Eignung der Empfänger seiner Gaben für ihr Amt hatte. Ebenso wenig ist es denkbar, daß das System der päpstlichen Provisionen für geringere Stellen die Wirksamkeit päpstlicher Überwachung der Eignung des Klerus vergrößerte. In der Tat war letzten Endes die Wirkung dieser unbegrenzten Erweiterung des Personenkreises, der auf Grund päpstlicher Macht Pfründen beanspruchen konnte, daß die lokalen weltlichen Kräfte an Einfluß gewannen, denen Widerstand entgegenzusetzen ein wichtiges Ziel des Papstes gewesen war. Das Füllhorn des Papstes gab dem alten Problem lediglich eine neue Gestalt. Wenn es viele Menschen gab, die nicht in allen ihren Erwartungen befriedigt wurden, dann besaß derjenige die besten Erfolgschancen, der an Ort und Stelle entweder Einfluß oder die Unterstützung von weltlicher Seite hatte. Wir haben bereits gesehen, wie schon 1190 der Abt von Bury St. Edmunds eine ganze Lade voll päpstlicher Ernennungen für Pfründen hatte, die er in strenger Reihenfolge zu verteilen gedachte. Je zahlreicher die Bewerber, umso größer wurde die Auswahlmöglichkeit. Es war unvermeidlich, daß führende Persönlichkeiten ebenso wie ihr Verwandtenkreis und diejenigen, welche die Unterstützung des Königs oder des Adels hatten, bevorzugt bedient wurden.

In diesem Bereich, ebenso wie bei der Einsetzung von Bischöfen, stärkte daher die päpstliche Machtfülle in ihrer reifsten Entfaltung erneut all die Einflüsse, welche abzuschaffen sie geplant worden war. Mit dieser Verstärkung des weltlichen Einflusses ließ die Loyalität der kirchlichen Hierarchie dem Papst gegenüber nach. Sogar um päpstliche Anweisungen wirksam zu machen, sah sich der Klerus gezwungen, Schutz und Gunst des Laienherrschers zu suchen. In

[66] Das Schaubild stützt sich auf die Abbildung in G. *Mollat,* Lettres communes de Jean XXII, Introduction, 1921, S. 133.

ironischer Weise hatte das Anwachsen der Macht des Papsttums die Voraussetzung für ihre Auflösung geschaffen.

Die Päpste des 13. und 14. Jahrhunderts hätten diese Folgen schwerlich voraussehen können, aber selbst wenn das der Fall gewesen wäre, ist es sehr zweifelhaft, ob sie etwas daran hätten ändern können. Sie waren das Opfer dreier Kräfte, welche bei zu großer Beanspruchung zugrunde gehen würden. Das erste war die päpstliche Machtfülle, die verschiedene Päpste dazu zwang, die notwendigen Schritte zu unternehmen, um die Theorie in die Praxis umzusetzen. Wenn sie in einer Richtung strauchelten, wurde der Druck desto stärker, eine andere, einfachere Richtung einzuschlagen, und das hatte zur Folge, daß eine aufgeblähte Verwaltung dazu neigte, in immer größerer Zahl Mandate auf Gebieten mit geringstem Widerstand zu erlassen. An zweiter Stelle stand die Macht des päpstlichen Apparates, der durch die Ausübung von Macht an Eigengewicht gewann. Einige der wichtigsten Nutznießer päpstlicher Macht waren die Beamten, die für den Lauf des Verwaltungsapparats verantwortlich waren. Sie sahen darauf, daß es kein Umkehren gab. Bei den Verhältnissen mittelalterlicher Herrschaft war kein anderes Ergebnis zu erwarten, aber die Größe ihrer Ansprüche und Erwartungen muß den Betrachter doch oft in Erstaunen versetzen. Die dritte Kraft war die grundsätzlichste von allen, und sie wies den beiden anderen Kräften ihren Weg: es war die Neigung, alle Autorität in Rechtsprechung umzusetzen. Wir haben bereits gesehen, warum das geschah, aber jetzt sehen wir die Folgen davon.

Wenn Autorität sich in Rechtsprechung verwirklicht, muß sie als Angebot von Rechtsprozessen für alle, die in ihren Jurisdiktionsbereich fallen, artikuliert werden. Die *plenitudo potestatis* sorgte dafür, daß dieser Bereich sehr groß sein würde, im Prinzip sogar unbegrenzt; das Geschick des päpstlichen Hofes garantierte, daß sie wirksam gepflegt würde. Kein Richter kann sich weigern, angemessene Klagen an seinem Hof zuzulassen, und all jene, die päpstliche Gunstbezeugungen suchten, waren Kläger im weiteren Sinn des Wortes. Sie brachten ihre Ansprüche gegen alle anderen Bewerber vor. Der Kleriker, der vom päpstlichen Hof die Übertragung oder das Versprechen einer Pfründ erhielt, war in einer ähnlichen Situation wie der Laie, der vom englischen König ein Mandat erhielt, in welchem der Sheriff angewiesen wurde, ihm Land zurückzuerstatten, dessen er angeblich unrechtmäßig verlustig gegangen war. Er hatte den ersten Schritt unternommen, um das zu erhalten, was er beanspruchte, aber es stand ihm noch ein langer Weg bevor, bis er in seinen Besitz eingewiesen würde; er stand lediglich am Beginn eines Rechtsstreits, im Verlauf dessen er seinen Fall gegen Feinde und Einwände zu verteidigen hatte, die ihm noch unbekannt waren. Man möchte sagen, der Papst gab sehr wenig her, wenn er Ansprüche und Erwartungen verteilte, die zum Großteil nie wirksam werden konnten. Er verteilte nichts weiter als die Berechtigung, in guter Ausgangsposition an einem Wettlauf teilzunehmen. Danach hingen Erfolg oder Mißerfolg von dem Reservoir von Freunden und Geld ab, aber auch von der Standhaftigkeit des Bewerbers selbst. Der Papst verkündete nur die Spielregeln des Wettbewerbs und verteilte die Eintrittskarten; aber indem der päpstliche Apparat dies zu einer wichtigen Tätigkeit päpstlicher Aktivität im späteren Mittelalter machte, nahm er starken Einfluß auf die gesamte Geschichte des Papsttums.

Bevor wir das Thema des päpstlichen Eingreifens in kirchliche Patronagen verlassen, bleibt noch eine Frage, nämlich die der Wirksamkeit dieses Eingreifens. Man kann diese Frage von verschiedenen Seiten angehen. Man könnte fragen, ein wie großer Prozentsatz päpstlicher Provisionen tatsächlich wirksam wurde, oder besser, wie groß der Anteil von Pfründen in einer bestimmten Diözese zu einer bestimmten Zeit war, die von Männern besetzt waren, welche ihre Stellung päpstlicher Provision verdankten. Die erste dieser Fragen ist wahrscheinlich nicht zu beantworten, und selbst wenn das möglich wäre, wäre die Antwort nicht sehr aufschlußreich. Man kann sicher sein, daß nur ein kleiner Anteil wirksam wurde, aber das bedeutet nicht, daß es wertlos war, das entsprechende päpstliche Dokument zu haben. Obwohl, abgesehen von einer Person, alle Bewerber enttäuscht werden mußten, erlaubt das nicht den Schluß, daß die Formalität der Bewerbung ein Mißerfolg war. Der Prozentsatz von Mißerfolg ist kein Maßstab für die Wirksamkeit des Systems.

Nützlicher freilich ist es zu untersuchen, welcher Anteil von Stellenbesetzungen von Kandidaten bestritten wurde, die das päpstliche System von Ernennungen benutzten. Diese Frage kann wenigstens annähernd beantwortet werden, aber auch hier gilt es, viele Einschränkungen zu machen. So gewaltig ist die Komplexität des mittelalterlichen Patronagesystems, daß man keinen einzelnen Faktor isoliert betrachten darf, ohne das allgemeine Bild zu verfälschen. In jeder hoch entwickelten Gesellschaft ist das Zusammenwirken einander stützender Elemente, mögen diese in ihrem Ursprung noch so verschieden und sogar widersprüchlich sein, eine wichtige Voraussetzung für das Funktionieren dieser Gesellschaft. Die Aufzählung dieser Komplexitäten allein genügt nicht. Trotzdem muß man wenigstens den Versuch machen, eine Antwort auf unsere Frage in groben Umrissen anzudeuten.

Wenn wir zum Jahr 1344 zurückkehren, das bereits als Grundlage für eine Untersuchung der Vielfalt päpstlicher Tätigkeit in der dritten Epoche der mittelalterlichen Geschichte gedient hat, und wenn wir die 68 Mitglieder des Domkapitels von Lincoln betrachten, dann ergibt sich folgendes Bild:[67] Der Dekan und vier der acht Archidiakone hatten ihre Ämter und Pfründen auf Grund päpstlicher Provision inne, nicht so der Subdekan, der Kantor, der Schatzmeister und der Kanzler. Von den übrigen 55 Pfründen scheinen zwanzig durch päpstliche Provision besetzt worden zu sein, während sechs weitere ohne Erfolg auf derselben Grundlage gefordert wurden. Andererseits besaß fast genau die Hälfte der Mitglieder des Domkapitels, nämlich der Kanzler, ein Archidiakon und 21 Kanoniker ihre Pfründen auf Grund königlicher Zuweisungen, drei weitere forderten ohne Erfolg ihre Pfründen auf derselben Grundlage. Auf dieser verhältnismäßig niederen Ebene kirchlicher Patronage zogen also der König und der Papst in etwa gleich, und zusammen besetzten sie etwa vier Fünftel aller verfügbaren Pfründen. Freilich war der König im Begriff, seine Stellung durch entsprechende Gesetzgebung zu stärken, und verglichen mit den erfolgreichen Kandidaten der päpstlichen Provisionen war ein größerer Prozentsatz seiner Kandidaten erfolgreich, die Rechtsansprüche, sofern sie umstritten waren, durchzusetzen.

In vieler Hinsicht war das Königreich England eine Ausnahme. Im Jahr 1318 hatte Papst Johannes XXII. festgestellt, daß »der Zustand, und, was schlimmer ist, die Freiheit der kirchlichen Würde in diesem Land bedrängter und mehr mißbraucht (sei) als sonstwo in

---

[67] Die Analyse des Domkapitels von Lincoln beruht auf der Neubearbeitung von J. *le Neve*, Fasti Ecclesiae Anglicanae 1300–1541, Bd. 1, 1962, hg. von H. P. F. *King*, mit zusätzlichem Material aus U. *Berlière*, Suppliques de Clément VI (1342–52), 1906, und T. F. *Tout*, Chapters in the Administrative History of Medieval England, 1920–1933, Bd. 3–5.

der Welt“[68]; zweifellos war die starke Stellung des Königs bei der Besetzung dieser Stellen ein Beispiel für die Situation, die der Papst anprangerte. Wahrscheinlich war in Italien und Spanien der Prozentsatz von Domkanonikern, die ihre Stellung durch päpstliche Provision erhalten hatten, größer. Aber es ist durchaus möglich, daß die wirksame päpstliche Kontrolle in der Mitte des 14. Jahrhunderts überall ihre Grenzen erreicht hatte. In Lincoln jedenfalls hatte sich das Bild einhundert Jahre später merklich gewandelt. Im Jahr 1444 besaß kein einziges Mitglied des Domkapitels seine Pfründe auf Grund päpstlicher Provision; es sei aber gleich hinzugefügt, daß nur zwei sie auf Grund königlicher Verleihung besaßen.

Für diesen Wandel gibt es keine einfache Erklärung, aber man muß ihn wahrscheinlich mit Änderungen inerhalb des Verwaltungssystems beider Gemeinschaften in Verbindung bringen. 1344 stammte ein großer Prozentsatz derer, die in Lincoln Kanonate auf Grund päpstlicher Provision innehatten, aus dem Kreis der päpstlichen Kurie und deren Verwandten. Die Archidiakone von Buckingham, Leicester und Northampton sowie Oxford waren sämtlich französische oder italienische Kardinäle; dasselbe gilt für die Pfründeninhaber von Corringham, Cropredy, Leicester St. Margaret, Louth, Milton Ecclesia und Milton Manor ebenso wie für die erfolglosen Bewerber für Nassington und Thame. Neffen von Kardinälen besaßen Farndon und Leighton Buzzard; Nikolaus Capucci, ein künftiger Kardinal, bewarb sich um Carlton Paynell. Die Pfründen von Banbury, Biggleswade, Brampton, Caistor, Gretton und Leighton Ecclesia waren entweder in der Hand von Mitgliedern französischer oder italienischer Familien, die Beziehungen zur Kurie hatten, oder wurden von ihnen beansprucht. Fast alle diese Männer gehörten zu dem Kreis der internationalen päpstlichen Verwalter und Kurialen. Ein bescheidenes Beispiel für diesen Typus war Francis Orsini, ein päpstlicher Notar und Abkömmling einer langen Folge von Päpsten und Kardinälen. Er hatte jüngst die Pfründe Farndon an einen königlichen Bewerber verloren, aber war noch Schatzmeister von York, Archidiakon von Cambrai, Kanoniker von Tournai, Sevilla und (im Wartestand) Amiens. Er war eine verhältnismäßig kleine Erscheinung in einer großen Schar, für welche neuzeitliche Parallelen nicht

---

[68] Dieser Brief wird im Wortlaut wiedergegeben in Histoire littéraire de France (Académie des inscriptions et belles-lettres), 1914, xxxiv, Anm.

im Klerus zu suchen sind, sondern in den Direktorenstellen internationaler Firmen.[69]

Päpstliche Provisionen verschafften solchen Männern Einkünfte, während königliche Verleihungen entsprechendes für die Schar königlicher Beamter bereitstellten. Die Liste der Pfründeninhaber von Lincoln, welche 1344 durch königliche Verleihung bestellt waren, gleicht der Liste eines Stabes der königlichen Regierung:

Pfründe	*Amt*	*Name*
Lafford	treasurer of the Exchequer	William de Cusance
Leighton Manor	keeper of the Wardrobe	William Edington
Carlton Paynell	keeper of the Privy Seal	Thomas Hatfield
Stow Longa	chief steward of the Chamber	Philip Weston
Thorngate	keeper of the Rolls	John Thoresby
South Scarle	keeper of the Great Wardrobe	Thomas Crosse
Farndon	controller of the Great Wardrobe	William Dalton
Milton Manor	clerk of the secret seal	Thomas Brembre
Carlton Paynell	clerk of the Marshalsea	William Hugate

In Thame schließlich saß der einstmals große, aber inzwischen in Ungnade gefallene königliche Diener William Kildesby, der 1344 auf einer Pilgerfahrt nach Jerusalem war und auf bessere Tage hoffte.

Am Beispiel einer Kirche zeigt dies das Endergebnis des Planes, die Kontrolle des Papsttums bis hinunter auf die niedrigste Ebene des kirchlichen Systems auszudehnen. Es vermittelt tatsächlich einen gewissen Eindruck von einem starken Organisationswillen und von der praktischen Entwicklung einer weitgespannten Theorie. Doch unsere Übersicht vermittelt als den auffallendsten Wesenszug eine große Ähnlichkeit der weltlichen und kirchlichen Entwicklung, ebenso wie die Tendenz, die überall zu erkennen est, daß die päpstliche Aktivität gerade jene Arten weltlichen Einflusses weiter anwachsen ließ, die einzudämmen sie ursprünglich geplant worden war.

[69] Obwohl er ein verhältnismäßig unbedeutender Mann war, enthalten die Papstregister und die englischen Calendars of Patent Rolls einen nicht geringen Umfang von Nachrichten über ihn.

Unser Überblick über die Tätigkeit des Papsttums in so unterschiedlichen Bereichen wie Ablaß, internationaler Politik und der Kontrolle kirchlicher Stellenbesetzungen führt zu einem allgemeinen Schluß. Im Verlauf des 14. Jahrhunderts hatte die päpstliche Verwaltung ein Ausmaß an Tätigkeitsfeldern erreicht, das noch zwei Jahrhunderte zuvor undenkbar gewesen wäre. Sie war überall auch auf die Grenzen gestoßen, innerhalb derer sie im Mittelalter wirksam werden konnte. Mit Ausnahme der Ablässe, einem Bereich, in dem die Währung fast unbegrenzt abgewertet werden konnte, weil es an Konkurrenz fehlte, zeigt sich, daß jeder Schritt vorwärts in Richtung auf wirkliche Macht eine unverhältnismäßig größere Gegenbewegung verursachte und im System selbst Komplikationen schuf, die die Wirksamkeit päpstlicher Handlung neutralisierte. Als Folge davon wuchs das Mißverhältnis zwischen dem Anschwellen der päpstlichen Verwaltung und wirksamer päpstlicher Führung.

Was der Heilige Bernhard 1150 befürchtet hatte, war zwei Jahrhunderte später Wirklichkeit geworden. Das Papsttum war zu dem kompliziertesten und für seine Zeit besten Rechts- und Verwaltungssystem in der Geschichte des Abendlandes geworden. Obwohl es aber noch allen seinen Konkurrenten überlegen war, operierte es auf derselben Ebene und war denselben Gesetzen von Änderung unterworfen wie jene.

Die sich ergebende Auszehrung der päpstlichen Führung kann man auf vielen Ebenen beobachten, nicht zuletzt auf intellektuellem Gebiet. Im 12. und 13. Jahrhundert hatten sich fast alle neuen Ideen zugunsten des Wachstums der päpstlichen Macht ausgewirkt: Kreuzzug, Entwicklung von Recht und Theologie, neue Ordensgemeinschaften, Experimente in Frömmigkeit und Scholastik, alle trugen zur Stärkung des Papsttums bei, so wie sie auch von ihm Unterstützung erhielten. Aber im 14. und 15. Jahrhundert war alles, was sich im Bereich politischer, kirchlicher oder theologischer Spekulation, Frömmigkeit oder ordensmäßiger Organisation am kräftigsten entwickelte, der päpstlichen Macht entweder entfremdet oder ihr gegenüber gleichgültig. Im Bereich der Verwaltung entwickelte sich das Papsttum weiter, aber ohne die Anregung geistiger Entdeckungen.

All das soll keineswegs heißen, als hätte das mittelalterliche Papsttum ohne weitreichendes Unheil zu bestehen aufhören können. Das weit verzweigte Netz päpstlicher Verwaltung, mochte es auch noch so sehr in kleinliche Interessen verstrickt sein, war noch immer der beständige Faktor in der europäischen Gesellschaft; man konnte ihn kaum anrühren, ohne das Gebäude in seinen Grundfesten zu erschüttern. Auf persönlicher Ebene gab schließlich die Existenz des Papsttums noch immer Millionen von Menschen, die nichts von seinen Mißerfolgen ahnten, eine Garantie für die Erlösung. Das Papsttum gehörte zum Leben wie Tag und Nacht, wie Sommer und Winter.

BISCHÖFE UND ERZBISCHÖFE

Wenn man den mittelalterlichen Episkopat an Hand der Dokumente aus der päpstlichen Kanzlei untersucht, vermittelt er den Eindruck einer Gruppe verweltlicher und undisziplinierter Männer, die durch die unablässigen Anstrengungen der Päpste, besonders seit der Mitte des 11. Jahrhunderts, zu Ordnung und Rechtschaffenheit angehalten wurden. Es entsteht der Eindruck, Bischöfe seien dem weltlichen Einfluß abgetrotzt worden, der ihr Schicksal bis dahin bestimmt hatte, und sie seien unter päpstlicher Kontrolle und Anleitung wieder ehrbar und nützlich geworden. Diese Entwicklung ging in einiger Hinsicht auf Kosten ihres Amtes. Die Bischöfe büßten ihre frühere unabhängige Autorität ein, an der Erneuerung der Liturgie, bei Heiligsprechungen, bei der Aufsicht über klösterliche Disziplin und bei der Bestimmung von Recht und Lehre tätig zu wirken. Aber sie gewannen dafür eine klarere Bestimmung ihrer Funktion, den Schutz einer höchsten geistigen Autorität und die Teilhaftigkeit an einer gewaltigen gemeinsamen Aufgabe.

Nach außen hin spricht sehr viel für einen solchen Eindruck. Tatsächlich ist die wachsende päpstliche Einflußnahme auf Bistumsebene seit der Amtszeit Papst Leos IX. die große Scheidelinie in der Geschichte des mittelalterlichen Episkopats. Unterordnung unter das päpstliche Amt, die vor dem 11. Jahrhundert eine vage, fast freiwillige Idee gewesen war, wurde nach dem 12. Jahrhundert streng definiert und verpflichtend. Sie beeinflußte jeden Aspekt der bischöflichen Tätigkeit im späteren Mittelalter. In allen Fragen von Stellenbesetzung, Disziplin, Versetzung oder Amtsenthebung von Bischöfen war das Wort des Papstes Gesetz; die lokale Gesetzgebung der Bischöfe bestand darin, die allgemeine Gesetzgebung des Papstes in ihrem Wirkungsbereich durchzusetzen; ihre Gerichte waren offen für päpstliche Anweisungen von oben und für Anrufungen des Papstes von unten her. Der Bischof war das Verständigungsinstrument zwischen dem Papst und der Kirche.

Bevor wir die praktischen Auswirkungen dieser Wandlungen an der Basis untersuchen, gilt es, eine allgemeine Feststellung zu treffen.

In der lateinischen Kirche des späteren Mittelalters gab es viele Bischöfe und Erzbischöfe, fast fünfhundert. Es gab große Vermögensunterschiede, aber viele waren sehr reich. Als soziale Gruppe hatten sie ihren Platz unter den größten territorialen Fürsten Europas. Die Mehrheit von ihnen war mit den mächtigsten Familien in ihren Ländern verwandt. Das Bischofsamt war im allgemeinen eine Belohnung für vornehme Geburt, Bewährung in der Verwaltung oder hervorragende Verdienste in der weltlichen Regierung. Es war eine Belohnung, welche ein hoher Prozentsatz derartig Qualifizierter sehr begehrte. Waren sie einmal im Amt, dann war es schwierig, auch für den Papst, sie wieder zu entfernen, und Menschen in gesicherter Machtposition sind selten ausnehmend gefügig. Was für einen allgemeinen Anspruch auf ihren Gehorsam es auch geben mochte, es trennten sie große Entfernung und langsame Kommunikation von der Quelle der päpstlichen Autorität. In den meisten Angelegenheiten mußten sie in eigener Verantwortung entscheiden, und das bedeutete im allgemeinen, daß sie im Interesse der Institution handelten, die sie vorübergehend verkörperten.

Fast überall waren die Bistümer die ältesten Intstitutionen in ihrer Gegend. Normalerweise waren sie älter als die ältesten Klöster und sehr viel älter als die weltlichen Dynastien oder Königreiche. Sie gaben ihren Amtsträgern nicht nur konkrete soziale Bedeutung, sondern auch ein altes Erbe von Rechten und Pflichten, die durch ehrwürdige Dokumente abgesichert waren und von den Heiligen der Kirche bewacht wurden. Als Hüter dieses Erbes waren die Bischöfe nicht leicht durch vorübergehende Modeerscheinungen in der Gesellschaft oder in der Gesetzgebung zu beeindrucken. Das Gewicht von lokaler Tradition wog bei ihnen sehr stark.

Zudem war ihr Amt selbst in den grundlegenden Zeugnissen der christlichen Religion definiert, im Alten und Neuen Testament und in der ältesten Geschichte der Kirche. Obwohl der Papst in seiner Machtfülle die Bischöfe seine Helfer nannte, war er in den wesentlichen Zügen seines Amtes auch nur Bischof – universaler Bischof freilich, aber Bischof wie die anderen auch.

All diese Wesensmerkmale von Reichtum, Geburt, örtlicher Tradition und unwandelbarer Autorität trugen dazu bei, den Episkopat, obwohl er zwischen zwei Mühlsteinen, dem Papst und dem König, ständig aufgerieben wurde, zu der vielseitigsten und vielschichtigsten Gruppe in der mittelalterlichen Kirche zu machen. Ein einfaches

Schema kann diese vielfältigen Interessen und Ideale, die alten Rechte und neuen Gelegenheiten, welche die Bischöfe verkörperten, nicht erfassen. Wir können die Änderungen im Amt des Bischofs nachzeichnen, aber der einzelne Bischof, in seiner Diözese verwurzelt, entzieht sich jedem Versuch, ihn in dieses Schema hineinzupressen.

Gleichwohl wurde das Schema nie ganz mißachtet, und wir können deshalb unsere Untersuchung des mittelalterlichen Episkopats mit einem Idealbild beginnen, das nie in Frage gestellt wurde. In seiner *Cura Pastoralis* beschrieb Gregor der Große ein für allemal die Wesenszüge des wahren Bischofs.[1] Er war vor allen Dingen Lehrer und Leiter von Seelen. Daher mußte er ein Mann der Besinnung, Selbstkritik und Bescheidenheit sein: „Man kann eine Kunst nicht lehren, wenn man sie nicht vorher durch intensive Besinnung erlernt hat; die Seelsorge aber ist die größte unter den Künsten; daher kann man die Kühnheit derer ermessen, die dieses Amt unvorbereitet übernehmen." Der Bischof war deshalb angehalten, äußerlicher Betätigungen zu entsagen, sich der Predigt, Lehre und Ermahnung hinzugeben, sein eigenes Wesen zu vervollkommnen, um andere korrigieren zu können, „eher sich selbst als seine Brüder unterzuordnen", »Diener, nicht Herr zu sein". Mit anderen Worten, ein Bischof war seinem Charakter nach lediglich ein Christ in größerer Vollendung.

Auf den folgenden Seiten wird es wenige Anzeichen dafür geben, daß die Pflege eines solchen Idealbildes die Hauptbeschäftigung der Bischöfe in der abendländischen Kirche war. Die überkommenen Quellenzeugnisse zeichnen sie hauptsächlich als Organisatoren, Verwalter, Große und Politiker. Es muß angenommen werden, daß viele, vielleicht die meisten, Bischöfe sich nur in diesen Rollen sahen; freilich nicht alle. Denn an unerwarteten Stellen stoßen wir auf Spuren unterdrückter oder enttäuschter Anstrengungen, deren Ausmaß man nicht voll ermessen kann. Man soll diese Anstrengungen nicht mit den formalen Floskeln guter frommer Vorsätze verwechseln, die in allen kirchlichen Zeugnissen sehr häufig sind. Man erkennt sie vielmehr in kleinen Taten des Mitleids, in Zögern und in später Reuebezeugung. In unserem Überblick können sie nur einen kleinen Platz einnehmen, aber in der eigentlichen Geschichte der mittelalterlichen Kirche gebührt ihnen ein größerer Platz.

---

[1] Migne, PL 77, Sp. 13–128.

Die karolingische Kirchenordnung und ihr Verfall

Die Gestaltung eines Bischofs

Der formative Einfluß von Gregors *Cura Pastoralis* ist besser in den Mönchsbischöfen des achten Jahrhunderts als im Episkopat zu jeder späteren Zeit zu erkennen. Willibrord und Bonifatius in ihren endlosen Wanderungen, in ihrer Unzufriedenheit an den königlichen Höfen, in ihrer unbeugsamen Suche nach Hilfskräften für ihre mühsamen Missionsreisen, waren gregorianische Bischöfe in einem Ausmaß, wie es für ihre Nachfolger kaum möglich war. Durch ihren Erfolg erschwerten sie denen, die nach ihnen kamen, es ihnen gleich zu tun. Sie zwangen die Bischöfe dazu, Werkzeuge von Regierungen zu sein, die damit beschäftigt waren, die christliche Gesellschaft im karolingischen Europa zu leiten. In ihrer Stellung als wichtigste Helfer der gesalbten und göttlich beauftragten Herrscher wurden Bischöfe in erster Linie zu Männern der Tat, die ihr Vorbild weniger bei Gregor dem Großen als im Alten Testament fanden. Dort entdeckten sie in Samuel den Typus des christlichen Bischofs, der über das Volk gesetzt war, um es zu richten, seine Stimme für das Volk zu erheben, für ihre Sünden Opfer zu bringen, Ratschläge zu geben, mit ihren Heeren auszuziehen und ihre Könige zu salben.

Mochten diese Aufgaben auch noch so wichtig sein, um die Sicherheit der christlichen Gemeinschaft zu garantieren, so warfen sich die Bischöfe doch nicht ganz bedenkenlos auf die weltlichen Geschäfte. Paulus hatte geschrieben: „Niemand, der im Dienst Gottes steht, gibt sich weltlichen Geschäften hin". Manch einer glaubte, das beziehe sich besonders auf die Bischöfe, und Karl der Große, mit seinem bezeichnenden Gespür für praktische theologische Fragen, legte einer seiner Synoden dieses Problem vor.[2] Wir wissen nicht, was bei diesem Anlaß gesagt wurde, aber spätere Berichterstatter geben eine klare Antwort:

> Es mag vielleicht jemand fragen, der nichts von den göttlichen Verfügungen versteht, warum Bischöfe Völker regieren und sich mit Krieg beschäftigen; wenn er sagt, ein Bischof sei nur für ihre Seelen verantwortlich, dann ist die Antwort darauf klar: indem er diese Dinge tut, bringt der

---

[2] MGH Capit. I, S. 161.

Beschützer und Lehrer der Gläubigen ihnen die seltene Gabe des Friedens und bewahrt sie vor der Dunkelheit, in der kein Licht leuchtet.[3]

Ein Bischof sollte tatsächlich weltliche Pflichten übernehmen, „nicht aus freier Wahl, sondern wegen der Not des Volkes".[4] Gottesdienst, Disziplinierung von Klöstern und Kirchen, Verschönerung seiner Kirche, Förderung christlicher Bildung, das war sein eigentlicher Aufgabenbereich. Wie es die Pflicht des Bischofs war, dem Herrscher in seinen weltlichen Aufgaben beizustehen, so war auch der Herrscher dafür verantwortlich, die Bischöfe zu einer guten Amtserfüllung anzuhalten. Folglich findet sich die einigermaßen umfassende Gesetzgebung im Abendland über die geistlichen Pflichten eines Bischofs in seiner Diözese zum erstenmal in den königlichen Gesetzen der Karolinger und der Angelsachsen.

Ein Großteil der frühesten Gesetzgebung Karls des Großen galt den Pflichten der Bischöfe und der Durchsetzung ihrer Autorität. Für das Wohl eines Königreiches, in dem das Christentum noch immer recht zarte Wurzeln hatte, war es unerläßlich, heidnische Bräuche, „die Opferung toter Leiber, Wahrsagerei, Augurenschau, Beschwörung, Tieropfer, welche einfältige Menschen nach heidnischem Brauch in der Nähe von Kirchen im Namen der heiligen Märtyrer feiern", auszurotten.[5] Der König erwartete von seinen Bischöfen große Sorgfalt, denn derartige Handlungen verärgerten die Heiligen, zu deren Besänftigung sie unternommen wurden. Das war nicht nur ein vager oder frommer Wunsch; es war eine Tatsache, so sicher wie überhaupt nur etwas auf der Welt. Alkuin schrieb vom Hof Karls des Großen an den Erzbischof von Canterbury:

> Wir lesen in den Büchern des Gildas, des weisesten der Briten, daß Habsucht ihrer Fürsten, Ungerechtigkeit ihrer Richter, Müßiggang ihrer Bischöfe und Nachlässigkeit in der Predigt sowie Schamlosigkeit und schlechte Sitten des Volkes dazu geführt haben, daß sie ihre Herrschaft verloren. Hüten wir uns, daß dergleichen nicht zu unserer Zeit geschieht.[6]

---

[3] Ruotgeri Vita Brunonis Archiepiscopi Coloniensis, hg. von I. *Ott,* MGH Scriptores Rerum Germanicarum, Nova Series 10 (1951), Kap. 23, S. 23 f.; vgl. Widukind, Rerum Gestarum Saxonicarum, Buch 1, Kap. 31, MGH Scriptores in usum scholarum, Bd. lx (1935), S. 44.

[4] Ruotger, wie oben Anm. 3, Kap. 29.

[5] MGH Capit. I, S. 45.

[6] *Haddan* & *Stubbs,* Councils and Ecclesiastical Documents, Bd. 3 (1871), S. 474–478; dieser Brief, der die Lehre Gregors des Großen zusammen-

Es kann daher nicht überraschen, daß die Gesetzgebungstätigkeit der frühen Könige voll von Anweisungen an ihre Bischöfe war. Es war eine Frage von drängendem öffentlichem Interesse, darauf hinzuwirken, daß sie ihre Pflicht erfüllten. Sie sollten in ihren Bistümern residieren, mit dem Kirchenrecht vertraut sein, alle Leute in ihrem Bistum richten, den Glauben und die Bildung des Klerus überprüfen, dafür sorgen, daß das Volk mit dem Vaterunser vertraut sei, die Zahlung des Zehnten und den Bau von Kirchen überwachen, die Grafen unterstützen und durch ihr Bistum reisen. Alle diese grundsätzlichen Anweisungen für die Verwaltung von Bistümern gehören in die Regierungszeit Karls des Großen und wurden auf Anweisung des Königs erlassen.[7]

Im Laufe des 9. Jahrhunderts wurden diese Vorschriften ausführlicher und auch durch Abhandlungen ergänzt, die zur Anleitung des Episkopats verfaßt wurden. Eine solche Abhandlung schrieb Hinkmar, Erzbischof von Reims 845 bis 882. Die vielfältigen Verpflichtungen, die er beschreibt, hätten den Bischof in der Tat zu einem äußerst beschäftigten Mann gemacht. Er sollte nach den Besitzungen der Kirche in seinem gesamten Bistum sehen, Erhaltungszustand und Ausstattung der Gebäude prüfen, examinieren, weihen, die Arbeit des Klerus beaufsichtigen, Kirchen weihen, Bußverpflichtungen festsetzen, des Versöhnungsritus vornehmen, Synoden abhalten, Gehorsam durchsetzen, taufen, firmen, Gastgeber sein, die Laien unterrichten und darauf achten, daß die Fürsten Gottes Gesetz hielten.[8] Dergestalt war der Bischof, der aus dem karolingischen Wiederaufbau der Gesellschaft erstand, ein Mann, der ununterbrochen tätig war in der Sorge um weltliche und geistliche Güter, ein wichtiger Helfer in der königlichen Regierung. In vieler Hinsicht prägten Theorie und Praxis des 9. Jahrhunderts dem bischöflichen Amt im Abendland eine Gestalt auf, die es nie mehr einbüßte.

Die Bischöfe entfalteten in dieser Zeit ihre volle Kraft. Herrscher, die in Schwierigkeiten gerieten, Loyalität und Gehorsam anderer zu erhalten, waren auf die Unterstützung ihrer Bischöfe angewiesen.

---

faßt, ist ein aufschlußreiches Verbindungsglied zwischen dem gregorianischen und dem karolingischen Bischofsideal.

[7] MGH Capit. I, S. 74–76, 78, 103, 119, 158, 178, 182, 195.

[8] De Officiis Episcoporum, Migne, PL 125, Sp. 1087–1094. Zur praktischen Anwendung dieser Vorschriften vgl. Hinkmars Capitula Synodica, ebenda, Sp. 773–804.

Eben zu der Zeit gaben die gewaltigen geistlichen und weltlichen Schätze des Episkopats, ihre klaren Ziele und wohl definierten Gesetze, den Bischöfen ein wachsendes Gefühl für ihre gemeinsame körperschaftliche Macht. Es darf nicht überraschen, daß in dem Maß, in welchem die karolingische Dynastie an Macht verlor, die Bischöfe begannen, den weltlichen Herrschern ihre Überlegenheit zu zeigen. Schon in der Mitte des 9. Jahrhunderts konnte Hinkmar von Reims schreiben:

> Diese Welt wird in der Hauptsache durch die geheiligte Autorität der Bischöfe und die Macht der Könige gelenkt... Aber die Würde eines Bischofs ist größer als die eines Königs, denn Bischöfe weihen Könige, Könige aber weihen nicht Bischöfe.[9]

In diesen Worten vernehmen wir das erste Grollen einer großen Kontroverse, deren praktische Auswirkungen noch in ferner Zukunft lagen. Zwischen der Mitte des 8. und der Mitte des 11. Jahrhunderts konnte es kaum bezweifelt werden, daß Bischöfe trotz aller angeblichen geistlichen Überlegenheit nur unter starken Königen mächtig sein konnten.

Das war das karolingische Vermächtnis, und es zeigte sich sehr deutlich im Jahr 895 in einer der letzten großen Versammlungen, die ein Abkömmling Karls des Großen einberufen hatte. In jenem Jahr versammelte Arnulf, König des ostfränkischen Reiches, Urenkel Karls des Großen, seine Bischöfe in der königlichen Pfalz Tribur bei Mainz. Die Beschlüsse dieser Versammlung, veröffentlicht im Namen von 26 Erzbischöfen und Bischöfen, bilden eines der ausführlichsten kirchlichen Gesetzgebungswerke dieser gesamten Epoche. Sie umfassen viele Bereiche religiöser Disziplin und vereinigen die Gesetzgebung von Päpsten, Konzilien und Königen zum Gebrauch der Kirche im Ostfrankenreich. Im Mittelpunkt all dessen stand der König, „der allerglorreichste Arnulf, welcher beseelt von der gnädigen Güte Jesu Christi und der demütigen Ergebenheit seiner Priester, beschloß, daß die Synode abgehalten werden sollte.“ Arnulf gilt bei den Historikern allgemein nicht als eindrucksvolle Herrscherpersönlichkeit, aber in dieser Versammlung, als er seinen Bischöfen Anweisungen gab, kleidete ihn die ganze Majestät seiner Vorfahren, und er sprach mit der Autorität eines geweihten Königs:

---

[9] Migne, PL 125, Sp. 1071.

Hirten der Kirche Christi und Lichter der Welt! Tut jene Hirtenpflicht, die euch aufgetragen wurde ... Ihr könnt euch darauf verlassen, daß ich alle Feinde der Kirche Christi bekämpfe. Sicherlich „können weder Tod noch Leben, weder Gegenwärtiges noch Zukünftiges noch keine andere Kreatur uns scheiden von der Liebe Gottes" oder unsere heilige Eintracht entzweien.[10]

Als die Glocken verklangen, als das *Te Deum* und die königlichen *Laudes* gesungen waren, machten sich die Bischöfe für ihre Verhandlungen bereit. Es muß damals der Eindruck geherrscht haben, als ob die Zukunft des christlichen Volkes durch die geheiligte Einmütigkeit der Kirche und der Bischöfe gesichert sei. Selbst am Ende eines Jahrhunderts, im Verlauf dessen die Macht der Karolinger in so großem Ausmaß untergraben worden war, schien dieser Einmütigkeit eine lange Dauer beschieden zu sein.

Der Verfall des karolingischen Ideals

Wir wissen freilich, daß die Zukunft nicht in dieser Richtung verlief, und wir können nach den Gründen dafür fragen. Die einfache Antwort ist die, daß „heilige Eintracht" zerbrach, weil die Könige ihre starke Stellung nicht zu halten vermochten. In demselben Maße, wie sie versagten, den Bischöfen Unterstützung zu gewähren, die diese benötigten, wandten sich jene gezwungenermaßen woanders hin.

Wir können hier nicht die Geschichte des Zusammenbruchs der königlichen Macht nachzeichnen, welche im Westfrankenreich bereits im 10. Jahrhundert augenfällig war und im Ostfrankenreich und in Italien im 11. Jahrhundert deutlich wurde, aber ihre Folgen sind wichtig. Die wichtigsten Folgen waren die, daß die Könige ihre lokalen Vertreter nicht unter Kontrolle halten konnten und es auch nicht verhindern konnten, daß jene sich erbliche Machtstellungen errichteten. Folglich konnten sie Frieden und Besitzstand der Kirche nicht garantieren. Vielerorts verloren die Könige ihren Einfluß auf die Besetzung von Bistümern, und es fehlten ihnen die Mittel, treue Dienste zu belohnen und Klostergründungen auszustatten. Am schlimmsten freilich war, daß die weltlichen Herrscher, als sie in

---

[10] MGH Capit. II, S. 213.

Not gerieten, sich gezwungen sahen, selbst die Hand nach den Schätzen der Kirche auszustrecken und Kirchengut an sich zu nehmen, um es an Laien weitergeben zu können. Zu solchen Maßnahmen griffen die Könige immer, wenn sie in Schwierigkeiten waren. So war es bei den letzten Merowingern gewesen; so etwas taten die angelsächsischen Könige, wenn es ihnen schlecht ging; aber in nachkarolingischer Zeit war dieser Prozeß besonders verheerend, denn die Bischöfe waren so hoch erhoben worden, daß sie sich ihrer gemeinschaftlichen priesterlichen Macht bewußt geworden waren. Dabei spielte es keine Rolle, daß die Bischöfe ihre Machtstellung ursprünglich den Königen verdankten, die jetzt ihrer Hilfe bedurften. Dankbarkeit Wohltätern gegenüber ist im allgemeinen kein hervorstechendes Kennzeichen großer Institutionen, besonders, wenn die Wohltäter selbst tot sind und ihre Nachkommen eher im Gewand von Räubern als von Beschützern auftreten. Aus diesem Grund suchten die Bischöfe allmählich nach Unterstützung von anderer Seite.

An dieser Situation trugen die Könige selbst keine Schuld. Zweifellos wären sie lieber reich und freigebig gewesen, aber auf Grund der Umstände wurden sie raffsüchtig, weil sie arm waren; ihre Schwäche war die, keine Dienstleistungen belohnen zu können. Wir können die Verfallserscheinungen an einem kleinen, aber wesentlichen Aspekt des frühen Königtums verfolgen: Könige konnten nur regieren, indem sie ständig unterwegs waren. Nur auf diese Weise konnten sie sich ihren Freunden zeigen, ihre Feinde überwältigen und durch ihre Gegenwart Unwillige zum Gehorsam zwingen.[11] In ihrem Leben spielten Unterkunftssorgen eine große Rolle. Wenn immer möglich, wohnten sie in ihren eigenen Pfalzen. Waren die nicht vorhanden, dann wandten sie sich an günstig gelegene Klöster und bischöfliche Residenzen. Solange es ihnen gut ging, waren sie dort gern gesehen. Sie hinterließen dann reiche Geschenke und wertvolle Privilegien. In der Mitte des 10. Jahrhunderts gab es keinen höher geschätzten Besucher als Otto I., am Palmsonntag im erzbischöflichen Palast von Magdeburg, oder zu Ostern im Nonnenkloster in Quedlinburg; und als er beabsichtigte, die Kirche in Maastricht zum Wohl des Reiches in eine königliche Residenz umzuwandeln,

[11] Zum Itinerar der deutschen Könige zwischen 919 und 1056 und zu seiner Bedeutung für die Herrschaft vgl. J. H. *Rieckenberg*, Königsstraße und Königsgut, Archiv für Urkundenforschung 17 (1942), S. 32–154.

hatte niemand etwas einzuwenden. Der Grund dafür war einfach: er selbst hatte das Erzbistum Magdeburg gegründet, er hatte Quedlinburg ausgestattet und seine Tochter dorthin als Nonne gegeben, und er hatte der Kirche von Maastricht eine große Entschädigung zukommen lassen.[12] Außerdem war seine Gegenwart überall eine Garantie für Schutz und Frieden.

Das war die eine Seite der Medaille. Die andere war zur gleichen Zeit in Frankreich zu sehen. Dort hatten die Könige bei der Belohnung und Ausstattung ihrer Vasallen fast alle ihre Güter verloren. Dadurch wurden sie für die einfachsten Gastlichkeitsbezeugungen von ihren Bischöfen abhängig; in dem Maß, in dem ihre Tätigkeit weniger wurde, nahmen sie diese immer öfter in bischöflichen eher als königlichen Residenzen vor. Aber sie konnten nichts mehr als Entgelt geben.[13] So verlor man auf schnellste Weise die Ergebenheit seiner Gastgeber. Im Ostfrankenreich sank die königliche Macht nie so tief, aber sogar dort gab es im frühen 11. Jahrhundert bedrohliche Anzeichen dafür, daß das alte Gleichgewicht gegenseitiger Geschenke nicht mehr aufrechterhalten werden konnte. Wir hören, daß Könige in bischöflichen und klösterlichen Residenzen haltmachten, die ihre Vorgänger nie mit ihrer Gegenwart belastet hatten, und die Zahl der Klöster und Bischofspaläste in ihren Itineraren nahm stark zu. Uns mag das als nebensächlich erscheinen, aber für die Zeitgenossen war es ein untrügliches Zeichen dafür, daß die Macht des Königs abgenommen hatte und daß er für seine Dienstleistungen nicht mehr bezahlen konnte. Er sah sich gezwungen, immer mehr zu nehmen und immer weniger zu geben.

Wer nicht geben kann, kann nicht regieren. Diese Grundregel für Herrschaft kann im Verlauf der Geschichte des Mittelalters sehr oft verifiziert werden, und nicht am wenigsten in den Beziehungen zwischen Kirchen und Königen im 11. Jahrhundert. Könige waren die wichtigsten, ja fast die einzigen Wohltäter der Kirche in den vergan-

---

[12] Die Ottonen scheinen versucht zu haben, nach Möglichkeit jeweils am Palmsonntag in Magdeburg und zu Ostern im Königskloster in Quedlinburg zu sein. Eine Beschreibung von Ottos Übernahme und Entschädigung der Kirche in Maastricht zum Wohl des Reiches findet sich in MGH DOI, Nr. 322.

[13] Die jüngste Darstellung der Schwierigkeiten der westfränkischen Könige im 10. Jahrhundert findet sich bei J. F. *Lemarignier,* Le Gouvernement royal aux premiers temps capétiens (987–1108), 1965.

genen Jahrhunderten gewesen; jetzt blieben sie in ihren Schenkungen hinter der lokalen Aristokratie zurück. Doch gerade weil sie weniger zu bieten hatten, waren sie mehr als zuvor auf ihr Recht angewiesen, Bischöfe zu ernennen und als Gegenleistung Geschenke, Gastfreundschaft, Ergebenheit und Waffenhilfe zu erhalten. Was einstmals eine beide Parteien befriedigende Kombination von Pflichten und Interessen gewesen war, wurde zur Tyrannei: *tu pulsas, ego vapulo tantum,* wie die klassisch gebildeten Männer zu sagen beliebten. Langsam aber stetig wuchs der Wunsch nach einem Wechsel in den gegenseitigen Beziehungen. Gegen Ende des 11. Jahrhunderts waren die Bischöfe in vielen Teilen Europas dafür bereit.

Von diesem Wandel profitierten letzten Endes die Päpste am meisten, aber sie leiteten ihn weder ein, noch begrüßten sie ihn anfangs. Im ganzen gesehen respektierten die Päpste, wie andere Leute auch, die Macht der Könige über die Kirchen in ihrem Herrschaftsbereich als Teil des göttlichen Gesamtplanes. Sie hatten keinen Grund, die wohl ausgewogene Verteilung der christlichen Pflichten gegen die offen räuberischen Absichten des lokalen Adels einzutauschen. Papst Johannes X. gab dieser Einstellung in einem Brief vom Jahr 921 deutlichen Ausdruck. Der Erzbischof von Köln hatte einen Bischof von Lüttich geweiht, den der örtliche Herzog ernannt hatte, „obwohl (so schrieb der Papst) es alte Sitte ist, daß niemand außer einem König, der dazu die Autorität von Gott erhalten hat, einem Kleriker ein Bistum übertragen darf." Große Verwunderung drückte der Papst über die Handlungsweise des Erzbischofs aus, „so gegen die Vernunft und ohne königlichen Befehl zu handeln, wenn er daran hätte denken sollen, daß in keiner Diözese ein Bischof ohne Befehl des Königs geweiht werden dürfte". Der Papst jedenfalls hatte nicht die Absicht, den König dieses Rechtes zu berauben; im Gegenteil, „er war froh bei dem Gedanken, daß der König seine Herrschaft wahren konnte", und befahl, der König solle weiterhin, wie seine Vorfahren, Bischöfe in allen seinen Bistümern ernennen.[14]

Das Papsttum brauchte fast eineinhalb Jahrhunderte, um von der Ansicht abzugehen, daß ein gutwilliges Königtum an der Einsetzung von Bischöfen teilnehmen sollte. Als die Desillusionierung einsetzte,

---

[14] Der Brief wurde gedruckt von L. *Santifaller,* Zur Geschichte des ottonisch-salischen Reichskirchensystems, Sitzungsberichte der Österreichischen Akademie der Wissenschaften 229 (1954), S. 73 f.

war das ein komplexer Prozeß, aber ein Punkt, an dem sie sich festhakte, war die grundsätzliche *Weltlichkeit* der Könige. Alle ihre Ansprüche, Bischöfe „einzuweisen", zu „weihen" oder zu „ernennen" wurden in der Zeit als Beispiele ständiger Drohung der weltlichen Gewalt betrachtet, die Kirche zu zerstören. Das sind die Themen, die immer wieder in den Briefen Gregors VII. auftauchen: „Kaiser, Könige und andere Laien, ob Männer oder Frauen" (es ist jetzt schwer, das volle Gewicht dieser respektlosen Vermengung von Funktionen und Geschlechtern nachzuvollziehen) haben sich erfrecht, „gegen die Bestimmungen der heiligen Väter", geistlichen Personen Bistümer und Klöster zu übertragen. Das muß aufhören. Sollte es jemand in Zukunft tun, dann erklärt die päpstliche Autorität diese Handlung für ungültig und den Handelnden für exkommuniziert.[15]

Diese Worte wurden fast eineinhalb Jahrhunderte nach dem Brief Papst Johannes' X. geschrieben, den wir zuvor zitiert haben. In der Zwischenzeit war das System, welches Papst Johannes gebilligt hatte, durch innere Schwäche erschüttert worden. Die päpstlichen Anklagen waren keinesfalls die Ursache für diese Schwäche, aber sie fügten ihr ein weiteres Element hinzu, nämlich geistige Unsicherheit, und sie boten eine Alternative. Diese Kombination reichte aus, um ein schon wankendes System zum Einsturz zu bringen.

Diese Verfallserscheinungen können wir an der Laufbahn zweier Zeitgenossen Gregors VII. erläutern, eines in Deutschland und eines in England, zweier hoch angesehener Männer, die weder Visionäre noch Ungeheuer waren, sondern fähige Männer, die versuchten, als Bischöfe ihre Pflicht zu erfüllen.

Benno II. von Osnabrück[16]

In Deutschland war Benno II., Bischof von Osnabrück von 1068 bis 1088, ein Bischof der alten Schule. Er hatte seine Laufbahn als erfolgreicher Gelehrter und als Lehrer in den besten deutschen Schulen seiner Zeit begonnen. Daraufhin wandte er sich, wie viele Gelehrte vor und nach ihm, der Verwaltungslaufbahn zu. Der Kö-

[15] Registrum Gregorii VII, S. 403.

[16] Eine ausgezeichnete zeitgenössische Biographie gibt es von Norbert, dem Abt von Iburg, Vita Bennonis Episcopi Osnabrugensis, hg. von H. *Bresslau,* MGH Scriptores in usum scholarum, 1902.

nig wurde 1051 während eines Feldzuges gegen die Hunnen auf ihn aufmerksam, als er außerordentliches Geschick zeigte, die Versorgung des Heeres in einem verwüsteten Land sicherzustellen. Das führte zu seiner Ernennung zum Dekan von Hildesheim und Verwalter der königlichen Pfalz in Goslar. In diesen Funktionen war er für den Bau des Hildesheimer Doms verantwortlich und überwachte auch Bau und Instandhaltung der königlichen Festungen in dem außerordentlich wichtigen Herzogtum Sachsen. Er mußte für die Pflege des Viehbestandes und des Getreides sorgen, für die Eintreibung der Pachtbeträge, die Aufbewahrung von Lebensmitteln, die Planung von Gebäuden und die Organisation der häuslichen Wirtschaft.

Die Eigenschaften eines erstklassigen Schulmeisters, der es zum Gutsverwalter, Arbeitsüberwacher und Quartiermeister gebracht hatte, mögen nicht nach idealen Voraussetzungen für das Bischofsamt aussehen, andererseits waren sie aber sicher nicht zu verachten. Man brauchte sie in der kirchlichen ebenso wie in der weltlichen Verwaltung, und Benno nutzte seine Gaben mit unparteiischem Eifer im Dienste beider.

Er hatte sich ein Bistum verdient, und als im Jahr 1068 die Kanoniker von Osnabrück in Goslar erschienen mit der Nachricht vom Tode ihres Bischofs, traf der König eine gute Wahl, als er Benno Stab und Ring des Bistums übergab. Benno rechtfertigte die Wahl durch fortgesetzte Loyalität und Fleiß in königlichen Diensten. Aber jetzt wurde sein Leben um ein neues Element bereichert. Als Bischof war er zum erstenmal ein unabhängiger Diener, verantwortlich für die Mehrung des Glanzes seines Bistums. Er befestigte seine Bischofsstadt und baute Straßen durch die Sümpfe des Bistums. Neben dem Dom errichtete er ein Kloster. Die Gebäude, Ausstattungen, Einrichtungen und die Disziplin in seiner neuen Gründung wurden zum Mittelpunkt seiner Interessen. Ein Mönch dieses Klosters schrieb seine Biographie als Mahnmal der Verpflichtung derer, die Reichtum und Würde der Kirche genossen:

Er war gewiß sehr genau bei der Eintreibung der Pachtgebühren, so sehr, daß er die Bauern oft gewaltsam zwang, ihre Abgaben zu entrichten. Aber wer die Leute dieses Landes kennt, ihre Unzuverlässigkeit und List, wird ihm leicht vergeben und wird anerkennen, daß ihn höchste Notwendigkeit dazu zwang, solches zu tun. Wenn wir diese Züge in seinem Verhalten erwähnen, die einigen Betrachtern tadelnswert erscheinen mögen, tun wir das nicht aus Kleinmut, sondern wir berichten die Wahrheit, so wie wir sie kennen, damit unsere Leser desto inbrünstiger für ihn beten.[17]

Trotz all dieser Tätigkeit in seinem Bistum blieb Benno ein Mann des Königs. Es war seine Pflicht als Bischof, mit dem Gesalbten des Herrn in der Regierung zusammenzuarbeiten, und in dem großen Sachsenaufstand unterstützte er selbst den König so weit, daß er aus seinem Bistum verbannt wurde. In letzter Entscheidung freilich standen die Interessen des Bistums für ihn im Vordergrund. Das versetzte ihn in eine schwierige Lage, als der König 1080 eine Versammlung im Dom von Brixen einberief, um Papst Gregor VII. abzusetzen. Sein Biograph beschreibt seine Verwirrung:

Als er zu zweifeln begann, wohin die Dinge treiben würden, überlegte er sich, unter welchem Vorwand er sich enthalten könne. Da bemerkte er, daß es auf der Rückseite des Altars eine kleine Höhlung gab, die durch das Altartuch verdeckt war. Er glaubte, er würde gerade hineinpassen, und so versuchte er es und bedeckte daraufhin das Loch sorgfältig mit dem Altartuch... Als man seine Abwesenheit bemerkte, sandte der König Boten zu seiner Herberge, aber man konnte ihn nicht finden. So führte man die Verhandlung ohne ihn zu Ende. Als Gregor abgesetzt und an seiner Stelle Clemens gewählt worden war, kroch Benno aus seinem Versteck hervor und nahm seinen Platz neben dem Altar wieder ein. Alle waren verwundert, ihn zu sehen. Er aber beteuerte, er habe zu keinem Zeitpunkt die Kirche verlassen und brachte es fertig, sich vor dem König von dem Vorwurf der Untreue zu reinigen. Daraufhin, nach dem Ratschlag des Apostels, „so viel an euch ist, so habt mit allen Menschen Frieden", hatte er weiterhin ein gutes Verhältnis sowohl zum König als auch zum Papst, was in jenen Tagen nur wenige Menschen fertig brachten.[18]

Um den Preis einer kleinen Unwürdigkeit hatte es Benno fertiggebracht, eine Entscheidung zu vermeiden, die, wie sein kluger Instinkt ihm eingab, verhängnisvoll sein würde. Künftig richtete er seine Aufmerksamkeit noch mehr auf sein Bistum und auf das Kloster, das er gebaut hatte. In seinen letzten Jahren verließ er das Kloster nur noch selten, außer, um am Sonntag im Dom zu predigen. Als er vom König die Besitzungen des Klosters urkundlich bestätigt bekam, war er umsichtig genug, ein Privileg gleichen Inhalts auch vom Papst zu besorgen. Die alte Einheit des Lebens war zerstört, aber ihm war die Notwendigkeit erspart geblieben, zwischen zwei Mächten, die beide seine Treue beanspruchten, wählen zu müssen.

---

[17] Ebenda, S. 9–10.
[18] Ebenda S. 24–25.

Sein Versteck in Brixen wurde zum Symbol seiner Rettung. Als Zeichen seiner Dankbarkeit bildete er das Versteck in dem Altar seines neuen Klosters nach. Es war ein angemessenes Denkmal der Verwirrung eines Bischofs, aber nicht immer war es so leicht, eine Wahl zu vermeiden, wie ein Zeitgenosse Bennos in England erfahren sollte.

Wilhelm von St. Calais, Bischof von Durham[19]

Wie Benno war Wilhelm von St. Calais, Bischof von Durham von 1080 bis 1096, ein Mann des Königs. Auch er hatte sein Bistum als Kleriker im Dienste des Königs erworben. Über die frühen Jahre seines Lebens wissen wir nichts, aber der König muß seine Fähigkeiten geschätzt haben, da er ihn in einem der schwierigsten und gefährlichsten Orte seines Reiches einsetzte. Sein Vorgänger war ermordet worden, und das ganze Land war in einem Zustand von Aufruhr. Wie Benno machte sich Wilhelm von St. Calais daran, sein Bistum in Ordnung zu bringen, und wie jener konzentrierte auch er sich darauf, in seiner Bischofsstadt eine Klostergemeinschaft zu errichten und auszustatten. Auch für ihn kam der Augenblick in dem die Interessen des Königs mit denen seiner Kirche in Widerspruch standen. Er hatte in der königlichen Verwaltung einen einflußreichen Platz eingenommen, aber in dem großen Aufstand im Jahr 1088 gewährte er dem König nicht die verlangte Unterstützung. Der Streit scheint darum gegangen zu sein, welche Heerfolgeleistungen der König von den Besitzungen des Bischofs erwarten konnte. Das war eine Frage, in welcher der König verständlicherweise äußerst empfindlich war. Der Bischof hatte versagt, und aus Vergeltung beschlagnahmte der König die Ländereien des Bistums und rief den Bischof vor Gericht an seinen Hof. Diese Lage war viel ernster als alles, was Benno je durchgemacht hatte. Wilhelm von St. Calais mußte jede Waffe in seinem Besitz benutzen, um sich aus der Schlinge zu ziehen. Seine wirksamste Waffe war ein Buch über Kirchenrecht mit dem Titel „Pseudo-isidorische Sammlung“ in seiner Bibliothek

---

[19] Die wichtigsten Quellen für seine Biographie finden sich in Symeon von Durham, Opera Omnia, Rolls Series Bd. 1 (1882), S. 119–139, 170–195. H. S. *Offler* bezweifelt die eines Teiles der Quellen, die ich Echtheit als zuverlässig ansehe: vgl. English Historical Review 66 (1951) S. 321–341, und dagegen R. W. *Southern,* St Anselm and his Biographer (1963), S. 147–150.

in Durham. Er berief sich auf Texte aus dieser Sammlung, um zu fordern, daß er sich nur dem Urteilsspruch seiner Mitbischöfe zu unterwerfen habe, möglicherweise auch dem von König und Bischöfen, keinesfalls aber dem von Adeligen und Laien am Hof des Königs. Es gelang ihm nicht, den Hof zu überzeugen, und schließlich appellierte er an den Papst, „dessen Urteil alle wichtigeren kirchlichen Streitfälle und die Verurteilung von Bischöfen vorbehalten wurden durch die ehrwürdige Autorität der Apostel und ihrer Nachfolger.“[20]

Einen solchen Schritt hatte es in England seit den Tagen des Heiligen Wilfrid nicht mehr gegeben. Aber anders als Wilfrid war Wilhelm von St.Calais nicht eben ein besonders papsthöriger Bischof; er war einfach ein königlicher Bischof in einer Klemme. Es war deshalb umso bedeutsamer, daß er in einer schwierigen Situation beim Papsttum seine einzige Hoffnung sah. Er neigte gesinnungsmäßig keinesfalls einer effektiven Oberhoheit des Papstes zu, aber sie diente seinem Zweck. Der König ließ ihn gehen und zog sein Bistum ein. Man soll aber nicht denken, daß der Bischof seine Appellation tatsächlich bis vor den Hof des Papstes brachte. Er wartete in der Normandie, bis sich der Zorn des Königs abgekühlt hatte, und nach drei Jahren war er wieder an der Seite des Königs zu sehen. Der König war froh, ihn wieder um sich zu haben. Er überhäufte das Bistum mit Privilegien. Er erstattete seinem alten Diener mehr Land zurück, als er eingezogen hatte; er verbesserte die Bedingungen, zu denen es gehalten wurde und schob die Grenzen des Bistums bis nach Cumberland und Südschottland nordwärts. Als Gegengabe erhielt er fünf weitere Jahre treuen Dienstes und energischer Unterstützung gegen einen gefährlicheren, da überzeugteren Parteigänger des Papstes, Erzbischof Anselm. Was Wilhelm von St. Calais betraf, war alles in Ordnung. Er war in der Lage, mit dem Bau seines Domes zu beginnen, und er hinterließ bei den Mönchen von Durham einen durchaus positiven Eindruck. Für sein Bistum hatte er seine Pflicht erfüllt, indem er die neue Waffe der päpstlichen Macht schwang, ohne jedoch die Dinge so weit zu treiben, daß er dem König weh tat.

Die Lebensgeschichten Bennos und Wilhelms von St. Calais

---

[20] Symeon von Durham, Bd. 1, S. 184.

beleuchten eine Reihe von Gesichtspunkten des Bischofsamtes zur Zeit des Zerfalls der karolingischen Kirchenordnung.

An erster Stelle zeigen sie den einsetzenden Zweifel an der Fähigkeit des Königs, die Interessen des Bischofs ausreichend zu schützen. Ob diese Zweifel aus der Unwirksamkeit oder Unrechtmäßigkeit der Patronage des Königs über die Kirche herrührte, das Ergebnis blieb gleichwohl unverändert: es bewirkte, daß die Bischöfe anderswo nach Unterstützung suchten, und das bedeutete praktisch Rom. Man konnte sich nirgendwo sonst hinwenden. Wenn wir beobachten, wie im späten 11. Jahrhundert eine beträchtliche Anzahl von Bischöfen beichtete, sie hätten für ihr Bistum dem Laienherrscher Geld bezahlt, wenn sie daraufhin ihr Amt in die Hände des Papstes zurücklegten und es dann von ihm als Gabe wieder erhielten, trieb sie dazu gewiß eine Vielzahl von Motiven. Aber hinter allem stand der Zweifel an der Wirksamkeit des königlichen Schutzes. Daher kam dem Ausgreifen der römischen Kurie eine entsprechende Bewegung von außen her entgegen. Ohne die letztere wäre die erstere weitgehend wirkungslos geblieben.

Wenn man freilich ein wenig genauer hinsieht, erkennt man, daß die zwei Bewegungen im Grunde eine und dieselbe waren. Beide resultierten aus dem Bemühen, für die Bistümer alle Rechte und Privilegien zu bewahren und zu sichern, die als Bestandteil einer unverbrüchlichen Weltordnung betrachtet wurden. Die Persönlichkeit des Bischofs ging in dem Bistum auf. Die Wahrung der Rechte war des Bischofs oberste heilige Pflicht. „Ich würde es nicht wagen, vor den Richterstuhl Gottes zu treten, wenn die Rechte meines Bistums beeinträchtigt wären", sagte der Heilige Anselm. Zweifellos hatten andere Männer andere Beweggründe, Stolz, Pflichtgefühl, Gewinnstreben, oder die Hoffnung auf einen guten Ruf bei der Nachwelt. Aber über all dem lastete die ewig wachsame Aufmerksamkeit der Heiligen, die eine Minderung ihrer Rechte auf Erden nicht dulden würden. Ein Bischof, der die Rechte der Heiligen bewahrt hatte, selbst durch unlautere Mittel, konnte hoffen, durch ihre Fürbitte Vergebung zu erlangen.

Dieses Motiv wirkte auf jeder Stufe der kirchlichen Hierarchie, und es verleiht dem unverbrämten Streben nach Rechten und Privilegien, das Bischöfe mindestens ebenso eifrig verkörperten wie andere Männer, eine gewisse Würde. Das eifrige Aufspüren von entlegensten und zweifelhaftesten Ansprüchen war die stärkste Kraft in der institutionellen Entwicklung der mittelalterlichen Kirche, denn es vereinigte die gewöhnlichsten menschlichen Motive mit dem Adel einer ideellen Vision. Jeder Amtsinhaber, und besonders die Inhaber der älteren Ämter, hatte die heilige Pflicht, die Rechte, Privilegien und Besitzungen seines Amtes zu verteidigen und voll auszuschöpfen. Sicher sollte man nicht nach vielen Gütern streben, auch nicht auf unrechte Weise, aber in einer Welt der Unsicherheit war man gut beraten, seine Ansprüche weit zu stecken.

Die Bischöfe des ausgehenden 11. und des 12. Jahrhunderts, die in einer Zeit des Wiederaufbaus darum kämpften, ihre überzogenen Ansprüche zu verwirklichen, genossen die leidenschaftliche Unterstützung ihrer Domkapitel; und wer sein Kapitel zufriedenstellte, konnte oft mit einer positiven Biographie rechnen. Im ganzen gesehen machen diese Lobgesänge der Zeitgenossen auf den modernen Leser keinen guten Eindruck. Die Privilegien, Besitzungen und Gebäude, welche so kraftvoll vergrößert wurden, scheinen jetzt nur eine weitläufige Verbindung mit einer ewigen Ordnung zu haben, während die ernsthaften Pflichten, die den karolingischen Bischöfen auferlegt waren, weitgehend in Vergessenheit geraten zu sein schienen. Wir hören kaum davon, daß Bischöfe ihren Klerus examinierten, durch ihre Diözesen reisten oder Synoden abhielten, und statt dessen mehr von ihren Pflichten als wichtige weltliche Persönlichkeiten. Die weltlichen Pflichten hatten überdies nicht mehr viel mit der Sorge um die christliche Gemeinschaft zu tun; es waren Pflichten, die man Königen schuldete, Königen zudem, die ihren sakralen Charakter eingebüßt hatten.

Die Bischöfe dieser Übergangszeit besaßen die Schwächen der karolingischen Bischöfe, nicht aber deren Stärken. Die große Schwäche des karolingischen Episkopats lag in seiner Entfremdung vom Volk; seine Stärke war seine hohe Auffassung vom Bischofsamt gewesen. Die Entfremdung blieb, die Größe schwand. Wenn ein Bischof im ausgehenden 11. Jahrhundert die Kirchen seines Bistums besuchte, dann konnte sein Biograph diese Marotte als eine ungewöhnliche Zurschaustellung frommer Neugier bezeichnen, und der Biograph eines der besten Bischöfe des 12. Jahrhunderts berichtete es als eine hervorstechende Tugend, daß der Bischof darauf bestand, vom Pferd zu steigen, um Kinder zu firmen, „mag er auch noch so sehr in Eile gewesen sein, trotz aller seiner Erschöpfung, trotz schlechtem Weg und rauhem Wetter".[21] Tugenden erscheinen in vielerlei Gestalt, aber es ist schwer, sich die Situation zu vergegenwärtigen, in der als besondere Tugend eines Bischofs galt, sich nicht damit zu begnügen, Kindern aus dem Sattel die Hand aufzulegen, während seine Begleiterschar unruhig wurde und seine Untergebenen Schläge unter die schreiende Menge verteilte.

Doch sollte man auf die Meinung der Zeitgenossen hören. Sie zeigt zumindest, was zu jener Zeit als vertretbar angesehen wurde. Im schlimmsten Fall bewahrten diese geschäftigen und hartgesottenen Männer bei allen ihren Schwächen das Bischofsamt und trugen sogar dazu bei, seine Stellung in der Gesellschaft zu stärken, in einer Zeit, als sie der ganzen Gewalt sozialer und politischer Wandlungen ausgesetzt waren.

Was Bischöfe und Erzbischöfe anbetrifft, so war das wichtigste Ergebnis dieser Übergangszeit das Hervortreten der päpstlichen Regierung, und wir müssen jetzt sehen, wie sie sich mit dieser neuen Kraft arrangierten.

Bischöfe im Dienste des Papstes

Auf den ersten Blick mag es den Anschein gehabt haben, als ob das Ausgreifen der päpstlichen Jurisdiktion in die täglichen Angelegenheiten der Bischöfe das Ende der bischöflichen Unabhängigkeit bedeutet hätte. Die Bischöfe konnten nichts dagegen tun, wenn Klöster und bald ganze Ordensgemeinschaften ihrer Oberaufsicht entzogen wurden. Der Verlust an Autorität war schlimm genug, aber der Grund dafür war noch schlimmer. Alle neuen Ordensgemeinschaften erstrebten und erlangten Freiheit von der bischöflichen Oberaufsicht, denn sie erschien als eine lediglich einengende und bedrückende Kraft im organisierten Ordensleben. Außerdem mußten die Bischöfe zusehen, wie Kläger aus allen Schichten ihre Jurisdiktion neben der des Papstes nicht mehr beachteten. Sie mußten Papstbriefe verlesen, die herausstrichen, daß es Aufgabe der

---

[21] The Life of St Hugh of Lincoln, hg. von D. L. *Douie* und H. *Farmer*, Bd. 1 (1961), S. 127 f.

Bischöfe in der Kirche sei, den Papst in der Ausübung seiner Machtfülle zu unterstützen. Um diese Lehre einprägsamer zu machen, wurde von ihnen in zunehmendem Maß verlangt, päpstliche Anweisungen auszuführen und in ihrem eigenen Bistum mit päpstlichen Richtern zusammenzuarbeiten. Sie verloren ihre Freiheit, liturgische Neuerungen einzuführen, ebenso wie ihr Privileg, Kirchenrecht zu setzen und auszulegen. Unter diesen Umständen konnte man nicht länger von bischöflicher Unabhängigkeit reden.

Natürlich hatte diese Entwicklung auch ihre guten Seiten. In vielen Gegenden Europas stellte sich die Unterstützung des Papstes und des Papsttums als äußerst nützlich heraus, wenn es darum ging, verlorenes Kirchengut wiederzugewinnen, vor allem den Zehnten. Der Vorgang, durch den die Bischöfe von der Laieninvestitur, dem sichtbarsten Zeichen der Autorität eines Herrschers, befreit wurden, fand statt, ohne daß irgendwelches bischöfliches Gut dabei verloren ging. Im Verlauf dieser Entflechtung gab es einen gefährlichen Augenblick, als Papst Paschalis II. im Jahr 1111 einer Formel für die Freiheit der Kirche zustimmte, die große Verluste von territorialen Rechten nach sich gezogen hätte.[21a] Das Übereinkommen wurde von einer Opposition verhindert, in der die Bischöfe Oberitaliens und Deutschlands die führende Rolle spielten. Die Freiheit, die davon herrührt, daß man wenig zu verlieren hat, lockte sie nicht. Ihr Wunsch war, die Hilfe des Papstes zu haben, wenn es darum ging, ihre alten Rechte zu verteidigen, nicht aber, ihn als Makler über ihren Verzicht darauf tätig zu sehen. Darin hatten sie Erfolg.

Zudem brachte Kontrolle des Papsttums neben der Schmälerung der Freiheit auch handfeste Vorteile. Obwohl das Ansehen der päpstlichen Regierung den Bischöfen Handlungsspielraum und Patronage entzog, war es selbst nur ein Symptom für die allgemeine Ausdehnung von Verwaltungstätigkeit, an der die Bischöfe auch teilhatten. Verwaltungsmäßig und in Rechtsangelegenheiten hatten sie am Ende des 12. Jahrhunderts mehr zu tun als an seinem Anfang, und ein Jahrhundert später war es noch mehr. Wie alle Magnaten Europas wurden die Bischöfe Herren eines vielschichtigen Rechts- und Verwaltungsapparats. Die ersten Ergebnisse dieser Entwicklung schla-

---

[21a] Vgl. M. *Wilks*, Ecclesiastica and Regalia: Papal Investiture Policy from the Council of Guastalla to the First Lateran Council, *in* Studies in Church History, hg. von D. *Baker*, Bd. 7 (1971), S. 69–85.

gen sich in den bischöflichen Urkunden gleich zu Beginn des 12. Jahrhunderts nieder, als Bischöfe und Erzbischöfe begannen, einen Stab von Verwaltungsleuten und Juristen zur Abwicklung komplizierter Rechtsgeschäfte um sich zu sammeln. Mit Hilfe dieser Männer hatten die Bischöfe bald wieder so viel Arbeit wie im 9. und 10. Jahrhundert, und es sollte nicht lange dauern, da hatten sie sogar noch mehr. Am Anfang des 13. Jahrhunderts zeichnen sich die Konturen des voll ausgeprägten mittelalterlichen Bischofs ab. Er war ein Großgrundbesitzer und ein politisch einflußreicher Mann, waltete als Richter und Gesetzgeber, war Haupt der lokalen kirchlichen Hierarchie und ein unverzichtbarer Mitarbeiter der königlichen ebenso wie der päpstlichen Verwaltung. Wie der weltliche Herrscher mußten die Bischöfe feststellen, daß, nachdem die Springflut der päpstlichen Autorität sie überspült hatte, es die meisten ihrer Funktionen noch gab, obgleich sie in einer neuen und komplizierten Art und in sorgfältiger Abstimmung mit der Arbeitsweise des päpstlichen Hofes ausgeübt werden mußten.

Der päpstliche Rahmen verlieh der Entwicklung des Bischofsamtes in ganz Europa eine allgemeine Uniformität, aber unter den Bischöfen gab es in ihrer sozialen und politischen Rolle große Unterschiede. Der wichtigste Unterschied war der zwischen denjenigen Bistümern, hauptsächlich in Italien, die noch immer den alten städtischen Charakter des Kaiserreiches aufwiesen, und den weitaus größeren Bistümern fast überall im Norden Europas. Diese Trennung entsprach weitgehend, aber nicht vollständig, einer weiteren Unterscheidung zwischen Bistümern in Gebieten großer Handelszentren und solchen, die in erster Linie ländlich waren. In keine dieser beiden Kategorien gehören jene Bistümer, die in Gebieten akuten politischen Kampfes lagen, und solche in mehr oder weniger friedlichen Bezirken. Die Art, wie das Bischofsamt ausgeübt wurde, hing von dem Platz des Bischofs in diesem Gefüge von sozialer und politischer Aktivität ab. Um die großen Unterschiede in den Typen von Bischöfen zu begreifen, ebenso wie die Vielfalt bischöflicher Tätigkeit im allgemeinen Rahmen des Kirchenrechts, ist es unabdingbar, einige wenige Beispiele aus verschiedenen Gegenden Europas zu untersuchen.

Ein Erzbischof in Nordfrankreich

Wir wollen zu Beginn einen Mustererzbischof aus der friedlichsten und harmonischsten Gesellschaft Westeuropas betrachten. Odo Rigaud, Erzbischof von Rouen zwischen 1247 und 1276, stammte aus dem niederen Adel in der Ile de France.[22] Er war Lehrer an der Pariser Universität in den dreißiger Jahren des Jahrhunderts und wurde, wie viele akademische Lehrer seiner Generation, Franziskaner. Er war bald einer der hervorragendsten Theologen des Ordens. Als er zum Erzbischof gewählt wurde, war er Vorsteher der Franziskaner in Rouen. Seine Wahl war in jeder Hinsicht mustergültig: er war Gelehrter und Bettelmönch ohne Familieneinfluß oder weltlichen Druck, ein bedeutender Mann in einem großen religiösen Orden, auf Grund seiner Verdienste in freier Wahl des Domkapitels gewählt, ohne Einmischung von außen, weder durch den König noch durch den Papst. Für Wahlen dieser Art hatten die Reformer gekämpft und sie doch selten erreicht.

Odos Laufbahn war in jeder Station von Vorbildlichkeit gekennzeichnet. Er war bereits ein bekannter Mann, als er gewählt wurde, und er trat seine neue Stellung mit ungezwungener Selbstsicherheit an. Er war jetzt Herr über drei Paläste mit weiten Ländereien auf beiden Seiten des Kanals, über einen großen Haushalt und mit weitreichender Autorität. Einmal, auf dem Weg nach Rom, bot ihm ein freigebiger italienischer Bischof an, seine Auslagen zu bezahlen; da erklärte er, daß ihm die Hälfte seines Einkommens völlig ausreiche, um in Glanz zu leben, und daß er die andere Hälfte gar nicht brauche. Da er damals mit einem Gefolge von 80 Reitern unterwegs war, darf seine Rede nicht nur als Ausdruck franziskanischer Bescheidenheit betrachtet werden. Er war ein Edelmann.

Die Aufzeichnungen seiner erzbischöflichen Visitationen sind erhalten, und sie zeigen, wie er, jahraus jahrein, sein Bistum und seine Provinz durchreiste. Zuerst besuchte er die ländlichen Dekanate der Diözese und prüfte die Sitten des Pfarrklerus. Dann besuchte er jene

[22] Auf Odo Rigaud und die außerordentlich reichen Quellen für seine Laufbahn verwies als erster L. *Delisle,* Le clergé normand au xiiie siècle, *in* Bibliothèque de l'école des chartes, 1846–1847, zweite Serie, Bd. 3, S. 479–499. Dieser Aufsatz, zusammen mit Odos Registrum Visitationum 1248–1269, hg. von T. *Bonnin* (1852), auf dem er aufbaut, enthält noch immer die beste Darstellung der Tätigkeit dieses Erzbischofs.

religiösen Gemeinschaften in der ganzen Provinz, die nicht von seiner Aufsicht freigestellt waren. Wie viele Franziskaner in autoritativer Stellung zeigte er besonderes Interesse an der Verwaltung der klösterlichen Güter, ihrem Rechnungswesen und ihren Bibliotheken. Seine Ratschläge in all diesen Bereichen zeigen großartiges Verständnis für die Probleme eines Bibliothekars ebenso wie eines Gutsverwalters. Im Laufe der Jahre stattete er allen Bistümern seiner Provinz Visitationen ab. Während der zwanzig Jahre, für die seine Aufzeichnungen erhalten sind, besuchte er jedes Bistum drei- bis viermal.

Natürlich verlief eine solche Tätigkeit nicht völlig friedlich. Odo hatte einen Hang dazu, herrisch zu sein und die Grenzen seiner gesetzlichen Autorität zu überschreiten. Seine Visitationen kosteten Geld und mußten, wie jeder mittelalterliche Regierungsakt überhaupt, von denen bezahlt werden, die unmittelbar betroffen waren, das heißt von denen, die examiniert wurden. Im Jahr 1251 appellierten alle Bischöfe der Normandie nach Rom gegen die Kosten der erzbischöflichen Visitationen, seine Einmischung in ihre Rechtssprechung, die Tatsache, daß er Leute absolvierte, die sie exkommuniziert hatten, und so weiter. Diese Proteste zogen sich über mehrere Jahre hin. Sie waren die unvermeidliche Folge einer selbstbewußten und zeitweilig auch kleinlichen Herrschaft. Aber keine dieser Beschwerden kann etwas an dem Haupteindruck von Frieden und Ordnung ändern.

Vor allem waren die Beziehungen zwischen dem König und dem Erzbischof äußerst friedlich. Nach der Rückkehr Ludwigs IX. von seinem ersten Kreuzzug waren der König und der Erzbischof oft beisammen, und als die Vorbereitungen für den zweiten Kreuzzug intensiver wurden, waren sie nahezu unzertrennlich. Odo nahm selbst an Ludwigs zweitem Kreuzzug teil, war an seinem Sterbebett und brachte des Königs Leichnam zurück nach Frankreich. Nichts konnte die friedlichen und ungespannten Beziehungen zwischen weltlicher und kirchlicher Regierung in Frankreich besser erhellen als diese harmonische und liebevolle Zusammenarbeit. Keiner verlangte von seinem Partner, was der andere nicht geben konnte. In ihrer gegenseitigen Beziehung verriet alles die Gelassenheit von Männern, die um ihre Pflichten wußten und zufrieden waren.

Man darf nicht erwarten, daß dieselbe Gelassenheit und ein ähnliches gegenseitiges Vertrauensverhältnis die Beziehungen zwischen dem Erzbischof und den niederen Rängen der kirchlichen Hierarchie bestimmten. Franziskanerbischöfe neigten dazu, Disziplin groß zu schreiben. Odo Rigaud war keine Ausnahme, aber es gab keine ungewöhnlichen Skandale und keine unlösbaren Probleme. Es gab eine Fülle von ungebührlichem Verhalten, Trunkenheit, Spiel, illegalem Handel, Unvorschriftsmäßigkeiten in Kleidung und Disziplin; aber das waren die gewöhnlichen Laster des niederen Klerus. Man bestrafte sie mit Geldbußen, Suspendierung vom Gottesdienst und Drohung mit Absetzung. Obwohl Odo Disziplin liebte, trugen alle seine Handlungen den Stempel der Mäßigung. Er erwartete nicht zuviel und trieb niemanden durch übermäßige Strafen zur Verzweiflung. Sogar von einem Priester, der gleichzeitig ungebührlichen Verhaltens, Trunkheit und Gewalttätigkeit für schuldig befunden wurde, verlangte er nicht mehr als die Unterzeichnung eines Versprechens, daß er sein Amt niederlegen würde, sollte er noch einmal ertappt werden. Dergestalt war der Grad der Strenge: bestimmt, aber nicht unzumutbar.

In ähnlicher Weise erforderte die Prüfung der Kandidaten für die heiligen Weihen eine Qualität von Lateinkenntnis, die gerade für die meisten Zwecke in einer Pfarre ausreichen würde, nicht mehr. Der Erzbischof und seine Prüfer verlangten von Kandidaten, einen Satz aus der Bibel zu übersetzen, ein oder zwei Verben zu konjugieren, und einen Teil der Messe zu singen. Mäßige Leistung bei diesen Übungen reichte aus. Es war keine schwierige Prüfung, aber eine ernste Angelegenheit, besonders in der Gegenwart einer Prüfergruppe, die den Erzbischof, seinen Archidiakon und seine Brüder umfaßte. Es herrschte keine Leichtfertigkeit, sondern nur die feierliche Förmlichkeit einer Gruppe von Schulinspektoren.

So sieht die weltliche Kirche im Mittelalter von ihrer besten Seite aus. Durch keine ernsten Auseinandersetzungen gestört, gemäßigt in ihren Handlungen, geordnet in ihrer Handlungsweise, indem jeder Teil dem anderen passend zugeordnet war; ohne Ketzer, ohne heillose Unordnung, ohne unmögliche Verhaltensvorschriften. Das Leben der Kirche erschien nicht über lange Zeiträume und nicht oft in dieser friedlichen Passivität. Gewöhnlich findet man gewaltige Sturmböen eher als zaghafte Brisen, die die heitere Oberfläche von Odos Verwaltung anrührten. Solche Sturmböen begegnen uns in den folgenden Beispielen.

Ein Erzbischof in England

Wir wenden uns einem anderen Franziskanergelehrten zu, der später Erzbischof wurde. John Peckham (so eine geläufige Korruption seines Namens), Erzbischof von Canterbury von 1279 bis 1292, wurde in Patcham in Sussex etwa 1230 geboren.[23] Seine Laufbahn ist in vielen Zügen der Odo Rigauds erstaunlich ähnlich. Er entstammte einer einigermaßen begüterten, aber unbedeutenden Familie. Nach dem Studium in Paris und Oxford trat er dem Franziskanerorden bei und wurde der führende franziskanische Gelehrte in Oxford und im Jahr 1275 Provinziar seines Ordens. Zwei Jahre später erfolgte seine Ernennung zum Lektor an der päpstlichen Kurie. Er war deshalb in Rom, als Papst Nikolaus III. Robert Kilwardby vom Erzstuhl von Canterbury entfernte, indem er ihn 1278 zum Kardinalbischof von Porto erhob. Kilwardby war in Canterbury ein Kandidat des Papstes gewesen, hatte aber enttäuscht. Jetzt wollte der Papst jemanden haben, auf den er sich verlassen konnte. Die Mönche von Canterbury, unterstützt vom König, versuchten, den königlichen Kanzler Robert Burnel mit allen Mitteln als Erzbischof zu bekommen, aber vergeblich. Der Papst nahm keine Notiz von ihrem Ersuchen – wozu er berechtigt war – und ernannte Peckham. Niemand außer dem Papst wollte ihn haben; es war ein durchaus rechtmäßiger, aber kein vielversprechender Anfang.

Peckham begann seine Tätigkeit in England mit ungeheurer Aktivität. Sofort hielt er eine Provinzialsynode ab mit der Absicht, die Dekrete des allgemeinen Konzils von Lyon vom Jahr 1274 zu verkünden und begann eine lange Reihe von Visitationen, um die Mißstände in allen Bistümern seiner Provinz auszumerzen. Wie Odo Rigaud hinterließ er sehr vollständiges Material für seine Tätigkeit, aber anders als bei Rigaud brachte ihn seine Tätigkeit fast augenblicklich in eine lange Serie von Konflikten mit seinen Suffraganen und der königlichen Regierung, die seine Amtszeit überschatteten.

Wie wir gesehen haben, waren Konflikte mit den Suffraganbischöfen ein unvermeidlicher Bestandteil des Lebens eines pflichtbewußten Erzbischofs, aber Peckhams Konflikte wurden in einer

---

[23] Eine ausführliche Abhandlung über seine Laufbahn bei D. L. *Douie,* Archbishop Peckham (1952). Einige zusätzliche Einzelheiten finden sich in A. B. *Emden,* Biographical Register of the University of Oxford to A. D. 1500, 1957–1959, Bd. 3, S. 1445 ff.

Atmosphäre von Bitterkeit und ständiger Gereiztheit geführt, die der Verwaltung Odo Rigauds so völlig fehlt. Zweifellos war das wenigstens zum Teil ein Ausfluß der Reizbarkeit im Wesen Peckhams, die deutlich in einem Brief zum Ausdruck kommt, den er am 19. November 1282 an Roger Longespée, den Bischof von Coventry, shrieb:

> Als wir neulich durch dein Bistum kamen, sahen wir viele Dinge, die wir nach unserem Wissen bei unserer Visitation aufgezeigt hatten: Inzest, Simonie, unredliche Aneignung von Kirchengut und Versäumnis, Kinder zu firmen. Diesen Angelegenheiten sollte deine Aufmerksamkeit gelten, aber du bist schon seit langem abwesend, sodaß diese Dinge dich nicht zu kümmern scheinen. Wir befehlen dir deshalb, nach Erhalt dieses Briefes deinen Wohnsitz in deinem Bistum aufzuschlagen, sodaß du, selbst wenn du nicht fähig sein solltest, geistliche Mängel zu beheben, wenigstens für die weltlichen Bedürfnisse der Armen zu sorgen imstande bist. Wenn du selbst keine Firmungen durchführen kannst, mußt du dafür sorgen, daß ein anderer Bischof da ist, der der Sprache mächtig ist, sodaß er die Diözese besucht und tut, was nötig ist. Wir wollen von dir bis zum Fest des heiligen Apostels Thomas (21. Dez.) hören, daß du das getan hast.[24]

Ein Erzbischof, der einem Suffragan im Stil eines Churchill schreibt, kann schlechterdings nicht beliebt sein. Peckham stieß hier auf einen nachlässigen adeligen Kirchenfürsten, wie es ihn immer wieder geben sollte. Longespée war ein Mann von der Art, wie ihn die Kapitel sehr oft wählten, wenn sie freie Hand hatten. Er war ein Neffe des Königs und bereits 1256, als Peckham noch studierte, einstimmig gewählt worden. Die Briefe der Wähler zu diesem Anlaß sind noch erhalten. Sie beschreiben Longspée als einen Mann, „von dem wir fest überzeugt sind, daß er in der Lage ist, sowohl den geistlichen als auch den weltlichen Zustand des Bistums zu reformieren.“[25] Es ist schwer zu beurteilen, ob das mehr war als die gewohnten Floskeln kirchlicher Korrespondenz, aber der neue Bischof machte sehr bald deutlich, daß er nicht beabsichtigte, irgendjemanden zu stören. Peckham war zweifellos gerechtfertigt, einen Bischof aufs Korn zu nehmen, der so lange ein bequemes Leben geführt hatte, aber es gibt keinen Hinweis darauf, daß er sein Ziel

---

24 Registrum J. Peckham, hg. von C. T. *Martin,* Rolls Series, Bd. 2 (1884), S. 479 f.

25 Die Quellen für seine Wahl, die außerordentliche Komplexität der formalen Handlungen zeigen, ebenso wie die Sicherungen gegen Unregelmäßigkeiten, sind in den Annals of Burton, *in* Annales Monastici, Rolls Series, Bd. 1 (1864) S. 376–83.

auch erreichte. Longespée lebte noch bis 1295, ohne jemanden zu stören, aber auch, ohne sich stören zu lassen. Wie seine Wahl ist auch seine Beerdigung gut dokumentiert. Auch sie war eine große Angelegenheit und ein harmonisches gesellschaftliches Ereignis, das nur dadurch getrübt wurde, daß einige Stimmen sagten, der alte Bischof habe dreißig Jahre zu lange gelebt. Für Leute vom Schlag Peckhams war eine solche Äußerung bestimmt eine Untertreibung.

Die Umarmung durch den Adel war schon immer ein Hindernis für zielstrebiges Handeln gewesen, aber für John Peckham war sie nicht das größte Hindernis. Die jurisdiktionellen Verflechtungen in England waren außerordentlich komplex. Man konnte sich nicht rühren, ohne auf irgend ein vertracktes Problem gerichtlicher Zuständigkeiten zu stoßen. Wenn jemand starb, nachdem er ein Testament gemacht hatte, und sein Vermögen war über mehr als ein Bistum verteilt, mußte dann sein Testament am Hof des Erzbischofs oder wo sonst beglaubigt werden? Konnten ländliche Dekane oder Archidiakone über den Kopf ihres Bischofs nach Rom appellieren? Wenn jemand von einem niederen Gerichtshof nach Rom appellierte, konnte er während der Dauer dieses Appells den Schutz des Erzbischofs in Anspruch nehmen? Wenn Klöster von der Autorität der Bischöfe freigestellt waren, unterlagen sie der Verpflichtung, an Provinzialsynoden des Erzbischofs teilzunehmen? Diese und viele andere Probleme hinderten Peckham auf Schritt und Tritt. Häufig verursachten sie Spannungen zwischen dem Erzbischof und seinen Suffraganbischöfen, und sie standen einer wirksamen Verwaltung im Wege.

Das größte aller Hindernisse war freilich die lange Folge von kleinlichen Streitigkeiten zwischen dem Erzbischof und der königlichen Regierung. Wir haben die Bemerkung Papst Johannes' XXII. bereits zitiert, daß es in keinem Land so viele Eingriffe der weltlichen Autorität in die Angelegenheiten der Kirche gäbe wie in England. Peckhams Briefe sind voll von Beispielen dafür, was das in Wirklichkeit bedeutete. Der König verbot dem Rat des Erzbischofs, Fragen zu behandeln, die die Krone, seine Person, seine Stellung oder Angelegenheiten des königlichen Rats betrafen. Der König rief Bischöfe vor seine Gerichtshöfe in Fällen, die kirchliche Patronage betrafen. Der König verbot dem Gericht des Erzbischofs, Fälle zu verhandeln, die angeblich in den Bereich der königlichen Jurisdiktion gehörten. Wohin Peckham sich auch wendete, sah er sich in einem

Rechtssystem befangen, das seine Freiheit an unerwarteter Stelle beschnitt. Er hätte entweder sehr weise oder sehr gelassen sein müssen, um in diesem Wirrwarr einen klaren Kopf behalten zu können. Er war weder das eine noch das andere, und deshalb scheiterte er. Mit dem Wirrwarr konnte er sich nicht abfinden, aber auch nicht damit fertig werden; die anstehenden Fragen waren zu vielschichtig, als daß sie durch heldenhafte Gesten nach der Art eines Thomas Becket gelöst werden konnten. Peckham sah sich auf die sichere, aber auch ärgerlichere Bahn gedrängt, sich laufend zu beschweren, womit er außer allgemeiner nervlicher Erschöpfung nichts erreichte.

Um seine Schwierigkeiten besser zu verstehen, wollen wir uns auf eine einzige Pfarrkirche in Chipping Norton bei Oxford beschränken.[26] Der Rektor dieser Kirche bezog etwa 35 Pfund im Jahr, eine ansehnliche Summe, und als Peckham nach England kam, war der Rektor ein königlicher Kleriker und Pluralist. Das war eine der Sachen, über die der Papst mit Peckham geredet hatte, als er ihm das Erzbistum gab. Er hatte dem neuen Erzbischof aufgetragen, illegalen Pluralismus (d. h. Benefizialkumulation, die nicht vom Papst genehmigt worden war) auszurotten. Nach seiner Ankunft in England machte sich Peckham gehorsam daran, dieses Übel anzugehen. Als er deshalb bei seiner ersten Visitation nach Chipping Norton kam und feststellte, daß die Kirche von einem königlichen Kleriker namens Nicholas Woodford in illegalem Pluralismus gehalten wurde, zögerte er nicht, sie für vakant zu erklären und einem seiner eigenen Kleriker, Richard von Gloucester, zu übertragen.

Aber in diesem Augenblick ergab sich eine Schwierigkeit. Es stellte sich heraus, daß Nicholas Woodford zum Zeitpunkt der Visitation tatsächlich bereits auf seine Stelle verzichtet hatte, worauf der Patron

---

[26] Eine bloße Liste der Quellen, aus denen die Geschichte dieses kleinen Vorfalles zusammengesetzt wurde, kann die komplizierten Beziehungen zwischen Kirche und Staat zu jener Zeit erläutern: Registrum J. Peckham, hg. C. T. *Martin,* Rolls Series, Bd. 1–3, S. 158–9, 202, 1015; Select Cases in the Court of King's Bench, ed. G. O. *Sayles* (Selden Society 1938, Bd. 2) S. 166; Rotuli Parliamentorum, Bd. 1, S. 96 f.; Calendar of Patent Rolls, 1281–92, S. 112; Calendar of Patent Rolls 1291–130, S. 46, 120–121; Register of Richard Gravesend (Lincoln Record Society Bd. 20, 1925) S. 231; Rolls and Register of Bishop Oliver Sutton (Lincoln Record Society Bd. 39, 1948) S. iii.

der Pfründe, der Abt von Gloucester, sie einem anderen königlichen Kleriker, William of Cherington, gegeben hatte. Als Peckham das hörte, blies er zum Rückzug. Er versprach, für William of Cherington etwas anderes zu finden, unter der Bedingung, daß sein eigener Kleriker die Kirche von Chipping Norton behalten dürfe. Der Kompromiß wurde angenommen, aber es war ein dürftiges Ergebnis für den übereilten Eifer des Erzbischofs; und es erscheint noch dürftiger, wenn wir uns das Nachspiel ansehen.

Peckhams Kandidat behielt die Kirche von Chipping Norton während der nächsten elf Jahre und wurde in seiner Pfründe reich. Eine Liste seiner Besitzungen aus dem Jahr 1293 zeigt, daß er Gefäße und Juwelen, Pferde und Vieh besaß, daß er auch in kleinem Umfang Geldverleiher war und Schuldscheine von verschiedenen Personen im Wert von über 50 Pfund besaß. Im ganzen schätzte er seinen persönlichen Besitz auf über 300 Pfund, eine fürstliche Summe für einen Priester in jener Zeit. Aber dann waren plötzlich die fetten Jahre vorbei.

1282 hatte Peckham versprochen, William of Cherington für seinen Verlust der Kirche von Chipping Norton zu entschädigen, aber er hatte es anscheinend versäumt. Cherington freilich war inzwischen ein bedeutender Mann in den Diensten des Königs geworden. Im Jahr 1293 wurde er zum Baron des königlichen Schatzamtes in Dublin ernannt, und es war vielleicht auf dem Wege dorthin, um sein neues Amt anzutreten, als er als königlicher Richter in die Gegend von Chipping Norton kam, um einen Fall von Viehdiebstahl zu verhandeln. Der Anblick der Pfründe, die er sich einstmals erhofft hatte, brachte ihn aus seinem richterlichen Gleichgewicht, und er verließ seinen Dienst für kurze Zeit, um seinem alten Rivalen eins auszuwischen. Er brach in das Pfarrhaus ein, bemächtigte sich des Inhaltes, verlas ein angeblich päpstliches Schreiben zu seinen Gunsten und ergriff Besitz.

Peckhams Kandidat floh nach Canterbury, wo gerade eine Sitzung des Parlaments stattfand. Er appellierte an den König. Die Parteien wurden geladen, und William of Cherington leugnete alles rundweg ab. Er war, so sagte er, als rechtmäßiger Rektor in sein eigenes Haus gegangen; es hatte keine Gewalt gegeben, keine Beleidigungen, keine gewaltsame Vertreibung. Der Fall wurde vertagt, um weiteres Beweismaterial beizubringen, und als das Gericht wieder zusammentrat, versäumte es der Kandidat Peckhams, zu erscheinen. Er erschien nie wieder, und allmählich verschwindet er von der Bildfläche, belastet mit einer Strafe von 40 Schillingen, weil er es versäumt hatte, seinen Fall vor dem königlichen Gericht zu verteidigen. Das Gericht erklärte daraufhin alles, was Peckham elf Jahre zuvor in seinem Reformeifer erreicht hatte, für ungültig, und selbst was er erreicht hatte, wird man kaum erheblich nennen wollen.

Die Dokumente in diesem kleinen Fall sind ziemlich zahlreich. Sie sprechen von der Gesetzgebung allgemeiner Konzilien und lokaler Synoden, beschreiben ausführlich die Handlungen des Erzbischofs und die Grundlagen, auf denen er handelte, und sie nehmen auf päpstliche wie auf bischöfliche Akten bezug. Der Fall berührte die Jurisdiktion von Papst, Erzbischof, Bischöfen und König. Die Mittel der Rechtsfindung waren unzählige, aber das tatsächlich gesprochene Recht war verschwindend gering. Die kraftvollen Sätze und Regelungen der Rechtssprache verdeckten einfach einen primitiven Kampf um einem wertvollen Besitz zwischen Männern, die es verstanden, zu ihrem Vorteil ihre Beziehungen spielen zu lassen. Zwei Kleriker des Königs und einer des Erzbischofs hatten um eine Einkommensquelle gestritten, weiter nichts. Die hochtrabenden Schöpfer und Hüter des kirchlichen Regierungssystem waren gegen solch ursprüngliche Bedürfnisse machtlos. Peckhams allgemeine Ziele und seine Verwaltung ähnelten denen seines franziskanischen Kollegen Odo Rigaud in Frankreich. In England war das politische Milieu weniger freundlich, und für einen pflichtbewußten und prinzipientreuen Kirchenfürsten waren daher die Enttäuschungen entsprechend größer. Aber in beiden Ländern wirkten kirchliche und weltliche Verwaltung in einem Geflecht von Kompromissen, aus denen es kein Entkommen gab, freilich in dem einen Land unverhohlener als in dem anderen.

Ein Bischof in Deutschland

Unser nächstes Beispiel führt uns in eine ganz andere Situation.[27] Lüttich war die westlichste Diözese in Deutschland im Mittelalter. Es gehörte zur Provinz Köln, und sein Bischof war gleichzeitig

[27] Zur Laufbahn Heinrichs von Geldern und der Situation des Bistums Lüttich in seiner Zeit vgl. E. de *Moreau,* Historie de l'Eglise en Belgique, Bd. 3 (1945), S. 148–175.

Reichsgraf. Im Norden und Osten grenzte sein Bistum an Brabant, Geldern und Limburg, das erstere ein Herzogtum, die beiden anderen Grafschaften von Deutschland; aber im Süden war sein Nachbar Frankreich, im Westen Flandern. Auf diese Weise verband das Bistum zwei politische Systeme, das Frankreichs und das des Reiches, und zwei komplizierte Allianzen, die päpstliche und die antipäpstliche. Im 11. Jahrhundert war Lüttich ein großes Reichsbistum und die wichtigste Bildungsstätte in Nordeuropa gewesen; aber diese Zeiten waren lange vorbei. Jetzt, um die Mitte des 13. Jahrhunderts, war es eine Gegend, in der sich die gegensätzlichen politischen Interessen von Papst und Kaiser überschnitten.

Diese Situation hatte Papst Innozenz IV. vor Augen, als er plante, den deutschen Episkopat von der Seite des Kaisers zu lösen, und deshalb untersagte er 1246 den Domkapiteln in diesem Gebiet, je einen Bischof ohne die Zustimmung des Heiligen Stuhls zu wählen. Politik war also im Spiel, als die päpstliche Kontrolle über die Bischofswahlen in diesem Gebiet ausgeweitet wurde. Vor Ablauf einer Monatsfrist, nachdem diese Anordnung ergangen war, wurde das Bistum vakant und blieb es ein Jahr lang, bis der päpstliche Legat dem Kapitel den Namen Heinrichs von Geldern vorschlug. Auf den ersten Blick war er gar kein offensichtlicher Kandidat. Er war erst 19 Jahre alt, schon ausschweifend und noch ohne Erziehung; aber angeblich war er ein treuer Gefolgsmann der römischen Kirche.[28] Wichtiger noch, er war ein Bruder des Grafen von Geldern, ein Neffe des Herzogs von Brabant, und ein Vetter des Grafen von Holland. Das war genau die Gruppe, auf die Innozenz IV. setzte, um den Kern einer Opposition gegen Kaiser Friedrich II. aufzubauen.

Eine der ersten Handlungen des neuen Bischofs bestand darin, an der Wahl seines Vetters, des Grafen von Holland, zum Gegenkönig gegen den Staufer teilzunehmen. Zu diesem Zweck war er zum Bischof gemacht worden, und im Lauf der nächsten 25 Jahre hielt er mit unerschütterlicher Standhaftigkeit an seiner politischen Haltung fest und unterstützte die Anti-Staufer Partei im Reich. Er genoß

---

[28] So berichtete der lokale Chronist: MGH SS XXV, S. 129. Die meisten der folgenden Einzelheiten stammen aus dem Catalogue des actes d'Henri de Gueldre (Bibl. de la Faculté de Philosophie et Lettres de l'Université de Liège, Bd. 5, 1900) hg. von A. *Delecluse* und D. *Brouwers*.

jede Art päpstlicher Nachsicht und Hilfe, um das zu tun. Innozenz IV. gestattete es ihm, in niederen Weihen zu bleiben, „um sich freier in den Angelegenheiten der Kirche in Deutschland betätigen zu können". Jahrelang war es ihm erlaubt, Pfründen in seinem Bistum unbesetzt zu lassen und ihre Einkünfte einzustreichen. Er war ermächtigt, papstfreundlichen Laien den Zehnten zu überlassen. Er war nichts weiter als ein politischer Handlanger in kirchlichem Gewand.

Im Jahr 1273 freilich war seine politische Rolle ausgespielt. Die Familie der Staufer war vernichtet worden, und es war für den Papst nicht länger wichtig, wer in Deutschland König war. Unter diesen Umständen kam das Verhalten des Bischof von Lüttich vor die kritischen Augen des Papstes. Im Januar 1273 schrieb Gregor X. an ihn über seine Verhältnisse mit Äbtissinnen und Nonnen, und besonders über seine öffentliche Prahlerei, daß er in 22 Monaten vierzehn Bastarde gezeugt und mit kirchlichen Pfründen versorgt habe. Er wurde vor das Konzil von Lyon berufen und vor die Wahl gestellt, entweder sein Amt niederzulegen oder sich einer kanonischen Prüfung zu unterziehen. Er wählte das erstere und war den Rest seines Lebens ein Räuber und Wüstling.

Natürlich gibt es viele moralische Überlegungen, die man zu recht über die Laufbahn Heinrichs von Geldern anstellen könnte, und sicher wirft sie ein düsteres Licht auf das Ausmaß, in dem politische Überlegungen die Kirchenpolitik des Papsttums um die Mitte des 13. Jahrhunderts beeinflußten. Aber viel größeres Interesse gilt den Schritten, die die Päpste unternahmen, um den Schaden, den ihr Schützling anrichtete, möglichst klein zu halten. Als Innozenz IV. und sein Legat seine Wahl veranlaßten, konnten sie sich kaum Illusionen über seine persönliche Nichteignung gemacht haben; aber sie taten alles, was in ihrer Macht stand, um dafür zu sorgen, daß diese nicht die Wirksamkeit der Verwaltung des Bistums beeinträchtigte. Auf Grund der großen Anzahl der überlieferten offiziellen bischöflichen Quellen würde man eigentlich annehmen, daß Heinrich von Geldern ein mustergültiger Bischof war. Die Verwaltung des Bistums lief weiter mit großer Regelmäßigkeit. Der Bischof gewährte die gewohnten Ablässe an Wohltäter von Kirchen und an Pilger zu Schreinen; er veranlaßte die Teilung von Pfarreien, die zu groß geworden waren, er regelte die Beziehungen zwischen Patronen und Pfarrkirchen, setzte Vikare ein und so weiter. Genauer gesagt, alle diese

Dinge geschahen im Namen des Bischofs. Die tatsächliche Aufsicht über das Bistum lag in den Händen von päpstlichen Legaten. Sie mischten sich ungehindert in Angelegenheiten des Bistums ein, sorgten für Visitationen, ernannten Stellvertreter, die die Pflichten des Bischofs ausübten, wiesen den Bischof an, seine Untertanen weniger unsanft zu behandeln und versuchten allgemein, ihn unter Kontrolle zu halten.

Die Lücke, welche Heinrich von Gelderns völlige Unbedarftheit in kirchlichen Angelegenheiten schuf, ließ sich zu der Zeit mühelos füllen, denn mehr als hundert Jahre lang war ein Prozeß in Gang, im Verlauf dessen ausgebildete Fachkräfte überall in zunehmendem Maße die verwaltungsmäßigen und richterlichen Funktionen des Bischofs übernahmen. Deutschland hinkte in dieser Entwicklung hinterher, aber bis zur Mitte 13. Jahrhunderts hatten einige Bistümer einen hauptamtlichen Stellvertreter in Rechtsfragen, den man den Offizial des Bischofs nannte. Die letzte Stufe in diesem Delegierungsprozeß war mit dem Auftauchen eines noch höheren Beamten, des Generalvikars, erreicht.[29] Er konnte dem Bischofe alle Arbeit abnehmen mit Ausnahme von Weihehandlungen, die die Bischofsweihe erforderten; und die konnte ein Nachbarbischof oder ein päpstlicher Legat vornehmen. Es ist nicht überraschend, daß eine der Neuerungen während der Amtszeit Heinrichs von Geldern in Lüttich die Einführung eines Generalvikars war. Mit diesem allmächtigen Stellvertreter für alle Routinearbeit, und mit Legaten und Nachbarbischöfen für Weihen und Firmungen lief das Bistum praktisch von selbst.

Das Auftauchen des Generalvikars in ganz Europa im Verlauf des 13. Jahrhunderts bedeutet eine wichtige Stufe im Anwachsen der Tätigkeit von kirchlichen Verwaltungsfachleuten. Die Tätigkeit eines Bischofs war so erfolgreich auf Routineangelegenheiten beschränkt worden, daß die ständigen Mitarbeiter auf die Dauer sehr gut auch ohne Bischof auskommen konnten. Der Apparat, unter der fernen Kontrolle des Papstes und der unmittelbaren Kontrolle seines Legaten, konnte alles erledigen. In gewisser Beziehung arbeitete er sogar besser, wenn es keinen Bischof gab, der die Verwaltungsarbeit mit persönlichen Neigungen und Abneigungen durcheinander brachte.

---

[29] Vgl. E. *Fournier,* L'origine du vicaire général et des autres membres de la curie diocésaine, 1940.

Zwei fellos war Heinrich von Geldern als Bischof ebenso schlechte wie diejenigen, die Gregor VII. zweihundert Jahre früher unter Beschuß genommen hatte, aber jetzt spielte das keine so große Rolle, da die Arbeit ohne ihn weiterlief. Der große Unterschied zwischen einer Diözese unter einem schlechten Bischof im 11. und im 13. Jahrhundert war der, daß ein schlechter Bischof im 13. Jahrhundert kaum ins Gewicht fiel.

Eine bischöfliche Familie in Oberitalien

Für ein letztes Beispiel wollen wir uns einem der alten Bistümer Italiens zuwenden, Bologna. Auf den ersten Blick ist das Bild so anders als das, was wir eben betrachtet haben, daß wir in einer anderen Welt zu sein scheinen. Denn trotz aller unterschiedlichen Persönlichkeiten und Umstände hatten die Prälaten von Rouen, Canterbury und Lüttich wesentliche Züge gemeinsam: Sie alle nahmen eine wichtige politische Stellung ein, verfügten über ausgedehnte Güter und herrschten über eine vornehmlich ländliche Bevölkerung. All das gab es im Bistum Bologna nicht. Der größere Teil der Einwohner des Bistums lebte in Bologna, wo sich fast der gesamte Wohlstand und alle Tätigkeit der Umgebung konzentrierte. In dieser städtischen Gesellschaft war die Stellung des Bischofs nur relativ bedeutend. Er konnte nicht viel Patronage ausüben und hatte wenig Einfluß auf das Leben in der Gemeinschaft. Die städtischen Chroniken sind voll von Einzelheiten über Kommen und Gehen von Leuten aller Art, Botschafter, Vertreter des gemeinsamen Rates, Bettelmönche, Flagellanten, Ketzer, Päpste und Legaten; der Bischof taucht nur ganz am Rande auf. [30] Selbst die Schulen, die im Norden Europas bischöflicher Aufsicht unterstehen würden, wurden hier von der städtischen Gemeinde gepflegt und geführt. Die Stadtregierung, nicht der Bischof, auch nicht das Domkapitel, machte die Verträge mit den Lehrern. Sie brachte sie in die Stadt, garantierte ihnen ihren Lohn und forderte einen Eid, daß sie die Interessen der Gemeinschaft treu vertreten würden. Die Lehrer ihrerseits waren in der Lage, im Austausch für ihre speziellen Dienste sehr gute Verträge

---

[30] Vgl. Corpus Chronicorum Bononiensium, hg. von A. *Sorbelli* (Rerum Italicarum Scriptores Bd. 18) 1910–1938, Bd. 2.

abzuschließen. Die Gemeinde umhegte die Schulen, denn sie brachten Wohlstand und Ansehen in die Stadt und waren ein wichtiges Element in ihrem Wachsen und Gedeihen. In all dem spielte der Bischof keine Rolle.

In den Annalen von Bologna während seiner großen Entwicklungsphase zwischen 1150 und 1220 gibt es nur eine wichtige Begebenheit, an der der Bischof führend beteiligt war. Im Jahr 1220 traf sich eine Abordnung des Rates der Stadt, angeführt von dem besten Professor der Rechte, mit dem Bischof, um die Bedingungen auszuhandeln, unter denen er das Interdikt aufheben würde, das er über die Stadt verhängt hatte.[31] Es war die einzige Waffe des Bischofs, aber eine Waffe, die er nicht jeden Tag anwenden konnte. Außer diesem Vorfall gab es kleinere Streitigkeiten über Rechtsprechung und Landbesitz, aber sie zeigen nur umso deutlicher, daß der Bischof keine Kraft war, mit der man bei der Regierung der Stadt rechnen mußte. Die Stadt behandelte ihn fast so, wie eine moderne Gemeindeverwaltung einen Bischof behandelt, einigermaßen vorsichtig, aber ohne übergroße Scheu, als einen Mann, der ihnen weder groß schaden noch groß nutzen konnte.

Die Lage des Papstes war da ganz anders. Die Interessen des Papstes und der Kommune waren auf zwei Ebenen eng verbunden. Beide waren daran interessiert, daß die Schulen ein Erfolg sein würden. Die Stadt schätzte die Schulen für den Wohlstand und Ruhm, den die einbrachten; der Papst schätzte sie als ein Mittel, die Kenntnis des Kirchenrechts, des wichtigsten Pfeilers der kirchlichen Autorität, zu fördern und zu verbreiten. Die Schulen waren deshalb ein Bindeglied zwischen der Stadt und den Päpsten. Der größte Tag in der Geschichte dieser Verbindung war der 3. September 1234, als Gregor IX. seine neue Kirchenrechtssammlung den Lehren und Scholaren von Bologna vorlegte. Dadurch besiegelte der Papst den Ruf der Stadt als das führende Zentrum zum Studium des Kirchenrechts in Europa. Jeder konnte das sehen. Fast jedem Exemplar dieses wichtigsten Buches, das je für die Regierung der Kirche aufgesetzt worden ist, war ein Brief an die Magister von Bologna vorangestellt. Nichts hätte deutlicher die Interessengemeinschaft von Stadt und Papst zeigen können.

Aber der Papst hatte noch aus einem anderen Grund großes Inter-

[31] Cartularium Studii Bononiensis, 1907, Bd. 1, Nr. 38.

esse an Bologna. Es ist praktisch unmöglich, durch Italien in nord-südlicher Richtung zu reisen, ohne durch Bologna zu kommen. Wenn man von Norden kommt, ist die Stadt der Schlüssel zu Mittelitalien, zu den päpstlichen Ländern und über sie hinaus zum Königreich Sizilien. In dem großen Kampf mit den Staufern war es äußerst wichtig für die Päpste, so viele italienische Städte wie möglich zu kontrollieren, aber die Kontrolle Bolognas war ausschlaggebend. Wie konnte man sich ihrer versichern?

Anfangs war der Bischof das offensichtliche Werkzeug für die päpstliche Kontrolle gewesen. Im elften Jahrhundert war es den Päpsten gelungen, die Bischofswahlen der Kontrolle des deutschen Königs zu entziehen und sie der direkten Aufsicht des Papsttums zu unterstellen. Ein Jahrhundert lang war das genug, aber dann begann ein neues Stadium der Durchdringung. Zu Beginn des 13. Jahrhunderst ernannte der Papst auch den Archidiakon; sehr bald setzte er dazu an, sich in die Angelegenheiten des Bistums einzumischen, als ob es kaum einen Bischof gäbe. Wir können die Phasen des schwindenden bischöflichen Einflusses an der Geschichte einer einzigen Familie verfolgen, deren schlechten Ruf Dante verewigt hat.

Unter den großen Männern, die Dante in den Kreis der Hölle versetzte, der für jene reserviert war, die nicht an die Unsterblichkeit der Seele glaubten, gibt es eine große kirchliche Persönlichkeit, *il cardinale*. Es war Ottaviano degli Ubaldini, ein Mitglied einer mächtigen ghibellinischen Familien aus der Toskana, welche Gregor IX. und Innozenz IV. schließlich auf die päpstliche Seite hinübergezogen hatten. Das Gerücht, Ottaviano sei im Herzen ein Ghibelline geblieben, lebte in Norditalien hartnäckig weiter, aber tatsächlich hatte sich Gregor IX. seiner loyalen Dienste versichert, indem er ihn 1234, als Ottaviano noch ein sehr junger Mann war, zum Archidiakon von Bologna machte. Als dann 1240 der alte Bischof Enrico Pratta sein Amt niederlegte, bestellte der Papst Ottaviano zum Verwalter des Bistums. Für das Bischofsamt selbst war er noch zu jung, leitete aber als Gehilfe des Papstes vier Jahre lang die Diözese. Das Domkapitel versuchte mehr als einmal, zu einer Wahl zu schreiten, aber der neue Papst Innozenz IV. schob ihre Kandidaten beiseite. Schließlich erhob er Ottaviano zum Kardinal mit weitreichenden politischen Vollmachten und gab das Bistum dem Vizekanzler der päpstlichen Kurie. Der Papst benutzte diese Gelegenheit, um den Kanonikern eine Lektion über päpstliche Gewalt zu erteilen:

Es ist nur vernünftig – so schrieb er – daß der Papst, der auf Erden der Stellvertreter keines Menschen, sondern Gottes ist, hier diesen, dort jenen Mann bestellen kann, um an seiner Verantwortung teilzuhaben und an seiner Machtfülle beteiligt zu werden, je nach der Art des Ortes und den Verdiensten der in Frage stehenden Persönlichkeit.[32]

In Einklang mit dieser erhabenen Lehre, so fuhr er fort, hatte er es für richtig befunden, Ottaviano in eine Stellung von großer Bedeutung in der Kirche zu erheben; auch hatte er für die Nöte von Bologna gesorgt, indem er den Vizekanzler der römischen Kirche zum Bischof ernannt hatte. Was die Personen betraf, die das Kapitel vorgeschlagen hatte, schob er sie beiseite, erklärte ihre Wahl für ungültig und drohte, die Kanoniker als Rebellen zu behandeln, wenn man sich nicht bereit zeigte, seinen Kandidaten anzunehmen. Das Kapitel gab nach, und in der Geschichte der päpstlichen Kontrolle Oberitaliens begann eine neue Phase.

Ottaviano kam als Legat, ausgestattet mit etwa 25 päpstlichen Bullen, die ihm eine unvergleichliche Befehlsgewalt gaben.[33] Er war Legat für ganz Oberitalien. Patriarchen, Erzbischöfe und Bischöfe wurden aufgefordert, ihm ehrfürchtigen Gehorsam zu bezeugen. Er hatte die Macht, nach Belieben jeden Prälaten in dem Bereich, der ihm unterstand, für immer aus seinem Amt zu entlassen. Er konnte Prälaten in andere Bistümer versetzen, wenn er es für nötig hielt. Er konnte Dispense für alle Unregelmäßigkeiten bei kirchlichen Weihen oder Wahlen erteilen, einschließlich des Dispenses für Simonie. Er konnte jedem seine päpstlichen Privilegien, Ablässe, Freiheiten oder Immunitäten entziehen. Er konnte jeden exkommunizieren, wes Standes oder Amtes er auch sei, gleichgültig ob exemt oder nicht. Er konnte Pfarrstellen, Kanonate, Pfründen und andere Benefizien in seinem gesamten Legationsbereich besetzen. Er konnte kreuzzugsähnliche Generalablässe an alle jene verteilen, die gegen Friedrich II. kämpften. Er konnte seinen Helfern versprechen, daß der Papst sie niemals im Stich lassen werde, und daß er niemals mit Friedrich einen Frieden schließen werde. Für alle praktischen Ziele war ihm die gesamte päpstliche Machtfülle in dem ganzen Legationsbereich übertragen, und diese Machtfülle wurde brutal deutlich ausgespro-

---

[32] Registres d'Innocent IV, hg. von E. *Berger,* 1884, Nr. 741 (vom 24. Juni 1244).

[33] A. *Potthast,* Regesta Pontificum Romanorum, 1198–1304, 1874–75, Nr. 2998–3024.

chen. Im wahrsten Sinn des Wortes war der Legat ein Oberbefehlshaber auf einem wichtigen Kriegsschauplatz; die Bischöfe waren lediglich örtlich gebundene Komandanten lokaler Garnisonen unter seiner Befehlsgewalt. Angesichts solcher Gewalt verkümmerte das Amt des Bischofs zu einem Schattendasein.

Die Archive, welche Ottaviano in seiner achtjährigen Amtszeit als Legat in Oberitalien anlegte, müssen einmal sehr umfangreich gewesen sein, aber nur kleine Bruchteile aus wenigen Monate im Jahr 1252 sind von ihnen erhalten geblieben.[34] Selbst diese unzusammenhängenden Fragmente geben einen beachtlichen Eindruck vom Ausmaß seiner Handlungen und seines Einflusses. Er leitete die militärischen Angelegenheiten der Lombardei, Aushebung der Truppen und ihre Besoldung, Abhaltung von Kriegsrat, Verhandlungen und Operationsplanungen. Ein großer Teil seiner noch erhaltenen Korrespondenz gilt den Truppen, die er in Bologna ausgehoben hatte, um Parma zu entsetzen. In diesen Verhandlungen zählte natürlich der *podesta* und der Rat der Stadt mehr als der Bischof. Der Bischof, der Archidiakon und die Ordensgemeinschaften waren die Spezialeinheiten in der von dem Legaten beherrschten Streitmacht:

> Gebt euch nach Kräften Mühe – so schrieb der Legat an den Bischof – den *podesta* und seine Berater ebenso wie den Rat und die Gemeinschaft der Stadt zu überreden, einer Verlängerung der Dienstzeit ihrer Truppen zuzustimmen ... und wenn sie irgendwelche Gesetze erlassen haben, die sie eidlich verpflichten, keine Schulden zu machen, dann beratet euch mit den Dominikanern und Franziskanern über Dispense, denn ihr könnt unserer vollen Autorität versichert sein, vorausgesetzt, daß ihr eine Verlängerung der Dienstzeit um mindestens zwölf Tage erreichen könnt.[35]

Dem Archidiakon wurde befohlen, dem Bischof zu helfen und ihn zu überwachen. Eine Flut von Briefen ergoß sich aus der Kanzlei des Legaten während dieser kritischen Tage, als er sich bemühte, seine Schar weltlicher und geistlicher Verbündeter unter Kontrolle zu halten.

Damit waren seine Pflichten aber nicht erschöpft. Er mußte den

---

[34] G. *Levi,* Hg., Registri dei cardinali Ugolino d'Ostia e Ottaviano degli Ubaldini (Fonti per la storia d'Italia Bd. 8, 1890).

[35] Ebenda, S. 189. Der oben zitierte Abschnitt faßt den Inhalt eines dringenden und komplizierten Briefes zusammen; die Korrespondenz über die hier erwähnten Themen umfaßt den Großteil der erhaltenen Fragmente des Registers.

Papst ständig über den Verlauf der Ereignisse unterrichten und eine Korrespondenz mit Kardinälen, Königen und Eintreibern kirchlicher Einkünfte führen. Inmitten all dessen fand er sogar noch Zeit dafür, seinen Kaplan nach England zu schicken und die Mönche von Malmesbury zu überreden, eine alte Zahlung an den Bruder seines Seneschalls, einen italienischen Kleriker, weiter zu entrichten, der eine Pfründe im Bistum Salisbury besaß.[36] Einen nicht geringen Anteil seiner Tätigkeit mußte er damit zubringen, seine Untergebenen zufrieden zu halten; aber er brachte es auch fertig, mit dem großen Gegner, Friedrich II., gute Beziehungen zu unterhalten. Seine persönliche Sympatie mit der kaiserlichen Sache war eines der großen Gesprächsthemen der Zeit, und daher verbannte ihn Dante auch in der Gesellschaft des Kaisers in die Hölle.

Ottavianos erste Legationsmission endete im Jahr 1252. Friedrich II. war inzwischen gestorben, und der Legat begab sich nach Süden, um den Krieg gegen Manfred zu leiten. Was wirkliche Macht anbetraf, so war er damals eine der bedeutendsten Erscheinungen in Europa, und es war nur zu erwarten, daß Mitglieder seiner Familie von seinem Einfluß profitieren würden. Einer seiner Neffen wurde Erzbischof von Pisa, und die beiden anderen waren nacheinander von 1260 bis 1298 Bischöfe von Bologna.

Es zeugt von den weiten Verzweigungen des Einflusses des Legaten, daß der erste dieser Neffen, der Bischof von Bologna wurde, Ottaviano II., seine kirchliche Laufbahn in Kent als Rektor in Abwesenheit begonnen hatte. Er ebenso wie sein Bruder Schiatta, der ihm 1295 als Bischof nachfolgte, verdankte alles dem Einfluß seines Onkels, aber sie verfügten beide nicht über seine beherrschende Stellung. Sie waren unbedeutende Gestalten, die in ihrer Funktion als Bischöfe von Bologna von verschiedenen Päpsten einfach als gewöhnliche Handlanger für deren Politik gebraucht wurden. Sie gehörten nicht in eine Kategorie mit dem Legaten oder sogar den päpstlichen Kaplänen, die die Gedankengänge des Papstes genau kannten.

Das wird in einigen Briefen sehr deutlich, die Urban IV. an Bischof Ottaviano II. wegen eines Vermächtnisses schrieb, das der

[36] Ebenda Nr. XXVII. Ein ähnlicher Versuch, die Pfründe Bexley in Kent für seinen Neffen zu bekommen, scheiterte (vgl. T. *Rymer,* Foedera, Bd. 1, S. 364 f.).

römischen Kirche von einem Bischof von Avignon hinterlassen worden war, der im Jahr 1261 in Bologna gestorben war. In seinem ersten Brief vom 5. November 1261 schrieb der Papst an den Bischof mit der Aufforderung, das Geld von den Kaufleuten einzuziehen, die es in Verwahrung hatten, und es dem Papst zu übersenden. Im April 1262 war das Geld noch nicht bezahlt worden, und der Papst schrieb an den Bischof im benachbarten Modena und befahl ihm, die Kaufleute zur Zahlung zu bewegen. Im Januar 1263 war das Geld noch immer in „profanen Händen“, und der Ton des Papstes wurde schärfer. Er gab dem Bischof von Bologna strikte Anweisung, das Geld zu besorgen und an sich zu nehmen, „unbeschadet jeder gegenteiligen Anweisung im Testament des verstorbenen Bischofs von Avignon oder sogar von päpstlichen Briefen, die auf die gegenwärtige Anweisung nicht ausdrücklich Bezug nehmen.“ Fünf Monate später stand das Geld immer noch aus, und die Geduld des Papstes war am Ende. Der Bischof wurde jetzt angewiesen, die Zahlung unter Androhung der Exkommunikation innerhalb von acht Tagen zu erzwingen.[37] Was dann geschah, wissen wir nicht, aber schließlich sind Ton und Inhalt der Briefe wichtiger als das Ergebnis.

Soweit wir beurteilen können, geben diese Briefe eine angemessene Auswahl von Themen, die der Papst in seiner Korrespondenz mit dem Bischof von Bologna zu behandeln für notwendig erachtete. Der Ton dieser Briefe ist der eines Oberleutnants, der zu Rekruten redet. Manchmal schrieb der Papst direkt an den *podesta* und die Kommune von Bologna in Angelegenheiten, in denen er auch seine Anweisungen an den Bischof schrieb. Bei diesen Anlässen waren seine Briefe an die Kommune voll von artigen Komplimenten über die altehrwürdige Treue und die leidenschaftliche Ergebenheit der Stadt an die römische Kirche. Aber wenn er an den Bischof schrieb, genügte es, ihm zu drohen, „auf Grund seiner Gehorsamspflicht und in Androhung der Exkommunikation“, oder ihm zu befehlen, „ohne Schwierigkeiten oder Verzug“ zu handeln, oder anzuordnen, den Anweisungen des Papstes zu gehorchen und „ein offizielles Schriftstück zu verfassen, mit seinem Siegel, in dem darüber Rechenschaft abgelegt werden sollte, was er getan habe, und es dem Papst zu schicken“. Wir sehen hier den Bischof als den kleinen weltlichen

---

[37] Für die Briefe aus den Registern Urbans IV. vgl. *Potthast,* wie oben Anm. 33, Nr. 18146, 18276, 18469, 18575.

Gehilfen, an den Höflichkeitsfloskeln zu verschwenden völlig überflüssig war.

Es wäre freilich verfehlt, wollte man annehmen, daß die Routinearbeit des Bistums in diesen Jahren vernachlässigt wurde, nur weil der Bischof ein unbedeutender Handlanger in den großen Angelegenheiten der Kirche war. Freilich sind die Quellenzeugnisse lückenhaft, aber es besteht kein Grund zu der Annahme, daß der Bischof die gewöhnlichen Belange seines Bistums vernachlässigte. Doch selbst in diesen Angelegenheiten zählte tatsächlich die Autorität des Legaten. Die einzig bemerkenswerte Gruppe kirchlicher Gesetzgebung für das Bistum aus der zweiten Hälfte des 13. Jahrhunderts stammt von dem Legaten. So erließ zum Beispiel der Legat Malabranca im Jahr 1279 Konstitutionen für alle Bischöfe Emilias und Etruriens, einschließlich Bologna und Florenz.[38] Er fuhr diese Bischöfe in scharfem Ton an. Er war verwundert über die Großzügigkeit, mit der sie die Schätze des Herrn in Ablässen verschwendeten, die weit über das hinausgingen, was Innozenz III. gestattet hatte. Dadurch hatten sie die Gläubigen betrogen, und sie wurden dazu angehalten, die Grenzen zu beachten, die der Legat festgesetzt hatte, sonst würden sie für einen Monat ihres Amtes enthoben werden. Er erklärte weiterhin, daß viele Klöster in seinem Legationsbereich in einem beklagenswerten Zustand seien; daher wurden alle Bischöfe dazu aufgefordert, im Laufe der nächsten sechs Monate alle Klöster in ihrem Bistum zu besuchen. Der Legat klagte darüber, daß Bischöfe die Prüfung von Kandidaten, die ihrer Beurteilung unterstellt waren, herausschöben, und er befahl ihnen allen, Beichtväter anzustellen, die die nötigen Absolutionen erteilen würden. Was die Kleidung des Klerus betraf, und vor allem die der Studenten von Bologna, so hatte der Legat viel Grund zur Klage; sie hätten keine anständigen Hosen, und statt dezenter Umhänge kleideten sie sich in lächerliche Gewänder, wie man dergleichen noch nie gesehen habe; oft seien ihre Gewänder zu kurz; das müsse aufhören. Umhänge müßten *beide* Schultern bedecken, sonst sollte mit dem Entzug der studentischen Privilegien und dem Ausschluß von zivilen und kirchlichen Angelegenheiten gedroht werden. Und so weiter und so fort.

Von Päpsten und Legaten gleichermaßen eingeschüchtert, ohne die

---

[38] J. D. *Mansi,* Conciliorum Amplissima Collectio, 1780, Bd. XXIV, S. 745–758.

ausgedehnten Landgüter und fürstlichen Stellungen der Bischöfe aus dem Norden Europas, sozial und kirchlich unbedeutend, machten die Durchschnittsbischöfe von Oberitalien in der Kirche des 13. Jahrhunderts einen traurigen Eindruck.

Wir wollen von Bologna und der Familie der Ubaldini mit dem Tod von Bischof Schiatta, dem letzten Neffen des *il cardinale,* im Jahr 1298 Abschied nehmen. Die Familie hatte Glück gehabt, so lange zu überleben, denn der Kardinal selbst war 1272 gestorben, und Schiatta hatte das Bistum im Jahr 1295 durch einen unerwarteten Glücksfall erlangt. Als Bischof Ottaviano in diesem Jahr starb, hatten die Domkanoniker ihr Wahlrecht vielleicht seit 1213 nicht mehr ausgeübt. Es bestand die Gefahr, daß sie es ganz verlieren würden, und sie fürchteten, daß die kleinste Verzögerung ihnen einen weiteren päpstlichen Kandidaten bescheren würde. Am Tag nach Ottavianos Tod wählten sie deshalb seinen Bruder und sandten die Nachricht von dieser Wahl unverzüglich an den Papst. Sie kamen einen Moment zu spät. Bonifaz VIII. hatte von der Vakanz gehört und sich die Ernennung vorbehalten. Er hatte bereits einen Brief geschrieben, in dem er dem Kapitel untersagte, zu einer Wahl zu schreiten. An diesem Punkt freilich kam der strenge Legalismus des päpstlichen Hofes ins Spiel. Die Wahl durch das Kapitel hatte stattgefunden, bevor sie sich der Papst reserviert hatte. Zweifellos hätte sich der Papst über das Kapitel hinwegsetzen können, aber er hatte rechtliche Bedenken; außerdem war ihm Schiatta sympatisch. Daher wandte er sich an seine Juristen und fragte sie um ihre Meinung. Sie rieten ihm dazu, die Wahl als gültig zu betrachten, aber alles, was nach der Reservierung geschehen sei, für null und nichtig zu erklären. Der Papst folgte diesem Rat, und der letzte Verwandte des *il cardinale* schlüpfte ohne viel Aufhebens in das Bistum.[39]

Die kleine Begebenheit am Hofe Bonifaz' VIII. zeigt eine ganz sympatische Seite der Beziehungen zwischen dem Papst und den italienischen Bischöfen. In diesem Teil Europas mehr als sonstwo wurde die Verwaltung der Kirche zur Herrschaft des Papstes. Aber die Päpste stammten fast alle aus Italien und teilten mit den Bischöfen einen gemeinsamen Hintergrund; Spannungen, die sich sonst

[39] Die Komplikationen dieser Wahl wurden für so bedeutend gehalten, um die Aufnahme der päpstlichen Dekretale, die die Entscheidung beinhaltete, in das Kirchenrecht zu veranlassen, vgl. Sext, I, VI, 45 (Aemilius *Friedberg,* Corpus Iuris Canonici, 1879–81, 969–970 Anm.).

durch die anmaßende Einmischung der Päpste in Bistumsangelegenheiten ergeben konnten, wurden auf diese Weise weitgehend vermieden. Es schien ganz in Ordnung zu sein, wenn sich der Papst mit Einzelheiten in der Verwaltung von Bistümern beschäftigte. Die Bischöfe besaßen in ihren Städten wenig unabhängigen Einfluß; die Päpste konnten selbstbewußt mit den städtischen Kommunen reden, aus denen sie in vielen Fällen selbst stammten. Dem beugten sich die Bischöfe klaglos, denn sie und die Päpste wußten um die gegenseitigen Bedürfnisse.

In diesen Beispielen sehen wir die wichtigsten Züge bischöflicher Verwaltung, wie sie sich bis zum Ende des 13. Jahrhunderts entwickelt hatte. Das Beispiel aus Frankreich stellt die Idealvorstellungen der Zeit dar oder kommt ihnen wenigstens so nahe, wie es im mittelalterlichen Europa überhaupt nur möglich war. Dort sehen wir eine spannungsfreie und wohlhabende Gesellschaft, die von dem besitzenden Adel beherrscht wird, zu der ganz natürlich und selbstverständlich der Erzbischof gehörte. Die Gesellschaft wurde kaum von bürgerlichen Oligarchien gestört, die um ihre Rechte kämpften. Noch weniger wurde sie von geistigen Auswüchsen und ketzerischen Sekten heimgesucht, die im allgemeinen den Aufstieg der bürgerlichen Oligarchien begleiteten. Die weltliche und geistliche Aristokratie wirkten in allgemeiner Harmonie zusammen; es gab keine ernsthaften Hindernisse, die sich der Anwendung des Kirchenrechts oder der Erzwingung von Disziplin, welche das Gesetz dem Klerus und den Laien auferlegten, entgegenstellten.

Wenn wir uns England zuwenden, treffen wir auf eine Situation, die mehr von politischem Hader geprägt wird. Im ganzen war Peckham in Canterbury in der Lage, dasselbe allgemeine Programm von Organisation und Aufsicht wie Odo Rigaud in Rouen durchzuführen, aber die Spannungen waren viel größer, und entsprechend kleiner war das Maß seines Erfolges. Die normalen Spannungen zwischen Klerus und Laien, zwischen Erzbischof und Bischöfen, zwischen den Idealen eines franziskanischen Erzbischofs und den weltlichen Neigungen von Mönchen, Klerus und Bischöfen, wurden hier durch die Konflikte zwischen königlicher und kirchlicher Jurisdiktion und der Geldnot des Königs sehr vertieft.

In unserem deutschen Beispiel griffen politische Vorgänge in viel größerem Maß als selbst in England in Angelegenheiten der Kirche ein. Lüttich war mitten im Wirbel eines großen politischen Konfliktes, der die Gesellschaft in England und Frankreich kaum streifte. Sogar auf so große Entfernung von Rom spürt man die Zielstrebigkeit des Papsttums, die störenden Staufer aus dem Weg zu schaffen, in jedem Aspekt der bischöflichen Regierung. An den äußersten Grenzen des Reichsgebietes erscheint die starre Entschlossenheit der politischen Zielstrebigkeit des Papstes besonders italienisch. Sie trägt die erbarmungslose Logik Machiavellis in die peinlichen Familienbündnisse einer ungehobelten adeligen Gesellschaft hinein. Bei der Verfolgung ihres allgemeinen Zieles zögerten Innozenz IV. und seine Nachfolger nicht, einen Mann wie Heinrich von Geldern zum Bischof zu machen, ihn sogar im Amt zu halten; aber sie versuchten, für dieses Vergehen zu sühnen, indem sie darauf achteten, daß seine bischöflichen Pflichten weitgehend von anderen ausgeführt wurden. Es wäre sehr schwierig zu zeigen, daß das Funktionieren des Bistums unter dem Charakter der Gallionsfigur gelitten hätte.

Mag Heinrich von Geldern auch ein Ungeheuer gewesen sein, so war er nach der äußeren Erscheinung und in tatsächlicher Macht ein Kirchenfürst, der sich von seinen Zeitgenossen in England und Frankreich nicht besonders unterschied. Aber wenn wir uns Bologna zuwenden, stoßen wir auf einen Bischof, dessen Stellung von der Stellung von Bischöfen in unserer Zeit sich nicht wesentlich unterscheidet. Sozial und politisch sind sie von sehr geringer Bedeutung, außer in Krisensituationen. Sie stehen völlig im Schatten der örtlichen Macht der städtischen Kommune einerseits und der allumfassenden Macht des Papstes auf der anderen Seite. Die meisten der wichtigen Ereignisse ihrer Zeit, weltlicher gleich wie kirchlicher Natur, lagen außerhalb ihres Wirkungsbereiches, und ihre soziale Stellung war nicht so gefestigt, als daß sie für die Grenzen ihres Jurisdiktionsbereiches einen Ausgleich darstellte. Das Papsttum war die einzige Macht, die sich den chaotischen und ungestümen Kommunen der Städte entgegenstellen und in gewisser Weise ihre Interessen fördern konnte. Aus diesem Grund übernahmen die Päpste durch ihre Legaten mit der Duldung der Bischöfe kampflos die tatsächliche Leitung der Kirche.

Wenn man das gesamte Feld bischöflicher Administration in den zwei Jahrhunderten nach 1050 überblickt, dann ist der deutlichste Wesenszug die fortschreitende Unterordnung unter die Kontrolle des Papsttums. Das geschah überall einfach als Folge der wachsenden Bedeutung des Kirchenrechts, welches alle wichtigen Streitfälle an den päpstlichen Hof zog. Aus diesem einzigen Grund entsprang eine große Anzahl von Folgerungen. Kläger übergingen die Gerichte der Bischöfe und Erzbischöfe auf ihrem Weg nach Rom. Ein wachsender Strom päpstlicher Anweisungen ergoß sich in die entgegengesetzte Richtung. Legaten kamen häufiger und mit größerer Macht ausgestattet, und in ihrer Gegenwart schrumpfte die Autorität der Bischöfe. Die Päpste ernannten Bischöfe, beschnitten ihre Autorität und mischten sich selbstverständlich in die Stellenbesetzungen in den Bistümern ein. Aber trotz des gewaltigen Drucks päpstlicher Einmischung gab es Bischöfe und Erzbischöfe, die mehr Macht hatten, als man erwarten sollte. Obwohl sie gegen das Papsttum an Boden verloren, hatten sie in anderer Beziehung profitiert. Fast überall in Europa hatten sie ihren weltlichen Besitz behalten. Ihre Jurisdiktion über Kleriker, kirchlichen Besitz, Testamente, Schulden, Wucher und alle Arten von Verfehlungen im Bereich von Moral und Lehre waren gewachsen, teils als Ergebnis päpstlicher Gesetzgebung, aber noch mehr als ein Ergebnis der Ausdehnung der europäischen Gesellschaft. Ihre Verwaltungstätigkeit wuchs, weil Verwaltung fast jeder Form zunahm.

Erzbischöfe und Bischöfe waren schließlich die reichste kirchliche Schicht in Europa. Viele von ihnen waren Männer von großen Fähigkeiten, die ihr Amt antraten, nachdem sie bereits an die Ausübung von Autorität gewohnt waren. Daß sie ihre Erfahrung und Autorität oft mehr auf weltlichem als auf kirchlichem Gebiet gesammelt hatten, war eher ein Vorteil als ein Nachteil. Nur selten führte es dazu, daß sie deshalb die bischöflichen Rechte weniger energisch verteidigten. Nie warfen sich Bischöfe entschlossener in den Kampf um ihre Rechte als gerade diejenigen, deren frühere Stellung sie dazu angehalten hatten, sich diesen Rechten entgegenzustellen. Das blieb eines der wichtigsten Merkmale der mittelalterlichen Gesellschaft bis zu ihrem Ende.

DIE ORDENSGEMEINSCHAFTEN

Die wichtigsten Zentren religiösen Lebens im mittelalterlichen Europa waren jene Gemeinschaften, die besonders ausgerüstet und eingerichtet waren, um vollständig, auf immer und unwiderruflich ein christliches Leben auf einem Niveau zu führen, wie man es außerhalb einer solchen Gemeinschaft zu erreichen für unmöglich hielt. Die Mitglieder dieser Gemeinschaften nannte man *viri religiosi:* es waren die „religiösen Männer" im Unterschied zu allen anderen, säkularen oder klerikalen Männern. Wohin man im späten Mittelalter auch blickt, man findet in Stadt und Land Gemeinschaften von *religiosi* von vielerlei Arten, die aber alle etwas gemeinsam hatten: sie alle hatten lebenslange Gelübde abgelegt, die sie von gewöhnlichen Mitgliedern der Kirche absetzten. Im Umkreis von zwanzig Meilen von Oxford (dem Wohnsitz des Verfassers dieses Buches) gab es 28 solcher Gemeinschaften, große und kleine, ohne noch die Hospitäler und kleinen Gruppen zu rechnen, welche am Rande des Ordenslebens existierten. Es gab über 800 in ganz England und Wales. In einem einzigen Bistum, Cambrai in Nordfrankreich, gab es mehr als 80 religiöse Gemeinschaften; in Paris und seinen Vororten gab es zweiundzwanzig, in London neunzehn.[1]

Für den dauernden und ausschieslichen Dienst am religiösen Leben gebildete Gemeinschaften hat es auch in anderen Gesellschaften und Religionen gegeben, aber die abendländische Gesellschaft im Mittelalter weist einige besondere Züge auf, die wir zu Beginn dieses Überblicks erwähnen wollen.

An erster Stelle überrascht die große Vielfalt der religiösen Gemeinschaften. Sie unterschieden sich voneinander nicht nur in Größe und Wohlstand, sondern, was noch überraschender ist, in den Zielsetzungen, für die sie gegründet worden waren, ebenso wie in ihrem

---

[1] Für eine Übersicht mittelalterlicher kirchlicher Statistiken, einschließlich Bibliographie, vgl. B. *Guillemain,* Chiffres et statistiques pour l'histoire ecclésiastique du Moyen Age, *in* Le Moyen Age, LIX, 1953, S. 341–365; für England und Wales David *Knowles* and R. Neville *Hadcock,* Medieval Religious Houses, England and Wales, ²1971.

Lebensstil, wobei jede Gemeinschaft beanspruchte, in einigen wesentlichen Punkten besser zu sein als jede andere. Gegen Ende des 13. Jahrhunderts hatten sich sechs oder acht Haupttypen religiöser Gemeinschaften mit etwa zwanzig Nebenzweigen ausgebildet, von denen sich einige so stark von ihren Mutterinstitutionen unterschieden, daß sie sich als gesonderte Typen betrachten konnten. Die Regeln, die das tägliche Leben dieser Gemeinschaften bestimmten, ihre Gottesdienstordnungen und ihre gegenseitigen Beziehungen, sind Gegenstand einer unüberschaubaren Spezialliteratur geworden, so groß ist ihre Vielfalt und so wichtig ist ihr Einfluß auf jeden Aspekt mittelalterlichen Denkens und Handelns. Die reiche Vielfalt mittelalterlicher religiöser Organisationen besitzt eine Bedeutung, die weit über die unmittelbaren Zielsetzungen hinausgeht, für die sie geschaffen worden waren. Ganz abgesehen von der Bedeutung ihrer Regeln dafür, wie diese sich wandelnde Vorstellungen von Gottesdienst und christlichem Leben festhielten, sind sie ein Abbild der Gesellschaft, in der sie entstanden.

Das führt zu einer weiteren Feststellung. Die Verzweigung der Organisationen zur Ausgestaltung verschiedener Formen des religiösen Lebens war nur für einen kurzen Abschnitt des Mittelalters charakteristisch. Einige Jahrhunderte lang, bis fast zum Ende des 11. Jahrhunderts, war die Entwicklung so verlaufen, daß Zielvorstellung und Organisationsform einander immer ähnlicher wurden und man sich an der Einheitlichkeit eines erreichten Ideals freuen zu dürfen glaubte. Aber dann entwickelten sich innerhalb wenig mehr als eines Jahrhunderts alle Haupttypen des Ordenslebens heraus. Es ist sicher richtig, die Stabilität der religiösen Ideale vor etwa dem Jahr 1100 mit der relativ statischen Gesellschaft in frühen Mittelalter in Verbindung zu bringen, ebenso wie die sprunghafte Verzweigung religiöser Organisation danach mit der Ausdehnung und wachsenden Differenzierung der abendländischen Gesellschaft. Das Ineinanderwirken von sozialem und religiösem Wandel tritt nirgendwo klarer zutage als in der Geschichte der Ordensgemeinschaften: deutlicher als anderswo ist in diesem Bereich die Geschichte der mittelalterlichen Kirche gleichzeitig die Geschichte der mittelalterlichen Gesellschaft.

Überall in der Geschichte der religiösen Orden sehen wir, wie Gemeinschaften, die aus Protest gegen die Welt und ihren Verlauf gegründet worden waren, in ihrer Entwicklung von der Gesellschaft beeinflußt wurden, in der sie lebten. Viele Kräfte formten sie, auch gegen ihren Willen: ihr Besitz, ihre Familienverbindungen, ihre weltlichen Funktionen und die Möglichkeiten, die sie ihren Mitgliedern boten, in die obersten sozialen Ränge der Gesellschaft vorzustoßen. Man hat oft die „Weltlichkeit" der mittelalterlichen Ordensgemeinschaften unterstrichen und allgemein kritisiert, und es trifft tatsächlich zu, daß jeder, der in diesen Gemeinschaften den reinen Ausdruck der Ziele ihrer Gründer sucht, sehr viele Enttäuschungen erleben wird. Die Vorstellungen und Wünsche, die in den Regeln und Gründungsurkunden der verschiedenen Gemeinschaften zum Ausdruck kamen, wurden zum großen Teil nicht verwirklicht. Die gestaltenden Kräfte ihrer Entwicklung waren von denen ihrer ursprünglichen Gründer ganz verschieden.

Man hat darin oft einen Verrat erblicken wollen, aber diese Entwicklung kann auch anders betrachtet werden, womit man dann ihren Leistungen vielleicht eher gerecht wird. Wenn wir die Umstände betrachten, unter denen die Orden wirksam waren, die Bedürfnisse, die sie befriedigten, sowie das Maß, in dem sie einige der stärksten Impulse einer in der Entwicklung stehenden Gesellschaft auffingen, wird man zu einem ganz anderen Urteil kommen. Der Platz, den die religiösen Gemeinschaften in der Gesellschaft einzunehmen hatten, die Art, wie sie ihren Nachwuchs beschafften, die Absichten ihrer Gönner sowie die religiöse Einstellung von Laien und Klerus, all das drängte die Gemeinschaft der Menschen, die unter einer Regel lebten, weg von den Plänen ihrer ursprünglichen Gesetzgeber. Ob zum Guten oder zum Schlechten, das waren die Kräfte, die zusammenwirkten, um das hauptamtliche religiöse Leben im Mittelalter zu gestalten. Sie wirkten dahin, daß die Gemeinschaften, die von der Welt abgesetzt waren, zum Spiegel der Welt wurden, in der sie lebten. In erster Linie prägten sie diese Gemeinschaften, auch jene, die sich sehr dagegen sträubten, in zweierlei Hinsicht, wobei beides zum Wesen des mittelalterlichen Lebens gehörte: einem festen Griff für die Dinge dieser Welt, und einem starken Wunsch nach Belohnung in der Ewigkeit. Diese beiden einander widerstrebenden Ziele, die in ein und derselben Person gleichzeitig am Werk waren, sind an vielen wichtigen Entwicklungen in der Geschichte des Abendlandes beteiligt und kommen in den mittelalterlichen Ordensgemeinschaften am deutlichsten zum Ausdruck.

Die Benediktiner

Jede Abhandlung über mittelalterliche Ordensgemeinschaften muß mit dem Orden des Heiligen Benedikt beginnen. Er ist nicht nur chronologisch der erste große abendländische Orden, sondern blieb auch für einige Jahrhunderte fast der einzige; selbst als er im 12. Jahrhundert seine Monopolstellung verlor und die Führung im religiösen Leben abgab, war sein Einfluß weiterhin in den Formen des Gottesdienstes beherrschend, die von der Kirche praktiziert wurden. Mag das benediktinische Ideal im späteren Mittelalter auch noch so unzeitgemäß oder sogar totgeweiht erschienen sein, so bot es gleichwohl weiterhin einen achtungsgebietenden Standard durchschnittlichen Ordenslebens, der älter, würdiger und dauerhafter war als jeder andere.

Die Glanzzeiten des Ordens, als man ihn im Abendland allgemein als die höchste Form des religiösen Lebens und fast den einzig sicheren Weg zum Himmel betrachtete, waren um 1100 vorbei. Während der vorausgegangenen vier Jahrhunderte hatte es tatsächlich andere Formen lobenswerter christlicher Lebensgestaltung gegeben, zum Beispiel die Heldentaten des christlichen Kriegers, die mühsame Verantwortung des Herrschers, die Abgeschlossenheit und den kargen inneren Kampf des Einsiedlers; doch allmählich hatte die Vollständigkeit und Allgemeingültigkeit der Benediktinerregel ihren Vorrang durchgesetzt.

Anfangs war sie Fanatikern zu gemäßigt erschienen. In der heroischen Zeit der Völkerwanderung und unmittelbar danach hatten die Männer nach einer spektakulären Auseinandersetzung mit dem Bösen verlangt, nach etwas, das der Statur eines Beowulf gleichkommen würde. Die einsamen und übermenschlichen Kämpfe mit Dämonen – Zweikampf, Sich-Ducken, Schlagen, Schleppen durch Sumpf und Ödland, angsteinflößende Visionen und wilde Drohungen – so wie sie in der Vita des Heiligen Guthlac geschildert sind, der 714 starb, erregten das Staunen einer Generation, die in ihren Anführern nach überwältigender Kraft und persönlicher Heldentat verlangten.[2] Für Auseinandersetzungen dieser Art bot die Regel des Heiligen Benedikt wenig Spielraum, aber im Verlauf des achten Jahrhunderts verloren diese Erlebnisse allmählich an Bedeutung. Herr-

[2] Vgl. Felix's Life of St Guthlac, hg. von B. *Colgrave,* 1956, SS. 101–110.

scher entdeckten jetzt die Vorzüge von Disziplin und merkten, daß sogar Kämpfe auf Erden eher von geordneten und disziplinierten Truppen als von Kraftakten einzelner Personen gewonnen wurden. Die Familie der Karolinger, die große neue Herrscherfamilie in Europa, zeigte ein besonderes Talent dafür, Ordnung und Regelmäßigkeit in jeden Zweig des sozialen und religiösen Lebens zu bringen, nicht zuletzt in das geregelte Leben von Ordensgemeinschaften. In dieser Konstellation entfaltete sich die Stärke der Benediktinerregel, und die Karolinger gehörten zu den frühesten und mächtigsten Laien, die sie förderten. Sie ermutigten und erzwangen ihre Befolgung in den von ihnen kontrollierten Gebieten, und andere Herrscher folgten ihrem Beispiel. Im 9. und 10. Jahrhundert wurde Unterstützung für die Regel überall zu einem wesentlichen Anliegen weltlicher Herrschaft. Von dem Zeitpunkt an war ihre Zukunft gesichert.

Die Regel

Auf den ersten Blick möchte es scheinen, als ob die Regel noch weniger dazu geeignet gewesen sei, den Wirkungsbereich einer tatkräftigen Herrschaft zu unterstützen und auszudehnen, als dazu, die heroischen Impulse früherer Zeiten zu fördern.[3] Sie war um die Mitte des sechsten Jahrhunderts aufgezeichnet worden, als die Bande der zivilen Gesellschaft überall in Auflösung begriffen waren; auch war sie nicht verfaßt worden, um diese Bande wieder zu knüpfen, sondern um einer neuen Ordnung den Weg zu weisen, die nur denen offenstand, die bereit waren, der Welt den Rücken zu kehren.

Und doch, sie enthält das, was jeden ansprechen muß, der Zucht und Ordnung schätzt. Sie ist sehr kurz, etwa 12.000 Wörter lang; sie ist auch erstaunlich vollständig und klar. Die wichtigsten Ränge der Gemeinschaft und ihre Pflichten, Einzelheiten des täglichen Lebens, Anweisungen für neue Mitglieder, Anleitung für Besuche, Krankheit, Ungehorsam und Versöhnung sind deutlich genug aufgezeichnet, um einen erkennbaren Verhaltensmaßstab für das Leben zu bilden. Die

---

[3] Die handlichste gelehrte Ausgabe der Regel ist die von Dom Cuthbert *Butler,* S. Benedicti Regula Monasteriorum, [3]1935; für eine ausführliche Untersuchung ist die Edition von R. *Hanslik,* Corpus Scriptorum Ecclesiasticorum Latinorum 75, 1960 unentbehrlich.

Psalmen, die gesungen werden sollten, Bücher, die man studieren sollte, die Tageseinteilung, die Personen, die für die verschiedenen Aktivitäten der Gemeinschaft verantwortlich sind, all das ist in Umrissen festgelegt. Dennoch herrscht trotz großer Betonung von Einzelheiten kein Geist der Starrheit vor. Die Regel läßt genügend Raum für Entwicklung und für Improvisation. Wenn man sie unbefangen liest, ist es schwer zu entscheiden ob sie in erster Linie für eine Gemeinschaft von Gelehrten oder Arbeitern bestimmt war, für Adelige oder Bauern, für eine reich dotierte Gemeinschaft, die eine große Schar von Handwerkern und Künstlern versorgt, oder für eine arme Gemeinschaft, die ihren Lebensunterhalt einem kargen Land abringt. All das ist möglich, und im Laufe der Jahre behaupteten Vertreter aller derartigen Richtungen, das sei der Ausdruck des ursprünglichen Ideals.

Das wichtigste Element in diesem Ideal war die Ausübung von Gehorsam. Die ersten Worte der Regel stimmen dieses Thema an: Sie wurde aufgezeichnet, damit diejenigen, die sie befolgten, „durch die Mühsal von Gehorsam" zu Gott zurückkehren könnten, „den sie durch die Schuld von Ungehorsam verlassen haben". Diese Worte bestimmen den Lebensablauf: geplant ist ein Leben von angestrengter Tätigkeit; Ziel dieser Tätigkeit ist es, Gehorsam zu lehren. Der Gehorsam ist von verschiedener Art. Es gibt den Gehorsam von Leib und Seele den Vorschriften der geistlichen Unterweisung gegenüber, die aus dem Evangelium entnommen sind; es gibt den Gehorsam der Regel gegenüber; aber unmittelbar und dauernd ist der Gehorsam gegenüber dem Abt. In der Gemeinschaft ist er der Stellvertreter Christi; seinem Wort ist zu gehorchen wie dem Wort Gottes selbst. Er lehrt und befiehlt gleichermaßen: „Befehl und Belehrung des Abtes mischen den Sauerteig der göttlichen Gerechtigkeit in den Geist seiner Jünger."[4]

Die Regel läßt keinen Zweifel an der Qualität des Gehorsams, der gefordert wird: es soll Gehorsam „ohne Verzug" sein. Was man auch immer tut, man muß es sofort verlassen, unfertig, wie es ist, sodaß die Stimme des Befehls und der Akt des Gehorsams den gleichen Augenblick erfüllen. Sofortiger Gehorsam ohne Furcht und Säumen, ohne Halbherzigkeit, Murren oder Aufmucken ist die Regel des Lebens. Die Regel verabscheut Murren, das erste Anzeichen von

[4] Reg. Ben. cap. 2

Ungehorsam: „Vor allem darf es kein Murren aus irgendwelchen Gründen geben, mit irgendwelchen Worten, mit irgendeiner Geste." Dieser Satz wird an einer anderen Stelle der Regel wiederholt: „Vor allem kein Murren". „Vor allem" ist ein Ausdruck, der in der Regel nur dreimal vorkommt, zweimal in diesem Zusammenhang.[5]

Die starke Betonung von Gehorsam könnte den Eindruck erwecken, als ob der Verfasser der Regel soldatische Neigungen gehabt habe, wenn sie nicht mit anderen Wesenszügen verbunden wäre, die einen ganz anderen Eindruck vermitteln. Vor allem muß der Gehorsam im Verhältnis zu seinem Ziel gesehen werden. Das Ziel ist die völlige Selbstverleugnung, eine Übung, die denen, die nach der Regel leben, als Mittel zur Rückkehr zu Gott gelten soll. Diese Selbstverleugnung, die Frucht des Gehorsams, ist der Quell aller anderen Tugenden. Die Mönche sollen nichts selbst besitzen; sie sollen nichts erwarten; sie sollen sich mit allem abfinden, mit Armut, Krankheit, Härte, weil diese Dinge sie zu Gott zurückführen. Weiterhin wird alle diese Härte in der Regel von einem außerordentlichen Verständnis für menschliche Schwächen begleitet. Der Abt soll in privatem Zusammensein diejenigen trösten und ermuntern, die durch Ungehorsam die Strafe der Exkommunikation auf sich geladen haben. „Vor allem" (hier der dritten Gebrauch dieser Wendung) soll er sich um die Kranken kümmern; er soll für die Kleidung der Mönche verantwortlich sein und sehen, daß sie paßt. Die überraschendste aller dieser Züge von Verständnis ist die Bestimmung, daß das *Gloria* des ersten Psalms in der Mitternachtsmesse langsam gesprochen werden soll, um denen, die beim Klang der Glocke nicht sofort aufgestanden waren, und nun „mit höchster Eile" in die Kirche kommen, die Möglichkeit zu geben, ohne Schande anzukommen.[6]

Dieser unerwartete Zug von Milde bestimmt die ganze Regel. Er trug dazu bei, sie für Gemeinschaften in sehr verschiedenen Umständen brauchbar zu machen. Aber der gesamte Charakter der Regel ist mehr als eine Mischung von Strenge und Milde: er zeigt ein Gespür für Universalität. Trotz der Strenge der Leitung ist die Regel so verfaßt, als sei sie für die ganze Menschheit geschrieben worden. Grundsätzlich glaubt der Verfasser, es sei eine einfache

---

[5] Ebenda, cap. 5, 34, 40.
[6] Ebenda, cap. 43.

Regel. Sie ist eine „Schule des Gottesdienstes, in der, so hoffen wir, nichts hartes und nichts mühseliges festgesetzt worden ist"; es ist „eine kleine Regel für Anfänger"; ihr Ziel besteht darin, nicht mehr festzusetzen als jeder, „der glaubt, nichts sei ihm teurer als Christus", tun kann.[7] Der Heilige Benedikt schreibt, als sei das die einfachste Sache der Welt.

Im Mittelpunkt jeder Forderung der Regel steht die Bestimmung über die tägliche Abhaltung von Gottesdiensten. Für die Zeit, als sie geschrieben wurde, sind die Bestimmungen für diese gemeinsamen Gottesdienste erstaunlich sorgfältig und eindeutig. Das ganze System ruht auf zwei biblischen Pfeilern: „um Mitternacht will ich aufstehen, um dir Dank zu sagen" und „siebenmal am Tage preise ich dich" – daher der lange Nachtgottesdienst und die sieben Tagesgottesdienste: Laudes, Prim, Terz, Sext, Non, Vesper und Komplet. Die wichtigste Gestaltung und Psalmodie sind klar festgelegt, um die wöchentliche Lesung des ganzen Psalters und die jährliche Lesung (freilich viel weniger deutlich ausgearbeitet) des größeren Teils der Bibel sicherzustellen. Hier wie überall gab es Raum für verschiedene Interpretationen und Entwicklungen in einem wohl geordneten Rahmen; es ist ein Rahmen, der seine Spur mehr oder weniger deutlich im Gottesdienst jeder christlichen Gemeinde abendländischen Ursprungs hinterlassen hat.

Der Geist des Schreibers, dessen Regel diesen überragenden Einfluß auf das religiöse Leben und den christlichen Gottesdienst überall gemacht hat, muß an der Schwelle des Mittelalters zu Neugier Anlaß geben. Was war das für ein Mann? Natürlich hat es viele Versuche gegeben, diese Frage zu beantworten, und es ist eine der größten Überraschungen in der Geschichte der Mittelalterforschung, daß alle Antworten der Vergangenheit im Lichte einer jüngeren Entdeckung modifiziert werden müssen. Es scheint heute fast sicher zu sein, daß der Heilige Benedikt einen sehr großen Teil seiner Regel, einschließlich einiger der berühmtesten Passagen über die geistliche Lehre, fast wörtlich aus der Regel eines um ein wenig älteren Verfassers übernahm, den man den „Meister" nennt. Fast alle Kapitel, die die verschiedenen Mönchstypen beschreiben, den Charakter des Abts, die wichtigsten Grundlagen des Mönchslebens, die Stufen der Demut, die Ausübung von Gehorsam und Stillschweigen, ebenso wie

---

[7] Ebenda, Prol., cap. 5, 73.

sehr viel Material über die Pflichten der klösterlichen Amtspersonen und viele Einzelheiten des täglichen Lebens, stammen aus diesem früheren Werk.[8] Vielen Gelehrten wollte es auf den ersten Blick unglaublich scheinen, und es ist sicher anfangs schwer zu glauben, daß von dem persönlichen Beitrag des Heiligen Benedikt zu seinem eigenen Orden solche weitreichenden Abstriche gemacht werden müssen. Es überrascht freilich noch mehr, wenn man entdeckt, daß trotz dieser Abstriche der Geist des Heiligen Benedikt deutlicher denn je nach einem Vergleich seines Werkes mit dessen wichtigster Quelle zutage tritt.

In dem Dunkel klösterlicher Geschichte des 6. Jahrhunderts war eine der größten Schwierigkeiten das Fehlen einer greifbaren Umwelt und eines Vergleichsmaßstabes für die Regel des Heiligen Benedikt. Die Entdeckung ihrer wichtigsten Quelle befriedigt dieses Bedürfnis jetzt wenigstens zum Teil, und wir erkennen den Geist Benedikts in seinen stillschweigenden Auslassungen, Änderungen, Zusätzen, und auch aus dem Material, das er unverändert vom Meister übernahm. Der Unterschied zwischen den beiden Zeugnissen ist gewaltig. Die Regel des Meisters ist wirr, persönlich, unklar in ihren liturgischen Einzelbestimmungen, während Benedikts Regel straff, universal und klar ist. In der Regel des Meisters gibt es viel, was zu allgemein ist, um in praktischer Anwendung von Nutzen zu sein: lange Ausführungen über die Freuden des Paradieses und das Wesen des klösterlichen Lebens zum Beispiel. Es gab sogar noch mehr, was zu speziell war, um relevant zu sein, zum Beispiel Bestimmungen über Husten, Spucken und Naseputzen in einer Weise, die den allgegenwärtigen Engeln am wenigsten Anlaß zum Anstoß geben würde.[9] Benedikt ließ all das beiseite. Er hielt den Mittelweg praktischer Nützlichkeit ein und machte alles so knapp und deutlich wie möglich. Sein längster persönlicher Beitrag handelt von der genauen Routine des täglichen Gottesdienstes. Aber er zeigt seine Persönlichkeit am lebhaftesten in seinen kurzen Ergänzungen. All die Zeichen milder Weisheit in der Regel, die wir bereits erwähnt haben, sind Benedikts Ergänzungen

[8] Eine ausgezeichnete Untersuchung der Beziehungen zwischen der Regel Benedikts und der Regel des Meisters findet man bei David *Knowles,* Great Historical Enterprises, 1963, S. 135–196. Für den Text der Regula Magistri vgl. die Edition von A. de *Vogüé,* 3 Bde. 1964–65 (Sources chrétiennes, vol. CV).

[9] Reg. Magistri, cap. 48.

seiner Quelle. Er scheint das suchende und dominierende Wesen des Meisters nicht geteilt zu haben. In seinen weitgehenden Entlehnungen praktiziert er die Demut, die er seinen Mönchen nahelegt, und seine kürzesten Ergänzungen offenbaren die Demut, die er von dem Abt erwartet. Während es die wichtigste Aufgabe des Abtes Benedikts ist, nach den Kranken zu sehen, kam es dem Meister darauf an, Simulanten zu überführen.[10] „Verzweifle nie an Gott"; sagt der Meister; „verzweifle nie an Gottes Gnade", sagt Benedikt durch eine kleine, aber wichtige Änderung.[11] Der Meister betrachtete absoluten Gehorsam als Tugend, die nur wenige vollkommene Mönche erreichen konnten; Benedikt glaubte, Gehorsam sei eine Kleinigkeit für jeden, dem es ernst damit sei.[12]

Ein Vergleich der beiden Dokumente hinterläßt bei dem Leser einen unerwarteten Eindruck. Benedikt, der einflußreichste Wegbereiter des geistigen Lebens in der Geschichte des Abendlandes, erscheint als ein unkomplizierter und bescheidener Mann, der sich damit begnügte, fast seine ganze Lehre aus der Regel seines Vorgängers zu übernehmen. Doch durch wenige Abänderungen, Auslassungen und Zusätze änderte er den ganzen Charakter seiner Quelle. Er stärkte sie, wo sie schwach gewesen war, fügte Milde zu der Strenge, schuf Knappheit und Einfachheit, wo sie wirr und verwirrend gewesen war. Indem er das tat, machte er aus einem an sich schon erstaunlichen Dokument eine der zentralen Aussagen christlichen Lebens. Auch schuf er damit das letzte große Denkmal des gesetzgeberischen Genius' des alten Rom.

Jahrhunderte des Erfolges

Wir wollen uns jetzt dem Schicksal der Regel und ihrem Einfluß in der mittelalterlichen Kirche zuwenden. Vielleicht die schnellste Weise, zum Kern des Themas zu kommen, besteht darin, ein Problem zu

---

[10] Vgl. die Abschnitte über die Krankenpflege in der Reg. Ben., cap. 36, und der Reg. Magistri, cap. 69; ebenso über die Verspäteten in der Reg. Ben., cap. 43, und der Reg. Magistri, cap. 73.

[11] Reg. Ben., cap. 4; Reg. Magistri, cap. 3.

[12] Reg. Magistri, cap. 7: „haec forma paucis convenit et perfectis"; Reg. Ben., cap. 5: „Haec convenit his qui nihil sibi a Christo carius aliquid existimant."

betrachten, dem Benedikt drei Kapitel widmete: dem der Beschaffung des Nachwuchses.

Die Regel sah drei Klassen von Nachwuchskandidaten für ein Kloster vor: Laien in fortgeschrittenem Alter, Kleriker und Kinder Adeliger. Es scheint wenig Zweifel zu geben, daß Benedikt erwartete, ältere Laien würden die normalen Bewerber um Einlaß ins Kloster sein; nur von diesen handelte er mit einiger Ausführlichkeiten und versuchte, verschiedene Situationen und Schwierigkeiten, die entstehen könnten, vorauszusehen.[13] Doch im Laufe der Zeit, sicher aber seit dem 10. Jahrhundert, war die Aufnahme von Kindern, die vornehme Eltern dem Kloster übergaben, sehr häufig geworden, vielleicht die häufigste Art, in ein Benediktinerkloster einzutreten. Die Gründe für diese Änderung liegen tief in der religiösen und sozialen Situation des frühen Mittelalters verwurzelt, und sie hatten tiefgreifende Folgen für die Geschichte des Benediktinerordens.

Die soziale Funktion des Ordens

An erster Stelle muß man verstehen, daß die Klöster nicht ausschließlich, ja nicht einmal vorwiegend, für die Mönche existierten, die in ihren Mauern die persönliche Erlösung suchten. Dieses Motiv hätte nie mehr als einen kleinen Bruchteil der zahlreichen Klöster der Zeit gefüllt, und ebenso wenig hätten Gründer und Gönner dafür gewonnen werden können, einen großen Teil ihres Vermögens abzugeben, um die materiellen Voraussetzungen für die Aspirationen einiger weniger zu schaffen. Zur Zeit ihrer größten Ausdehnung wurden Benediktinerklöster aus politischen, sozialen und religiösen Motiven gegründet und gefüllt, von denen man in der Regel nichts finden kann. Diese Motive sind nicht fein säuberlich voneinander zu trennen, aber sehr vereinfachend gesprochen sahen die Gründer und Gönner in den „bekutteten“ Meistern“ der Klöster die geistliche Entsprechung der weltlichen Krieger. Die Mönche fochten Kämpfe, die ebenso wirklich, aber wichtiger waren als die Kämpfe der irdischen Welt; sie kämpften, um das Land von überirdischen Feinden zu säubern. Wenn man sagt, sie beteten für das Wohlergehen des Königs und seines Königreiches, dann drückt man die Sache viel zu schwach

---

[13] Reg. Ben., cap. 58–60.

aus. Sie kämpften als disziplinierte Elite, und die Sicherheit des Königreiches hing von ihren Anstrengungen ab:

> Der Abt ist mit geistlichen Waffen gerüstet und unterstützt von einer Truppe Mönche, die mit dem Tau der göttlichen Gnade gesalbt sind. Sie kämpfen gemeinsam in der Stärke Christi mit dem Schwert des Geistes gegen die böse List des Teufels. Sie verteidigen König und Klerus des Königreiches vor den Angriffen der unsichtbaren Feinde.[14]

Könige und Adelige wurden dazu erzogen, die Tätigkeit ihrer Mönche in diesem Licht zu sehen. In einer Gesellschaft, die zwischen öffentlichen und privaten Funktionen ebenso wenig unterschied wie zwischen irdischen und überirdischen Betätigungen, drang die Bedeutung des klösterlichen Waffenganges bis in den hintersten Winkel der irdischen Welt vor:

> Schaut sorgfältig auf die Dinge, die euch bereitet werden durch disziplinierte Mönche, die in den Klöstern unter einer Regel leben: mühselig ist der Kampf, den diese Hüter Christi gegen den Teufel führen; unschätzbar sind die Gewinne ihres Kampfes. Wer kann noch die Wachen, Hymnen, Psalmen, Gebete, Almosen und täglichen Messgaben mit den Fluten von Tränen zählen, die die Mönche ausführen? Diese Nachfolger Christi widmen sich völlig diesen Tätigkeiten; sie kreuzigen sich, damit sie Gott gefallen mögen ... Und deshalb, edler Herr, rate ich dir ernsthaft, eine solche Burg in deinem Land zu bauen, die mit Mönchen gegen den Satan gerüstet ist. Dort werden die Meister der Kutte Behemoth Widerstand leisten in dem anhaltenden Kampf um deine Seele.[15]

Der Kampf um die Sicherheit des Landes wurde in enge Verbindung mit dem Kampf um die Errettung der Seelen ihrer Gönner gebracht. Es war dieses doppelte Ziel, das große Männer dazu brachte, weite Teile ihres Besitzes Klöstern zur Verwendung zu überlassen. Sie und ihre Gefolgsleute und Familien berieten miteinander, um in jedem wichtigen Zentrum politischer Macht Klöster zu errichten, weil sie glaubten, ihr weltliches und ewiges Wohlergehen hinge gleichermaßen von der Wohlfahrt der Mönche ab.

---

[14] Gründungsurkunde König Edgars für New Minster in Winchester, 966, im Liber Vitae, hg. von W. de Gray *Birch,* 1892, SS. 232–246. Vgl. auch die sorgfältige Aufteilung von Militär- und Liturgietätigkeit in Klöstern durch Ludwig den Frommen im Jahr 817 (MGH Cap. I, S. 349–351).

[15] Ordericus Vitalis, Historia Ecclesiastica, hg. von A. Le *Prévost,* 1838–1855, Bd. 2, S. 417–420.

Die Bußfunktion

Selbst aber wenn der Glaube an diese allgemeinen Feststellungen schwach war, so gab es doch drängende persönliche und familiäre Gründe, die für die Gründung eines Klosters sprachen. Das Bußsystem des frühen Mittelalters bot eine besondere Motivation dafür, sich auf die disziplinierte Arbeit der Mönche zu verlassen. Buße für schwere Sünden war ausnehmend hart, und selbst für Sünden, die kaum von jeder Art des weltlichen Lebens zu trennen sind, waren Bußforderungen so hart, daß sie ein normales Leben unmöglich machten. So verordneten zum Beispiel die fränkischen Bischöfe im Jahr 923 eine dreijährige Buße jedem, der an der Schlacht von Soissons zwischen Karl dem Einfältigen und Robert I. von Frankreich teilgenommen hatte.[16] Diese Buße beinhaltete Fasten bei Brot, Salz und Wasser dreimal vierzig Tage im Jahr – eine nicht undurchführbare Zumutung, die aber ausgereicht hätte, einen großen Teil des Adels in Nordfrankreich viele Monate lang außer Gefecht zu setzen. Ähnlich verordneten die normannischen Bischöfe nach der Schlacht bei Hastings ein Jahr Buße für jeden Mann, den ein Krieger der siegreichen Armee getötet hatte.[17] Das hätte die normannische Besetzung von England fast zum Stillstand gebracht, was sicherlich nicht die Absicht der Bischöfe war, die diese Buße verhängten. Wie jedermann wußten sie, daß niemand irgendwelche Entbehrungen zu leiden hätte, der jemanden anders dafür bezahlen konnte, an seiner statt zu handeln. Das System der Ablösung war allen gegenwärtig:

> Wenn Priester gewissen Sündern eine vieljährige Buße auferlegen, geben sie manchmal auch die Geldsumme an, die für die Ablösung der jährlichen Leistung erforderlich ist, sodaß diejenigen, die langes Fasten fürchten, ihre Übeltaten mit Almosen abgelten können. Man findet eine derartige Geldablösung nicht in den alten Schriften der Väter, aber allein aus diesem Grund sollte man sie doch nicht für abwegig oder wertlos halten.[18]

---

[16] N. *Paulus,* Geschichte des Ablasses im Mittelalter, 1922–1923, Bd. 1, S. 16.

[17] Für den Text vgl. David *Wilkins,* Concilia Magnae Britanniae et Hiberniae, 1737, Bd. 1, S. 366.

[18] Migne, PL 144, Sp. 351 f., zitiert von N. Paulus, wie oben Anm. 16, Bd. 1, S. 14, Anm. Paulus bemerkt, daß die Übung, Almosen als Ersatz für Fasten zu geben, im Jahr 747 neu war (Konzil von Clovesho, cap. 26: *Haddan & Stubbs,* Councils, Bd. 3, S. 371 f.). Es scheint somit, daß das System, welches wir beschreiben, sich im Laufe des 8. Jahrhunderts herausbildete.

Es war tatsächlich eine notwendige Praxis, wenn Regierung und Gesellschaft weiter funktionieren sollten. Der asketische Petrus Damiani, der diese Worte schrieb, hatte selbst nach dieser Maxime gehandelt, als er dem Erzbischof von Mailand wegen dessen Simonie eine Buße von einhundert Jahren auferlegte:

> Ich gab ihm eine Buße von einhundert Jahren, und ich sagte ihm auch genau die Geldsumme, für die jedes Jahr der Buße abgelöst werden konnte.[19]

Ein bedeutender Mann konnte entweder die erforderliche Summe entrichten oder andere Männer anstellen, Buße für ihn zu leisten. In der unpersönlichen Gesellschaft des frühen Mittelalters war die Buße eines Mannes so gut wie die eines anderen. Es handelte sich nicht um persönliche Leistungen, sondern um das Begleichen einer überirdischen Schuldsumme.

Zu sterben, ohne daß die Buße abgegolten war oder ohne daß dafür gesorgt worden war, daß sie abgegolten werden würde, war etwas, was die Leute von allen Dingen am meisten fürchteten. Die volkstümliche Literatur dieser Zeit, in der die Lehre vom Fegfeuer noch nicht entwickelt war, ist voll von Geschichten, die zeigten, daß derjenige, welcher seine Bußleistung nicht vollendet hatte, für immer verdammt war.[20] Niemand konnte erlöst werden, bis seine Schuld beglichen war. Klöster boten einen gesicherten Weg, Bußschulden zu begleichen, besser als jede andere Ersatzleistung, seien es Almosen oder die Mithilfe von Laien. Man konnte sich darauf verlassen, daß Mönche ihre stellvertretende Ablaßleistung für immer ausführten: sie waren eidlich dazu verpflichtet; sie gab es in alle Ewigkeit; ihr Besitz wurde durch abschreckende Drohungen gegen Friedensstörer geschützt. Es spielte keine Rolle, wie groß die Schuld war, sie würde am Ende beglichen werden, und die Seele des Sünders würde frei sein.

Das *opus dei* der Mönche war deshalb von großem praktischem Wert. Sein Lohn war das ewige Leben, und man verdiente dies für die Gründer und Wohltäter ebenso wie für die Mönche selbst. Eine

---

[19] Ebenda.

[20] Das erfährt eine deutliche Darstellung durch eine Geschichte Peter Damianis von einem Mönch, der es auf sich nahm, die Buße eines anderen Mönches zu teilen und vor der Ableistung starb. Migne, PL 144, Sp. 403 (Ep. vi, 20).

individuelle Berufung war für diese Arbeit ebenso wenig nötig wie für jede andere. Die Mönche waren dazu da, eine notwendige Aufgabe zu erfüllen wie andere Leute auch, und wir erwarten von einem guten Arbeiter nicht, daß er seine Arbeit gern macht, sondern nur, daß er sie gegen eine angemessene Entlohnung gut macht. Es verletzte das Gewissen der Zeitgenossen nicht mehr, ein Kind zur Mönchslaufbahn abzustellen als zur Laufbahn eines Königs oder Handerwerkers. Eine Funktion war so notwendig wie jede andere auch.

Die Familienfunktion

Neben dem Bedürfnis nach ewigem Leben erforderte aber auch die wirtschaftliche Situation einer großen Familie für ihre Mitglieder den Ausweg ins Kloster. Zu keiner Zeit im Mittelalter, und am wenigsten in seinen frühen Jahrhunderten, entwickelten sich die Grundlagen der Gesellschaft schnell genug, um im weltlichen Leben für alle Kinder einer adeligen Familie standesgemäße Positionen bereitzustellen. Es gab strenge und wohlberechtigte Grenzen dafür, wie weit ein Familienbesitz aufgeteilt werden konnte, und es war ein schwieriges Problem, sichere und annehmbare Positionen für diejenigen Mitglieder einer Familie zu finden, die nicht ausreichend ausgestattet werden konnten. Das Problem war besonders groß für die weiblichen Mitglieder einer Familie. Sie waren nicht den Gefahren eines aktiven militärischen Lebens ausgesetzt, das unter den Männern immer wieder Lücken riß und dadurch unerahnte Möglichkeiten schuf. Es gab nicht genügend standesgemäße Ehepartner für alle von ihnen; wer heiratete, war oft in jungen Jahren verwitwet.

Eine bedeutende Familie mußte für alle Eventualitäten sorgen, und die Klöster erfüllten eine wichtige Funktion, indem sie zur Lösung dieses Problems beitrugen. Sie boten den Kindern adeliger Familien ein einigermaßen aristokratisches Leben und möglicherweise glänzende Stellungen.

Wenn Klöster diesen Zweck erfüllten, dann hatten die Familien selbstverständlich die Pflicht, für ihre Aufrechterhaltung entsprechend zu sorgen. Eltern gaben Klöstern, denen sie ein Kind anboten, normalerweise große Geschenke; nicht ungewöhnlich war das Geschenk eines Landgutes. Solche Gaben wirkten dem Auszehrungsprozeß entgegen, dem jeder Besitz unterliegt. Doch die hauptsächliche

Unterstützung für ein Kloster mußte von den Gaben des Gründers, seiner Familie und deren Helfern bei der Gründung selbst kommen. Der Augenblick der Gründung war für das Schicksal eines Benediktinerklosters ausschlaggebend; er bestimmte den Platz des neuen Klosters am Firmament der Klöster, vielleicht für immer.

Die komplizierte Kombination von Funktionen – öffentliche und persönliche, religiöse, soziale und politische, – die hinter der Ausstattung einer Klostergründung lagen, konnte nur durch eine großzügige Versorgung garantiert werden, und in dem dünn besiedelten Europa, in dem Herrscher über weite Landstriche, die nicht wirksam genutzt werden konnten, uneingeschränkte Verfügungsgewalt hatten, gab es zahlreiche Gelegenheiten für großzügige Landgeschenke. Manchmal erhielten Klöster Gebiete so groß wie halbe Grafschaften. Die Herrscher konnten dieses Land umso bereitwilliger geben, da es weiterhin vieles lieferte, was der Herrscher brauchte: Mitarbeit bei der Regierung, Heertruppen und geistigen Beistand im Krieg, einen ehrenwerten Unterhalt für unversorgte Mitglieder der Familie und eine Hoffung auf ewige Erlösung für alle.

Durch einen natürlichen Anpassungsprozeß entwickelte sich eine Version des Lebens bei den Benediktinern heraus, die sich in die Form dieser Möglichkeiten und Bedürfnisse einfügte. Die Regel stellte kein Hindernis in den Weg, die Zahl der Kinder, die in ein Kloster gegeben werden durften, drastisch zu erhöhen. Sie konnte sehr leicht einer komplexeren Routine von Gottesdienstordnung angepaßt werden, bis diese den überwiegenden Teil der täglichen Stunden der Mönche anfüllten. Im Laufe der Zeit wurden die großen Ausstattungen und sozialen Positionen, die die adelige Gesellschaft den Klöstern aufzwang, zur Notwendigkeit für ein vollkommenes benediktinisches Leben. Ein Kloster konnte seine vielfältigen Verpflichtungen kaum ohne eine große Mönchsgemeinschaft erfüllen; etwa einhundert Mönche waren ein vernünftiger Durchschnitt; und sie brauchten eine Schule für Kinder, Werkstätten für die Handwerker, Baumeister und Arbeiter, eine große Bibliothek, und Ausrüstungen für Musiker, Schreiber und Künstler und Gelehrte. Die adelige Herkunft der Mönche, Größe und Glanz der Kirche, die Ausarbeitung des Rituals, all das erforderte große Auslagen und eine großzügige Ausstattung.

Gründer und Gönner wünschten natürlich, daß ihre Kinder entsprechende Gefährten hatten und in einer Umgebung lebten, die ihrer Herkunft keine Schande machte; die Klöster ihrerseits sonnten sich in der adeligen Herkunft ihrer Insassen. Adeliges Blut sollte nicht unter den Scheffel gestellt werden; es war eine Qualitätsgarantie für Leib und Seele. Die Chronik des Nonnenklosters von Quedlinburg berichtet, daß, als die Witwe König Heinrichs das Kloster gründete, sie besonderen Wert darauf legte, daß keine Frauen niederer Herkunft, sondern nur Novizen des höchsten Adels zugelassen werden sollten, „denn wer adelig geboren ist, wird seiner Herkunft kaum Schande machen".[21] Das mag ein Mythos sein, aber es hilft zu erklären, wie das adelige Leben des Klosters gleichermaßen als ein geistiges und ein soziales Ideal betrachtet werden konnte.

Um das Jahr 1050 muß es den Anschein gehabt haben, als ob sich der Benediktinerorden endgültig als die wichtigste Ausdrucksform der christlichen Religion in ganzen Abendland durchgesetzt hätte. Seine Stellung im Herzen und im Geist der Menschen und in der sozialen Ordnung schien unerschütterlich. Er appellierte an Menschen jeder Klasse und jeden Frömmigkeitsgrades. Im Idealfall war jedes Kloster eine Nachbildung des Himmels auf Erden:

> Ich sah ein Paradies (so schrieb Petrus Damiani an Hugo, den Abt von Cluny), das durch die vier Ströme des Evangeliums bewässert wurde und mit geistlichen Tugenden überfloß. Ich sah einen Garten, der vielerlei Sorten herrlicher Rosen und Lilien hervorbrachte, schwer mit dem süßen Duft von Gerüchen und Gewürzen, sodaß Gott Vater von ihm sagen konnte: „Siehe, der Geruch meines Sohnes Kleidern ist wie der Geruch des Feldes, das der Herr gesegnet hat" (1. Moses 27.27). Und wie sonst soll ich das Kloster Cluny nennen als ein Feld des Herrn, wo eine so große Gemeinschaft von Mönchen in der Liebe lebend wie ein reifes Feld himmlischen Korns steht? Das Feld wird mit geheiligtem Rat aufbereitet und der Same himmlischen Gesprächs wird auf ihm gesät. Dort wird die Ernte des geistlichen Korns eingebracht und in den himmlischen Scheuern aufbewahrt.[22]

Diese Worte wurden nach einem Besuch in Cluny im Jahr 1063 geschrieben, und als sie geschrieben wurden, drückten sie nur aus, was jeder dachte. Die lange Entwicklung des Benediktinerlebens hatte im Kloster Cluny ihren Höhepunkt erreicht, und es schien, als könne

---

[21] Annalen von Quedlinburg (MGH SS III, 54), zitiert von A. *Schulte*, Der Adel und die deutsche Kirche im Mittelalter, 1910, S. 115, Anm., mit vielen anderen Beispielen für die enge Verbindung von Gaben und Vorsorge für vornehme Kinder.

[22] Migne, PL 144, Sp. 374 (Ep. vi, 4).

das Christentum darüber nicht hinaus gehen; das gesamte Wort Gottes wurde hier in Institution und Tat dargestellt.

Wandel und Verfall

Eine ganze Generation lang nach 1063 hätten wenige Leute geglaubt, daß es übertrieben oder verfehlt sein könne, das religiöse Leben der Benediktiner in dieser Weise zu betrachten: man hatte ein Ideal erreicht. Die Ziele, für die die Benediktinerklöster in jüngerer Vergangenheit gegründet worden waren, geboten weiterhin Respekt und regten zur Nachahmung an. Das Anwachsen des Ordens ging immer schneller vonstatten; man kann fast sicher sein, daß es in den zwei Generationen zwischen 1060 und 1120 mehr Neugründungen und mehr Beitritte gab als in vergleichbaren früheren Zeiträumen. Doch bereits lange vor dem Ende dieser Zeit gab es düstere Anzeichen für einen Wandel. Das Benediktinermonopol des organisierten religiösen Lebens kam zu einem jähen Ende; religiöse Männer selbst innerhalb des Ordens begannen, in ihrer Unterstützung des althergebrachten Ideals unsicher zu werden; die neuen Gründungen waren in einigen bezeichnenden Zügen schwächer als jene aus früheren Zeiten. Wir werden die erfolgreichen Rivalen des alten Ideals in einem späteren Abschnitt zu behandeln haben; für den Augenblick geht es nur um die Schwächen des Benediktinerordens. Es waren zweierlei Schwächen: sozial und geistlich und wir wollen mit dem geistlichen Mißstand beginnen.

Der geistliche Mißstand

Die detailierte unpersönliche Routine des Benediktinerlebens, die sich seit dem 9. Jahrhundert herausgebildet hatte, beruhte, wie wir gesehen haben, auf einer Reihe von Voraussetzungen: fortgesetzte Bußmentalität von Gründern und Gönnern; endloser Kampf gegen die Feinde des Menschengeschlechts; Mitarbeit in der Verwaltung und Stabilität der Familie. Diese Voraussetzungen waren um 1050 noch gegeben; um 1100 waren sie unter dem Eindruck sozialen und geistlichen Wandels, den wir in einem früheren Kapitel beschrieben haben, in Auflösung begriffen. Diese Auflösung legte eine wichtige Lücke im Benediktinerleben bloß, die sich über die Jahrhunderte entwickelt hatte: Auf der Suche nach Vervollkommnung der äußerlichen Routine hatte man das Individuum vergessen. Wenigstens fühlten das einige Mönche mehr oder weniger deutlich in dieser Weise: Sie wollten eine vertiefte persönliche Religion und wurden überall durch die zahlreichen überkommenen Bestimmungen gehindert, die ihr Leben prägten. Der Heilige Anselm hatte in Bec und Canterbury alle Hände voll zu tun, um die Mönche durch sein Beispiel und seine Maxime davon zu überzeugen, daß man die inneren Früchte der Religion auch unter dem Gewicht klösterlicher Gewohnheiten genießen könne, selbst wenn diese unnütz schienen:

> Wenn ein Mönch glaubt, er könne Besseres und Größeres erreichen, mit mehr Inbrunst als die Gewohnheiten seines gegenwärtigen Klosters gestatten, sollte er bedenken, daß er sich irren kann; oder er sollte wenigstens denken, daß er nicht verdient, wonach er verlangt. Er soll geduldig das göttliche Urteil ertragen, das keinem Menschen zu unrecht etwas verweigert. Durch Ungeduld kann er den gerechten Richter erzürnen und dadurch verlieren, was er bereits besitzt, oder ohne Vorteil behalten, was er nicht liebt.[23]

Durchhalteappelle für unnötige Gewohnheiten waren sehr erfolgreich, solange sie durch die Gegenwart von Persönlichkeiten vom Schlage Anselms unterstützt wurden, aber für andere Mönche, die keine eindrucksvolle Erscheinung in ihrer Mitte hatten, dürfen sie wenig Überzeugungskraft gehabt haben. Ganz sicher würde die Last unnützer Gewohnheiten in den Klöstern nicht länger geduldig ertragen werden, sobald draußen eine Reihe von Päpsten energisch von dem Bedürfnis sprachen, althergebrachte Gewohnheiten im Namen Christi abzulegen, der nicht gesagt hatte, „Ich bin die Gewohnheit“, sondern „Ich bin die Wahrheit“. Die Gegenüberstellung von Gewohnheit und Wahrheit, die die Ansprüche päpstlicher Autorität unterstützte, war auch eine wichtige Quelle religiöser Enttäuschung innerhalb des Benediktinerordens.

Die wirtschaftliche Notlage

Diese Enttäuschung hatten auch eine soziale und wirtschaftliche Grundlage. Die großen Benediktinerhäuser der Vergangenheit waren inmitten von großen Besitzungen errichtet worden, die von

---

[23] Ep. 37 (F. S. *Schmitt,* Hg., Opera S. Anselmi, 1938–1961, Bd. 3, S. 146; Migne, PL 158, Sp. 1097).

einem einzigen Zentrum aus geleitet werden konnten. Die große Verantwortung, die diese Besitzungen mit sich brachten, war ein selbstverständlicher Teil der klösterlichen Pflicht. Aber der Feudaladel, der für die meisten der späteren Gründungen verantwortlich war, konnte weder die Pflichten noch den Wohlstand der früheren Gönner vergeben. Statt weiter Abschnitte Landes konnte er nur kleine Fetzen von den Gütern geben, die seine Familie und Vasallen ernährten. Außerdem konnte man noch Zehnten und Kirchen geben, die natürlich mit dem eigenen Besitz verflochten waren. Klostergut mußte jetzt in die Zwischenräume weltlichen Besitzes gezwängt werden. Ein gutes Beispiel für die Ausstattung des neuen Typus bietet die Gründung des Priorats in S. Mont in der Gascogne.[24] Der Gründer übertrug Einkünfte von 47 Kirchen, einer Dorfsiedlung, sieben Gütern, vier kleinen Stückchen Land, einem Weinberg, sechs Feldern, einem Wald, einem Stück Fischereirechtes und verschiedenen anderen Pachteinkünften und Zöllen. Es gab in dem Jahrhundert zwischen 1050 und 1150 hunderte von Gründungen dieser Art. Manche waren größer, viele kleiner; der Besitz mancher war kilometerweit verstreut, bei anderen lag er einigermaßen beisammen. Aber die Vielfalt der Rechte und die Kleinheit der Einheiten verglichen mit denen der Vergangenheit waren ein typischer Zug der Zeit

Die negativen Folgen dieser Art von Ausstattung erschienen vor allem bei der Zersplitterung der Tätigkeit der Mönche. Weit verstreute Besitzungen erforderten eine ständige Beachtung von Nebensachen in der Verwaltung. Noch schlimmer, man konnte am besten mit ihnen fertig werden, indem man Mönche hinausschickte, die in kleinen Gruppen von zwei oder drei Personen auf den Besitzungen lebten. Das lockerte die klösterlichen Bande, minderte die klösterliche Routine und führte allgemein zu der Tendenz, im Land zu versinken. Diese Regelungen waren langlebig. Die aufgesplitterten Ausstattungen des 11. und 12. Jahrhunderts lagen auf dem Land wie Staub, den man nicht leicht wegfegen kann, zu sehr waren sie mit weltlichem Besitz verflochten, zu sehr wurden sie durch das Kirchenrecht geschützt, als daß man sie anrühren könnte, ohne die ganze Sozialordnung durcheinanderzubringen. Sie unterlagen nicht der Erosion, die ständig die großen Besitzungen der früheren Zeiten

---

[24] Vgl. G. de *Valous,* Le temporel et la situation financière de l'ordre de Cluny du xiie au xive siècle, 1935, S. 7.

anfraß; daher konnten sie nur durch einen großen politischen Umsturz zerstört werden. Die Gründungen dieser letzten Phase benediktinischer Ausbreitung waren folglich sehr zähe; aber was ihnen fehlte, war die geistige und geistliche Kraft einer früheren Zeit.

Anzeichen des Niedergangs

Nach der Mitte des 12. Jahrhunderts waren die Anzeichen des Niedergangs überall offensichtlich, am deutlichsten in dem allgemeinen Nachlassen der Zahlen. Doch ist bei der Interpretation dieser Symptome Vorsicht geboten. Die Probleme eines großen Benediktinerklosters sind denen einer Armee vergleichbar: es bestand immer eine Tendenz, daß die Zahl der „Aktiven" geringer wurde, während die derer, die in der Verwaltung arbeiteten, krank waren oder auf besonderen Posten abgestellt wurden, zunahm. Im Kloster Christ Church in Canterbury zum Beispiel, das um 1120 mit etwa 120 Mönchen seinen Höhepunkt erreicht hatte, zählten die aktiven Mönche im Jahr 1207 nur noch 64, während weitere 13 krank waren. Die großen Amtsträger des Klosters, Sakristar, Kellermeister, Kämmerer und Schatzmeister, waren vollauf damit beschäftigt, ein Heer von Bediensteten und Händlern zu überwachen, das die Zahl der Mönche weit überstieg. Aber diese Anhäufung „passiven" Menschenmaterials ist weniger ein Zeichen für den klösterlichen Niedergang als eher ein Symptom für die zunehmende Komplexität des Lebens.[25]

Die Zahlen der Benediktinermönche waren überall rückläufig, aber in unterschiedlichem Ausmaß. In Deutschland, wo es besonders viele alte große Klöster gab, war es am schlimmsten; in Frankreich, wo die alten Klöster viele zusätzliche Übereignungen im 11. Jahrhundert erhalten hatten, zeigte sich ein weniger heftiger Rückgang; in England, wo die Klosterreform sich spät durchsetzte, war der Niedergang am wenigsten ausgeprägt. Es gibt keine Anzeichen dafür, daß die Zahlen absanken, weil es an potentiellem Nachwuchs mangelte. Der Grund für den Niedergang war eher ein Rückgang bei den Einkünften, zusammen mit dem Versuch, Zustand und Glanz verflossener Tage beizubehalten. Zeitgenossen bemerkten diese

---

[25] Für diese Zahlen vgl. Epistolae Cantuarienses, Rolls Series (1865), S. XXXII; David *Knowles,* The Monastic Order in England, 1940, S. 714; R. W. *Southern,* St. Anselm and his Biographer, 1963, S. 255–260.

Krankheit, ohne jedoch die Diagnose zu wissen; sie glaubten, es sei eine neue Form von Unheil.

In Deutschland zum Beispiel gab es ein trauriges Schauspiel. In dem großen Kloster Fulda hatte es im 9. und 10. Jahrhundert zweihundert Mönche gegeben, im 13. und 14. Jahrhundert waren es nur 20–30. In Sankt Gallen und auf der Reichenau waren es einhundert gewesen; sie gingen auf 10 oder weniger zurück. Für mehr reichten die Einkünfte nicht aus. Da der Abt die Würde des Hauses repräsentieren mußte, verbrauchte er den größten Teil des jährlichen Einkommens selbst; in Sankt Gallen beanspruchte er im Jahr 1275 900 Mark aus einem Gesamteinkommen von 1042 Mark; auf der Reichenau 200 von 279 Mark.[26] Der Rest reichte gerade für eine Handvoll Mönche, und die konnten die volle klösterliche Routine nicht aufrechterhalten; vielleicht versuchten sie es nicht einmal. Papst Benedikt XII. schrieb voller Entrüstung:

> Wir haben gehört, daß es in früheren Zeiten sechzig oder siebzig Mönche auf der Reichenau gab. Aber im Lauf der Zeit hat ein alter schlechter Brauch, nämlich daß nur Novizen aufgenommen werden, die von beiden Elternteilen adeliger Herkunft sind, dazu geführt, daß jetzt kaum acht oder zehn Männer im Kloster sind. Ferner, wegen der Macht ihrer Verwandten, können diese Mönche nicht von unrechten Handlungen abgehalten werden, noch lassen sie sich zwingen, die Regeln des Ordens zu beachten. Daher wird der Gottesdienst vernachlässigt.[27]

In gewisser Beziehung hatte der Papst recht. Die soziale Auslese der Klöster wurde offensichtlicher, als ihre finanzielle Basis schmaler wurde. Aber sie war nicht der Grund für das Schrumpfen. Klöster wurden nicht kleiner, weil sie aristokratischer wurden. Sie wurden wählerischer, weil zurückgehende Einkünfte sie kleiner machten. Sicher hätten sie ihren Lebensstandard senken und dadurch ihre Zahlen anheben können, aber das war sozial wie einstellungsmäßig eine Unmöglichkeit für Institutionen, die sich in ganz bestimmten Bahnen

---

[26] Zu diesen Zahlen vgl. U. *Berlière,* Le nombre des moines dans les anciens monastères, *in* Revue Bénédictine 41, 1929, SS. 231–261; 42, 1930, SS. 31–42; auch A. *Schulte,* Über freiherrliche Klöster in Baden, 1896. Viele interessante Einzelheiten auch in U. *Berlière,* Le recruitement des moines bénédictins aux XIIe et XIIIe siècles, *in* Acad. royale de Belgique, Mémories, 2 nd ser. 2, 1924, über die zahlenmäßige Abnahme, doch mißt der Vf. der adeligen Exklusivität zu viel Gewicht bei als einen *Grund* für das Abnehmen der Zahlen.

[27] Brief vom 12. September 1339, zitiert bei Schulte, a. a. O.

entwickelt hatten. Die Kinder des Adels hatten schon immer einen Großteil der klösterlichen Bewohner gestellt, und der Adel war schwer davon abzubringen, unermüdlich für ein vornehmes und würdiges Leben für diejenigen seiner Nachkommen zu suchen, die kein Land erbten.

Äbte wurden von den Forderungen ihrer großen Nachbarn verfolgt. Bereits um die Mitte des 13. Jahrhunderts war der Abt von Pontlevoy durch die widerstreitenden Zwänge nachlassender Einkünfte und zunehmender Anträge auf Zulassung so überwältigt, daß er einen feierlichen Eid ablegte, keinen neuen Bewerber mehr aufzunehmen, bis die Gemeinschaft auf dreißig Mitglieder zurückgegangen war. Das gab einen solchen Aufruhr, daß der Papst eingeschaltet werden mußte, um ihn von seinem Eid zu entbinden.[28] Manchmal nahmen hart bedrängte Äbte dazu Zuflucht, daß sie die Verantwortung für Zulassungen dermaßen aufteilten, daß jeder Mönch in strikter Rotation einen Novizen einführen durfte. All diese Symptome von Hilflosigkeit zeigten gleichwohl, daß das Ideal der Benediktiner, mochte auch einiges darin fehlgelaufen sein, das Qualitätszeichen behalten hatte, das in einer adeligen Gesellschaft sehr geschätzt wurde.

Reformversuche

Viele Mönche und klösterliche Reformer waren sich darüber klar, daß etwas nicht stimmte, aber entweder konnten sie die Krankheit nicht diagnostizieren, oder es fehlte ihnen ein Heilmittel für sie. Innozenz III. unternahm einen bemerkenswerten Versuch, den Benediktinergründungen einen größeren Sinn für ihre gemeinsame Verantwortung zu geben, indem er bestimmte, daß die Klöster in jedem Land oder in jeder Provinz dreijährliche Parlamente oder „Kapitel" abhalten sollten.[29] Diese Anordnung wurde weitgehend ignoriert, und in England, wo sie befolgt wurde, traten die Schwierigkeiten eines derartig tiefgreifenden Wandels bald offen zutage. Im Jahr 1277 machte das englische Kapitel der Benediktiner einen mutigen Modernisierungsversuch. Neue Statuten wurden verfaßt, die den Gottesdienst verkürzen sollten, zur Förderung der Gelehrsamkeit beitrugen

---

[28] Les Régistres d'Alexandre IV, hg. von C. Bourel de la *Roncière,* 1895 ff., 53, i, Nr. 1211 (4. Februar 1256). Das Kloster lag im Bistum Chartres (Dept. Loir-et-Cher).

[29] Concilium Lateranense IV, canon 12.

und vorsahen, Mönche auf die Universitäten zu schicken. Sie hatten einige positive Wirkung, aber sie waren unbeliebt. Es hagelte Proteste von allen Seiten. Erzbischof Peckham verbot die vorgeschlagenen Reformen, da sie angeblich „gegen Gott und in Mißachtung der allgemein anerkannten Bräuche und Statuten unserer Väter" waren. Als Franziskaner mag er befürchtet haben, sein eigener Orden würde unter der Reform leiden, die die offene Absicht hatte, „Männer von überragender Würde, Erziehung und Religion" für die Benediktiner zu werben. Godfrey Giffard, der ordensmäßig nicht gebundene Bischof von Winchester, verbot seinen Mönchen, die neuen Bestimmungen zu befolgen, weil „Neuerungen Zwietracht säen, und wir entschlossen sind, die alten Bräuche und Gewohnheiten unserer Väter aufrechtzuerhalten." Die Laien sahen in der Verkürzung des Gottesdienstes ein Zeichen von Faulheit und Undankbarkeit der Mönche; und auch die Mönche selbst zweifelten an der Weisheit einer Änderung, die ihre Wohltäter vergraulen könnte.[30]

Man kann es oft beobachten, daß bei traditionsbeladenen Institutionen die Verhärtungen der Zeit, mag man sie auch noch so bedauern, hoch geschätzt werden als ureigene Züge dieser Institution. Der Reformer, der versucht, die Narben der Zeit zu entfernen, könnte in den Augen der meisten Leute weiter gehen und die ganze Institution zerstören. So etwas war der Fall im Benediktinerorden am Ende des 13. Jahrhunderts. Man akzeptierte ihn als Bestandteil der etablierten Ordnung, und deshalb konnte sein historischer Glanz den Betrachtern und den Mitgliedern gleichermaßen eine tiefe Befriedigung verschaffen. Sobald man ihn aber als Problem behandelte, erwies dieses sich als unlösbar. In den guten alten Tagen der Expansion hatten die Klöster freudig die Bürde von Besitz und sozialer Verantwortung auf sich genommen, die fast zum Selbstzweck geworden waren. Sie herrschten über Menschen, trieben Pachtzins ein, hielten Gebäude instand, boten Gastlichkeit für die Großen und bewahrten eine gewichtige Würde in allen Fragen von Leben und Tod. Niemand erwartete von ihnen neue Ideen oder neue Formen geistlichen Lebens, statt dessen freilich Stabilität, Prachtentfaltung, Teil-

[30] Die Quellenzeugnisse für den Versuch einer Reform und die Reaktion darauf sind zusammengestellt in W. A. *Pantin,* Chapters of the English Black Monks, Bd. 1, SS. 60–121; Bd. 3, SS. 274 f. [Camden Third Series, Bd. 45 (1931), 47 (1933), 54 (1937)].

nahme am adeligen Leben der Oberschicht und eine sichtbare Entfaltung ungebrochener Religions- und Familiengeschichte. Das waren kaum Ziele, für die die Klöster gegründet worden waren; noch viel weniger fanden sich solche Absichten in der Regel; aber am Ende war die Alternative nur der Untergang.

Vorzüge des alten Ordens

Man kann den benediktinischen Alltag des späteren Mittelalters sehr gut an einer ausführlichen Bestandsaufnahme von Mont St. Michel aus dem Jahr 1338 ablesen.[31] Dort bestand die Zentralgemeinschaft aus etwa vierzig Mönchen, aber weitere fünfzig waren in den 22 Prioraten untergebracht, die über die Normandie, die Bretagne, Anjou und selbst bis nach Cornwall hinüber verstreut lebten. Im Durchschnitt waren in solchen Prioraten zwei Mönche; sie überwachten die Güter, auf denen sie lebten, verzehrten selbst den Großteil der Erzeugnisse und übersandten den Rest in Form von Geldzahlungen jährlich an das Mutterhaus. Wirtschaftlich war das ein effektives Unternehmen: es schuf etwa 7000 Pfund Sterling jährlich für die vierzig Mönche auf dem Mutterkloster von Mont St. Michel, während die fünfzig Mönche, die auf den Gütern verteilt lebten, sich selbst mit einem Gesamteinkommen von nur 2000 Pfund versorgten. Diese Zahlen, die einem sehr ausführlichen Bericht entnommen sind, zeigen die finanzielle Stärke einer Gemeinschaft, die ihre Einkünfte aus vielen verschiedenen Quellen bezieht.

Abrechnungen können uns sehr wenig über die Qualität des Lebens sagen, die zu bewahren ihr Zweck ist. Sie können nur aussagen, daß die vereinzelt lebenden Mönche, die wenig mehr als unverheiratete Landedelleute gewesen sein konnten, ziemlich billig waren. Die Mönche des Mutterhauses, die in Glanz und Zeremonie lebten, die viele Verpflichtungen in Fragen von Gastlichkeit und Verwaltung zu erfüllen hatten, waren entsprechend teurer. Sie gaben fast 1700 Pfund jährlich für Lebensmittel für die Gemeinschaft und

[31] Die folgenden Einzelheiten entstammen einer Übersicht von klösterlichem Besitz, der als Ergebnis des Versuches von Benedikt XII, unternommen wurde, den Benediktinerorden zu reformieren, auf seine Bulle Summa Magistri (Magnum Bullarium Romanum, 1727, 218–37) folgend. Der Bericht über Le Mont St. Michel ist der ausführlichste derer, die erhalten sind. Er wurde gedruckt von L. *Delisle* in Notices et Extraits des MSS de la Bibliothèque Nationale, XXXII, 359–408.

die große Schar von Dienstpersonal aus, 2200 Pfund für Wein, 500 Pfund für Kleidung der Mönche und ihrer Diener, 460 Pfund für Instandsetzungsarbeiten, 500 Pfund für Zölle, 300 Pfund für Rechtsprozesse, 120 Pfund für Brennmaterial, 140 Pfund für ihre Weinberge, 200 Pfund für Speisung der Armen am Fastnachtstag, 160 Pfund für Pferde und Kutschen, 120 Pfund für Beleuchtung, und acht Pfund und fünfzehn Schillinge für den Bischof.

Es ist sehr schwer, hinter diese Fassade zu dringen; aber so viel ist klar, daß dieses große Kloster und viele seiner Art vielfältige Bedürfnisse befriedigte, die von denen des achten, neuten und zehnten Jahrhunderts sehr verschieden waren. Sie waren nicht mehr große Ordnungszentren in ungezähmtem Land; sie waren nicht länger unentbehrlich für das Wohlergehen von Königreichen oder Familien und für ihre Erwartung der Erlösung; aber sie boten fähigen Mönchen ein Leben geschäftiger sozialer Wichtigkeit und Betätigung. Diese hatten Bücher für ihre Gelehrsamkeit, einen traditionsreichen Hintergrund von Liturgie und Gottesdienst für alle Mitglieder der Gemeinschaft, die nicht übermäßig klug waren oder die zu viel andere Dinge zu besorgen hatten, um sich dem Gottesdienst zu widmen.

Mont St. Michel bietet das Bild der sozialen Stärke der großen Benediktinerklöster im späteren Mittelalter. Um einen Eindruck ihrer persönlichen Stärke zu erhalten, wollen wir uns den kurzen klösterlichen Biographien zuwenden, die im Kloster Christ Church in Canterbury von einem eifrigen Antiquar zusammengestellt wurden, der von 1418 bis etwa 1480 Mönch des Hauses war. Im Jahr 1418, dem Jahr seiner Profeß, vermerkte er den Tod eines Mönches namens William Chart, der fast fünfzig Jahre lang im Kloster gelebt hatte. Er berichtet über ihn folgendes:

> William Chart starb am Montag, dem 17. Oktober 1418, nach der Morgenmesse, im 48. Jahr seiner Profeß. Er wurde in der Krankenkapelle neben dem Altar des Heiligen Leonard und des Heiligen Benedikt begraben. Viele Jahre lang war er ein bedeutender Mann im Kloster gewesen, Schatzmeister, Pönitentiar, zweimal Kellermeister, zweimal Verteiler von Almosen, Leiter des Colleges in Oxford zur Zeit seines Baus, Coroner, Sub-Prior dreizehn Jahre lang, und schließlich Aufseher über die Grangien. Dann, von Alter und Krankheit gebeugt, gab er seine Pflichten im Freien auf und belegte ein Zimmer im Krankenhaus von St. John, wo er bis an sein Lebensende bettlägrig blieb.[32]

---

[32] Christ Church Canterbury: Chronicle of J. Stone, hg. von W. G. *Searle* (Cambridge Antiquarian Society, Bd. 34) 1903, S. 9.

Das ist eine Laufbahn, die den späten Glanz des mittelalterlichen Benediktinerlebens noch wiederspiegelt: ein Mönch, den sein Kloster auf die Universität schickt, Baccalaureus des Kirchenrechts, Vorsteher eines Oxforder Colleges, tätig als das, was man später Friedensrichter nennen würde, ein geschäftiger Gutsherr, Finanzmann, Beichtvater und Verwalter. Das Leben der Gemeinschaft, das unser Antiquar schildert, war angefüllt mit prächtigen Zeremonien, häufigem Besuch von König und Adel, einer sorgfältigen Befolgung der liturgischen Formen und einer harmlosen Bequemlichkeit, die den ganzen Körper einschloß. Er berichtet viel von Prozessionen und Antiphonen, von Farben der Gewänder und Rangordnungen bei Beerdigungen und Empfängen für Adelige. Zu der Zeit, als diese Berichte aufgezeichnet wurden, stand alles in einer letzten Reife, aber es hatte den Anschein von ewigem Bestand. Lange, nachdem der Benediktinerorden aufgehört hatte, das religiöse Leben in Westeuropa führend zu gestalten, trugen Männer wie William Chart weiter unauffällig zur Religion und Verwaltung des Landes bei.

Die großen Benediktinerklöster waren die bedeutendsten Zufluchtsstätten solcher Männer im Mittelalter. Seltsamerweise war später in England, nach der Auflösung der Klöster, ein solcher Typ am stärksten in der klerikalen Gesellschaft des Domhofes und der Landpfarre vertreten. Wir können fünf Jahrhunderte vom Tod William Charts in Jahr 1418 zum Tod des Kanonikers William Greenwell im Jahr 1918 überschreiten und sehen noch immer einen ganz ähnlichen Typ. Über fünfzig Jahre lang war er Rektor einer Pfarre und Kanoniker von Durham gewesen; Präsident eines Universitätscolleges, Bibliothekar der Kathedrale, Friedensrichter und Mitglied der Royal Society; er hatte zwei gewichtige Bände mittelalterlicher Quellen ediert; er hatte in einem Antiquariat einige wertvolle Blätter einer Handschrift aus der Zeit Bedas entdeckt; er war der Erfinder zweier sehr erfolgreicher Blinker zum Forellenfang; er hatte Siegel gesammelt und vorgeschichtliche Grabstätten ausgegraben. Er starb in seinem 98. Lebensjahr, und vielleicht starb sein Typ mit ihm.[33] Er konnte nur in einer Gesellschaft stabilen Reichtums und aristokratischer Freizeit gedeihen. Mochte eine solche Lebensweise auch von

[33] Vgl. seinen Lebenslauf in Archaeologia Aeliana, 1918, Third Series, Bd. XV.

den ursprünglichen Absichten der Regel weit entfernt sein, so repräsentierte diese menschliche und tolerante Tradition doch den bleibendsten Beitrag des Benediktinerordens zur Welt.

Die neuen Orden

Das Ende des Monopols der Benediktiner im ausgehenden 11. Jahrhundert fiel mit dem Beginn einer Zeit schneller Expansion in der abendländischen Gesellschaft zusammen. Es war ein unvermeidliches Ergebnis der neuen Differenzierung von Leben und Chancen, die diese Expansion möglich machte. Zum erstenmal seit mehreren hundert Jahren gab es Raum für viele verschiedene Arten organisierten Lebens auf einem Raum; das galt für die Religion ebenso wie für andere Dinge. Den Beweis dafür bieten die neuen Ordensgemeinschaften, die in dem halben Jahrhundert zwischen 1075 und 1125 auftraten. Die zwei erfolgreichsten unter diesen Orden betonten zwei verschiedene Aspekte der Benediktinertradition. Es waren die Augustiner-Chorherren und die Zisterziensermönche. Sie nahmen sozusagen den rechten und den linken Flügel der Benediktinerposition ein, und sie waren erfolgreich, weil sie sich in entgegengesetzter Richtung entwickelten und sich auf zwei voneinander verschiedenen Ebenen in die sich ausdehnende Gemeinschaft einfügten.

Die Augustiner-Chorherren

In einer Beziehung stellten die Augustiner-Chorherren dem Benediktinermönchtum eine größere Herausforderung entgegen als die Zisterzienser. Letztere waren schließlich selbst Benediktiner, obwohl sie die Nachfolger des Ideals des Benedikt der Laxheit bezichtigten. Die Augustiner hingegen brachen formal mit der Vergangenheit. Ihr Schutzherr war weder der Heilige Benedikt noch sonst ein traditioneller Vorkämpfer mönchischen Lebens. Augustinus war der größte und wichtigste Name in der Theologie des Abendlandes, eine Schlüsselgestalt in den aufkommenden Disputen der Scholastik, aber man hatte in ihm bislang keinen klösterlichen Führer gesehen. Er gehörte einer früheren und tiefer schürfenden Stufe religiöser Fragestellung an als der Heilige Benedikt und dessen Milieu, die geistig sehr viel differenzierter war als das frühe Mittelalter. Während die Zisterzienser danach strebten, die ursprüngliche Regel des Heiligen Benedikt neu zu beleben, die seine Nachfolger angeblich verlassen hatten, war es das Ziel der Augustiner, etwas neu zu beleben, was hinter die Regel, ja selbst hinter die organisierte Kirche zurückging – die Bibel.

Der ursprüngliche Impuls

Wonach sie suchten, war ihnen anfangs gar nicht recht klar, aber sie fanden in einem Brief des Heiligen Augustin die Konzeption einer Lebensweise, in der sie sich vereinigen konnten. Es war ein Brief von geistlicher Unterweisung, geschrieben an einige religiöse Frauen über Fragen täglichen Zusammenlebens. Die Ratschläge waren vernünftig, aber im Vergleich zu der Regel des Heiligen Benedikt außerordentlich allgemein: man sollte alles gemeinsam besitzen, zu festgesetzten Zeiten gemeinsam beten, sich ohne Rangunterschiede kleiden und einem Vorgesetzen gehorchen.[34] Für eine „Regel" war es ihr besonderer Vorzug, daß der Vorstellungskraft so viel überlassen blieb; die Regel konnte in verschiedener Weise weiterentwickelt werden je nach der Gemeinschaft, die sie für sich annahm. Bis etwas in die Mitte des 11. Jahrhunderts scheint niemand in dieser Unterweisung eine „Regel" erblickt zu haben, aber die Flexibiltät, die sie besaß, führte bald dazu, daß viele Gruppen von Klerikern und Laien am Rande des organisierten Ordenslebens sich danach richteten. Sie gab einer großen Vielzahl von Berufungen Maximen für die Lebensgestaltung.

Die Ausbreitung solch informeller Gruppen war eines der ersten Symptome der Ausdehnung der abendländischen Gesellschaft, und bereits im frühen 12. Jahrhundert konnte man zwei verschiedene Tendenzen unter den neuen Anhängern des Heiligen Augustinus erkennen. Es gab eine „strenge" Gedankenrichtung, die auf Regeln von Enthaltsamkeit, Schweigen, Handarbeit und Psalmengesang bestand, und eine „großzügige" Schule, die den Genuß von Fleisch erlaubte, die Notwendigkeit der Handarbeit leugnete und sich damit begnügte,

---

[34] Ep. 211 (Migne, PL 33, Sp. 958–968).

ihre Regel auf die Forderung zu bauen, daß alles gemeinsamer Besitz sein sollte.[35] Der hervorragende Vertreter der strengen Schule war das Kloster Prémontré mit seinen Tochterhäusern; der Hauptvertreter der großzügigen Schule war St. Ruf bei Avignon mit seiner großen Schar von Tochtergründungen. Aber das waren lediglich die wichtigsten Konstellationen an einem Firmament mit weniger leuchtenden Sternen. Während des halben Jahrhunderts zwischen 1075 und 1125 tauchten neue Gemeinschaften, die der Regel des Augustinus folgten, überall in Westeuropa auf; man kann sie nicht genau zählen, denn ihre frühesten Zeugnisse sind äußerst lückenhaft, und die Gemeinschaften zeigen alle Variationen von unterschiedlichsten Bräuchen. Die meisten dieser Gruppen waren anfangs klein und unscheinbar, und ihre Spontaneität, Verschiedenheit und Beweglichkeit stehen in einem deutlichen Gegensatz zu der Stabilität der älteren Klöster.

Der große Mangel an Information über ihre frühesten Tage ist selbst bezeichnend. Benediktinerklöster konnten ohne eine erhebliche Ausstattung kaum zu bestehen anfangen, und man kann ihre frühesten Tage meist in den wortreichen Urkunden und Gründungsakten verfolgen. Aber die frühesten Gemeinschaften der Augustiner-Chorherren entstanden ohne formale Gründungsakte. Der Zweck, für den sie lebten, und die Regel, unter der sie zu Beginn existierten, waren oft schon in der zweiten Generation völlig in Vergessenheit geraten. Für uns müssen sie außerordentlich undeutlich bleiben, aber es fehlt nicht völlig an Lichtpunkten.

Eines der besten Beispiele einer richtungsweisenden Gemeinschaft, die unter der Regel des Heiligen Augustinus lebte, kann man in Südfrankreich in der Nähe von Avignon verfolgen. Dort war die Augustinerabtei St. Ruf am Ende des 11. Jahrhunderts bereits sehr berühmt geworden. Ihre ersten Anfänge sind in Dunkel gehüllt, aber anders als viele andere der frühen Augustinerhäuser weist sie eine Gründungsurkunde auf. Dieses Dokument berichtet, daß im Jahr 1039 der Bischof von Avignon vier Klerikern eine Kirche in den Randbezirken der Stadt gab, „damit sie dort in religiöser Weise *(religiose)* leben

---

[35] Zu den verschiedenen Bearbeitungen des Briefes des Heiligen Augustinus, der die Grundlage der Regel bildete, vgl. D. de *Bruyne,* Revue Bénédictine 42, 1930, S. 316–330; C. *Dereine,* Enquête sur la règle de S. Augustine, *in* Scriptorium 2, 1948, S. 28–36; schließlich Les coutumiers de S. Quentin de Beauvais et de Springiersbach, *in* Revue d'histoire ecclésiastique 43, 1948, S. 411 ff.

können"; es führt dann in großem Detail die Zehnten, Gaben, Weinberge, Wälder und kleinen Landstücke auf, die zu dieser Kirche gehören sollten.[36] Leider ist vom Zweck dieser Gründung wenig gesagt. Handelte es sich um eine Rettungsaktion, um eine verlassene Kirche wieder instand zu setzen und wieder zum Zweck der Seelsorge nutzbar zu machen? Hatten die vier Kleriker karitative oder seelsorgerische Ziele, oder war es nur ihr Wunsch, in Beschauung und religiöser Übung zusammen zu leben? Wir wissen es nicht. Erst sechzig Jahre später stellte kein geringerer als Papst Urban II. eine allgemeine Theorie darüber auf, was geschehen war. Obwohl Urbans Worte nur die Vorrede zu einer Urkunde sind, stellen sie die Bewegung der Augustiner in den größeren Rahmen der Geschichte der Kirche.

Nach Urbans Worten hatte die Urkirche zwei Formen des religiösen Lebens gekannt, die monastische und die kanonische. Bei dem monastischen Leben verließen die Menschen alles Irdische und gaben sich der Beschauung hin. Im kanonischen Leben machten sie von irdischen Dingen Gebrauch und büßten mit Tränen und milden Gaben für die täglichen Sünden, die untrennbar mit der Welt verbunden sind. Die Mönche spielten deshalb in der Kirche die Rolle der Maria, die Kanoniker die der Martha. Die Rolle der Kanoniker war die bescheidenere, aber sie war gleichwohl ebenso unentbehrlich. Dennoch war im Laufe der Zeit das mönchische Leben erblüht, während – so Urban – das kanonische Leben fast ganz verschwunden war, bis es die Kanoniker von St. Ruf wieder zum Leben erweckten. Nach Urbans Ansicht hatten somit die Kanoniker eine vernachlässigte Tradition der Urkirche neu belebt – eine Tradition, in welcher der praktische Dienst einen hervorragenden Platz einnahm – und dadurch ein Gleichgewicht wiederhergestellt, das der überwältigende Erfolg des benediktinischen Mönchtums in den vorangegangenen Jahrhunderten überschattet hatte.[37]

Das ist eine bedeutende Darlegung, wenn man bedenkt, daß sie aus der Feder eines Papstes kommt, der selbst Benediktinermönch gewesen war. Sie rückt die Bewegung der Augustiner in ein neues Licht. Wenn Urban recht hatte, dann war der wichtigste Unterschied

---

[36] U. *Chevalier,* Codex Diplomaticus Ordinis S. Rufi Valentiae, 1891, SS. 1–3.
[37] Ebenda, S. 8–9.

zwischen den Anhängern des Augustinus und denen Benedikts das Ausmaß, in dem die neuen Kanoniker in bescheidener Weise versuchten, die Zerstörungen in der Welt zu heilen. Die Benediktiner hatten in der Tat in großem Rahmen Ordnung in ganze Landstriche gebracht, aber in erster Linie ging ihr Versuch dahin, mitten in dem Strom der Zeit eine übernatürliche Ordnung aufzurichten. Die Kanoniker hingegen sammelten die Scherben der Welt zusammen, so, wie sie nun einmal waren. Sie errichteten verfallene Kirchen neu; sie brachten wieder religiöses Leben in zerstörte oder nur halbfertige Gemeinschaften; sie boten den verschiedensten religiösen Impulsen einen Lebensstil; sie sammelten große Mengen unrecht erworbenen Kirchenzehnts und verwendeten ihn für religiöse Zwecke, für die Unterstützung von Armen, Kranken, Schwachen und für die Ausstattung eines bescheidenen religiösen Lebens. In all diesen Dingen gaben sie der Tradition organisierter Religion eine neue Wende, und die große Zahl von Päpsten, Bischöfen und Lehrern im 12. Jahrhundert, die dem Augustinerorden angehörten, bezeugt ihren Erfolg in praktischen Dingen.

Das Motiv der Gönner

Wenn freilich die ungezielten Anstrengungen zweier Generationen von Suchenden nach einer neuen Form des religiösen Lebens im 11. Jahrhundert sich allmählich in die Bahnen fanden, die Papst Urban II. beschrieb, so machte sich doch bald ein zweiter Impuls bemerkbar, der ursprünglich vielleicht weniger bedeutend gewesen sein mag. Dieser Impuls ging von den Wohltätern aus, die in den Gemeinschaften der Augustiner-Chorherren einen Gründungstyp erblickten, der im Rahmen ihrer Mittel lag und auch ein religiöses Ideal darstellte, das sie begreifen konnten. Die sozialen Wandlungen des 11. Jahrhunderts hatten viele neue Familien in sichere Stellungen in der Feudalstruktur erhoben, deren Mittel zwar bescheiden, deren Sinn nach Größe dafür aber umso hervorstechender war. Wie ihre Vorbilder wollten auch sie jenes Symbol weltlicher Stabilität, ein religiöses Haus, in dem man sie als Gründer ehren und als Patrone schätzen würde, und wo man standesgemäßig im Kreis der Familie zur ewigen Ruhe gebettet werden würde.

Einen vorzüglichen Vertreter dieses Spezies stellt in Oxford Robert d'Oilly dar, der im Jahr 1129 Sheriff der Grafschaft war. Er war ein Adeliger mit einem bescheidenen Einkommen von etwa 100 Pfund im Jahr aus seinen Besitzungen, die in der Umgebung von Oxford gelegen waren. Seine Familie war seit zwei Generationen in Oxford ansässig, und die Zeit war gekommen, die Stellung durch die Gründung eines religiösen Hauses zu konsolidieren. Robert d'Oilly konnte sich keine großen Sprünge leisten, aber indem er eines seiner kleinsten Güter im Wert von jährlich etwa 4 Pfund aufgab, dazu einen Teil seines Hausbesitzes in Oxford fügte, noch einmal im Wert von etwa einem Pfund im Jahr, einige kleine Äcker hinzufügte und – das war das wichtigste – die sechs Kirchen auf seinen Besitzungen und die Zehnten seiner Mühlen, kratzte er ein Einkommen von etwa 20 Pfund im Jahr zusammen, ausreichend für eine kleine Gemeinschaft von Augustiner-Chorherren, die er in Oseney am Rande von Oxford, nicht weit von seinem Sitz ansiedelte.[38] Den Großteil ihres Einkommens bezog diese Gemeinschaft aus den Kirchen, die nach den ständig wiederholten Mahnungen sowieso nicht mehr im Besitz von Laien zu sein hatten. Daher war die Einbuße für die Familie d'Oilly viel geringer als die gesamte Ausstattung ihrer Gründung. In einer Zeit des Wettbewerbs spielten solche Überlegungen eine Rolle.

Das Ergebnis dieser Anstrengungen war eine bescheidene religiöse Gründung. Die Ausstattung hätte kaum eine Gemeinschaft ernährt, die nach den Regeln des Heiligen Benedikt lebte, mit der aufwendigen Pracht, die Cluny zum unbestreitbaren Bestandteil der genauen Befolgung der Regel gemacht hatte. Aber die neue „Regel" des Heiligen Augustinus bot die Grundlage für ein bescheideneres und gleichwohl geachtetes Leben. Ein Einkommen von etwa drei Pfund im Jahr scheint nach Berechnungen für einen Augustiner-Chorherrn ausgereicht zu haben, während ein Benediktinermönch arm dran war, wenn er weniger als das dreifache hatte. Das war sicherlich eine gewichtige Überlegung für Wohltäter, die ihre bescheidenen Mittel so weit wie möglich strecken wollten, und daher flossen den neuen Gründungen schnell viele kleine Schenkungen aus den Kreisen des niederen Adels und des Bürgertums von Oxford zu. Im Jahr 1150 besaß die Abtei Oseney kleine Stückchen Landes und Kirchen

[38] Zur Ausstattung der Abtei Oseney vgl. Cartulary of Oseney Abbey, hg. von H. E. *Salter,* 1929, Bd. 1 (Oxford Historical Society, Bd. 89); zum Besitz der Familie d'Oilly in Oxfordshire im Jahr 1086 vgl. Domesday Book, f. 158.

an 120 Stellen in der Grafschaft Oxford und der Umgebung. Ein Jahrhundert später war diese einstmals kleine Gemeinschaft in den Außenbezirken einer blühenden Stadt in der Lage, ein florierendes Bankgewerbe zu führen, indem sie Geld aufnahm und in Grundstücken investierte. Während größere Klöster Verfallserscheinungen zeigten, profitierte diese Gemeinschaft weiterhin von der expansiven Wirtschaft. Zur Zeit der Reformation, mit einem Einkommen von 654 Pfund im Jahr und einer Gemeinschaft von einundzwanzig Kanonikern, war es zu einer Stätte großen Wohlstandes und eines bequemen Lebens geworden.[39]

Die Geschichte wiederholte sich mit kleinen Variationen in Dutzenden von Orten in ganz England. In Cambridge gab es einen Scheriff namens Picot, der in einer ganz ähnlichen Lage war wie Robert d'Oilly. Er hatte sich nach der Eroberung die Besitzungen vieler freier Bauern der alten Abtei von Ely zusammengehamstert und sich einen beachtlichen Besitz geschaffen; während einer Krankheit seiner Frau im Jahr 1092 gelobte er, eine Kirche zu Ehren des Heiligen Egidius zu errichten. Die Ausstattung bestand ganz aus Kircheneinkünften und Zehnten, und die Gemeinschaft war anfänglich sehr klein.[40] Aber auch hier zog eine Gründung ohne jeden Ehrgeiz viele kleine Gaben und Geschenke an. Im Jahr 1275 wurde das Einkommen der Gemeinschaft auf 233 Pfund (wahrscheinlich zu niedrig) taxiert, wovon dreißig Kanoniker lebten. Das Geheimnis ihres Erfolges war die Bescheidenheit ihrer Bedürfnisse, die geographische Nähe einer blühenden Stadt und die Dienste, die sie ihren Wohltätern leisteten, solchen Wohltätern, die, gemessen an früherer feudaler Größe, keineswegs reich waren. Unter einer bescheidenen Regel leisteten die Kanoniker bescheidene Dienste für Leute von bescheidenem Wohlstand und bescheidenen Bedürfnissen:

> Die Regel der Regularkanoniker ist die Regel des Heiligen Augustinus, der seine Brüder dazu veranlaßte, beisammen zu leben und die harten Forderungen seiner Regel ihren Schwächen anpaßte. Wie ein guter Lehrer verfolgte er seine Schüler nicht mit dem Eisenszepter, sondern lud diejenigen, die die Schönheit der Heiligkeit liebten, zu dem Tor der Erlösung unter seine bescheidene Regel ein.[41]

---

[39] Victoria County History, Oxfordshire, Bd. 2, SS. 90–93.

[40] Zur frühen Geschichte dieser Gründung vgl. Liber Memorandorum Ecclesie de Bernewelle, hg. von J. W. *Clark,* 1907, SS. 38–46.

[41] The Observances in Use at the Augustinian Priory at Barnwell, Cambridgeshire, hg. von J. W. *Clark,* 1897, S. 34.

Das sind die Worte eines Cambridger Kanonikers. Dort und überall sonst genossen sie ihren Lohn in einer Zeit anhaltender Expansion, die in dem halben Jahrhundert nach 1150 ihren Höhepunkt erreichte, als der Benediktinerorden sein Wachstum fast ganz eingestellt hatte. Die Zahl der Augustiner Chorherren ließ bis zum Schwarzen Tod nicht ernsthaft nach, und selbst nach diesem Unheil zeigten sie eine erstaunliche Fähigkeit, sich zu erholen. Mit einer Ausnahme, die noch zu behandeln sein wird, lebten die Anhänger des Heiligen Augustinus ohne stürmische Ereignisse, da sie selbst am Rande der großen Ereignisse der Geschichte standen. Sie sahen dem Aufstieg und Verfall ihrer Konkurrenten zu; und selbst als es den Bettelmönchen gelang, die Zuneigung der Cambridger Bürger zu gewinnen, äußerten die Kanoniker nur den verhaltenen Protest von Leuten, die sich ihrer legitimen Nebeneinnahmen beraubt sehen:

Die Bettelmönche – so sagten sie – haben sich Begräbnisse, Vermächtnisse und Almosen reicher Bürger mit Zuckerworten erschmeichelt, die vor ihrer Ankunft unserer Gemeinschaft zugute gekommen waren.[42]

Das war eine Sprache, die jedermann verstehen und niemand eigentlich übelnehmen konnte. Daher lebten sie in Frieden.

Die soziale Umgebung

Die Augustiner-Chorherren lassen aufs ganze gesehen jedes Zeichen von Größe vermissen. Sie waren weder sehr reich, noch sehr gebildet, weder sehr fromm, noch sehr einflußreich; aber als Phänomen sind sie von großer Bedeutung. Sie füllten eine sehr große Lücke in der biologischen Reihe mittelalterlicher religiöser Gemeinschaften. Wie Jakobskreuzkraut, das sich so hartnäckig im Gemäuer von Oxford festklammert, oder wie die Spatzen in den Städten Englands waren sie keine besonders schöne Spezies. Sie bedurften der Nähe der menschlichen Behausung und florierten in Kontakten, die empfindlichere Organismen abstießen. Sie erblühten gleichermaßen in der unmittelbaren Nachbarschaft von Städten oder Burgen. Für wohlhabende Stadtbewohner boten sie die Errichtung von Begräbnisstätten, Gedenkfeiern und Totenmessen, sowie angesehene Schulen und Beichtväter für die Lebenden. Den Burgherren stellten sie das Personal für die Kapelle und Schreiber für die anfallende Verwaltungs-

[42] Liber Memorandorum, S. 70.

arbeit. Überall waren sie nützlich. Sie konnten vergleichsweise bescheiden leben und doch ohne Schande wohlhabend werden. Folglich fanden sich viele, die ihr Scherflein willig beisteuerten. Als Gegenleistung befriedigten sie viele bescheidene Bedürfnisse. Dem bescheidenen Gutsbesitzer boten sie ein religiöses Haus, in dem er als Herr und Patron empfangen wurde. Den kleineren Wohltätern boten sie Begräbnisplätze und Seelenmessen. Sie unterhielten viele kleine Schulen, viele Spitäler, Heime für die Kranken und Alten, für schwangere Frauen, für Blinde und Leprakranke. In einer immer geschäftigeren und praktischeren Zeit schienen sie mehr bieten zu können als die Benediktiner. Wie Papst Paschalis II., dem Geist seines Vorgängers Urbans II. folgend, im Jahr 1116 den Kanonikern von St. Botolph in Colchester schrieb:

> Verbreitung des Wortes Gottes, Predigt, Taufe und Versöhnung von Bußfertigen sind von jeher die Aufgabe eures Ordens gewesen.[43]

Bescheidenheit und Dienstbarkeit waren Eigenschaften, die sich praktisch veranlagten Leuten in dieser Zeit schnellen Wachstums empfahlen, und die Augustiner-Chorherren versprachen beides:

> Ihre Kleidung ist weder auffallend schön noch auffallend häßlich, und auf diese Weise vermeiden sie Stolz ebenso wie affektierte Frömmigkeit. Sie brauchen keine große Auswahl in ihrer Kleidung, und sie geben sich mit einem bescheidenen Budget zufrieden.[44]

Oder wiederum:

> Der Mönch ist nur für seine eigene Seele verantwortlich; der Kanoniker verantwortet auch die Seelen anderer.[45]

Wenn wir das gesamte Spektrum der Gemeinschaften betrachten, die unter der Regel des Heiligen Augustinus lebten, dann muß diese Regel als die fruchtbarste aller Ordensregeln in Mittelalter betrachtet werden. Die Zahl der Gemeinschaften, die im 13. Jahrhundert dieser Regel zugerechnet wurden, ist nicht genau auszumachen, beläuft sich aber sicher auf viele tausend. Wir wollen nur einen Zweig der

---

[43] W. *Dugdale,* Monasticon Anglicanum, 1830, Bd. vi, S. 106 f.

[44] Diese Worte, die eine weit verbreitete Meinung vertreten, entstammen einem Bericht über die Gründung von Lanthony aus W. *Dugdale,* wie oben Anm. 43, Bd. vi, S. 128–34. Vgl. auch Giraldus Cambrensis, Opera Omnia, Rolls Series (1861–91), Bd. iv. S. 24, 244; Bd. vi, S. 39.

[45] R. *Foreville* et J. *Leclercq,* Un débat sur le sacerdoce des moines au XIIe siècle, *in* Studia Anselmiana 41, 1957, S. 117 f.

Gemeinschaft erwähnen, die Trinitarier, die am unbekanntesten und auch am wenigsten klar zu fassen sind. Um 1240 wurde berichtet, daß es etwa 600 Häuser dieses Zweiges der Augustiner-Chorherren in Frankreich, der Lombardei und Spanien gab.[46] Es waren winzige Gemeinschaften, bestehend aus jeweils drei Klerikern, drei Laien und einem Oberen. Ihr Ziel war es, den Armen zu helfen und Gefangene der Mohammedaner frei zu bekommen. Die meisten dieser Gemeinschaften verschwanden, als die Kreuzzugsbewegung schließlich im Sande verlief, aber ihre Existenz beleuchtet ein weiteres Verdienst der geschmeidigen Augustiner-Regel, auf das allzu selten verwiesen wird: kleine Gemeinschaften konnten sich auflösen, sobald sich die Begeisterung abkühlte; sie hinterließen der Kirche keine Probleme gewaltiger territorialer Anwesen, die die leblose Hülle vergangener aktiver Frömmigkeit umspannte.

Die Ziele, auf die die Regel ausgerichtet war, und für die sie das Lob Urbans II. und Paschals II. erntete, zeigten sich klarer in den Nebenzweigen als in dem Hauptstamm des Augustinerordens. Der Hauptstamm bestand aus ruhigen Gemeinschaften, die über ganz Europa verstreut waren und ein sehr weit gestreutes, aber fahles Licht auf die jeweilige religiöse Szene warfen. Es blieb den Zweigen überlassen, sich um die Unsicherheiten der Welt zu kümmern, die Urban II. als die große Aufgabe der Regularkanoniker unterstrichen hatte, und Predigt und Versöhnung zu betreiben, wie es Paschal II. den Kanonikern von Colchester nahegelegt hatte. Unter diesen Zweigen brach die Organisation des Heiligen Dominikus schließlich mit den Beschränkungen der Vergangenheit und erreichte den universalen Charakter und die Bedeutung, die ständig der großen Mehrheit derer fehlte, die die Regel des Heiligen Augustin befolgten. Doch bevor wir uns den Dominikanern zuwenden, müssen wir etwas über die andere große Organisation sagen, die das Monopol des traditionellen Benediktinermonopols im frühen 12. Jahrhundert zerstörte – Cîteaux.

Die Zisterzienser

Der Zisterzienserorden entstand nur wenige Jahren nach dem der Augustiner Chorherren, und beide Orden standen zur gleichen

---

[46] Chon. Alberici Monachi Trium Fontium, MGH SS XXIII, S. 875.

Zeit auf dem Höhepunkt ihrer Beliebtheit. Gleichwohl befriedigten sie ganz verschiedene Bedürfnisse. Es ist eines der Symptome des vielfältigen Wachstums der europäischen Gesellschaft, daß es im 12. Jahrhundert für zwei so verschiedene und fruchtbare Schöpfungen zur gleichen Zeit Platz gab.

Die Grundvorstellungen dieser beiden Orden waren völlig verschieden; die wirtschaftlichen Quellen, aus denen sie schöpften, hätten kaum unterschiedlicher sein können; zu ihrer Zeit hatten sie gegensätzliche Einstellungen. Die Augustiner Chorherren zielten in verschiedener Weise darauf, der sie umgebenden Gesellschaft zu dienen; die Zisterzienser entflohen ihr. Die Chorherren wurden mit ihrer Umwelt identifiziert; die Zisterzienser prägten ihre Umwelt. Während die Chorherren durch die Bescheidenheit ihrer Ansprüche und die Milde ihrer Regel ihre Erfolge verbuchten, brachten die Zisterzienser einen kämpferischen und aggressiven Zug in ihre Kontakte mit ihrer Außenwelt und waren besonders stolz auf die Strenge und Einzigartigkeit ihrer inneren Disziplin. Die Chorherren entfalteten sich am besten in der Umgebung einer Burg oder einer Stadt, im Idealfall von beiden; die Zisterzienser entfalteten sich am besten an den Grenzen des besiedelten Landes. Die Chorherrren mieden komplexe Gebäude und jeglichen Zierrat, weil sie sich im allgemeinen Prachtentfaltung nicht leisten konnten; die Zisterzienser mieden diese Dinge gleichfalls, aber ganz bewußt, und sie machten Einfachheit zu einem ihrer Lebensprinzipien. Die Zisterzienser betrachteten sich als die einzigen wahren Befolger der Benediktinerregel, und im Namen der Regel lehnten sie sich gegen die Tradition und die Gebräuche des Benediktinerordens auf; die Augustiner Chorherren fanden eine Alternative zu der Regel des Heiligen Benedikt, aber sie suchten nicht die Auseinandersetzung mit benediktinischen Bräuchen und gaben sich damit zufrieden, ihnen in einigem Abstand zu folgen.

Gleichwohl teilten die beiden Orden einen Wesenszug, der für die Zeit bezeichnend war: sie suchten die Rechtfertigung für ihr Verhalten in grauer Vorzeit. Tatsächlich gingen die Chorherren darin weiter als die Zisterzienser. Der Heilige Augustinus gab ihrer Lebensweise eine Autorität und Ehrwürdigkeit, die jene des Heiligen Benedikt noch übertraf, und sie beanspruchten für die Grundsätze ihrer Disziplin eine sogar noch größere Autorität und ein noch höheres Alter als das des Augustinus. Ihr Lebensstil, so behaupteten sie, war durch die frühesten Tage der christlichen Gemeinschaft geprägt worden; er wurde im vierten Kapitel der Apostelgeschichte beschrieben und war im zweiten Jahrhundert von Papst Urban I. gebilligt worden. Genau genommen konnten die Zisterzienser mit so etwas nicht konkurrieren. Ihr Ziel war es lediglich, die Regel des Heiligen Benedikt in ihrer ursprünglichen Reinheit wiederherzustellen. Doch sie behaupteten, diese Regel sei nichts anderes als das reine Evangelium Christi:

> Was der Heilige Benedikt verfügte, war in seiner Gesamtheit durch die Vorsehung des Heiligen Geistes dargelegt worden, sodaß man sich nichts vorstellen kann, das nützlicher, heiliger oder gesegneter ist. Tatsächlich ist die Regel des Heiligen Benedikt eine Auslegung des gesamten Evangeliums, nicht in Form von Allegorie, sondern in Form von einfacher Erfahrung und sichtbaren Werken.[47]

Auf diesem gemeinsamen Grund trafen sich die beiden Orden als rivalisierende Verfechter biblischer Wahrheit, die Zisterzienser mit ihrem Anspruch, „das gesamte Evangelium" als ihren Weg zu betrachten, und die Chorherren die frühe Apostelkirche. Der Unterschied zwischen diesen beiden urkirchlichen Idealen mag nicht sehr groß erscheinen, ist aber tatsächlich von sehr grundsätzlicher Natur und wurde zu einem bedeutenden Unterscheidungsmerkmal für das religiöse Leben im spätmittelalterlichen Denken. Das „ganze Evangelium" bedeutete, Christus in Armut und völliger Einfachheit des Lebens nachzufolgen: *pauperes pauperem Christum sequentes.* Das war noch nicht eine völlige „Imitatio Christi", wie sie später entwickelt wurde, aber es war ein Schritt in diese Richtung. Die Betonung des apostolischen Lebens war etwas anderes. Sie bedeutete Tätigkeit in der Welt und Annahme all dessen, was für diese Tätigkeit in Predigt, Unterricht, Bekehrung, Heilung und Dienst nötig war. Natürlich waren diese beiden Strömungen nie völlig voneinander getrennt; jeder neue Orden und jeder Plan für ein christliches Leben enthielt Elemente von ihnen beiden. Doch jeder neue Plan tendierte entweder nach der einen oder nach der anderen Seite, entweder nach evangelischer Nachfolge oder apostolischer Nützlichkeit. Die Zisterzienser betonten die Nachfolge Christi durch die Regel des Heiligen Benedikt, und in dieser Ausrichtung wurden die

---

[47] Memorials of Fountains Abbey, hg. von J. R. *Walbran* (Surtees Society Bd. 42) 1863, Bd. 1, S. 15.

Franziskaner ihre geistigen Erben. Die Augustiner Chorherren betonten das apostolische Leben, und ihre Erben wurden die Dominikaner. Diese Entwicklungen werden im nächsten Abschnitt besprochen werden; vorläufig gilt es, sich auf einige anstehende Probleme zu konzentrieren.

Das erste Problem ist dieses: das Ideal der Zisterzienser erfordert völlige Selbstverleugnung, Armut, Einfachheit, Zurückgezogenheit, Reinheit und Verfeinerung des geistigen Lebens. Aber die historische Rolle des Ordens und sein Ruf unter den unvoreingenommenen zeitgenössischen Betrachtern vermitteln eher einen Eindruck von Aggression, Arroganz, soldatischer (oder wenigstens militanter) Disziplin, hervorragendem Organisationstalent und Raffsucht. Wie ist das zu erklären?

Zweifellos liegt ein Teil der Erklärung in der mangelnden Objektivität des Betrachters und der menschlichen Schwäche der Zisterzienser selbst. Jede Gruppe, die sich in Kleidung und Bräuchen von anderen absetzt, ihre einzigartige Rechtschaffenheit betont und sich die Freiheit nimmt, andere zu kritisieren, muß darauf gefaßt sein, der Arroganz beschuldigt zu werden und der Teilhaftigkeit eben an den Fehlern, die sie bei anderen anprangert; oft wird diese Anklage berechtigt sein. Aber im Fall der Zisterzienser reicht eine derartige Erklärung nicht aus. In der Ausbreitung der Zisterzienser gibt es eine treibende Kraft, die anscheinend weder aus dem Ideal entspringt noch aus der Korruption dieses Ideals durch menschliche Schwäche. Die ersten zisterziensischen Rebellen gegen die Selbstgefälligkeit der Benediktiner betrachteten sich als kleine Elite, die schwerlich einen großen Eindruck auf die Welt machen würden. Doch kaum hatten sie ihre Worte gesprochen, überkam sie ein überwältigender Erfolg, der auf den ersten Blick alle Gesetze der Wahrscheinlichkeit Lügen straft. Anders als bei der Ausbreitung der Augustiner Chorherren, die man nur in ganz allgemeinen Zügen verfolgen kann, ist es möglich, die Ausbreitung der Zisterzienser in sehr vielen Einzelheiten genau zu beschreiben, wie wir im folgenden sehen werden.

Kein unbefangener Betrachter der ersten zwanzig Jahre der Geschichte der Zisterzienser, während derer die Zahl der Gründungen von einer auf sieben anstieg, hätte ein Wachstum voraussagen können, das in wenig mehr als fünfzig Jahren die Gesamtzahl auf über dreihundert ansteigen ließ. Alles schien gegen eine große Ausdehnung zu sein. Vor allem brauchte eine Zisterziensergründung viel

Land, und Land wurde immer kostbarer. Zweitens waren die offensichtlichen Einnahmequellen für die neuen Ordenshäuser, Zehnten, Pacht, Dienstleistungen und Einnahmen aus Kirche und Altären, die Einkünfte, denen die Augustiner Chorherren ihren Aufstieg verdankten; aber die Zisterzienser lehnten derartige Einkünfte voll

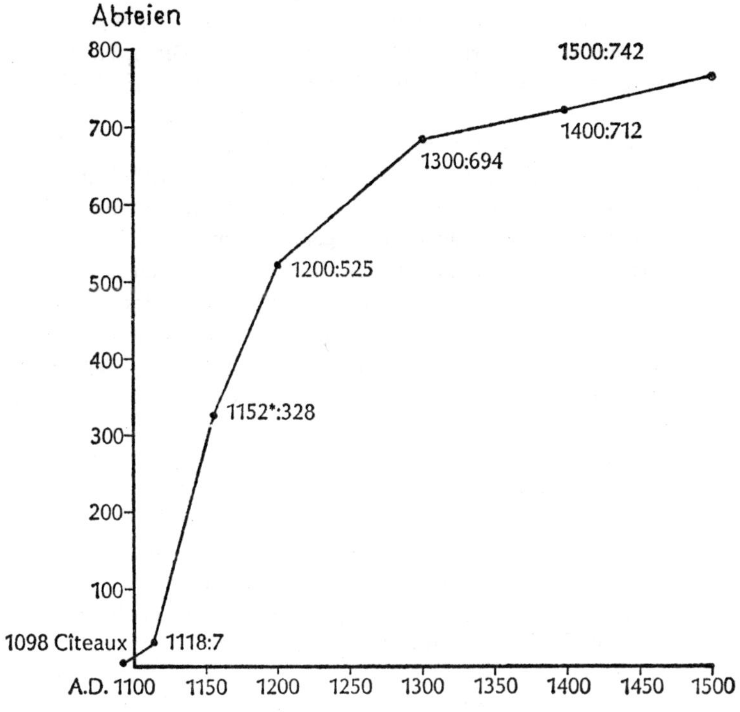

Zahl der Abteien für Zisterziensermönche (1098–1500)

---

* In diesem Jahr verbot das Generalkapitel der Zisterzienser jede Gründung neuer Abteien, aber nach kurzer Pause nur setzte sich das Wachstum erneut fort mit je einer Gründung in den Jahren 1155 und 1156, fünf im Jahr 1158, einer im Jahre 1159, vierzehn im Jahr 1162, und so weiter mit einem Jahresdurchschnitt von etwa 4,5 bis zum Ende des Jahrhunderts. Zweifellos wäre das Wachstum ohne dieses Verbot sehr viel größer gewesen, denn ein großer Teil der potentiellen Unterstützung für die Zisterzienser ging auf die Prämonstratenser über, die, obgleich sie zum Orden der Augustiner Chorherren zählten, viele Wesenszüge der Zisterzienser angenommen hatten.

Verachtung ab. Sie gaben sich nur mit unverfälschtem landwirtschaftlichem Besitz zufrieden, und auch nur dann, wenn er völlig in ihren Besitz überging. Daneben wehrten sie sich gegen jeden Anreiz für Ausstattungen, der die Chorherren so attraktiv gemacht hatte, nämlich Beichten, Messen und Begräbnisse. Ihre Statuten setzten fest, daß die Zisterzienserklöster weit von Siedlungen, Städten und Burgen entfernt errichtet werden sollten, von jenen Stätten des Wachstums somit, in denen die Chorherren ihren Platz fanden. Die Strenge ihrer inneren Disziplin, das Fehlen eines Bildungsideals, die Einfachheit des Ritus, das Fehlen von Reliquien, all das sollte Besucher und (so wird man vermuten dürfen) Gaben von Gönnern fernhalten. Die Zisterzienser schienen sich sowohl den überkommenen Gewohnheiten der abendländischen Christenheit als auch ihren jüngsten intellektuellen und praktischen Entwicklungen entgegenzustellen.

Dennoch, ohne es zu ahnen, trafen die frühen Statuten der Zisterzienser eine Stelle, die die besten Aussichten auf wirtschaftlichen Erfolg bot. Zu jener Zeit wäre es völlig ausgeschlossen gewesen, daß ein neuer Orden mit den älteren Klöstern oder den Augustiner Chorherren bei der Ausstattung durch Kirchen, Zehnten, Pacht und Dienstleistungen hätte konkurrieren können. Diese Quellen für Ausstattungen und Einnahmen waren noch nicht erschöpft, aber es war nicht mehr viel übrig. Indem die Zisterzienser diese Einkünfte verschmähten, glaubten sie, der Welt zu entsagen; in Wahrheit entsagten sie nur einem Schatten der Welt. Ihre Prinzipien zwangen sie dazu, an den Rand des besiedelten Europa zu gehen; aber die weitsichtigste wirtschaftliche Klugheit hätte sie eben in diese Richtung gewiesen. In einer expansiven Gesellschaft lag die Zukunft dort.

Daher stellten die Zisterzienser, entgegen allen Erwartungen, wirtschaftlich eine Bewegung in die richtige Richtung dar. Das allein hätte freilich zum Erfolg noch nicht ausgereicht, wenn es nicht noch andere Faktoren gegeben hätte. Diese Faktoren waren von sehr unterschiedlicher Art, aber wir wollen sie einteilen in Folgen der Organisation und religiösen Haltung des Ordens einerseits, die Bedürfnisse und Mittel der Wohltäter andererseits.

Die Organisation

Die Organisation der Zisterzienser gehört zu den Meisterstücken mittelalterlicher Planung. In einer Welt, die von einer komplizierten

Verzweigung und Verästelung von Autoritäten regiert wurde, die oft miteinander in Widerstreit lagen, bot der Organisationsplan der Zisterzienser eine einzige straffe Kette von Autorität von oben nach unten. Es gab eine einzige oberste gesetzgebende Körperschaft in dem dreijährlichen Generalkapitel aller Zisterzienseräbte; ein einfaches System von Filiation und Visitation, das jedes Haus des Ordens umfaßte; Uniformität praktischen Handelns, weitreichende Freiheit von lokalen Autoritäten sowohl geistlicher wie auch weltlicher Art. Die Zisterzienser erreichten auf einen Schlag eine Organisation, wie sie jeder Herrschende gern hätte: ein in sich geschlossenes System, völlig selbständig, ausgerüstet mit einer durchgebildeten Organisation für die Überwachung im Inneren, geschützt vor Einflußnahme von außen, unbehelligt von jenen Quellen von Streiterei über Dienste und Rechte, die die Gerichtshöfe Europas überlasteten. Das System der Zisterzienser war die erste wirksame internationale Organisation, wirksamer sogar als die päpstliche Organisation, denn die Zisterzienser hatten enger gesteckte Ziele und eine kleinere Operationsbasis.

In der Wirtschaft eines jeden Klosters gab es dieselbe einfache Kette von Autorität, die wir schon in dem Orden als ganzem gesehen haben. Indem sie auf Prunk und Dienstleistungen verzichteten, sich auf geschlossenen Besitz konzentrierten, der von Laien unter klösterlicher Disziplin bearbeitet wurde, durchschnitten die Zisterzienser alle Komplexitäten von Recht und Besitz, die die Organisatoren von großen Gütern belasteten. Mochte der Orden an der Spitze stark sein, noch stärker war er an der Basis.

Neben der einfachen Stärke der Organisation enthielten die frühesten Statuten des Ordens zwei weitere wichtige Elemente, die zum Erfolg in der Welt nötig waren. Das erste war eine gewisse soldatische Präzision und Aggressivität in praktischen Einzelheiten. Die Männer, die für ein neues Ideal eines gemeinschaftlichen religiösen Lebens kämpften, waren sich nicht zu gut, jede Einzelheit des täglichen Lebens auszuarbeiten, bis hin zu den Fragen der Schweinezucht:

> Schweineställe dürfen fünf bis zehn km von einer Grangie entfernt sein; doch auch wenn die Schweine bei Tag herumwandern, müssen sie bei Nacht in ihre Ställe zurückkehren. Schweinehirten und Schäfer müssen ihre tägliche Mahlzeit von ihrer Abtei oder ihrer Grangie erhalten.[48]

[48] Statuta Ordinis Cisterciensis, hg. von J. M. *Canivez,* 1933, Bd. 1, S. 12–32: statutorum annorum praecedentium prima collectio, 1134, Kap. 59.

Die Kontrolle der Grangien war ebenso genau festgelegt wie die Gottesdienstordnung:

Kein Abt soll Grangien unter die Aufsicht einer anderen Person als die des Kellermeisters stellen, der die Autorität des Abtes hat.[49]

Dieselbe kontrollierende Hand entschied, wie Mönche und Äbte, selbst die größten unter ihnen, sich auch in den kleinsten Einzelheiten zu verhalten hatten:

Jeder Mönch oder Konverse, der während eines Generalkapitels im Kloster oder in den Grangien von Cîteaux angetroffen wird, soll vor das Kapitel gebracht werden und vor den versammelten Äbten gezüchtigt werden; und niemand, auch nicht der Abt von Cîteaux, soll ihn in irgendeiner Weise zu entschuldigen versuchen.[50]

Solche Sätze sind gewiß in einem Orden sehr bemerkenswert, der den Anspruch stellte, lediglich die Regel des Heiligen Benedikt in aller Reinheit zu befolgen, und der weiterhin beanspruchte, diese Regel selbst sei nichts weiter als das reine in die Tat umgesetzte Evangelium. Die Sätze, die ich zitiert habe, waren keine späteren Zusätze zu der Gesetzestafel der Zisterzienser: sie gehören sämtlich der ersten Generation der Zisterzienser an und spiegeln sehr deutlich einen Aspekt des zeitgenössischen weltlichen Lebens wider, nämlich seine soldatische Strenge. Die ersten Zisterzienser sprachen gleichermaßen selbstbewußt mit zwei Zungen. Das erste war die Stimme des kriegsführenden Adels, aus dem sie stammten, und sie klingt in der Gesetzgebung am deutlichsten an. Das zweite war die Stimme, die sie im Kloster sprachen, eine Stimme gegenseitiger Freundschaft, Selbstbetrachtung und geistiger Reinheit.

Hier haben wir das typisch puritanische Paradoxon der Zisterzienser. Sie erlangten ihre Bedeutung inmitten der brutalsten Expansionsphase in der Geschichte des Mittelalters und waren selbst die wortgewandtesten Propheten dieser Ausdehnung. „Die Auslegung des gesamten Evangeliums in sichtbaren Werken“ kann nie stärker vom Geist ihrer Zeit gefärbt gewesen sein. Nicht zufällig übernahmen die wichtigsten Kreuzritterorden die Regel der Zisterzienser, denn sie waren in ihren Zielen und Methoden eng verwandt. Die Zisterzienser waren ihrem Wesen nach eine Organisation im und für

---

[49] Ebenda, Kap. 68.
[50] Ebenda, Kap. 76.

das Grenzgebiet, damit beschäftigt, Kolonisationsarbeit zu leisten, die teils religiöser, teils militärischer und teils agrarischer Art war. Niemand, und am wenigsten die Zisterzienser selbst, vermochte zu sagen, wo die eine Art von Kolonisation aufhörte und die andere anfing. Auch brauchte man es kaum zu wissen, denn alle Arten trugen zur Ausbreitung des Christentums bei. Es war die letzte Generation von Männern im Mittelalter, die glaubten, es sei für jeden Menschen das beste, Mönch zu sein oder wenigstens in irgendeiner Form zu einer klösterlichen Organisation zu gehören, sei es auch nur als Laienbrüder, die an Arbeit und Lohn der Mönche teilhatten.

Das führt uns zu einer weiteren Quelle der Stärke des Zisterzienserordens in seiner Organisation, zu den Laienbrüdern, den *conversi*. Auch frühere Klöster schon hatten Laienhelfer bemüht, die die Mönche von den Nebensächlichkeiten des täglichen Lebens entlasteten, aber erst die Zisterzienser machten zum erstenmal diese Laienhelfer zur Grundlage ihrer Wirtschaft und gaben ihnen eine strenge Lebensregel.

Die *conversi* waren Mönche zweiter Klasse, und zwar deshalb, weil sie ungebildet waren und daher am Leben der Gemeinschaft keinen vollen Anteil nehmen konnten. Es wurde auch von ihnen verlangt, ungebildet zu bleiben, und es war ihnen untersagt, jemals nach vollem Mönchsstatus zu streben. Doch waren sie Mönche in dem Sinn, daß sie eine vereinfachte Mönchsregel befolgten: sie standen mit dem Glockenschlag auf, um dem späteren Teil des klösterlichen Nachtgottesdienstes beizuwohnen; in Nahrung und Kleidung ähnelten sie den Mönchen; es wurde von ihnen erwartet, wie die Mönche das Schweigegebot zu befolgen und zur Zeit des Gottesdienstes zu beten, auch wenn sie nicht in der Kirche sein konnten; sie hatten ihren eigenen Kapitelsaal, in dem sie sich sonntags versammelten, und es war vorgeschrieben, daß sie siebenmal im Jahr zur Kommunion gingen. Wie die Mönche hatten auch sie ein einjähriges Noviziat und leisteten am Ende dieser Probezeit ein bindendes Gelübde für lebenslangen Gehorsam. Diese Leistung ihres Gelübdes, während der der *conversus* seine Hände zwischen die des Abtes legte und gelobte, ihm zu gehorchen, war eine eigenartige Mischung von feudaler und kirchlicher Zeremonie; sie betonte die bindenden Verpflichtungen, die der Kandidat einging, aber gab ihm nicht die Rechte eines

Mitgliedes dieser Gemeinschaft. Es war eine Art klösterlicher Vasallität.[51]

Diese keuschen klösterlichen Vasallen waren für das Leben des Klosters nicht einfach ein Vorteil; sie waren ein wesentlicher Bestandteil der gesamten wirtschaftlichen Organisation des Ordens. Ihr Vorhandensein ermöglichte es den Zisterziensern, weite Gebiete unterentwickelten Landes zu erschließen, bequeme Pachteinnahmen und Dienstleistungen zurückzuweisen und der Welt den Rücken zu kehren, ohne ihr Ideal eines hoch entwickelten Ordenslebens aufgeben zu müssen. Ihre Zahlen waren von Haus zu Haus verschieden, lagen aber normalerweise über den Zahlen der Mönche, manchmal in einem Verhältnis von drei oder vier zu eins. Ihnen oblag die gesamte Bewirtschaftung der klösterlichen Güter. Solange für die Laienbruderschaft Nachwuchs zur Verfügung stand und das System mit vollen Kräften arbeitete, brachte es den Zisterziensern große wirtschaftliche Vorteile: eine disziplinierte Arbeitsgruppe, die keine Löhne forderte, keine Familien zu unterstützen hatte und ihre Arbeitskraft nicht zurückhalten konnte, das war ein Idealrezept für landwirtschaftliche Erfolge, besonders wenn sie in klar umrissenen Einheiten organisiert waren.

Man könnte fragen, warum so große Zahlen von Arbeitern willens gewesen waren, unter so ungünstigen Bedingungen zu arbeiten, und um diese Frage zu beantworten, verfolgt man am besten die Chronologie der Unzufriedenheit unter den Konversen. Wenn man nach den Berichten von Aufständen geht, scheint es, daß die Arbeitsbedingungen vor etwa 1190 keine wesentliche große Unzufriedenheit ausgelöst hätten; danach aber gab es durchschnittlich eine Revolte alle zwei Jahre bis zum Ende des 13. Jahrhunderts.[52] Danach verschwand

---

[51] Die beste ältere Abhandlung über die *conversi* stammt von E. *Hoffmann*, Das Konverseninstitut des Cisterzienserordens (Freiburger Historische Studien, Bd. 1), 1905. Zur neueren Literatur vgl. Jean *Leclercq*, Comment vivaient les frères convers?, und Jaques *Dubois*, L'institution des convers au XIIe siècle. Forme de la vie monastique propre aux laics, beide Arbeiten in I Laici nella ‚societas Christiana' dei secoli XI e XII (Miscellanea del Centro di Studi Medioevali, 5, Milano 1968), S. 152–176 und 183–261. Die Aufnahmezeremonie wird beschrieben in dem ‚Usus conversorum', Kap. 13 (Les Monuments primitifs de la Règle Cistercienne, hg. von P. *Guinard*, 1878, S. 285).

[52] Vgl. J. S. *Donelly*, The Decline of the Cistercian Brotherhood, 1949, SS. 72–80.

die Einrichtung. Die große Zeit der Expansion der Zisterzienser fiel deshalb mit der Zeit zusammen, in der das System der Konversen in voller Blüte stand und am wenigsten Unzufriedenheit verursachte. Es war die Zeit der großen Züge von Kolonisatoren in die unterentwickelten Landstriche Westeuropas und an seine Grenzen, als es einen ausreichenden Überschuß an Arbeitskräften gab, sodaß ein sehr strenges Regime von einer großen Zahl von Menschen akzeptiert wurde. Die Zisterzienser waren der Orden, der aus dieser Situation die größten Vorteile zog. Sie verfügten über das Geheimnis, diesen Überschuß an Arbeitskräften zu nutzen und zu organisieren; außerdem boten sie, praktisch zum erstenmal in der Geschichte der abendländischen Christenheit im Mittelalter, ungebildeten Männern eine volle Garantie der Erlösung.

Religion und Kapitalismus

Wenn wir die Gründe für den Erfolg der Zisterzienser bestimmen, müssen wir auch mit den Nebenerscheinungen ihrer religiösen Einstellung rechen, wie sie nämlich ihren Erfolg in der Welt betrieben. Ihre frühesten Statuten verboten alle Arten von Verzierungen bei Gebäuden, in Liturgie, Chorgesang, Handschriften, Nahrung und Kleidung. Diese Gesetzgebung war natürlich von rein religiösen Gesichtspunkten bestimmt gewesen, aber in einer Zeit der wirtschaftlichen Expansion hatte das eine unerwartete Folge. Die alten Benediktinerhäuser hatten Ausgabe von Geld bis an den Rand ihres verfügbaren Einkommens ermutigt. Es gereichte einem Abt oder einem Prior zum Ruhm, in seiner Amtszeit dem klösterlichen Bild irgend etwas Kostbares hinzuzufügen, einen neuen Turm, eine vergrößerte Kanzel, eine verbesserte Wasserversorgung oder wenigstens ein paar Wandteppiche, Gemälde, Gewänder oder Kruzifixe. Immer gab es irgendwelche Arbeit zu tun, für die bis dahin das Geld gefehlt hatte, und man konnte sich keine größere Ehre vorstellen, als zu vollenden, was andere unfertig hinterlassen mußten. Dies ist die Haltung eines großen Herrn in einer stagnierenden Gesellschaft: es ist seine erste Pflicht der Welt gegenüber, sein Geld auszugeben, und es gereicht ihm zum höchsten Ruhm, Geld mit vollen Händen ausgeben zu können. Solcherart war in der erhabenen Sphäre des Dienstes an Gott die Pflicht der Benediktinerklöster gewesen.

Mit den Zisterziensern war es damit vorbei. Da es ihnen untersagt war, für die Ausschmückung ihrer Kirchen und ihres gemeinsamen Lebens Geld auszugeben, sahen sie sich oft, wenigstens im 12. Jahrhundert, dem Problem eines Überschusses ausgesetzt, den man nicht ausgeben konnte. Fast unumgänglich war es daher, den Überschuß, den sie nicht für ihre irdischen Bedürfnisse und Verbesserungen ausgeben durften, in einer Verbesserung und Vergrößerung ihrer Güter anzulegen. Das geschah nicht im Rahmen eines zielstrebigen Planes, sondern unter dem Druck der Umstände. Sie hatten in keiner Weise die Absicht, bei der Verbesserung der landwirtschaftlichen Methoden die Führung zu übernehmen. Im Jahr 1182 verbot das Generalkapitel jeder Abtei mit Schulden von über 50 Mark, Land zu kaufen oder die Gebäude zu erweitern, es sei denn, es gäbe dringende Gründe dafür.[53] Dieses etwas halbherzige und nicht ganz eindeutige Verbot wurde von Zeit zu Zeit wiederholt, aber eine Institution kann nicht lange auf Wachstumsmöglichkeiten verzichten. Der Instinkt führte zu Verbesserungen, und sie blieben bestehen und wurden ausgebaut, weil sie zum allgemeinen Lebensstil geworden waren.

Das war vielleicht der größte einzelne Faktor, der dazu beitrug, den Zisterziensern den Ruf von Habgier und Gewinnstreben zu geben, der am Ende des 12. Jahrhunderts weit verbreitet war. Sie verstießen gegen das ungeschriebene Gesetz der Adelsgesellschaft, nämlich, daß der, dem viel gegeben ist, auch viel verteilen muß, ohne auf Gegenleistungen zu schielen, außer auf einen größeren und glanzvolleren Namen. Diese Puritaner des klösterlichen Lebens verfielen der Strafe des Puritanismus: sie wurden reich, weil sie dem Glanz des Reichtums entsagten, und mächtig, weil sie klug inverstierten. Es wurde ihnen zum Vorwurf gemacht, reich und mächtig zu sein, von solchen Leuten, die selbst nach Ruhm strebten und unklug oder überhaupt nicht investierten. Solche Leute mißtrauten natürlich der religiösen Motivation von Mönchen, die auf Kosten anderer Leute reich wurden.

Die Gönner

Alle diese inneren Wachstumskeime wären nicht aufgegangen, wenn sie nicht auf einen entsprechenden Boden gefallen wären, auf

[53] Stat. Cist., Bd. 1, S. 90–91 (1182, Kap. 9): Bei der Abfassung dieses Verbots bleibt einiges unklar, und diese Unklarheit wird noch verstärkt, als diese Regel im Jahr 1188 erweitert wird (ebenda, Bd. 1, S. 109).

dem sie gut gedeihen konnten. Der Zisterzienserorden wäre nie zu seiner Bedeutung in der mittelalterlichen Gesellschaft herangewachsen, wenn er von den Bemühungen kleiner Gruppen von Dissidenten abhängig geblieben wäre, wie es jene gewesen waren, die in den ersten Tagen aus Molesme fortgezogen waren, um die Abtei Cîteaux zu gründen, oder die aus St. Mary in York sich zur Gründung von Fountains aufmachten. Das waren die Pioniere, aber zum großen Erfolg waren die mächtigen Gönner mit dem richtigen Besitz unerläßlich. Die alten Benediktinerhäuser waren bereits auf dem kultivierten Land etabliert, und die Augustiner Chorherren füllten bereits die Lücken aus, die die älteren Gründungen hinterlassen hatten. Die Zisterzienser brauchten viel Land, aber sie brauchten es nicht dort, wo sich bereits andere Leute niedergelassen hatten. Sie suchten es am Rande der Wildnis und fanden es überall dort, wo die Grenzen der Kultivierung weiter vorgeschoben wurden.

An all diesen Grenzen gab es Landbesitzer, die über viel ungenutztes oder kaum genutztes Land verfügten. Diesen Männern boten sich die Zisterzienser als eine Organisation an, die fähig war, ihren Patronen ungeheure Vorteile zu verschaffen. Sie boten großen und weiträumigen Gemeinschaften religiöse Unterstützung; sie waren vorzüglich geeignet zum Erschließen großer Landstriche, von denen man nicht genau wußte, wem sie gehörten; und in den wilderen Gegenden Europas konnte ihr System der landwirtschaftlichen *conversi* leicht ausgeweitet werden und ein militärisches Element mit einschließen.

Tatsächlich war die zisterziensische Expansion in den Grenzgebieten der Christenheit am bemerkenswertesten.[54] In Kastilien gründete Alfons VII. zwischen 1132 und 1148 dreizehn große Zisterzienserabteien, und sein Nachfolger Alfons VIII. fügte denen zwischen 1158

---

[54] Gute Berichte über die Ausdehnung der Zisterzienser findet man im Dictionnaire d'histoire et de géographie ecclésiastique (sub voce ‚Cisterciens' und unter den einzelnen Gründungen). Einige der statistischen Angaben in diesen Aufsätzen müssen korrigiert werden: vgl. F. *Vongrey* und F. *Hervay in* Analecta Cisterciensia Bd. 22, 1966, S. 279–290; Bd. 23, 1967, S. 115–152. Vgl. auch M. Willibrord *Tijburg,* Les Relations de S. Bernard avec l'Espagne, Collectanea Ord. Cist. Reform., 13, 1951, S. 273–283; 15, 1953, S. 174–189. Ein Schaubild über die Filiation, das die Stärke der Organisation der Zisterzienser eindrücklich zeigt, gibt L. *Janauschek,* Origines Cistercienses, 1877.

und 1214 sechs weitere hinzu. In Portugal gab es dreizehn Gründungen, einschließlich Alcobaça, des größten Klosters des Ordens, alles entweder königliche Gründungen oder von Königen ausgestattet. Dieselbe Geschichte wiederholt sich in Aragon, Ungarn, Polen, Schweden, Österreich, Wales und an der Grenze nach Schottland. In Böhmen gründete König Ottokar II. das Zisterzienserkloster Goldenkron zu Ehren der Dornenkrone, die Ludwig IX. jüngst nach Frankreich gebrachte hatte. Es lag in einer wilden öden Gegend an der politisch empfindlichen Grenze zwischen Böhmen und Österreich, und die Gründungsurkunde von 1264 beschreibt den klösterlichen Besitz mit der Ausführlichkeit einer merowingischen oder angelsächsischen königlichen Gründung. Flüsse und Bergzüge bilden die Grenzmarkierungen, und der ganze Besitz umfaßt eine kompakte Landmasse von fünfzig Kilometern Durchmesser; es soll „in der vollen Freiheit und Herrschaft, die wir und unsere Vorfahren genossen haben, ohne jede Minderung" besessen werden.[55] Es war eine Geste großer Frömmigkeit und vielleicht auch Berechnung, denn sie garantierte, daß das Land mit Leuten besiedelt würde, die seine Schätze zuverlässig ausbeuteten. Die Entwicklung folgte prompt. Die Karte des Gebietes, die auf Grund der mittelalterlichen Urkunden des Klosters erstellt wird, zeigt siebzig Dörfer in einem Land, wo es nur wenige Dörfer gegeben haben kann, als das Kloster begonnen wurde.

Alle diese Zisterziensergründungen waren Grenzklöster im wahrsten Sinn des Wortes; aber selbst inmitten des besiedelten Landes in Europa gab es noch genügend Land für Binnenkolonisation, und die Zisterzienser zogen mit Vorliebe in solche Gegenden. Weite Landstriche in Frankreich, noch mehr aber in Deutschland und England, waren noch sehr urtümlich und – wie wir sagen würden – reif zur Erschließung. Überall dort, wo es Flecken unterentwickelten Landes gab, ließen sich die Zisterzienser, die großen Erschließer des 12. Jahrhunderts, nieder. Natürlich bedeuteten die großen Ausstattungen der Zisterzienser auf lange Sicht einen entsprechenden Verlust für ihre Laiensympatisanten; aber Weitblick ist eine seltene Eigenschaft, und sie ist nicht sehr nützlich. Auf kurze Sicht brachten die

---

[55] Die Urkunden, zusammen mit einer Karte, sind gedruckt in M. *Pangerl*, Urkundenbuch des ehemalgen Cisterzienserstiftes Goldenkron in Böhmen (Fontes Rerum Austriacarum, 2. Abt. XXXIII, 1872).

Zisterzienser in viele chaotische Gegenden Europas mit relativ geringen Ausgaben Festigung und Ordnung.

Die großen Gönner an den Grenzen Europas waren oft unverdorben und noch nicht den subtilen Einflüssen der Empfindsamkeit des 12. Jahrhunderts verfallen. Ihre Urkunden erinnern an die frühen Urkunden für Benediktinerklöster:

> Ich fürchte (so schreibt eine spanische Gräfin am Beginn einer Gründungsurkunde für ein Zisterzienserkloster) die Qualen der Hölle, und es ist mein Wunsch, die Freuden des Paradieses zu erlangen. Für die Liebe Gottes und seiner ruhmreicher Mutter, und für die Erlösung meiner Seele und der meiner Eltern gebe ich Gott, der Heiligen Maria und allen Heiligen mein ganzes Erbe in Retoria.[56]

Es liegt noch ein Element des Primitiven in dieser Offenheit ebenso wie in dem Bedürfnis, zuverlässige Siedler und Organisatoren in freien und unterentwickelten Ländern anzusiedeln. In derselben Weise, wie die Könige der Franken und der Angelsachsen im frühen Mittelalter Benediktinerklöster für diesen Zweck benutzt hatten, waren jetzt die Zisterzienser Helfer bei der Regierung in den neu erschlossenen Landstrichen des 12. Jahrhunderts. Ihre Gönner konnten sicher sein, Gründungen von großer Stabilität und gemeinschaftlicher Stärke zu haben, die dazu fähig waren, eine wirksame Verwaltung von Gütern und eine intensive Aufsicht über weite Landstriche zu bekommen. In mancher Hinsicht erhielten die neuen Gönner weniger für ihre Freigebigkeit als die alten Gönner der Benediktinerklöster. Sie hatten kaum Aussicht auf Einflußnahme bei der Abtswahl, keine Rechte während einer Vakanz, nur begrenzte Möglichkeiten, Verwandte im Kloster unterzubringen und weniger Gebete und Messen als sie die Gründer der älteren Klöster bekommen hatten. Die Zisterziensergründungen gehörten weniger einer Familie und mehr dem Land als die der Benediktiner. Diesen Preis mußte man für das Organisationstalent bezahlen.

Diese allgemeinen Wachstumsbedingungen betrafen alle Zisterzienserklöster, aber jede einzelne Abtei reagierte individuell auf die Umstände und Bedingungen. Der einzige erstaunliche Zug ist die

---

[56] F. *Anton,* Monasterios medievales de la Provincia de Valladolid, 1942, S. 256. Dieses Werk handelt hauptsächlich von architektonischen Dingen, enthält aber im Anhang eine nützliche Sammlung von Quellen, die die ursprünglichen Motive der Gönner ebenso widerspiegeln wie die großen Landflächen, die für die Vergabe zur Verfügung standen.

Geschwindigkeit, mit der jede Gründung im Rahmen ihrer Möglichkeiten einen ähnlichen Entwicklungsprozeß durchmachte. Selbst eine Gründung wie Fountains, die, wenn irgendein Haus überhaupt, behaupten konnte, einem rein religiösen Impuls entsprungen zu sein, erscheint dreißig Jahre nach ihrer Gründung eifrigst die zisterziensische Formel für wirtschaftliches Wachstum auf ihre eigene Situation angewandt zu haben, indem man den Besitz dadurch konsolidierte, daß man dazwischenliegende Grundstücke aufkaufte, indem man das angesammelte Kapital dazu benutzte, Landbesitzer, die in finanziellen Schwierigkeiten waren, zu enterben, indem man für die Neuerwerbungen mit einer Mischung von geistigem Lohn und Bargeld bezahlte, neue Grangien gründete und weite Landstriche unter einer einzigen zentralisierten Leitung konsolidierte. Diese Vorgänge im Lauf der zweiten Hälfte des 12. Jahrhunderts können in allen Einzelheiten in den vorzüglichen Quellen zur Geschichte der Mönche von Fountains verfolgt werden.[57]

Nicht jede Gründung war gleichermaßen erfolgreich. Einige erlagen den Schwierigkeiten von schlechter Lage und unzureichender Ausstattung. Aber selbst in diesen Fällen konnte die agile Organisation der Zisterzienser ein wankendes Haus vor Auslöschung retten oder seine Agonie schnell beenden.[58] Es gab viel weniger Möglichkeiten von materieller und disziplinärer Degradierung als in den unabhängigen Benediktinergründungen, die auf sich selbst gestellt gegen Unglücksfälle allein ankämpfen mußten. Bei Mißerfolgen zeigten die Zisterzienser ihre Stärke, und wenn sie in ihrem materiellen Kampf erfolgreich waren, dann war ihr Erfolg größer als je zu-

---

[57] Ein interessantes Beispiel ist die Grangie Baldersby, die im 13. Jahrhundert zu Fountains gehörte. Sie umfaßte drei ältere Dörfer, Baldersby, Birkow und Easby, und es gibt über einhundert Urkunden im Kartular von Fountains, die die Stufen zeigen, in denen der Besitz aufgebaut wurde. Vgl. C. T. *Clay,* Early Yorkshire Charters, 1963, XI, 339–351; Memorials of Fountains Abbey, hg. von J. R. *Walbran* (Surtees Society Bd. 42) 1863, Bd. 1, S. 90–112. Zu einem ähnlichen Vorgang in Markingfield vgl. Early Yorkshire Charters, XI, 180–186, und zu dem gesamten Problem R. A. *Donkin,* The Cistercian Grange in England in the Twelfth and Thirteenth Centuries, *in* Studia Monastica 6, 1964 , S. 95–144.

[58] Vgl. die schnellen und wirksamen Maßnahmen, die die Visitatoren mit dem kränkelnden Kloster in Sawley unternahmen, einem Haus, gegründet ‚in terra nebulosa et pluviosa ita quod segetes iam albae ad messem per consuetudinem in culmo computrescunt', Early Yorkshire Charters, XI, S. 55.

vor in der Geschichte des Mönchtums. Ein kurzer Blick auf das Kloster Les Dunes in Belgien wird zeigen, wie die wirtschaftliche Formel der Zisterzienser eine arme Gemeinschaft an ungastlicher Küste in eines der größten landwirtschaftlichen Unternehmen des Mittelalters verwandeln konnte.

Ein Musterbeispiel: Les Dunes

Das Kloster Les Dunes entwickelte sich wie viele Zisterziensergründungen vor ihm aus einer kleinen Einsiedelei in einsamer Gegend. Im frühen 12. Jahrhundert siedelte sich ein Eremit namens Ligerius in den Sanddünen etwa 40 km westlich von Brügge an. Wahrscheinlich besorgte er sich seinen Lebensunterhalt recht und schlecht aus dem nahen Meer, und nach einiger Zeit gesellten sich ihm andere Männer bei, die ihn als ihren Anführer betrachteten. Sie sahen in den Dünen einer traurigen Zukunft entgegen, und diese Einsiedler konnten nicht wissen, wie es uns klar vor Augen steht, daß sich der Schwerpunkt des Handels in Flandern nordöstlich vom Hafen Wissant nach Brügge zu verlagern begann, das bald eine der größten Städte des europäischen Mittelalters werden sollte. Die Skizze zeigt die Lage des Klosters und etwa den Verlauf der Küste im 12. Jahrhundert:

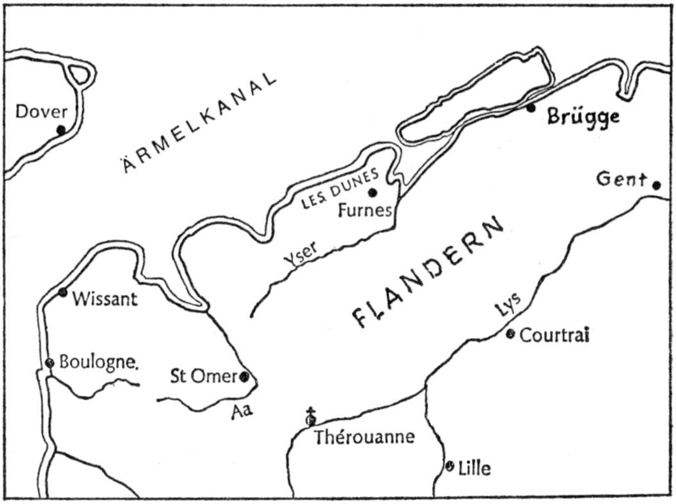

Die Abtei Les Dunes und ihre Umgebung im frühen 12. Jahrhundert

Die frühen Stadien der Annahme einer Regel sind dunkel, aber im Jahr 1138 wurde die Gemeinschaft Clairvaux untergeordnet und erhielt unter einem neuen Abt eine Kolonie Zisterziensermönche. Von diesem Augenblick an war die Zukunft des Hauses gesichert. Die Klosterchronik hat Unterlagen für die Rekrutierung von Mönchen und Konversen von 1148 bis zum Ende des Mittelalters hinterlassen, und auf einen Jahresdurchschnitt gebracht, kann man die Zahlen, die in dieser Chronik angegeben werden, folgendermaßen darstellen:[59]

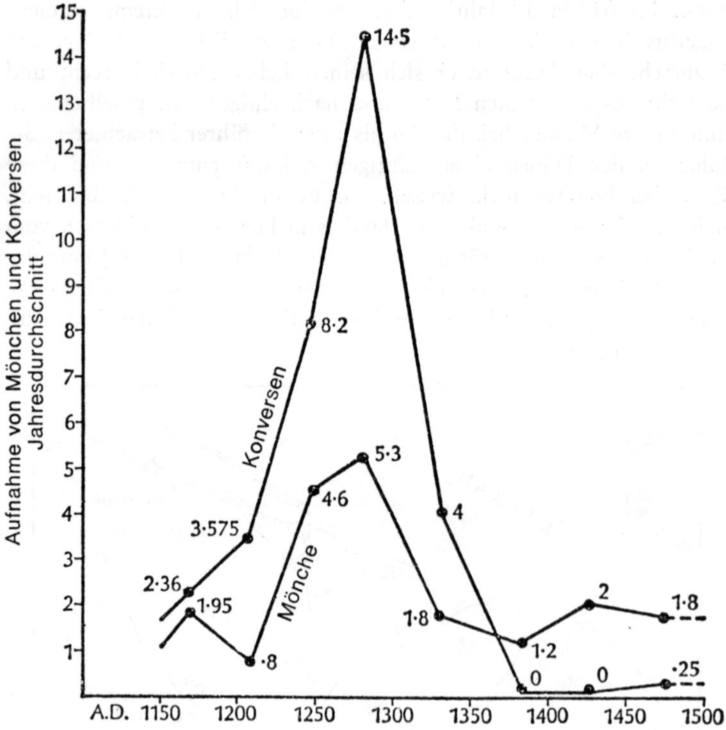

Rekrutierung von Mönchen und Konversen in Les Dunes
(ca. 1120–1500)

[59] Diese statistischen Angaben entstammen A. *But,* Chronica Abbatum Monasterii Dunensis (Soc. d'Emulation de Bruges), 1839. Außerdem entstammen einzelne Angaben dem Codex Dunensis, hg. von J. Kervyn de *Lettenhove* (Coll. de chroniques Belges inédites), 1875, XVI.

Anm.: Die Gesamtzahl der Rekruten setzt sich wie folgt zusammen:
Mönche: 1138–1189: 97; 1189–1230: 32; 1230–1258: 134; 1259 – 1299: 211; 1305–1354: 89; 1354–1406: 61; 1406–1442: 73; 1442–1487: 84.
Konversen: 1138–1189: 118; 1189–2130: 143; 1230–1258: 247; 1259 –1299: 577; 1305–1354: 202; 1354–1406: 0; 1406–1442: 0; 1447–1487: 17.

Die wichtigsten Merkmale, die aus diesem Schaubild hervorgehen, sind das ständige Ansteigen der Zahl der Mönche ebenso wie der Konversen bis zum Ende des 13. Jahrhunderts. Diese Zunahme war von einem massiven wirtschaftlichen Wachstum begleitet. Bis zum Jahre 1190 hatte das Kloster seine eigene Flotte, und das Generalkapitel mußte gesetzgeberisch festsetzen, daß man in diesen Schiffen nicht allgemein Fracht gegen Entlohnung beförderte.[60] Die Bedeutung der Auslandsbeziehungen dieses Klosters zeigt bereits die Tatsache, daß der Abt von Les Dunes der Hauptvertreter der Königin von England war, als es darum ging, Lösegeld und Freilassung König Richards I. aus seiner Gefangenschaft 1193–4 zu verhandeln.[61] Das Kloster war bereits eine Kraft, mit der die Welt rechnen mußte, aber sein goldenes Zeitalter stand noch bevor. Es brach unter Nicholas von Balliol, dem Abt von 1226 bis 1253, an. Damals zählte das Kloster 120 Mönche, unterstützt von 248 Konversen, die spezialisierte Arbeitsteams von Webern, Gerbern, Häutern, Schustern, Schmieden, Stellmachern, Steinmetzen usw. stellten.[62] Es war damals ein geflügeltes Wort, daß die Sanddünen, auf denen das Kloster gebaut war, für einen Abt, der damit zu arbeiten verstand, zu einem Goldberg geworden waren· Materiell gesehen waren es gute Zeiten· Man baute eine neue Kirche, und sie füllte sich schnell mit den Erinnerungsstücken und Wappen der vornehmen Wohltäter, die im Kloster begraben wurden.

Am Ausgang des 13. Jahrhunderts gab es zum erstenmal Studenten unter den Mönchen, die einen neuen Stil akademischer Bildung einführten. Diese Männer waren ein Symptom für einen großen Wandel im Orden. Im Jahr 1231 hatte das Generalkapitel empfohlen, sehr im Gegensatz zu dem Geist der früheren Statuten, Novizen aufzunehmen, die dem Orden durch ihre Bildung Ehre machen würden.[63] Dem war im Jahr 1244 die Errichtung eines Kollegs in Paris

---

[60] Statuta Cist., Bd. 1, 130 (1190, can. 63).
[61] *But,* wie oben Anm. 59, SS. 41–42.
[62] Ebenda, S. 46.
[63] Statuta Cist., Bd. 2, S. 93–94 (1231, can. 12).

gefolgt, und im Laufe der nächsten fünfzig Jahre wurden ähnliche Einrichtungen an anderen Universitäten eingeführt. Die neue Beredsamkeit der Kanzel, die ein Ergebnis dieser Entwicklung war, erregte genug Aufsehen in der inzwischen reichlich trägen Frömmigkeit von Les Dunes, daß man es für wert erachtete, sie in der lokalen Chronik zu verzeichnen.[64] Gleichzeitig wuchsen die Besitzungen des Klosters weiter. Am Ende des Jahrhunderts beaufsichtigten 25 Vorsteher klösterlicher Grangien die Bestellung von etwa 25 000 Morgen Land. Absolut betrachtet war Les Dunes inzwischen ein sehr großes Unternehmen geworden.

Die guten Zeiten dauerten bis zum Tod des Abtes Wilhelm de Hulst im Jahr 1317. Nach diesem Datum vermerkt der Klosterchronist, daß sich plötzlich der gesamte Lebensstil im Kloster wandelte. Unser Schaubild zeigt eine Seite dieses Wandels: die Rekrutierung von Mönchen ebenso wie von Konversen begann abzufallen, und vor dem Ablauf des Jahrhunderts sollte die Zahl der Konversen auf Null absinken. Indem die Zahl der Mönche abnahm, würde das Leben für die, welche noch verblieben, entsprechend bequemer. Der Geschmack von Luxus ist verführerisch, und die Ausnahmen von gestern werden zu den Lebensnotwendigkeiten von heute in Klöstern ebenso wie überall sonst. Die Geschichte des Weinkonsums der Mönche von Les Dunes mag das illustrieren: am Anfang gab es Wein nur für die Kranken, dann an besonderen Festtagen; schließlich an Sonntagen; bis zum Jahr 1350 war es soweit, daß Wein außerdem an Dienstagen und Donnerstagen gereicht wurde; sehr bald dann an jedem Tag; bis zum Jahr 1375 hatte sich die tägliche Ration auf einen halben Liter erhöht. Außerdem erzeugt ein Luxus einen anderen von verschiedensten Arten. Gregor XI., selbst Zisterzienser, verlieh dem Abt das Recht, die bischöftlichen Insignien zu tragen, und Laienwohltäter machten es sich zur Gewohnheit, Gaben für Mönche zu hinterlassen, eine extra Mahlzeit etwa oder eine andere Bequemlichkeit an ihrem Gedenktag zu verteilen. Im Kloster herrschte ein Leben, das für Junggesellen geradezu ideal war.

Es gab immer einen Hauch von Bildung, aber die meisten Mönche führten ein Leben von Landedelleuten, damit beschäftigt, Besitzungen zu überwachen, die nicht länger von einer Schar von Konversen bestellt wurden. Die Äbte waren fähige Männer, die für sich selbst und

---

[64] *But,* wie oben Anm. 59, S. 62.

ihre erlesene Gesellschaft sorgten. Sie gingen nach Brügge, um unter der Aufsicht der besten Ärzte ihr Leben zu beschließen, und die Wahl eines Nachfolgers war ein bedeutsames soziales Ereignis. Und doch blieb gerade in diesem Bereich ein Funke zisterziensischen Geistes erhalten. Die Mönche von Les Dunes konnten sich der adeligen Umarmung nicht entziehen, aber sie konnten sich noch immer ihren Eroberer wählen. So geschah es, daß im Jahr 1442, als der Herzog und die Herzogin von Burgund sich beide dafür einsetzten, die Nominierung ihres ehemaligen Kanzlers beziehungsweise Neffen zu erlangen, es einem der Mönche gelang, den Geist der Gemeinschaft wachzurufen und die Wahl seines eigenen Bruders durchzusetzen.[65] Dadurch überlebte eine gewisse Freiheitsliebe den Verfall aller anderen Ideale.

Die Fortdauer zisterziensischer Tugenden

Man kann sehen, daß der Zisterzienserorden, den wir in seinen wichtigsten Entwicklungsphasen verfolgt haben, dem Leben des Mittelalters drei mächtige Impulse in verschiedenen, wenn auch verwandten, Bereichen verschaffte. An erster Stelle repräsentierte er die Rückkehr zu einer primitiven Einfachheit als Antwort auf eine Verfeinerung der überlieferten Lebensregeln, die die erste Epoche des Mittelalters gebracht hatte. Zweitens vertrat er die Suche nach Systematik und rationaler Organisation anstelle einer Akkumulation von verschiedenen Gewohnheiten, die die Vorstellungskraft und die Ziele der früheren Zeit befriedigt hatten. Drittens schließlich vertrat er die rücksichtslose und aggressive Seite der europäischen Aktivität in der Phase ihrer größten Ausdehnung. Einfachheit, Systematik und energische Ausbeutung der Quellen sind drei Wesenszüge in der europäischen Entwicklung, die im 12. Jahrhundert einen entscheidenden Platz einnahmen; nirgendwo gab es sie in wirksamerer Verbindung als bei den Zisterziensern. In irgendeiner Form bestanden diese drei Charakteristica lange fort, aber letzten Endes fochten sie einen aussichtslosen Kampf gegen die Kräfte von Gewohnheit, Ortsgebundenheit und adeliger Prachtentfaltung. Die Zisterzienser spürten selbst mehr und mehr die Versuchung, sich damit abzufinden, und am Ende des 13. Jahrhunderts waren die meisten Zisterzienserabteien

---

[65] Ebenda, S. 87.

hervorragende Vertreter genau der Eigenschaften, welche zu bekämpfen sie gegründet worden waren.

In gewisser Hinsicht könnte man daher behaupten, daß der Orden gescheitert war, und man kann den Moment des Scheiterns etwa im Jahr 1200 finden. Bis zu diesem Zeitpunkt war es noch möglich, den Orden im Guten oder im Schlechten als einen unbequemen Faktor im Leben der Gesellschaft anzusehen. Selbst ein so heftiger und apokalyptischer Mensch wie Joachim von Fiore konnte noch in den letzten Jahren des 12. Jahrhunderts die Zisterzienser als den engelsgleichen Orden bezeichnen, der dazu bestimmt war, die Korruption der Kirche zu beenden und den Weg für das Ende der Welt vorzubereiten.[66] Selbst ein so nüchterner Mensch wie Papst Innozenz III. konnte noch zu Beginn seiner Amtszeit die Zisterzienser als das beste Instrument zur Bekehrung der Ketzer in Languedoc betrachten.[67] In den Bereichen apokalyptischer Vision und Missionstätigkeit ebenso wie auf ihren großen Besitzungen in Spanien und anderswo waren die Zisterzienser noch im Jahr 1200 die Leute an der vordersten Front. Nur eine Generation später hätte sie niemand mehr in diesem Licht betrachtet. Im apokalyptischen System Joachims von Fiore waren sie von den Bettelmönchen verdrängt worden. Ebenso hatten die Bettelmönche die Missionstätigkeit übernommen, die Innozenz III. den Zisterziensern vorbehalten hatte. Ihr Scheitern als Missionare zeigt mehr als alles andere, wie die Zisterzienser ihre Führung verloren. Sie scheiterten besonders aus einem Grund: weil sie als Orden erfolgreich waren, hatten sie die Züge der herrschenden Ordnung übernommen.

Da sie selbst nicht länger Vertreter einer Rebellion waren, appellierten sie nicht an solche Leute, die selbst in einem Zustand der Rebellion waren. Ihr Weg war nicht länger ungehindert. Um ihnen Gerechtigkeit widerfahren zu lassen, hatte es tatsächlich nie zu ihren Zielen gehört, das Gewicht zu mindern, mit welchem etablierte Institutionen den Einzelnen bedrückten. Sie betrachteten sich als Rebellen im Interesse von Disziplin. Sie lagen nicht mit der Gesellschaft in Streit, noch weniger mit der geheiligten Regel des Heiligen

---

[66] Joachim hatte gleichwohl Vorbehalte gegen die Zisterzienser; zu seiner ambivalenten Haltung vgl. Marjorie *Reeves,* The Influence of Prophecy in the later Middle Ages, 1969, SS. 152–158.

[67] Ep. VI, 243 (29. Januar 1204); VII, 76 (31. Mai 1204); Migne, PL 215, Sp. 273, 358.

Benedikt; sie wollten nur die klösterlichen Institutionen vereinfachen, um sie dadurch zu stärken, und die Gesellschaft organisieren, um sie zu einem wirkungsvolleren Instrument christlichen Vormarsches zu machen. Sie waren von Anfang an eine aristokratische Bewegung, das Produkt der Gesellschaft des nördlichen feudalen Europas. Sie hegten eine spontane Verachtung für die unteren Gesellschaftsschichten und die Wünsche derer, die der Heilige Bernhard „Bauern ohne Bildung oder Eignung zum Krieg" genannt hatte.[68] Sie verlagerten den Schwerpunkt der Klosterregel vom persönlichen Gehorsam auf die Disziplin der Gemeinschaft. Auf jeden Fall war es unvermeidlich, daß die Zisterzienser in der sich auflösenden sozialen Ordnung und in dem unsteten Stadtleben des späteren Mittelalters zu einer reaktionären Kraft werden würden.

Doch die Gewalt ihrer ursprünglichen Initiative, das Genie ihrer Gründer und der wirtschaftliche Erfolg, der das unvermeidliche Ergebnis ihres geistigen Programms war, gaben den Zisterziensern mindestens bis zum 14. Jahrhundert einen ganz eigenen Charakter. Sicher war es ein Charakter, der ganz anders war als alles, was sich die frühesten Vertreter des Ordens vorgestellt hatten oder was sie gebilligt hätten. Es war ein Charakter, der solide Tugenden und solide Bildung mit soliden Wohlstand verband.

Das Musterbeispiel eines Zisterziensers des späteren Mittelalters war der Mann, der 1334 als Benedikt XII. Papst wurde.[69] Er war nach den Maßstäben seiner Zeit ein sehr ernsthafter Reformer. Wir haben bereits gesehen, daß er den Reichtum der Benediktinerhäuser ganz Europas untersuchen ließ, eine Untersuchung mit dem für Zisterzienser typischen Ziel, die wirtschaftliche Effizienz und die geordnete Verwaltung der Klöster zu garantieren.[70]

Er war Doktor der Theologie, der am Zisterzienserkolleg des Heiligen Bernhard in Paris studiert hatte. Darin verkörperte er die Bekehrung der Zisterzienser zur akademischen Bildung, die sich im späten 13. Jahrhundert vollzogen hatte, und er wollte das Theologiestudium als festen Bestandteil seines Ordens sehen. Zu diesem Zweck

---

[68] Sermones in Cantica, LXV, ch. 8 (Migne, PL 183, Sp. 1093); LXVI, ch. 1 (ebenda, Sp. 1094).

[69] Vgl. J. B. *Mahn*, Le Pape Benoît XII et les Cisterciens (Bibl. de l'école des hautes études, 295), 1949.

[70] Vgl. oben, Anm. 31.

entwarf er einen Plan, der festsetzte, daß jedes Kloster mit mehr als 18 Mönchen einen Studenten in Paris oder an einer anderen Universität haben sollte, jene mit mehr als 40 Mönchen zwei Studenten. Objektiv betrachtet kann man nicht bezweifeln, daß das ein Schritt in die richtige Richtung war, obwohl er jedem seltsam erscheinen mußte, der die frühen Zisterzienserstatuten studierte. Aus dieser Sicht war die Besoldungsskala des Papstes für die Mönche in Paris noch seltsamer: 105 Pfund im Jahr für Magister, 50 Pfund für Baccalaurei, 30 Pfund für Lektoren, 20 Pfund für einfache Studenten – Bezahlungen, die vielleicht nicht ungewöhnlich hoch für die Aristokraten an den Schulen waren, die sich aber von der klösterlichen Strenge weit entfernt hatten.[71]

Doch wie weit wir uns auch immer von dem ursprünglichen Lebensstill der Zisterzienser entfernt haben, beherrschten die Vorzüge der Organisation, Disziplin und eine gewisse Nüchternheit des Zieles gleichwohl alles, was Benedikt tat und plante. Er selbst hatte in seinen jungen Tagen als Student und Universitätslehrer jede Art von Dispens genossen, sich im Kloster aufzuhalten, aber er hatte peinlich genau dem Gottesdienst seine Aufmerksamkeit gewidmet. Später wurde sein Leben zu einer geschäftigen Abfolge von Generalkapiteln, Universitätsdiskussionen und Rechtsprozessen zur Verteidigung des klösterlichen Besitzes; als Bischof von Pamiers war er ein aktiver und vorbildlicher Überwacher der Inquisition in seinem Bistum gewesen.[72] In allem erkennt man denselben Wunsch nach Ordnung und Einheitlichkeit, gebrochene Spiegelungen des ursprünglichen Geistes der Zisterzienser. Er wollte alle Mönche für das Studium gewinnen, bestand aber darauf, daß sie ausschließlich Theologie studieren sollten, und er hielt an dem Zisterzienserverbot von Kirchenrecht fest. Er wünschte sich die Mönche möglichst einförmig, und er wünschte sie sich so zisterziensisch, wie es die Umstände seiner Zeit nur gestatteten: gut organisiert, reich dotiert, weise in der Verwaltung ihrer Besitzungen, gebildet und fromm. Es ist leicht, seine stillschweigende Übernahme von aristokratischen Vorzügen des Lebens zu

---

[71] *Mahn,* wie oben Anm. 69, S. 57. Die Zahlungen, die Benedikt XII. in seiner Bulle ‚Fulgens sicut stella' vom 13. Juli 1335 festgelegt hatte, liegen erheblich höher als das, was er den Benediktinern im folgenden Jahr zubilligte. Die Geldbeträge sind in *livres tournois.*

[72] Vgl. Le Régistre d'Inquisition de Jacques Fournier (Benoît XII), évêque de Pamiers (1318–1325), hg. von J. *Duvernoy,* 3 Bde, 1965.

belächeln, aber es ist schwer zu entscheiden, wie er es anders und besser hätte machen können. Das Feuer im Herzen der Zisterzienser war erloschen, es war schon lange dahin; aber eine eindrucksvolle Folgerichtigkeit des Zweckes und eine Strenge bei seiner Ausführung blieben erhalten. Seltsamerweise war ein Großteil des Feuers auf einen Zweig des am wenigsten zündenden aller mittelalterlichen Orden, der Augustiner Chorherren, übergegangen.

Die Bettelorden

Die Augustiner Chorherren und die Zisterzienser waren diejenigen Ordensgemeinschaften, die sich in der Zeit zwischen 1050 und 1200 am besten den Bedürfnissen Westeuropas anpaßten, ihnen entsprachen und sich in die Sozialordnung einfügten. Ebenso waren die Dominikaner und Franziskaner die Schöpfungen, die diese Funktion am besten im 13. Jahrhundert erfüllten. In gewisser Hinsicht waren sie eine Weiterentwicklung der beiden früheren Geschöpfe. Die Dominikaner folgten der Regel des Heiligen Augustinus. Die Regel der Franziskaner war eine völlige Neuschöpfung, aber in ihrer Frömmigkeit waren sie Erben der Zisterzienserverehrung für die Person Christi. In ihrer Organisation übernahmen beide Bettelorden die zentrale Leitung und Kontrolle, in einer Richtung, in der die Zisterzienser ein Jahrhundert zuvor die ersten Schritte getan hatten, und führten diese ein gutes Stück vorwärts.

Obwohl freilich die Herkunft auf beiden Seiten deutlich genug ist, stellten die Bettelorden in einer viel wichtigeren Beziehung etwas ganz neues im Ordensleben von Europa dar. Dabei war sehr wesentlich, daß sie einer Welt angehörten, die ein Jahrhundert zuvor noch kaum existiert hatte, der Welt der großen Städte und der Universitäten. Ohne die Städte wären die Bettelorden nie entstanden, ohne die Universitäten wären sie nie groß geworden. Wir wollen deshalb zu Beginn etwas darüber sagen, wie Städte und Universitäten des 13. Jahrhunderts das Bedürfnis nach neuen religiösen Organisationen schufen, und darüber, wie sich die Bettelmönche diesen neuen Herausforderungen erst entgegenstellten, um ihnen schließlich doch zu erliegen.

Die Umwelt

Die Städte

Wir haben bereits die allgemeine Wirkung des Wachstums der Städte auf die Entwicklung der religiösen Empfindung in Europa berührt, aber nur in groben Umrissen und nur in Verbindung mit einer späten Phase dieser Entwicklung. Wir müssen jetzt ein wenig früher ansetzen und die Manifestationen städtischer Religiosität näher untersuchen. Die Chroniken der Stadt Bologna sind dafür als Ausgangspunkt geeignet. Dort lesen wir unter dem Jahr 1204:

> In diesem Jahr kam Bruder Albert von Mantua nach Bologna und predigte hier sechs Wochen lang und bekehrte viele.[73]

Diese einfache Eintragung wirft eine Reihe von Problemen auf. Wir wissen überhaupt nichts über Albert von Mantua, weder, worüber er predigte, noch zu wem, noch darüber, wozu die Leute bekehrt wurden. Trotzdem ist das Ereignis von einigem Interesse. Da ist ein Unbekannter, der sich „Bruder" nennt, obgleich er, soviel wir wissen, keinem Orden angehörte. Er ist Wanderprediger, der offensichtlich auf eigene Faust Missonarbeit in einer Bischofsstadt vornimmt, eine ansehnliche Zahl Leute bekehrt und dann in eine andere Stadt weiterzieht. Es gibt keine Anzeichen von Ketzerei, auch nicht von ungewöhnlicher Unruhe oder Hysterie, nur von Predigt und Bekehrungen. Bis dahin, wie schon hunderte von Jahren zuvor, bedeutete „Bekehrung" in der christlichen Gemeinschaft einfach die Bekehrung von weltlichem Leben zu einem Leben in einer Ordensgemeinschaft. Aber das ist hier sicher nicht gemeint; Bekehrung ist hier offenbar irgendeine Art innerer Umkehr von oberflächlicher zu wirklicher Religiosität.

Diese friedliche Mission wird weiter bestätigt durch die einzige andere Nachricht, die wir über Bruder Alberts Tätigkeit besitzen. Im Jahr 1207,

> am 6. Mai, ging Bruder Albert von Mantua nach Faenza und stiftete dort Frieden in 95 Fällen von Todschlag; dann stiftete er Frieden in Bertinoro, danach in Siena, in Castel Nuovo, dann in Forlimpopoli, und schließlich stiftete er Frieden in Imola in 28 Fällen von Todschlag.[74]

---

[73] Corpus Chronicorum Bononiensium, hg. von A. *Sorbelli* (Muratori Bd. XVIII, Teil I, ii, 1911) S. 67.

[74] Ebenda, S. 69.

Albert ist also ein Mann, der private Missionstätigkeit ausübt, um in einer unruhigen Gesellschaft Bekehrungen und Frieden zu schaffen. Das war eine Tätigkeit außerhalb des Rahmens der organisierten Kirche. Tatsächlich hatte die organisierte Kirche des Mittelalters bis zu diesem Zeitpunkt die Probleme der städtischen Gesellschaft kaum zur Kenntnis genommen. Trotz aller Naturkatastrophen und Heimsuchungen, die das Land befielen, konnte man die ländliche Gesellschaft als eine stabile und passive Masse ansehen, die für Organisation und Kontrolle zugänglich war. Aber was sollte man von den Städten halten, die immer am Rande der Anarchie standen, Dingen nachgingen, die nach Kirchenrecht kaum statthaft waren, extremen Reichtum und extreme Armut umspannten, Phasen von Über- und Unterbeschäftigung ausgesetzt waren, kurzum, so ganz anders waren als das, was eine ländliche Gemeinschaft bot? Solch einer Gemeinschaft hatte sich die kirchliche Organisation noch nicht angepaßt und hat es vielleicht bis heute nicht geschafft.

Vor allem hatte sie sich nicht an ein Element der städtischen Mentalität gewöhnt, die sich in der Tätigkeit des Bruder Albert nicht zeigte, die man aber nicht übersehen darf, nämlich die Hysterie. Hysterische Ausbrüche gibt es zu allen Zeiten und in jeder Umgebung, aber in den Städten treten sie sehr viel häufiger auf als sonstwo. Wenn wir den folgenden Bericht in der Chronik von Bologna aus dem Jahr 1260 lesen, sind wir sicher Zeugen eines hysterischen Ausbruchs, und man kann sogar den Grund dafür angeben:

> In diesem Jahr wurde ganz Italien von vielen Flagellanten geplangt, und das Land wurde von vielen Lastern und Sünden befleckt. Zuerst gingen die Leute aus Perugia barfuß durch ihre Stadt und geißelten sich, dann die Römer, darauf die Leute in ganz Italien, junge und alte, adelige und gemeine, gingen sie zwei und zwei und schlugen ihren Rücken mit Lederpeitschen und schrien um Gottes Gnade mit Tränen in den Augen. Nicht nur Männer, auch Frauen taten das, die ganze Nacht lang. Das geschah in allen befestigten Orten und Städten Italiens, in einem Ausmaß, daß man jeden, der sich nicht selbst geißelte, für ungläubig hielt. Es begann im Oktober und dauerte den ganzen Monat... und am 10. Oktober kamen die Leute aus Imola nach Bologna, geißelten sich und riefen: „Erbarm dich, Gott, und schicke Frieden"; und am 19. Oktober taten die Leute aus Bologna dasselbe und zogen nach Modena. Dann setzten die Römer alle Gefangenen frei um der Liebe Gottes willen; die Familie der Castelani wurde aus dem Gefängnis befreit und floh in Todesfurcht aus Rom.[75]

---

[75] Ebenda, S. 156 f.

Dieser Ausbruch war sicherlich durch die Erwartung des unmittelbar bevorstehenden Endes der Welt verursacht, das Joachim von Fiore vorausgesagt hatte, ebenso wie die spektakulären Ausbrüche in Nordeuropa im Jahr 1349 mit der Pest in Verbindung gebracht werden müssen. Die Hysterie, die diese Ereignisse bezeugen, lag nie tief unter der Oberfläche des städtischen Lebens, aber normalerweise nahm sie nicht die Form von Massenterror an. Häufiger sieht man sie einfach in heftigen Gesten des Verzichts und der Entsagung bei einzelnen Personen oder bei Gruppen. Der italienische Chronist Salimbene beschreibt eine solche Gruppe von 72 Männern, die sich selbst „Apostel" nannten, die er im Jahr 1284 zwischen Modena und Reggio gesehen hatte, wie sie auf dem Weg nach Parma waren, um ihren Führer zu treffen. Wenige Tage später sah er, wie zwölf junge Frauen dieselbe Reise mit demselben Ziel unternahmen. Als sie einander begegneten, brachen sie in rhythmische Rufe aus: „Pater, pater, pater", warfen dann ihre Kleider von sich und standen nackt da, bis ihr Führer sie wieder bekleidete und sie in die vier Himmelsrichtungen aussandte, nach Rom, Compostella, Monte Gargano und über die Meere.[76]

Diese Vereinigung der „Apostel" war nicht von langer Dauer, aber ihre kurze Geschichte zeigt, wie einfach es war, eine religiöse Bewegung inmitten einer Bevölkerung zu beginnen, die immer Zeit hatte, Armut in ihrer Mitte, und Almosen übrig für Leute, die aus dem stumpfsinnigen Kreislauf von Trunkenheit, Verarmung und gemeinschaftlicher Gewalttätigkeit in die Freiheit von Armut und Ewigkeit ausgebrochen waren. Natürlich fand die Tätigkeit dieser Apostel nicht die Billigung anständiger Leute, damals am wenigsten die der Bettelmönche, die glaubten, ihr Feld werde von Männern erobert, die in ihrem eigenen Leben weiter gingen, als sie selbst es taten; aber die Gründe, die zu ihrer Verurteilung führten, waren keineswegs klar.

Die Hilflosigkeit der kirchlichen Autorität angesichts von Bewegungen wie denen der Apostel ist für den Hintergrund der Bettelmönche höchst lehrreich. Sie waren keine Ketzer, und man konnte

[76] Chronica Fratris Salimbene de Adam Ordinis Minorum, hg. von O. *Holder-Egger,* MGH SS XXXII, SS. 264 f., 563 f. Salimbenes langer und feindlicher Bericht über die Apostel, SS. 245–77, zeigt, wie nahe (und daher gefährlich) sie den Bettelmönchen waren, ‚die allen Menschen das Betteln lehrten'.

kaum sagen, sie gefährdeten irgend etwas außer der öffentlichen Moral. Lange Zeit wurden sie toleriert und sogar ermutigt. Selbst nachdem ihre Ausschreitungen im Jahr 1274 verdammt worden waren, lebte ihr Anführer in Parma, manchmal im Gefängnis, dann wieder im Palast des Bischofs und an seiner Tafel; schließlich wurde er im Jahr 1300 als Ketzer verbrannt. Zu dieser Zeit hatte sich das religiöse Klima erheblich abgekühlt. Aber die früheren Erfolge und Mißerfolge des Anführers und seiner Bewegung zeigen, wie schwierig es jeweils war, gleich von Anfang an zu wissen, wie man spontane Ausbrüche religiöser Emotion in der städtischen Bevölkerung Italiens zu behandeln hatte. Der Gewaltakt, der die Bewegung der Apostel beendete, zeigt eine Verhärtung der Haltung während der letzten Jahre des 13. Jahrhunderts. Es war die Freiheit der früheren Jahre, die den Aufstieg der Bettelmönche ermöglicht hatte.

Die Universitäten

Neben der Freiheit der Städte bot die Freiheit der Universitäten die zweite Voraussetzung für die Entwicklung der Bettelmönche. Zu Beginn des 13. Jahrhunderts waren die Universitäten von Paris und Bologna die führenden geistigen Mittelpunkte Europas. Es waren die Stätten, an denen fast alle neuen Gedanken in Theologie und Rechtswissenschaft entwickelt wurden, und sie boten zudem eine gründliche Ausbildung in den artes liberales. Oxford war gerade dabei, einen internationalen Ruf in den Fächern zu erwerben, in denen Paris im vergangenen Jahrhundert führend gewesen war; und im Laufe des Jahrhunderts wurden mehrere neue Universitäten gegründet, besonders in Italien, aber auch in Frankreich und England. Aber abgesehen von diesen Stätten, die man strikt „Universitäten" nennen konnte, gab es viele andere Schulen von gutem Ruf in dem einen oder dem anderen Fach. Diese Bildungsstätten, die eine organisierte Lehre und eine anerkannte Leistungsprüfung in allen Wissensbereichen boten, hatten am Beginn des 13. Jahrhunderts endgültig den Platz der Klöster als Zentren intellektueller Tätigkeit und Leistung übernommen. Die Ausbildung, die sie anboten, war sehr gefragt, und Städte und Herrscher waren willens, sich die Loyalität akademischer Lehrer etwas kosten zu lassen. Die Verträge zwischen der Stadt Bologna und den Lehrern an den Schulen gleichen Verträgen zwischen gleichberechtigten und unabhängigen Partnern und zeigen deutlich, welch hohen Wert eine nüchterne Handelsgesellschaft den Diensten von berühmten Lehrern in ihrer Mitte beimaß. Könige waren gleichermaßen eifrig bemüht, wie der folgende Brief Heinrichs III. von England an die Lehrer und Studenten von Paris bezeugt:

> Wir haben großes Mitgefühl mit euch, die ihr unter den ungerechten Gesetzen von Paris leidet, und wir wollen euch wieder zu der euch gebührenden Freiheit erheben. Deshalb schreiben wir euch und laden euch ein, in unser Königreich England zu kommen und hier zum Zweck eurer Studien zu bleiben. Wir werden euch jede Stadt, jeden Ort zur Verfügung stellen, den ihr für diesen Zweck erwählt, und werden euch bereitwillig die Freiheit und die Ruhe zusichern, die Gott wohlgefällig ist und die auch euren Bedürfnissen vollkommen entspricht.[77]

Die Gründe für eine derartig unterwürfige Hofierung gelehrter Männer durch die weltlichen Mächte waren in allen Fällen dieselben. Man brauchte die Gelehrten zur Abwicklung seiner Geschäfte; ihre Präsenz erhöhte den Ruf einer Stadt oder eines Landes; sie boten ein großes Reservoir von technischen Ratschlägen und garantierten den Nachwuchs von Bediensteten für den Staatsdienst. Aber trotz aller großen Bereitschaft, Universitäten zu gründen und zu unterstützen, trotz der wachsenden Studentenzahlen und der dauernden Verbesserung der Studienpläne waren Studenten und Lehrer vielen Unsicherheiten ausgesetzt. Von guten und großen Worten allein konnten sie nicht leben. Studenten mußten sich darauf verlassen, daß ihre Freunde sie unterstützen würden, solange sie studierten; die Lehrer ihrerseits waren für ihren Lebensunterhalt von den Studenten abhängig; Studenten und Lehrer sahen sich gleichermaßen dauerndem Erfolgszwang ausgesetzt. Eine Universität war eine Stätte für junge Leute. Alle Studenten mußten Vorlesungen halten, um ihren Abschluß zu bekommen, aber nur wenige konnten von ihrer Lehrtätigkeit leben, wenn sie ihre Pflichtübungen hinter sich hatten. Fast alle waren laufend darauf angewiesen, Pfründen zu erhalten. Dazu mußte man Gönner finden, und ein Gönner brauchte meist einen Kleriker, der sich für Beförderung empfahl, indem er als Advokat oder als Verwalter tätig wurde. Der Augenblick, wenn man aus der Universität in die Welt abgeschoben wird, ist nie sehr angenehm, und der mittelalterliche Student, selbst wenn er es zu einem Abschluß gebracht hatte, sah sich oft in unangenehmen Situationen:

---

[77] Calendar of Patent Rolls, Henry III, 1225–1252, S. 257.

Ich bin nicht in der Lage, Bologna zu verlassen, wegen des Schuldenberges, der auf mir lastet und an meinem Lebensnerv zehrt. Wenn ich richtig rechne, sind neunzig Pfund nicht genug, um die Hauptschuld zu begleichen, die Summe, die ich geliehen habe, ohne die Zinsen von zweieinhalb Jahren zu rechnen. Es vergeht kein Monat, in dem ich nicht weitere einundzwanzig Schillinge auftreiben muß, um meine Schulden zu bezahlen. Ich hatte mir aus meiner Pacht ein besseres Einkommen erhofft, und das hat dazu geführt, daß ich mehr ausgegeben habe, daß ich länger in Bologna blieb, als ich es mir hätte leisten können. So geht das ja immer.[78]

Briefe dieser Art tauchen so häufig in mittelalterlichen Briefsammlungen auf, daß sie oft als Spielerei oder als Schreibübung angesehen werden; aber zu der Zeit war eine derartige Situation alles andere als ein Spaß. Die neuen Universitäten des Mittelalters errichteten sehr schnell eine feste körperschaftliche Organisation, aber ihre Sicherheit schloß den einzelnen Studenten nicht mit ein. Seine Zukunftsaussichten waren völlig unsicher.

Universitäten neigen immer dazu, mehr fähige Leute anzuziehen, als sie anschließend beschäftigen können. Das ist zu Zeiten besonders stark ausgeprägt, wenn es intensive Forschungen und Entdeckungen gibt, wie es im 13. Jahrhundert tatsächlich der Fall war. Nur sehr fähige oder gut versorgte Lehrer konnten von den Gebühren oder den Geschenken ihrer Studenten leben; die anderen mußten in die Welt hinaus gehen und Förderung durch Leute suchen, denen sie dienen konnten. In diese Szenerie geistiger Aktivität und sozialer Unsicherheit kamen die Bettelmönche.

Ziele und Ursprünge

Die Anfänge der Bettelmönche sind in den inneren Kämpfen der beiden großen Gründergestalten, Dominikus und Franziskus, verborgen, die zu entwirren wir hier nicht einmal versuchen können. Obwohl aber die inneren Entwicklungsstufen des Wachstums auf immer ein Geheimnis bleiben werden, sind die allgemeinen Bedingungen und die Richtungen der beiden Bewegungen, die sie in Gang setzten, ziemlich deutlich.

---

[78] F. *Liverani,* Spicilegium Liberianum, 1863, S. 627. Dieser Brief ist einer von vielen, die Magister David von London aus Bologna schrieb, wo er in den siebziger Jahren studierte.

Der Ursprung der Organisation der Dominikaner geht zurück auf eine zufällige Begegnung in Montpellier im Jahr 1206 zwischen einem spanischen Bischof, der aus Rom zurückkehrte, und drei Zisterzienseräbten, denen Innozenz III. aufgetragen hatte, die Ketzerei im Languedoc zu bekämpfen. In ihrer Mission waren die Zisterzienser wenig erfolgreich, und ein Mitglied des bischöflichen Gefolges, ein Augustiner Chorherr namens Dominikus, wußte auch den Grund dafür: die drei Äbte zogen mit dem eitlen Pomp kirchlicher Würdenträger umher. Dieser Aufzug konnte bei Leuten nicht ankommen, die dazu neigten, die etablierte Hierarchie als Hohn auf die wahre Religion zu betrachten, wie immer diese auch aussehen mochte. Dominikus sah, daß sie, um Erfolg zu haben, ein einfacheres, ein „apostolisches“ Leben führen müßten. Das war keine neue Erkenntnis. Wir haben bereits gesehen, daß die *vita apostolica* das geistige Rüstzeug der Augustinerbewegung ein Jahrhundert zuvor gewesen war. Ihre Bedeutung für die Seelsorge war freilich in der späteren Entwicklung der Augustiner Chorherren weitgehend untergegangen, und die erste große Leistung des Dominikus bestand darin, sie wieder an die Oberfläche zu bringen. Die Idee ergriff unmittelbar Besitz von ihm, und während der folgenden 15 Jahre, bis zu seinem Tod 1221, arbeitete er daran, ihr eine institutionelle Existenz zu geben. Zehn Jahre lang hatte er nur begrenzten Erfolg, aber 1217 begann sich die künftige Entwicklung abzuzeichnen. In diesem Jahr hielten Dominikus und seine kleine Schar von Predigern eine Versammlung in Toulouse ab, von der sie in alle Himmelsrichtungen auseinandergingen: vier zogen nach Spanien, sieben nach Paris, vier blieben in Toulouse, und Dominikus selbst begab sich nach Rom. Sie waren fast mittellos, wenig gebildet und besaßen so gut wie keine Bücher; aber etwas von dem weltweiten Rahmen späterer Operation zeichnete sich schon in der breiten Streuung dieser kleinen Gruppe ab. Auch zeigt der große Anteil derer, die nach Paris geschickt wurden, eine direkte Anerkennung der Rolle, die die Universitäten bei der Ausschöpfung und der Entwicklung des neuen Ordens spielen sollten.

So also sahen die Grundlagen der Dominikaner aus: ihr Ziel war es, Ketzerei durch Predigt zu bekämpfen, die durch eine urtümlich-einfache Lebensweise nach dem Vorbild der Apostel verstärkt werden sollte. Als wichtigstes Mittel bei dieser Arbeit benutzten sie die akademische Disziplin, die von einer universalen Organisation unterstützt wurde. Nach 1217 ließ man von der besonderen Konzentration auf die Bekehrung im Languedoc ab und verlagerte den Schwerpunkt des Ordens nach Paris und Bologna, den führenden Bildungszentren Europas. Mit dem ersten Generalkapitel in Bologna im Jahr 1220 begann die Bewegung ihren Triumphzug als neuer allgemeiner Orden der Kirche.

Doch bevor wir die späteren Entwicklungsstufen betrachten, müssen wir uns den ganz anderen Ursprüngen des Franziskanerordens zuwenden. Es wäre völlig sinnlos zu versuchen, die persönliche Entwicklung des Heiligen Franziskus von dem reichen Sohn eines Tuchhändlers in Assisi zu dem achtundzwanzigjährigen Mann nachzuzeichnen, der im Jahr 1210 mit elf zerlumpten Begleitern nach Rom ging, um dem Papst eine neue Lebensweise zu unterbreiten. Vier Jahre zuvor hatte er alles aufgegeben, und das war das Ergebnis. Seine Ziele waren viel weniger klar als die des Dominikus. Soweit man die Regel von 1210 noch rekonstruieren kann, scheint sie hauptsächlich aus der Aufforderung zu völligem Verzicht bestanden zu haben; alles sollte verkauft und den Armen verteilt werden, jede Form weltlichen Prunkes, Reichtum, Unterstützung, Bequemlichkeit und Organisation, war aufzugeben, „um nach der Lehre der Heiligen Schrift zu leben".[79] In seiner völligen Entsagung folgte Franziskus einem Bekehrungsmuster, das man zu jeder Zeit antreffen kann; aber die Schärfe und außergewöhnliche Konsequenz seiner Neigung wurde irgendwie durch die Gewalttätigkeit, die Pracht und die Unsicherheit der entstehenden städtischen Oligarchien in Italien hervorgerufen. Alle früheren religiösen Bewegungen waren von einem ausgeprägten Sinn für Ordnung und Tradition geprägt gewesen. Für so etwas gab es in den überlieferten Worten des Franziskus wenige Anzeichen. Es war seine Vorstellung, alle Auswüchse der monastischen Entwicklung zurückzuschneiden, seien sie bei Benediktinern, Zisterziensern oder Augustinern, um im wahrsten Sinn des Wortes das Leben Christi zu führen. Er rief zur völligen Unterwerfung auf, die sich dadurch manifestieren sollte, daß man wörtlich das Gebot des Evangeliums befolgte und verkaufte, was man besaß, um es den Armen zu geben.

---

[79] J. R. H. *Moorman,* Sources for the Life of St Francis of Assisi, 1940, S. 51 f.; vgl. Testamentum S. Francisci *in* Opuscula S. Patris Francisci, 1904, S. 79.

Auf den ersten Blick mag die Behauptung absurd erscheinen, das franziskanische Armutsideal sei etwas Neues gewesen, denn Armutsideale hatte es in jeder religiösen Bewegung gegeben. Freilich war Armut nie das hervorstechendste Merkmal gewesen, sofern es sich um diese früheren Bewegungen handelt. Die Armut einer bäuerlichen Gesellschaft ist so tief in der Natur der Dinge verwurzelt, daß sie selbst eigentlich kein sehr wichtiger Teil der Entsagung gewesen sein konnte. Die Regel des Heiligen Benedikt legte besonderen Wert auf den Gehorsam, nicht auf Armut. *Paupertas* ist ein Wort, das darin nur einmal vorkommt, und dann nur im Zusammenhang mit einer Ausnahmensituation: „Wenn die Umstände oder die Armut des Ortes es von den Mönchen erfordern, selbst die Ernte einzubringen, dann sollen sie nicht klagen ...“[80] Diese Art von Armut war kein Bestandteil der Benediktinerregel. Die wichtigste Armut eines Benediktinermönches lag in seinem Verzicht auf den eigenen Willen. Die wirklich Armen gab es draußen vor den Mauern des Klosters, und sie zu speisen gehörte zur Pflicht der Mönche.

Für den Heiligen Franziskus lag die Sache ganz anders. Er und seine Gefährten sollten die niedrigsten und ärmsten der Armen sein. Er betrachtete Armut und Reichtum in einer Weise, wie sie vielleicht nur ein Mann sehen konnte, der in der schnellen Anhäufung von Reichtümern und ebenso plötzlichen Verarmung einer städtischen Gesellschaft aufgewachsen ist. Er hatte nicht das tröstliche Gefühl, daß aller Reichtum natürlich sei, ob er aus der Befehlsgewalt über Arbeitskräfte oder aus den Früchten des Feldes entstammt, und daß kein Mensch so arm ist, daß ihm jeglicher Reichtum abgeht. Er konnte nur Reichtum als Gewinn sehen, den die meisten Menschen sich selbst schafften; er war etwas Böses. Daher erstrahlte die Armut als Ideal von Reinheit und Romantik, und sie nahm den ersten Platz in seinem Versuch ein, „dem Leben und der Armut Christi nachzufolgen“.[81]

Für den Heiligen Franziskus war daher Armut, die für Dominikus lediglich ein Mittel zum Zweck gewesen war, das Ziel selbst, auf das er seine größten Anstrengungen ausrichtete. Es war das wesentliche Element in der Nachfolge Christi, und das war alles, wonach er strebte. Er scheint sehr wenig Vorstellung von Führungstalent

[80] Reg. Ben. cap. 48.
[81] Opuscula S. Patris Francisci, 1904, S. 76.

oder Organisation gehabt zu haben, aber indem er zeigte, wie das Elend der Städte freudig angenommen und als Mittel zur Erlösung gebraucht werden konnte, rührte er an eine tiefe gefühlsmäßige Dynamik in der städtischen Gesellschaft. Schneller als die wohlgeplante Unternehmung des Heiligen Dominikus wurde die ungeordnete Bewegung, die Franziskus hervorrief, zu einer Organisation, die sich über die ganze Christenheit ausbreitete. Als die beiden Ordensleiter einander 1218 in Rom begegneten, leitete Dominikus noch immer nicht mehr als eine Handvoll Prediger, während Franziskus das widerstrebende Oberhaupt einer Organisation war, die in fast jedem Land Westeuropas ihre Zweige hatte.

Man wird auf einen Blick erkennen, daß die beiden Organisationen, die als Ergebnis der Tätigkeit von Dominikus und Franziskus entstanden, ihrem Wesen nach völlig verschieden waren. Die Dominikaner waren ein Zweig der Augustiner Chorherren, und diese Verbindung ging über eine lediglich verfassungsmäßige Befolgung derselben Regel weit hinaus. Praktische evangelische Tätigkeit und das Ideal der *vita apostolica* waren die wichtigsten Impulse der ersten Anhänger der Augustinerregel gewesen. Obwohl viele Gemeinschaften von Chorherren diese Impulse stillschweigend aufgegeben oder sie nie empfunden hatten, so hatte doch bei anderen ihre Tätigkeit, die Einrichtung von Schulen, die Versorgung von Krankenhäusern, die Errettung von Gefangenen und die Verbreitung des Gotteswortes nie aufgehört, Teil ihrer augustinischen Lebensweise zu sein. Dominikus gab dieser Tätigkeit einfach neue Impulse und einen neuen Schwerpunkt, indem er die Predigt als wichtigste Betätigung hervorhob. Alles andere, Organisation, Bildung, Regeln über Armut und Liturgie, war diesem einen Zweck untergeordnet.

Im Gegensatz dazu lassen sich die Franziskaner nur sehr viel schwieriger in die historische Entwicklung der religiösen Gemeinschaften einordnen. Sie gehören keinem der bisher beschriebenen Organisationstypen an, sondern der Erscheinung von städtischen Randbewegungen wie jene der „Apostel“, die wir oben genannt haben, die seit der Mitte des 11. Jahrhunderts in ganz Europa sporadisch auftauchten. Alle diese Bewegungen hatten in verschiedener Weise gegen Reichtum und Formalismus der kirchlichen Hierarchie protestiert, wie auch gegen die Tendenz dazu, daß die Religion von weltlichen Wertvorstellungen durchsetzt wurde und weltliche Ziele verfolgte. Bei ernsthaften Leuten erregten sie alle irgendwie Mitgefühl, aber die meisten von ihnen wurden schließlich verdammt und verfolgt, einschließlich einer wichtigen Richtung der Franziskaner. Worin sich die Franziskaner von all den anderen ähnlichen Bewegungen unterschieden, war ihr ungeheurer Erfolg, ihr allgemeiner Widerhall, ihre Dauer und – trotz vielfacher Verdammung von Individuen, Gruppen und Ideen innerhalb des Franziskanerordens – ihre Fähigkeit, im Rahmen der kirchlichen Organisation ihren Platz zu finden. Diese letzte Eigenschaft, die sie weitgehend der Nachahmung der Organisation der Dominikaner verdankten, schützte sie davor, den Weg anderer sporadischer städtischer Bewegungen zu gehen.

Das Ausmaß, in welchem diese beiden Organisationen voneinander entliehen und lernten, kann uns hier im einzelnen nicht beschäftigen. Uns interessieren nur die Kräfte, die die Richtung angaben, in der sich die beiden Organisationen entwickelten. Unter diesen Kräften darf man die Bedeutung der gegenseitigen Rivalität nicht unterschätzen. Die Mitglieder beider Organisationen entwickelten sehr schnell den leidenschaftlichen Wunsch, ihren eigenen Orden bis an die äußersten Grenzen seiner Möglichkeit zu treiben. Darin folgten sie lediglich dem innersten und kräftigsten Instinkt des Mittelalters – dem Instinkt, als Gemeinschaft zu überleben. Noch war dieser Instinkt nicht an den weltlichen Staat geknüpft, aber er war in allen religiösen Organisationen äußerst ausgeprägt und führte unvermeidlich zu einem lebhaften Wettbewerb zwischen Organisationen, die – wenn man einmal so sagen darf – denselben Marktanteil beherrschen wollten.

Diese Situation ist die Erklärung für viele Eigenschaften in der Entwicklung dieser beiden Orden, die man sonst kaum verstehen würde. In erster Linie erklärt sie das Ausmaß, in welchem sie voneinander jene Elemente entlehnten, die zum Überleben am unentbehrlichsten waren. So entlehnten die Franziskaner – zum Kummer des Heiligen Franziskus – viele Elemente der Dominikanerorganisation und folgten den Dominikanern an die Universitäten. Die Dominikaner ihrerseits entlehnten das franziskanische Armutsideal, das so sehr zu ihrer Stärke in den Städten beitrug. In einem weiteren Sinn lieferten die Dominikaner den Intellekt und die Franziskaner den Instinkt, der zu allgemeinem Erfolg führte. Ohne ihre Rivalen wären die Dominikaner vielleicht ein relativ kleiner Orden geblieben, mit einer einzigen Aufgabe, Ketzerei zu bekämpfen; ohne die Dominikaner hätten die Franziskaner vielleicht gar nicht überlebt. Im gemeinsamen Kampf gegen die Welt wuchsen beide mit erstaunlicher Schnelligkeit, obwohl sie einander jeden Fußbreit Territorium neideten und streitig machten.

Wachstum und Erfolg

Wachstum

Bei aller oberflächlichen Ähnlichkeit zeigt das Wachstum der beiden Orden einige erstaunliche Unterschiede. Fast von Anfang an betrachteten beide die ganze Welt als ihr Betätigungsfeld in einer Weise, wie es völlig phantastisch erschienen wäre, wenn ihnen nicht ihr Erfolg schnellstens recht gegeben hätte.

Bis zum Jahr 1217 hatten die Franziskaner bereits die damals bekannte Welt in Provinzen aufgeteilt, die sehr schön die Bereiche ihre anfänglichen Erfolge zeigen: es gab sechs Provinzen in Italien, zwei in Frankreich, und je eine in Deutschland, Spanien und dem mittleren Osten. Bis 1230 war Deutschland in zwei Provinzen unterteilt worden, Frankreich und Spanien in je drei, und die Provinzen England und Österreich waren hinzugekommen. Innerhalb weniger Jahre war somit die grundsätzliche territoriale Organisation geschaffen worden, die allen Ansprüchen des Mittelalters angemessen war.[82]

Die Dominikaner gingen mit größerer Bedächtigkeit vor. In ihrem ersten Provinzialplan von 1221 gab es nur fünf Provinzen (die Lombardei, Rom und Süditalien, die Provence, Spanien und Frankreich), und bis 1230 kamen noch Ungarn, Deutschland, England, Polen, Dänemark, Griechenland und das Heilige Land hinzu. Um diese Zeit hatten sich die beiden Orden für ihre weltweite Aufgabe gerüstet, freilich mit etwas unterschiedlichen Schwerpunkten, die die größere Bedeutung der Grenzräume für die Dominikaner deutlich machten.[83]

Rein zahlenmäßig waren die Dominikaner mit ihren klarer definierten Zielen nie so erfolgreich wie die Franziskaner. Zu Beginn

---

[82] J. *Moorman,* History of the Franciscan Order, 1968, SS. 46–62, 62–74.
[83] Eine nützliche Zusammenfassung dieser Entwicklungen ist bei A. *Walz,* Compendium Historiae Ordinis Praedicatorum, ^{2}1948.

des 14. Jahrhunderts zählten die Dominikaner im ganzen etwa 600 Niederlassungen, im Vergleich mit etwa 1400 der Franziskaner. Jede Schätzung der Zahl der Mönche in diesen Niederlassungen wird äußerst unsicher sein, aber ein Durchschnitt von etwa 20 Personen pro Niederlassung ist vielleicht nicht völlig verfehlt. Das ergäbe im ganzen etwa 28 000 Franziskaner im Vergleich zu etwa 12 000 Dominikanern auf dem Höhepunkt der mittelalterlichen Entwicklung dieser beiden Orden.[84]

Diese Zahlen allein sagen noch nicht viel, und es ist sehr problematisch, Vergleiche mit der Entwicklung früherer Orden anzustellen. Die Quellenzeugnisse für die Bettelmönche, die für ihre geistige Betätigung so reichlich fließen, sind sehr viel lückenhafter in Bezug auf alles, was ihre materiellen Umstände angeht, als die Quellen aller früheren Ordensgemeinschaften. Trotzdem zeigt ein Vergleich zwischen dem Anwachsen der Zisterzienser im 12. Jahrhundert und dem der Bettelmönche im 13. Jahrhundert einige bezeichnende Gegensätze. Die Zahl der Dominikanergründungen erreichte eine Höhe, die sich etwa mit der der Zisterzienser vergleichen läßt, während die der Franziskaner erheblich höher lag; aber alle Gründungen der Bettelmönche zusammen genommen stellten eine Kapitalinvestition dar, die nur ein Bruchteil dessen war, was die Zisterzienser übernommen hatten. Die Zeitspanne des Wachstums der Bettelmönche, die sich über kaum mehr als achtzig Jahre erstreckt, war wesentlich kürzer als die Spanne der Zisterzienser, die zwei Jahrhunderte umfaßte. Aber der bemerkenswerteste Unterschied zwischen Bettelmönchen und Zisterziensern war ihre Verteilung. Während sich in Frankreich ein Drittel aller Zisterziensergründungen befand, gab es dort nur etwa ein Sechstel der Dominikaner- und wahrscheinlich noch einen geringeren Anteil der Franziskanergründungen. Ganz anders in Italien! Dort war nur etwa ein Zehntel aller Zisterziensergründungen, aber ein Fünftel der Niederlassungen der Dominikaner und ein nicht bekannter, aber sicherlich sehr hoher

---

[84] Schätzungen über die Zahlenstärke der beiden Orden gehen weit auseinander. Für die Franziskaner vgl. *Moorman,* SS. 155–176, 351; für die Dominikaner, neben Walz, vgl. F. *Mandonnet,* Saint Dominique, 1937, Bd. 1, S. 187–8, und (für England) W. A. *Hinnebusch,* The Early English Friars Preachers, 1951, SS. 271–8. Die früheste offizielle Liste der Franziskanerhäuser aus dem Jahr 1331 ist gedruckt in *Eubel,* Provinciale Vetustissimum, 1892.

Anteil der Franziskaner. Diese grobe geographische Verteilung ist symptomatisch für einen wichtigen Unterschied zwischen den Bettelmönchen und früheren Ordensgemeinschaften: die Bettelmönche waren im wesentlichen eine städtische Bewegung, die in der Mittelmeerwelt am besten gedieh, die Zisterzienser waren landwirtschaftlich ausgerichtet, französisch und feudal.

Einkünfte

Wo es eine Stadt gab, gab es auch Bettelmönche, und ohne Stadt gab es sie nicht. Es war eine notwendige Folge ihres Lebensstils. Ein einzelner Bettler kann auf dem Lande überleben, aber eine organisierte Bettlergemeinschaft nicht. Um zu überleben, braucht so eine Gemeinschaft, selbst wenn sie klein ist, eine verhältnismäßig große Zahl von Leuten, die selbst nicht am Rande des Existenzminimums vegetieren. Deshalb zogen die Bettelmönche sofort in die Städte. Sie selbst hätten sich kaum als Leute betrachtet, die eine bisher ungenügend ausgeschöpfte Quelle städtischen Einkommens anzapften, aber genau das war es, was sie taten. Die Augustiner Chorherren waren ihnen in gewisser Beziehung zuvorgekommen. Wie wir schon gesehen haben, gab es aus der Reihe der Chorherren Proteste, daß die Bettelmönche ihnen bei dem Kampf um „Begräbnisse, Vermächtnisse und Almosen reicher Bürger" Konkurrenz machten. Aber das Feld des wirtschaftlichen Wettbewerbs war nur von geringer Bedeutung. Die Augustiner Chorherren waren ein Orden, der sich auf Ausstattungen stützen konnte und diese wichtigste Einkunftsquelle aus gelegentlichen anderen Quellen ergänzte. Die Bettelmönche fanden den Großteil ihres Lebensunterhaltes in den Gesten einmaliger Mildtätigkeit. Die beiden Organisationen waren in zwei ganz verschiedenen Milieus tätig und arbeiteten auf zwei ganz verschiedenen wirtschaftlichen Ebenen.

Es ist interessant, die Haltung der Bettelmönche und die der Augustiner Chorherren zum Leben in der Stadt zu vergleichen, wobei die letzteren der am stärksten städtisch geprägte Orden der alten Schule war. Wir haben gesehen, daß viele Gründungen der Chorherren in den Vorstädten begannen, in verfallenen oder vernachlässigten Kirchen. Für die Bedürfnisse einer städtischen Mittelklasse waren diese Kirchen sehr günstig gelegen, für die Leute, die zu arm waren, um ganze Klöster zu gründen, aber reich genug, um an geordneten Ordensgemeinschaften durch Zuwendungen teilzunehmen. Die Kanoniker kamen deshalb sehr häufig von einem städtischen Hintergrund, ohne freilich dadurch zu einem städtischen Phänomen zu werden. Sie kamen zufällig in die Städte, denn dort fanden sie unbesetztes Land, verfallene Kirchen und ungenutzte Zehnten. Im Gegensatz dazu kamen die Bettelmönche in die Städte, nicht wegen der Kirchen oder der Zehnten, sondern weil in den Städten die Leute wohnten, für die sie eine Botschaft hatten, aus denen sie ihre ersten Anhänger warben und von denen sie für ihren Lebensunterhalt abhängig waren. Vorzugsweise suchten sie sich ihre Grundstücke nicht in den Vorstädten, sondern direkt im Zentrum, mochten sie dadurch auch noch so unbequem liegen. Wenn sie zahlenmäßig zunahmen, mußten sie sehr oft das Stadtzentrum verlassen und manchmal sogar außerhalb der Stadtmauern bauen. Aber sie blieben dem Zentrum der Stadt so nahe wie möglich, und manchmal erhielten sie sogar die Genehmigung, einen Teil der Stadtmauer abzureißen, sodaß sie dadurch immer noch innerhalb der Stadt sein würden.[85] Ihr ganzer Lebensstil war auf ihre Verbindung mit der Stadt ausgerichtet, und sie bestimmte auch die Richtung ihrer späteren Entwicklung.

In der Stadt kann eine Gruppe Menschen von Almosen allein überleben, aber selbst dort ist es unmöglich, ganz ohne Besitz zu bleiben. Das stellt jeden, der zu den Armen gehören möchte, vor ein Problem. Ein Einzelner, und schon gar eine Gemeinschaft, kann auf Dauer nicht ganz arm bleiben. Das ist das große Paradoxon des Armutsideals: es ist so leicht, zufällig arm zu werden, und so schwer, aus Prinzip arm zu bleiben. Die älteren Ordensgemeinschaften hatten das Problem gelöst, indem sie als Ideal individuelle Armut inmitten gemeinschaftlichen Besitzes praktizierten. Aber gemessen an wirklicher Armut war es offensichtlich, daß klösterliche Armut nur ein anderer Name für Reichtum war. Im gewöhnlichen Verständnis des Begriffs hatte der Anspruch der Mönche und Kanoniker, *pauperes Christum pauperem sequentes,* „als Arme Christum in Armut nachzufolgen“, schon lange vor dem 13. Jahrhundert aufgehört, wirklich etwas zu bedeuten.

---

[85] Informative Angaben über Stätten der Dominikaner in England bei *Hinnebusch,* wie oben, und über alle Bettelorden in den zahlreichen Bänden der Victoria County History of England.

Ein wichtiger Teil der Mission des Heiligen Franziskus und seiner Anhänger bestand darin, diesem abgenutzten Begriff einen neuen Inhalt zu geben. Aber ihre Erfahrung lehrte, daß der Weg, den sie gehen wollten, nur instinktiv beschritten werden konnte; sobald man über ihn nachdachte und ihn in geordneter Weise beschritt, ergaben sich Probleme von unüberwindlicher Schwierigkeit. Der Christenheit des Abendlandes war durch die klösterliche Grundeinstellung, die wir bereits erwähnt haben, bis dahin diese Problematik erspart geblieben, aber Probleme dieser Art waren schon lange im religiösen Leben Indiens bekannt, wo vollständige Armut ein verständlicheres Problem war. Wir geben hier eine Beschreibung von einem schwindenden Armutsideals bei den Buddhisten, die die Schwierigkeit der Franziskaner deutlich macht:

Die Jünger begannen damit, Kleider zu machen, indem sie Material mit bloßen Händen bearbeiteten: da erlaubte ihnen ihr Leiter die Benutzung eines Messers.

Sie nähten die Stücke mit Bambussplittern zusammen: da erlaubte ihnen ihr Leiter die Benutzung von Nadeln.

Die Nadeln wurden stumpf: da erlaubte ihnen ihr Leiter ein Nadeletui.

Messer und Nadeln gingen verloren: da erlaubte ihnen ihr Leiter eine Tasche, um sie darin aufzubewahren.

Die Tasche wurde unbequem: da erlaubte ihnen ihr Leiter einen Schulterriemen.[86]

Wo war da die Grenze? Für die Franziskaner war das ein sehr gewichtiges Problem, das den Orden in dem ersten Jahrhundert seines Bestehens beinahe zerstörte. Für die Dominikaner, deren Ideal nicht so sehr die Nachahmung der Armut Christi als vielmehr die Befolgung der *vita apostolica* war, blieb es ein geringeres Problem. Letzten Endes führte gegenseitige Beeinflussung der beiden Orden zu einem Kompromiß, der schließlich den Bettelmönchen (bzw. Stellvertretern, die an ihrer statt handelten) solche Gebäude und Ausrüstung zubilligte, die sie für ihre Arbeit brauchten, nicht aber Besitzungen, die selbst Einkommen hervorbrachten.

Die Wirkung dieser Begrenzung ihres Besitzes wurde durch die Annahme von regelmäßigen jährlichen Almosen, die von einer normalen Pacht kaum zu unterscheiden war, sehr herabgesetzt. Trotz

---

[86] Kullavagga V, 11 (Vinaya Texts, translated T. W. R. *Davids* and H. *Oldenberg*, in The Sacred Books of the East, 1885, Bd. XX, S. 90).

alledem blieb der Unterschied zwischen den Bettelmönchen und den früheren Ordensgemeinschaften in Fragen des Eigentums sehr groß. Die Bettelmönche wurden nie reiche Gutsbesitzer. Der Großteil ihres Einkommens setzte sich aus kleinen Natural- und Geldgeschenken zusammen, ebenso wie aus Vermächtnissen und Zahlungen für Bestattungen und Totenmessen. Selbst als die Bettelei von Tür zu Tür zur Formalität und dann zur Erinnerung abgesunken war, blieb die allgemeine Zugänglichkeit der Bettelmönche und ihre Abhängigkeit von einer städtischen Umgebung immer noch an den Quellen erkenntlich, aus denen sie ihr Einkommen bezogen.

Den Bettelmönchen war es durch ihre Regel verboten, mehr Land zu besitzen, als sie für ihren unmittelbaren Lebensunterhalt brauchten. Das bedeutet, daß sie keine Kartulare, Gutsbücher oder Landaufnahmen benötigten, aus denen wir unsere Information über die Schenkungen beziehen, die die früheren Klostergründungen möglich gemacht hatten. Die Gaben, von denen die Bettelmönche lebten, kennen wir hauptsächlich aus den unzähligen Testamenten, die aus den spätmittelalterlichen Jahrhunderten überkommen sind. Man hat ausgerechnet, daß in der zweiten Hälfte des 14. Jahrhunderts ein Drittel der Testamente von Oxforder Bürgern Nachlässe an Franziskaner enthalten; und obwohl die Franziskaner am populärsten waren, enthält ein großer Anteil dieser Testamente auch Nachlässe an andere Bettelorden. Verglichen mit den Ausstattungen der Klöster waren diese Gaben sehr klein, aber sie waren sehr zahlreich und kamen aus einer breiteren Gesellschaftsschicht als alle früheren religiösen Vermächtnisse, für die wir noch Zeugnisse haben. Die breite Streuung der Geber und der Gaben erscheint sehr schön in den Quellen der Franziskaner Oxfords. Oben auf ihrer Liste steht der König, der ihnen 33 Pfund, 6 Schillinge und 8 Pence jedes Jahr von 1289 bis zur Klosteraufhebung im Jahr 1538 zahlte; ganz unten auf der Liste stehen die Leute der Kirche von St. Ebbe, in deren Pfarre das Haus der Franziskaner stand, und die jährlich 6 Pence bezahlten. Zwischen diesen beiden Extremen finden wir Grafen und Erzbischöfe, Mönche und Nonnen, Kleriker und Laien, Kaufleute und Ritter, Ehefrauen und Witwen, die alle ein paar Pfund oder Pennies bezahlten, regelmäßig oder als einmalige Gaben. Unsere Quellen sind nur fragmentarisch, und sie werden erst für die Zeit vollständiger, als der erste tiefe Eindruck der Bettelmönche bereits abgeklungen war, aber auch so, wie sie sind, vermitteln sie einen genügenden Eindruck von der Breitenwirkung der Bettelmönche.[87]

Vermächtnisse und testamentarische Verfügungen werden in großer Zahl erst seit dem späten 13. Jahrhundert zugänglich. Von dem Zeitpunkt an gehören sie zu den besten Quellen für die Erforschung der religiösen Einstellung des Volkes. Sie zeigen sehr deutlich, daß die Sterbenden nicht mehr von Höllenangst besessen waren wie früher; statt dessen zitterten sie vor langen Fegfeuerstrafen, und sie glaubten, diese Schmerzen durch weit gestreute Gaben zu verkürzen oder zu lindern. Die erhaltenen Testamente zeigen, daß selbst die reichsten Mitglieder der Gesellschaft wenig Land zur Verfügung hatten, wenn sie ihre Testamente machten; aber selbst die bescheidensten derer, die letzte Verfügungen machten, hatten genug zusammengewürfeltes Vermögen und Bargeld, was sie für fromme Zwecke verteilen konnten. Die Bettelmönche waren die idealen Empfänger. Sie konnten kleine Gaben immer gebrauchen, und sie konnten kleine, aber hoch geschätzte Wohltaten verteilen, die den Weg zum Himmel ebneten. Sie nahmen einen natürlichen und fast notwendigen Platz auf der Verteilerliste der Testamente ein. Das Testament von Richard Brampton, einem Oxforder Metzger von bescheidenem Vermögen, der im Jahr 1362 starb, zeigt das Bild der kleinstmöglichen Gaben, die das Seelenheil eines Händlers verlangte.[88] Er hinterließ

- Zwei Schillinge für die Instandsetzung des Einganges der Allerheiligenkirche, in der er begraben werden wollte;
- sechs Schillinge und acht Pence für die Begleichung irgendwelcher Zehnten oder Gaben, die er zu bezahlen versäumt oder vergessen hatte;
- einen Schilling für den Pfarrpriester, und sechs Pence für seinen Schreiber;
- zehn Schillinge für die Verteilung an die Armen am Tage seines Begräbnisses;
- zehn Schillinge zur Verteilung an die Bettelmönche von Oxford;
- drei Pfund, sechs Schillinge und acht Pence an einen Kaplan, der ein Jahr lang täglich eine Seelenmesse lesen sollte;

---

[87] Zu den Einzelheiten in diesem Abschnitt vgl. A. G. *Little,* The Grey Friars in Oxford (Oxford Hist. Soc., 21), 1892.

[88] Oxford Deeds of Balliol College, hg. von H. E. *Salter* (Oxford Hist. Soc., 64), 1913, SS. 198–9.

– und seinen Hausbesitz in Oxford an die Augustiner Chorherren von Oseney nach dem Tod seiner Frau.

Das ist eine typisch spätmittelalterliche Mischung. Je höher wir die soziale Leiter hinaufsteigen, desto größer werden die Summen, desto größer die Zahl der Seelenmessen, desto weiter der Bereich der Wohltaten; er umfaßt schließlich auch die Instandsetzung von Brükken, Gaben an Einsiedler und Einsiedlerinnen, Hilfe für Gefangene und Leprakranke, und Kerzenstiftung für die Altäre; dabei sind die Grundzutaten fast immer vorhanden. Im Spektrum der breit gestreuten Wohltaten in einer städtischen Gemeinschaft stellten die Bettelmönche ein breites Mittelband dar. Irgendwie befriedigten sie jedes gewöhnliche religiöse Bedürfnis: sie waren arm und brauchten Unterstützung; sie boten Begräbnisplätze für die Großen und Erinnerungsstätten für die weniger Großen; sie lasen Totenmessen und verhießen den Sterbenden die Absolution. Für jedermann machten sie den Weg zum Himmel leichter.

Natürlich entwickelten die Bettelmönche, wie jede Institution, schnell einige ihrer Lebensweise entsprechenden schlechten Eigenschaften. So, wie der Puritanismus der Zisterzienser direkt zu ihrer Aggressivität von Großgrundbesitzern führte, schuf die Armut und die routinemäßige Bettelei der Bettelmönche eine Jagd auf Vermächtnisse und Gaben und bot den Bußfertigen, sofern sie gleichzeitig Wohltäter waren, eine nachsichtige Behandlung. Wir brauchen kaum die Zeugnisse, um zu zeigen, daß Praktiken, die so sehr der Natur und den Lebensverhältnissen der Bettelmönche entsprangen, sehr weit verbreitet waren, aber selbst im schlimmsten Fall waren diese Laster nicht solche von adeliger Bequemlichkeit. Sie erforderten Anstrengungen, und es bestand nie die Gefahr, daß die Klöster der Bettelmönche geschlossene Gesellschaften für Wohlgeborene, die in Bequemlichkeit lebten, werden würden. Selbst in der entspannten Atmosphäre des ausgehenden Mittelalters behielten sie dieses Kennzeichen ihrer städtischen Herkunft, daß sie eher für ihre Schärfe als für ihre Nachlässigkeit berüchtigt waren.

Nachwuchs

Es ist nicht schwer, diese Flut von Gaben und Almosen zu verstehen, die das schnelle Wachstum der Bettelorden im 13. Jahrhundert möglich machten und die ihre Unterstützung bis zum Ende des

Mittelalters garantierten. Das Nachwuchsproblem war gleichwohl schwieriger, und die Schwierigkeit unterstreicht nur den Unterschied zwischen den Bettelmönchen und den früheren Ordensgemeinschaften. Ein großer Anteil des Nachwuches für die Orden kam aus derselben sozialen Klasse wie die großen Gönner, der des Landadels und der Gutsbesitzer. Aber diejenigen, die den Bettelmönchen am meisten gaben, wollten am wenigsten sehen, daß ihre Kinder Bettelmönche würden. Es war der Angsttraum gut situierter Familien, daß ihre Kinder Bettelmönche, und erst recht Franziskaner, würden. Zweifellos hatte diese Abscheu manchmal die Wirkung, die Armut der Bettelmönche in einen romantischen Heiligenschein zu tauchen. Abscheu vor sozialer Respektabilität war vielleicht im 13. Jahrhundert ein ebenso starkes Motiv, den Erwartungen der Eltern entgegen zu handeln, wie es im 20. Jahrhundert der Fall ist.

Und doch, so abstoßend oder romantisch das Leben institutionalisierter Bettelei für Wohlsituierte ausgesehen haben mag, für die Ärmsten war es eine Zuflucht von Sicherheit und Ansehen. Es ist nicht unwahrscheinlich, daß die Franziskaner, deren Zulassungsbedingungen in Fragen der Bildung weniger streng waren als die der Dominikaner, viele in ihre Reihen aufnahmen, die bereits von Almosen lebten. In den chaotischen sozialen Verhältnissen wachsender Städte hatte der Übergang von weltlicher zu religiöser Bettelei viele Vorteile, und das mag eine Erklärung für die gewaltige Ausbreitung der Franziskanersiedlungen in allen Städten Oberitaliens im 13. Jahrhundert sein. Tatsächlich war es noch vor wenigen Jahren möglich, sich in Neapel die enge Verwandtschaft zwischen den Bettelmönchen und den vielen Abstufungen solcher Leute vor Augen zu führen, die von Bettelei lebten. Das war die Umwelt der Bettelmönche in ihrer frühen Entwicklung, und vielleicht bildeten diejenigen, welche die Not bereits zur Bettelei getrieben hatte, ihren ersten Nachwuchs.

Freilich glaubten die Bettelmönche wie alle anderen Menschen an die Vorzüge vornehmer Geburt, und es gab zwei Arten von Menschen, deren Bekehrung sie besonders begrüßten: Leute von hoher Geburt und Leute von hoher Bildung. Ihre Gegner erzählten viele Geschichten darüber, was die Bettelmönche unternahmen, um solche Menschen zu werben, und nicht alle diese Geschichten waren frei erfunden. Schon im März 1244 schrieb Papst Innozenz IV. einen Brief an den Archidiakon von Turin, der diese Klagen über die Bettelmönche illustrieren mag, die im Laufe der Zeit immer zahlreicher wurden. Der Papst berichtete, wie der Schulmeister von Asti vor ihm mit der folgenden Geschichte erschienen war:

Als er in Vercelli studierte, hatte man die Diener des Schulmeisters bestochen, seinen Trunk zu „behandeln". Daraufhin verführten einige Bettelmönche ihn dazu, ihrem Orden beizutreten, indem er einfach das Wort „Ja" aussprach (zu mehr war er sowieso nicht mehr fähig). Dann zogen sie seinen Besitz ein, rissen ihm seine Kleider vom Leib und zogen ihm eine Kutte an. Sie wollten ihn gerade tonsurieren, als er wieder zu Verstand kam, nach der Schere grff und seine Angreifer aus dem Hause jagte. Die Bettelmönche fürchteten einen Skandal und gaben ihm seine Sachen zurück; aber der Schulmeister rief den Papst an, um von seinem erzwungenen Gelübde losgesprochen zu werden.[89]

Leider ist es nie möglich, solche Geschichten einwandfrei auf ihren Wahrheitsgehalt zu überprüfen, aber es ist sehr wahrscheinlich, daß die Geschichte, die Innozenz IV. hier berichtete, in großen Zügen stimmt. Doch es wäre völlig verfehlt, anzunehmen, daß die Bettelmönche durch solche Kniffe zu der akademischen Qualifikation aufstiegen, die ihnen ihren festen Platz in der Geschichte des Mittelalters gibt. Sie konnten akademischen Studenten und Lehrern etwas bieten, was keine andere Organisation bot. Sie ersparten ihnen den Wettlauf um Beförderung in der Kirche und boten ihnen Gelegenheit für ein gründliches Theologiestudium und für ausgiebige Unterrichtsmöglichkeit; außerdem boten sie die Motivation zu gelehrter Arbeit, die die besten Kräfte anzog.

Wir haben den Wettlauf der Scholaren um kirchliche Beförderung bereits kurz geschildert. Fast jeder Universitätsstudent brauchte erst eine Familie oder einen Gönner, die ihn unterstützten, solange er studierte, und dann eine (besser mehrere) Pfründe, um ihn zu nähren, wenn er sein Studium beendet hatte. Normalerweise war ein Mann von etwa 25 Jahren *magister artium*, und dann mußte er sich seine Laufbahn in der Welt in der weltlichen oder der kirchlichen Verwaltung erkämpfen, bevor er zur Universität zurückkehren konnte, um für einen höheren Grad in Theologie oder Rechtswissenschaft zu studieren. Mit vierzig Jahren etwa würde er zum Doktor der Theologie avancieren und war dann auf Beförderung in die höheren Stellen in Kirche und Staat angewiesen. Natürlich gab es außergewöhnliche Meister, die ihr ganzes Leben an der Universität unterrichteten, ohne durch eine religiöse Gründung unterstützt zu werden,

---

[89] Registres d'Innocent IV, Nr. 529.

aber sie waren die Ausnahme; für die meisten Leute verband sich die akademische Laufbahn mit einem Kampf um Beförderung.

Hier boten die Bettelmönche einen Ausweg. Universitätslehrer, die den Bettelorden beitraten, zogen sich aus dem Wettlauf um die Pfründen zurück und konnten sich voll der akademischen Arbeit widmen. Einige der frühesten Zöglinge waren *magistri regentes,* die noch nicht damit begonnen hatten, Karriere zu machen; andere hatten es schon sehr weit gebracht; in beiden Fällen hielten die Bettelmönche sie in den Universitäten und ermöglichten es ihnen, der Welt den Rücken zu kehren. Die Lebenswege dreier Engländer an den Universitäten Paris und Oxford im frühen 13. Jahrhundert mögen das erläutern.

Robert Bacon. Robert Bacon wurde in Paris um 1215 *magister artium.* Er kehrte dann nach England zurück und begann ein bescheidenes Leben mit einer Hälfte des Rektorats von Lower Heyford in Oxfordshire als Pfründe. Er verdankte diese Beförderung der Abtei Eynsham, und es scheint möglich zu sein, daß er auserlesen wurde, weil seine Familie zu den Pächtern der Abtei zählte. Materiell gesehen waren seine Aussichten nicht großartig; aber er wohnte in der Nähe von Oxford und ging dorthin zum Theologiestudium. Während des Studiums trat er dem Dominikanerorden bei, etwa im Jahr 1227. Er konnte jetzt auf seine Pfründe verzichten; er brauchte nicht länger in der Welt zu kämpfen. Er hatte eine gesicherte akademische Stellung und lehrte unter allgemeinem Beifall in Oxford Theologie bis zu seinem Tod im Jahr 1248.[90]

Richard Rufus. Richard Rufus aus Cornwall, der in den zwanziger Jahren des 13. Jahrhunderts in Paris studierte, ging einen ähnlichen Weg. Er war *magister artium,* der mit dem Theologiestudium begann, als er etwa 1230 dem Franziskanerorden in Paris beitrat. Danach war seine akademische Laufbahn gesichert, und sie war bemerkenswert, völlig dem Studium und der Lehre der Theologie in Paris und Oxford gewidmet. Die zeitgenössischen Franziskaner beurteilten ihn unterschiedlich. Thomas of Eccleston nennt ihn einen ausgezeichneten Lehrer; Roger Bacon bemerkte sarkastisch, sein Ruf sei unter der unwissenden Masse an besten. Aber ein Akademiker muß diese Art von Kritik erwarten. Wenigstens war er von dem

---

[90] Für seine Laufbahn vgl. A. B. *Emden,* Biographical Register of the University of Oxford to A. D. 1500, 1957–1959, Bd. 1, S. 87.

unerfreulichen Wettrennen um weltliche Beförderung befreit. Er hatte die Befriedigung, mit berühmten Männern zusammenzuarbeiten und hinterließ Werke, die in den franziskanischen Bibliotheken in ganz Europa verbreitet sind.[91]

Alexander von Hales. Alexander von Hales, vielleicht aus Hales-Owen in Shropshire, war ein älterer Mann, der schon ziemlich weit in seiner Laufbahn fortgeschritten war, als er Franziskaner wurde. Er hatte im ersten Viertel des 13. Jahrhunderts in Paris studiert und gelehrt, sowohl an der Artistenfakultät als auch Theologie. Mit Kanonaten in Lichfield und London und dem Archidiakonat von Coventry hatte er solide, aber keineswegs glänzende kirchliche Beförderung erfahren. Etwa im Jahr 1236 gab er alles auf und wurde Franziskaner. Er war zu der Zeit bereits über fünfzig Jahre alt; als Theologe hatte er einen guten Ruf und eine gesicherte Stellung in der kirchlichen Hierarchie. Er gab also sehr viel auf, als er Franziskaner wurde, nicht aber seine akademische Laufbahn. Im Gegenteil, von dem Zeitpunkt an war er fester als zuvor in der Universität verwurzelt. Seine Bekehrung war für die Franziskaner in Paris von besonderer Bedeutung, denn sie erhielten in ihm ihren ersten Universitätslehrer im Fach Theologie. Das war eine Auszeichnung, der sich die Dominikaner schon seit langem erfreut hatten, die sich aber die Franziskaner lange vergeblich gewünscht hatten. Ihre Freude war so groß, daß sie dazu beigetragen hat, Alexanders akademischen Ruf unter den Franziskanern bis zum heutigen Tag gesichert zu haben.[92]

Akademische Leistung

Die Gründe, weshalb diese Männer den Bettelorden beitraten, sind uns natürlich verborgen; aber ein Thema kennzeichnet sie alle: die Bettelmönche brauchten sie wie sonst niemand, nicht als Verwalter, sondern als Lehrer und Studenten der Theologie, und zwar Theologie auf höchster Ebene. Dort fanden sie ihren Platz. Ein halbes Jahrhundert vor dem Erscheinen der Bettelmönche waren in der Theologie wenige Fortschritte erzielt worden. Es hatte kaum neue Gedanken, kaum neue methodische Ansätze gegeben. Jetzt war die

---

[91] Ebenda, Bd. 3, S. 1604–5.

[92] Zu Alexanders Laufbahn und Bedeutung in seinem Orden vgl. J. *Moorman,* The Franciscan Order, 1968, SS. 100, 131 f., 240 ff.

Zeit für schnelle Fortschritte darin gekommen, das ganze Gebäude der aristotelischen Wissenschaft und Metaphysik für die Theologie nutzbar zu machen. Theologen, die das voraussahen, wollten ihr Fach ausweiten und in neuen Diskussionsformen und neuen Unterrichtssystemen experimentieren. Es war schwierig, in den Lehrplänen der Universitäten dafür Platz zu schaffen, besonders inmitten von Existenzkämpfen. Die Bettelmönche boten die Startposition und auch die Befreiung von der Existenzangst: Befreiung deshalb, weil sie es Studenten zum erstenmal ermöglichten, in einer Gemeinschaft inmitten des Stromes des Universitätslebens zu sein und ihrer Arbeit nachzugehen, ohne an die Laufbahn zu denken; Startposition, weil die Bettelmönche dringend Theologen benötigten, um ihre jungen Leute zu Predigern, Missionaren und Disputanten auszubilden.

Die Dominikaner waren von Anfang an als Orden auf das Theologiestudium ausgerichtet. Im Jahr 1223 gab es in Paris bereits einhundertzwanzig Ordensmitglieder, bis zum Jahr 1234 waren neun von fünfzehn Doktoren der Theologie an der Universität wahrscheinlich Dominikaner. Das Generalkapitel von 1228 hatte bestimmt, daß jede Gemeinschaft des Ordens einen Mönch haben sollte, der für das Theologiestudium verantwortlich war und dafür, Dispute zu organisieren und die Ausbildung der Studenten des Hauses durch Anleitung bei der Lektüre zu leiten; das Kapitel setzte fest, daß kein Mitglied des Ordens öffentlich predigen sollte, bevor er nicht wenigstens drei Jahre Theologie studiert hatte; und es war geplant, in Paris ständig je drei Studenten aus jeder der zwölf Ordensprovinzen zu unterhalten. Zweifellos ist jede Gesetzgebung in gewissem Maße utopisch, aber die forcierten Bemühungen der Dominikaner, etwas zu bieten, was im Grunde auf ein eigenes Universitätssystem hinauslief, parallel zu dem System der weltlichen Universitäten, gehört zu den erstaunlichsten Schöpfungen des Mittelalters. In gewisser Weise schufen die Dominikaner ein stärkeres System für fortgeschrittene Studien als jedes andere System, was in Europa je geschaffen wurde. Nie wieder hat es eine solche Organsation gegeben, unter der Leitung einer einzigen gesetzgebenden Autorität, die eine internationale Gruppe von Studenten auf ein klar definiertes Studienziel hin zusammenfaßte.

Die Ausbildungsbestimmungen der Franziskaner folgten denen der Dominikaner in nicht geringem Abstand. Wie jeder andere Aspekt der franziskanischen Organisation vermitteln sie den Eindruck, am

Rand des Chaos zu stehen, aber sie waren deswegen nicht unbedingt weniger wirksam. Es scheint keine ausdrückliche Bestimmung dafür gegeben zu haben, daß jedes Haus einen Theologiedozenten haben sollte, aber allein in England brüstete sich ein franziskanischer Chronist, daß es im Jahr 1251 dreißig Dozenten gab, die formale theologische Disputationen abhielten, sowie drei oder vier weitere, die ohne formale Disputationen lehrten. Da diese Zahl fast genau mit der Zahl der Franziskanerhäuser in der englischen Provinz übereinstimmt, scheint klar zu sein, daß damals das Ideal der Franziskaner dem der Dominikaner sehr nahe kam.[93]

Alles, was wir über die Gesetzgebung der Franziskaner im 13. Jahrhundert wissen, stützt diese Ansicht. Im Jahr 1260 bestimmte das Generalkapitel der Franziskaner, daß zwei Mönche aus jeder Provinz unentgeltlich nach Paris gehen sollten. Diese Männer hatten sicherlich bereits zuvor zwei oder drei Jahre in ihrer eigenen Provinz studiert. An Ausbildungsstätten herrschte gewiß kein Mangel. In Oxford gab es im frühen 14. Jahrhundert 90 Dominikaner und 84 Franziskaner.[94] Die beiden Orden liefen Kopf an Kopf, und zusammen müssen sie erheblich mehr als ein Zehntel des akademischen Publikums gestellt haben. Wichtiger noch war, daß sie die Theologie eroberten und verjüngten und auch jeden anderen Zweig des akademischen Lebens sehr nachhaltig beeinflußten.

Die Bettelmönche konnten das nicht nur tun, weil sie bessere Möglichkeiten für ein verlängertes Studium als jede andere Organisation boten, sondern auch, weil sie dem akademischen Beruf eine neue Zielrichtung gaben. Sie gaben dem Studium die Spannung und

---

[93] Thomas of Eccleston, Tractatus de Adventu Fratrum Minorum in Angliam, hg. von A. G. *Little,* 1951, S. 50; auch A. G. *Little,* The Educational Organisation of the Mendicant Friars in England, *in* Transactions of the Royal Historical Society, 1895, Bd. VIII, SS. 49–70.

[94] Das war die Zahl im Jahr 1317; sechzig Jahre später, im Jahr 1377, waren die Dominikaner auf 70 zurückgegangen und die Franziskaner auf 103 angestiegen. Es gab außerdem 45 Karmeliter und 43 Augustiner Bettelmönche im Jahr 1317 gegen 57 Karmeliter und 49 Augustiner Bettelmönche 1377 (A. G. *Little,* Franciscan Papers, Lists and Documents, 1943, S. 65). Die Gesamtzahl der Mitglieder der Universität Oxford im vierzehnten Jahrhundert ist äußerst ungewiß: die verläßlichste Schätzung (für 1315) ergibt 1500; hundert Jahre später waren es etwa 1000; vgl. *Rashdall,* Universities of Europe in the Middle Ages, hg. von F. M. *Powicke* und A. B. *Emden,* 1936, Bd. 3, SS. 95, 328, 332 f.

Aufregung zurück, die ihm seit der Mitte des 12. Jahrhunderts gefehlt hatte. Bis zur Ankunft der Bettelorden hatten die Universitäten hauptsächlich als Ausbildungsstätten von Verwaltungsfachleuten gedient. Sie brachten die Männer hervor, die das Rechtssystem, die Gerichtshöfe und die Organisation der Regierung entwickelten. Das war ein notwendiges, aber unbefriedigendes Ziel. Im Gegensatz dazu zielten die Bettelmönche bei ihrem Studium auf die Bekehrung der Welt. Sie wollten Ketzer bekehren, die Sarazenen überwinden, die Griechen überzeugen, Prediger und Beichtväter ausbilden und jene Völker Westeuropas unterweisen, die von den früheren religiösen Neuerern weitgehend außer acht gelassen worden waren. Das Theologiestudium war die Voraussetzung für diese differenzierte Tätigkeit. Indem es intellektuell differenzierter und anspruchsvoller wurde, wuchs auch seine praktische Bedeutung. Es ist schwer, sich eine intellektuelle Situation zu vergegenwärtigen, die befriedigender oder anregender für akademischer Arbeit ist – und ohne die Bettelmönche hätte es sie kaum gegeben. Daher kann es nicht überraschen, daß die größten Namen in der Theologie des Mittelalters zwischen 1250 und 1350 Bettelmönchen gehören: bei den Dominikanern Albertus Magnus, Thomas von Aquin, Eckhart, bei den Franziskanern Bonaventura, Duns Scotus, Wilhelm von Ockham. Das sind Namen von bleibender Bedeutung, die sich über Zeit und Ort hinwegsetzen. Es ist ein Maßstab für die Tätigkeitsbreite der Bettelmönche und für die Leidenschaften, die sie freisetzten, daß diese kurze Liste sowohl den größten Erbauer als auch den größten Zerstörer in der Geschichte des mittelalterlichen Denkens umfaßt. Wo alle früheren religiösen Organisationen versagt hatten, waren die Bettelmönche erfolgreich: sie befriedigten die intellektuellen Bedürfnisse des intellektuellsten aller mittelalterlichen Jahrhunderts.

RANDORDEN UND ANTIORDEN

Die allgemeinen Voraussetzungen

Wir haben jetzt die Stufe erreicht, auf der jede Form organisierten religiösen Lebens, die innerhalb des sozialen und religiösen Rahmens der mittelalterlichen Geschichte erfolgreich entwickelt werden konnte, jede Form, mit anderen Worten, was Zielsetzung, Organisation, materielle Unterstützung und allgemeine Beziehung zur Welt überhaupt angeht, erprobt worden war. Benediktiner, Zisterzienser, Augustiner Chorherren und Bettelorden hatten untereinander alle die wichtigsten Bereiche ausgefüllt, die für Entwicklung offen standen. Sie befriedigten alle wichtigsten geistlichen, sozialen und intellektuellen Bedürfnisse, die ein organisiertes Ordensleben befriedigen konnte, und sie erschöpften die wichtigsten materiellen Quellen. Es blieb nur noch ein weiterer Schritt zu tun, der Schritt nämlich in Richtung auf größere Freiheit von sozialen und hierarchischen Pressionen und auf eine größere Vielfalt der Betätigungen für den Einzelnen. In diesen ebenso wie in einigen anderen Bereichen sahen die letzten beiden Jahrhunderte des Mittelalters, zum Teil als Ergebnis der größeren Komplexität und Verwirrung, eine Rückkehr zu den urtümlichen Lebensbedingungen des früheren Mittelalters. Das Verlangen nach immer besser definierten und umfassenderen Organisationsformen ließ plötzlich nach, und, je nach Standpunkt und Ansicht begann Europa auseinanderzufallen oder einen neuen Reichtum und eine neue Vielfalt des Gefühlslebens zu erschließen.

Eine derartige Situation war nicht gerade dazu geeignet, Organisationsformen wie die der Zisterzienser oder der Bettelmönche hervorzubringen, die man dazu gebracht hatte, mächtige Organisationen zu schaffen, um selbst zu ihrem Ziel zu kommen. Statt dessen erleben wir eine Rückkehr zu kleinen, bescheidenen, schattenhaften Organisationen an Stelle von großen und unerreichbaren Zielen. Die einsame religiöse Gestalt, die in den vorhergegangenen Jahrhunderten trotz allen Organisationseifers nie ganz verschwunden war, tauchte erneut als eine Kraft in der Gesellschaft auf. Diese

Person (wobei bedeutend ist, daß jetzt auch Frauen dabei in Erscheinung treten) erschien nicht länger in der Gestalt des Heiligen Guthlac, der einem einsamen Kampf zur Befreiung des Landes von den bösen Geistern kämpfte, sondern in der Gestalt einer Heiligen Katharina von Siena, eines Julian von Norwich oder eines Gerhard Groote aus Deventer als Kontemplative und Mystiker, Kritiker und Reformer, die etwas außerhalb ihrer organisierten religiösen Umwelt standen. Der kriegerische Geist hatte an Anziehungskraft verloren, der Geist der Kritik und Beschauung rückte stärker in den Vordergrund. Kriegshandwerk, das die geistigen Bilder und Vorstellungen einer früheren Zeit geprägt hatte, war nicht länger verlockend, außer für Leute, die auf Gewinn aus waren, wobei sie ihre wahren Motive hinter einer Fassade von Ritterlichkeit verbargen. Selbst der Versuch, das Ideal des christlichen Kriegers für die Kreuzzüge zu schaffen, fiel auf taube Ohren. An Stelle des Kriegers trat die neue Hoffnung der Christenheit auf den einzelnen Propheten.

Es ist nicht ungewöhnlich, daß der erste Hauch eines Wandels in der Organisation verspürt wird, die am stärksten die alte Ordnung vertritt. So war es auch jetzt. Im Dominikanerorden, der am stärksten geeinten und geregelten aller religiösen Organisationen, sprach in den ersten Jahren des 14. Jahrhunderts der deutsche Bettelmönch Eckhart Worte, die man sehr destruktiv auslegen könnte:

> Wahrlich, wenn einer wähnt, in Innerlichkeit, Andacht, süßer Verzücktheit und in besonderer Begnadung Gottes mehr zu bekommen als beim Herdfeuer oder im Stalle, so tust du nichts anderes, als ob du Gott nähmest, wändest ihm einen Mantel um das Haupt und schöbst ihn unter eine Bank. Denn wer Gott in einer bestimmten Weise sucht, der nimmt die Weise und verfehlt Gott, der in der Weise verborgen ist. Wer aber Gott ohne Weise sucht, der erfaßt ihn, wie er in sich selbst ist; und ein solcher Mensch lebt mit dem Sohne, und er ist das Leben selbst.[1]

Man kann diese Worte in verschiedener Weise betrachten. Man kann sie vor den Hintergrund einer weit verbreiteten Rebellion gegen die hierarchische Kirche stellen, die seit dem 12. Jahrhundert zu erkennen ist. Man kann sie in ihrer künftigen Bedeutung als eine Vorstufe zur stillen evangelischen Reinheit des häuslichen Lebens betrachten, die der bleibendste Beitrag des protestantischen Puritanismus zum christlichen Leben wurde. Oder man kann in ihnen

---

[1] Meister Eckhart, Die deutschen Werke, hg. von J. *Quint*, Band 1, 1936–1958, Predigt 5 b, S. 450.

einen Ausdruck der zunehmenden Individualisierung der mittelalterlichen Religion sehen, und als eine Kritik an den vielen Versuchen, das religiöse Leben in ein organisiertes System von Gehorsam für eine berufliche Elite zu pressen. In allen diesen Interpretationen zeigten die Worte Eckharts einige der wichtigsten Tendenzen spätmittelalterlichen Erlebens, aber für unseren unmittelbaren Zweck ist die letzte die wichtigste.

Alle großen und fruchtbaren Bewegungen in Europa zwischen 1050 und 1300 waren Teil einer Suche nach Ordnung und Organisation, und mehr oder weniger hatten sie alle ihr Ziel verfehlt. Natürlich hatte man Großes erreicht, und den modernen Betrachter beeindruckt selbstverständlich das Erreichte mehr als das Mißlungene. Aber für die Zeitgenossen, die deutlicher als wir die Lücke sahen, die zwischen Erwartung und Wirklichkeit klaffte, die die Verwirrung und Bitterkeit enttäuschter Hoffnungen fühlten, die uns erspart bleibt, und die wußten, daß ein Mensch, der sich auf den Weg macht, nichts erreicht, wenn er nicht am Ziel anlangt, war der Mißerfolg sehr bitter. Bei den Bettelmönchen war das Gefühl der Enttäuschung am größten, denn sie standen im Brennpunkt der größten Hoffnungen und waren der Ursprung der erfolgreichsten Bemühungen während des 13. Jahrhunderts gewesen. Die Enttäuschung der Franziskaner fand ihren Ausdruck in einer neuen Welle apokalyptischer Hoffnungen und einer Rebellion gegen die Selbstgefälligkeit der herrschenden Ordnung. Die Enttäuschung der Dominikaner war zurückhaltender und fand ihren wichtigsten Ausdruck in einigen mutigen Versuchen von Schülern des Thomas von Aquin, den Inhalt seiner Werke neu zu fassen und weiter zu spannen. Unter den Werken dieser Schüler stellen die Predigten von Eckhart einen Versuch dar, das religiöse Leben von institutionellen Zwängen zu befreien und ihm einen Mittelpunkt zu geben, nicht in einer Institution – nicht einmal in einer Institution, die so frei von allgemeinen Bindungen war wie die der Bettelmönche – sondern im Einzelnen.

Die Auslegung der Lehre Eckharts ist voll Schwierigkeiten, aber es scheint klar zu sein, daß in seinen deutschen Predigten, die er in der Dominikanerkirche dem Volk von Köln hielt, den religiösen Werten des weltlichen Lebens neues Gewicht gab. Er sprach von einer Vereinigung mit Gott, die für alle Menschen möglich war, besonders aber für die, welche den Versuchungen der Berufschristen nicht ausgesetzt waren. Die wichtigste Versuchung bestand darin, Eigen tum zu besitzen, nicht weltliches Eigentum, das die Bettelmönche abgelehnt hatten, sondern Eigentum an Gebeten, Fasten, Wachen und anderen derartig äußerlichen Praktiken und Kasteiungen. Es wäre ganz falsch zu denken, wie viele Zeitgenossen Eckharts es taten, daß er sich gegen die äußeren Formen und Institutionen der Kirche auflehnte. Wenn er in seiner Lehre diese Dinge abzuwerten schien, dann teils deswegen, weil sie in der Vergangenheit überbewertet worden waren, und teils, weil er die Suche nach der befreienden Armut, die die Bettelmönche wegen ihrer Institution nicht hatten finden können, einen Schritt weiter führte.

Der Kern der Lehre Eckharts war, daß man diese Armut in der eigenen Seele finden mußte. Man konnte sie nicht finden, indem man diese oder jene Art Besitz aufgab, denn das war wie alles andere eine Erfindung des menschlichen Willens, die eine Schranke zwischen der Seele und Gott aufrichtete. Eckhart sprach in seinen Predigten von einer inneren Bekehrung in der Seele, die sich in entsprechender Weise kundtun würde, die von Gott allein bestimmt war. Wenn Menschen diese Bekehrung erlebten, wurden alle Gelübde, wurde Disziplin, religiöse Übung und äußere Form zweitrangig.

Hatten also diese Gelübde, Disziplin und äußere Formen überhaupt noch einen bleibenden Wert? Das ist eine Frage, auf die Eckhart die klare Antwort schuldig blieb. Es war eine Frage, die im späteren Mittelalter in vielen verschiedenen Zusammenhängen immer wieder auftauchte und die drohte, all die schwer erkämpften Systeme und Organisationen der früheren Zeit zu zerstören. Aber selbst wenn es nicht so weit kam, hatte die Suche nach einer einzigen letzten Wirklichkeit in einer einzelnen Seele – ob sie von Eckhart stammte oder aus einer anderen Quelle – einen tiefgreifenden Einfluß auf die Religion der letzten beiden mittelalterlichen Jahrhunderte.

Es ist gleichwohl wichtig, weder das Ausmaß dieses Einflusses noch die Einmaligkeit von Eckharts Zeugnis für die religiösen Werte des weltlichen Lebens zu überschätzen. Einerseits fand die extrem individualistische Position, die Eckharts Worte, aus ihrem Zusammenhang gerissen, auszusagen scheinen, vor dem Ende des Mittelalters nur begrenzt Widerhall. Die große Mehrheit der Menschen blieb weiterhin den religiösen Formen der institutionalisierten Kirche eng verhaftet. Um es einmal kraß auszudrücken: Europa hatte zuviel intellektuelles, gefühlsmäßiges und materielles Kapital in diese Formen investiert, um sie leichtfertig aufzugeben. Messen und Gebete für die Toten, Ablässe, gute Werke und fromme Gaben zur Linderung der Qualen des Fegfeuers waren nie populärer, ja sogar erschreckend populär, als gerade im 14. und 15. Jahrhundert.

Doch die begierige Annahme der Vorteile, die diese Praktiken boten, war nie die Summe der Volksreligion des Mittelalters. Die Laien gaben sich nie gänzlich mit ihrer Rolle als Außenstehende zufrieden, die für Bezahlungen und Dienstleistungen entlohnt wurden. Sie waren nie so gehorsam und so passiv, wie es von ihnen verlangt wurde. Eckharts Worte drückten lediglich deutlicher, als es für die meisten Leute annehmbar gewesen wäre, einen anhaltenden und großen Wunsch danach aus, das gewöhnliche weltliche Leben mit einigen der Werte einer Ordensgemeinschaft anzureichern. Dieses Verlangen fand ganz unterschiedliche Ausdrucksformen, am konsequentesten freilich in den Versuchen, den etablierten Ordensgemeinschaften entsprechende Institutionen für die Laien beizuordnen. In unmittelbarer Nähe aller Orden, die wir bisher besprochen haben, wuchsen Vereinigungen heran, die sich an den Elternkörper wie Organismen klammerten, die ihr Leben von den Eltern ableiten, die aber dennoch, nach der Art solcher Gewächse, ihr eigenes Leben entwickelten.

In diesen Randgemeinschaften finden sich einige der originellsten und anziehendsten, zuweilen auch gewalttätigen und zerstörerischen Kräfte des ausgehenden Mittelalters. Doch bevor wir uns der Entwicklung organisierten religiösen Lebens am Rande der Ordensgemeinschaften zuwenden, müssen wir etwas über zwei Elemente in der mittelalterlichen Gesellschaft sagen, die wir schon zu lange außer acht gelassen haben, das Verhalten der Masse und den Einfluß der Frauen. Diese beiden Dinge bieten einen Schlüssel zum Verständnis vieler Erscheinungen im religiösen Verhalten des Spätmittelalters, die das Mißtrauen von weltlichen ebenso wie kirchlichen Institutionen erregten.

Das Verhalten von Volksmassen

Von einem Standpunkt aus waren alle religiösen Bewegungen des späteren Mittelalters Versuche, einige Elemente in der Volksreligion zu zügeln, zu lenken und auszudrücken, die ihre Kraft nicht aus der organisierten Lehre und dem Gottesdienst der Kirche ableiteten, sondern von Problemen des normalen Lebens, außerhalb jeder Kontrolle. Die wichtigsten Ursachen religiöser Massenbewegungen waren Krankheit und Verzweiflung, und sie gingen normalerweise Hand in Hand. Es ist kaum nötig, auf die Bedeutung dieser beiden wesentlichen Bestandteile des menschlichen Lebens hinzuweisen, es sei denn, man will die Aufmerksamkeit auf den gewaltigen Eindruck lenken, den sie nicht nur auf Individuen in den gewöhnlichen Unfällen des Lebens machten, sondern genauer auf ganze Gemeinschaften, die von Natur- und Sozialkatastrophen betroffen wurden, welche sie weder verstehen noch kontrollieren konnten. Diese Katastrophen erreichten in der großen Pest von 1348/9 ihren Höhepunkt, aber sie waren während des gesamten Mittelalters gegenwärtig. Auch Kriege leisteten ihren Beitrag zur Not. Zu jeder Zeit waren Leben und Besitz der Nichtkämpfenden den Heerscharen ausgesetzt, die keine regulären Versorgungsquellen hatten und Kriegsregeln befolgten, die sich nur nach militärischen Gesichtspunkten richteten.[2] Hier wie überall sonst wurde Europa vor dem vollständigen Elend durch die begrenzte Technologie bewahrt, aber die Armeen benutzten ihre begrenzten Zerstörungsmöglichkeiten mit größter Brutalität. Und dennoch, wie groß auch immer der Kriegsterror für das gewöhnliche Volk sein mochte, zweifellos waren Hungersnot und Krankheiten die wichtigsten Ursachen von Verzweiflung. Schmerzhafte Krankheiten, unheilbar für Menschenhand, erregten Massen der Leidenden zu hysterischen Ausfällen in ihrer Hoffnung auf ein göttliches Eingreifen. Es gibt zahlreiche Berichte solcher Bewegungen von Massenverzweiflung, aber zwei sollen hier genügen.

Im Jahr 1145 wurde die Kirche von St. Pierre sur Dives in der Normandie nach vielen Jahren der Arbeit fertiggestellt, und die Erwartung von Wundern zog große Scharen an, die die Altäre mit flehentlichen Gebeten an die Gnadenmutter umlagerten:

> Wenn die Heilung nicht sofort eintrat, wenn sie nicht sofort bekamen, worum sie baten, zogen sie ihre Kleider aus und lagen mit nacktem Oberkörper auf der Erde, jedes Schamgefühl vergessend, Männer, Frauen und Kinder miteinander; so auf der Erde ausgestreckt krochen sie nicht auf Händen und Knien, sondern wanden sich mit ihrem ganzen Körper zum

---

[2] Vgl. M. H. *Keen,* The Laws of War in the Late Middle Ages (1965), SS. 19, 121, 140, 190 f., 243. Zu allen Zeiten des Mittelalters litt die Zivilbevölkerung stark, und ihre rücksichtlose Behandlung war an der Tagesordnung.

Hochaltar und dann zu den anderen Altären und riefen immer wieder: „Gnadenmutter", bis sie eine Antwort auf ihre Bitten erhielten.[3]

In Oxford gab es wenige Jahre später ganz ähnliche Szenen. Im Jahre 1180 wurde der Leib der Heiligen Frideswide in ein neues Grab übertragen, und bald begannen Gerüchte über Wunderwirkungen durch die Stadt zu schwirren. In kurzer Zeit war die Kirche von Leuten umlagert, die an Krankheiten aller Art litten. Die meisten von ihnen waren niederer sozialer Herkunft und kamen aus den umliegenden Städten und Dörfern; einige kamen sogar aus Exeter, Bury St. Edmunds, Southampton und Shropshire; einige waren enttäuschte Bittsteller an anderen größeren Schreinen wie dem des Heiligen Thomas in Canterbury gewesen. Sie litten an Wassersucht, Lähmungen, Blindheit, Geisteskrankheit, Hautkrankheit, Schmerzen aller Art und Wunden an Kopf, Leib und Gliedern. Tag und Nacht war die Kirche mit den Leidenden und ihren Familien angefüllt; sie drängten sich um den Sarkophag, schliefen neben ihm, berührten ihn und kratzten den Staub zusammen. Die Kanoniker verzeichneten etwa 100 Wunder, und dann war die Erregung plötzlich vorbei, und nichts wurde mehr von der Heilkraft der Heiligen Frideswide gehört.[4]

Das sind ganz gewöhnliche Ereignisse, und natürlich sind sie nicht auf das Mittelalter oder auf die Christenheit beschränkt. Aber es ist wichtig, sich zu vergegenwärtigen, wie häufig sie im mittelalterlichen Europa vorkamen, wie leicht volkstümliche Erwartungen geweckt wurden, und was für einen wesentlichen Anteil diese Erwartungen daran hatten, das Leben für große Massen des Volkes erträglich zu machen, deren einzige Hoffnung in einem Zeichen vom Himmel lag.

Im allgemeinen waren diese Manifestationen volkstümlicher religiöser Bedürfnisse zu weit verstreut, um zu organisierten Bewegungen zu werden. Doch es bestand immer die Möglichkeit, daß ein besonders aufregendes Ereignis die vorherrschende Stimmung von Verzweiflung an der Welt und Hoffnung auf Übernatürliches vertiefen würde, bis es zu einer spontanen Polarisierung von Energie kam. Diese Möglichkeit wurde am eindrucksvollsten in den Monaten der Pest von 1348/9 verwirklicht, und wir können uns aus den Beobach-

---

[3] Vgl. den Brief des Abtes von St. Pierre an die Mönche von Tutbury, hg. von L. *Delisle,* Bibliothèque de l'école des chartes 21 (1860), SS. 113–139.

[4] Acta Sanctorum Octobris VIII, 568–589.

tungen des Abtes von St. Martin in Tournai ein sehr klares Bild davon machen, was zu jener Zeit unter der Wucht eines übermächtigen Unglücks geschah.[5]

Er berichtet, daß am 15. August 1349 in der Stadt eine Schar von etwa 200 Männern aus Brügge nach dem Abendessen auftauchte und 24 Stunden blieb. Während der folgenden Woche kamen ähnliche Gruppen: 400 aus Ghent, 300 aus Sluis, 400 aus Dordrecht, 180 aus Lüttich. Mit dieser letzten Gruppe kam ein Dominikaner, der eine Predigt hielt, in der er das Ziel dieser Bewegung darlegte. Er nannte seine Begleiter die roten Ritter Christi und sprach von dem Blut, das sie in großen Mengen durch häufige Geißelung vergossen hatten: es war, so sagte er, das edelste Blutvergießen seit dem Tode Christi, und es vereinte sie mit dem Blut Christi. Er fügte hinzu, sie alle würden Erlösung finden; sie benötigten keinen päpstlichen Ablaß, sie brauchten die Heiligen nicht zu verehren, denn sie trugen auf ihren eigenen Leibern und in ihrer Seele die Wundmale Christi.

An diesem Punkt brach die Erregung der Massen in der Stadt hervor. Im Laufe der folgenden Tage organisierte sich eine Gruppe von Geißlern unter der Führung von vier Einheimischen, und am 7. September brachen 565 Männer mit dem Prior der Augustiner Bettelmönche, einem Chorherrn und zwei weltlichen Priestern in Richtung Lüttich auf. Sie kehrten erst am 10. Oktober zurück. Inzwischen ergoß sich die Flut weiterhin über Tournai: in den vier Wochen nach dem 12. September berechnete der Abt, es seien 23 Gruppen mit insgesamt etwa 3500 Leuten aus den Nachbarstädten durchgezogen. Jede Möglichkeit von Kontrolle war vorbei.

Der Abt, der diese Ereignisse aufschrieb, wunderte sich. Einerseits war die Meinung der Kirche gegen diese umherwandernden Massen: sie schwärmten in die Kathedralen und andere Kirchen, führten ihre seltsamen Riten aus und störten die ordentliche Lesung des Gottesdienstes; sie entblößten nicht ihr Haupt, selbst dann nicht, wenn die Hostie erhoben wurde; sie verhielten sich in ganz ungebührlicher Weise. Doch aus Angst vor den Massen, die die Bewegung sehr begünstigten, konnte der Klerus nichts unternehmen. Nach

[5] Vgl. die Zusammenstellung der Quellen von P. *Frédéricq,* Corpus Documentorum Inquisitionis Hereticae Pravitatis Neerlandicae, (1889) Bd. 1, S. 190–201; Bd. 2 (1896) S. 100–139.

dem großen Unheil des vergangenen Jahres fühlte jeder ein Bedürfnis danach, etwas zu tun. Ein sehr hoher Anteil der Bevölkerung war an der Pest gestorben, obwohl freilich niemand genau wußte oder auch heute weiß, wie groß dieser Anteil war. Dieser Aderlaß war der Versuch, Gottes Zorn durch eine Art Versöhnungsopfer zu besänftigen. Vielleicht würde es doch etwas helfen. Die Sprache und Bräuche der Geißler stimmte in vieler Beziehung mit Frömmigkeitsformen überein, die vorbehaltlos gebilligt wurden: sie sprachen viele Vaterunser und Ave Marias im Laufe eines Tages; sie sangen Hymnen, indem sie einhergingen und die Leiden Christi zelebrierten; sie fasteten und übten sich in ehelicher Enthaltsamkeit; während ihrer Geißelungen sangen sie eine Bußliturgie. Es war aber schon bedenklicher, daß sie als Geste zur Versöhnung Gottes nach der Tötung der Juden verlangten, die sie für die Urheber ihres Leidens hielten. Gebildete mochten sagen, was sie wollten, dieser Versuch, die Schuldigen zu identifizieren, verringerte ihre Popularität beim Volk keineswegs. Im ganzen betrachtet war der Abt, der sie durch die Stadt gehen sah, dazu geneigt, mit seinem Urteil zu warten.

Während des Sommers und Herbstes 1349 verbreitete sich die Erregung durch die Städte Flanderns und Deutschlands. Dann, als die Pest sich allmählich ihrem Ende näherte, verschwand sie völlig, so schnell, wie sie begonnen hatte. Sie hinterließ so gut wie keine Spur in den Institutionen und im Denken der mittelalterlichen Kirche, aber sie vermittelt einen lebhaften Eindruck davon, wie sich große Massen verhielten, wenn sie heftigem Druck ausgesetzt waren. Sie übernahmen die Formen von Frömmigkeit, die offiziell geübt wurden und paßten sie ihrem eigenen festen Entschluß an, Gott ein Opfer sowohl ihres eigenen Leibes als auch der Leiber derer, die sie für Gottes Feinde hielten, darzubringen. Sie waren sich ihrer selbst äußerst sicher und zeigten für traditionelle Disziplin und Zurückhaltung nichts als Verachtung. In ihrem Eifer überfluteten sie die gewöhnliche Organisation der Kirche, durchbrachen die Schranken zwischen der ungebildeten Masse und den gebildeten Herrschenden der Gesellschaft und sprachen mit Gewißheit von künftigen Dingen. Mehr oder weniger ausgeprägt waren das die Züge jeder Volksbewegung des Mittelalters. Die Pest fügte den Enttäuschungen, die immer vorhanden waren, nur eine explosive Energie hinzu, und sie zeigte deutlicher als jedes andere Ereignis des Mittelalters die beständigen Elemente der Religion der Massen. Es ist wichtig, dieses

Aufwallen des Volksgefühls im Gedächtnis zu halten, wenn wir die neuen Typen religiöser Organisation betrachten. Doch bevor wir uns ihnen zuwenden, müssen wir die Entwicklung eines anderen vorherrschenden Einflusses der spätmittelalterlichen Religion betrachten.

Die Stellung der Frau im religiösen Leben

Die Bereitstellung würdiger und passender religiöser Wirkungsstätten für unverheiratete Frauen und Witwen hatte die Adelskreise des früheren Mittelalters vor ein schwieriges Problem gestellt. Eine unverheiratete Frau war in der weltlichen Gesellschaft kaum tragbar. Mädchen wurden gewöhnlich im Alter von 13 oder 14 Jahren verheiratet, und man erwartete von Witwen, daß sie ohne allzu großen Verzug wieder heiraten würden. Nur auf diese Weise konnte man Verpflichtungen von Familienpolitik und militärischer Verantwortung für Besitz nachkommen. Und doch, obwohl die Stellung der unverheirateten Frau in der Gesellschaft in vieler Beziehung nicht attraktiv war, hatte sie ihre guten Seiten. Große Familien trafen meist Vorsorge für Mädchen, die nicht heiraten wollten oder konnten, und Witwen mit wichtigen Verbindungen und einer gesicherten Stellung in der Gesellschaft konnten nicht leicht gezwungen werden, über ihre Person und ihren Besitz gegen ihren Willen zu verfügen.

Diese Überlegungen tragen dazu bei, die sehr große Zahl von Gründungen von Nonnenklöstern in den Jahrhunderten des Frühmittelalters zu erklären. Die merowingischen und angelsächsischen Könige des 7. und 8. Jahrhunderts taten sich besonders hervor in Bezug auf die Größe und Bedeutung der Nonnenklöster, die sie ausstatteten. Es war ein sehr wichtiger Zweck dieser Ausstattungen, eine Bleibe für Witwen und Töchter des Adels zu schaffen, und einige der berühmtesten Namen in der frühen fränkischen und englischen Klostergeschichte sind die Namen von Nonnen königlicher Herkunft, Hilda in Whitby, Etheldreda in Ely, Radegunde in Poitiers, Bathilda in Chelles und sehr viele andere. Es waren Respekt einflößende und unerschrockene Damen, die nicht vergaßen, daß sie einer herrschenden Schicht angehörten. Ihren Nonnenklöstern waren im allgemeinen Mönchsgemeinschaften beigeordnet, um die notwendigen Handlungen von Sakrament und weltlicher Verpflichtung zu gewährleisten, und die großen Äbtissinnen beherrschten die Organisationen in dem Geist von Persönlichkeiten, die zu befehlen gewohnt sind. Diesen Damen des Frühmittelalters verdankt man einige beachtliche religiöse und literarische Leistungen. Aber die Zeit ihrer glanzvollen Unabhängigkeit war nicht von langer Dauer. In dem Maß, wie die Gesellschaft sich besser organisierte und sich in kirchlichen Dingen normalisierte, begann die Vorherrschaft des Mannes wieder in den Vordergrund zu treten.

Verfall

In der großen Zeit der Klostergründungen zwischen dem frühen 10. und dem frühen 12. Jahrhundert erfuhr die Bedeutung der Frau im Leben der Klöster einen rapiden Verfall. Die Institution von Doppelklöstern und besonders die vorherrschende Stellung der Frauen in ihnen wurde heftig angegriffen. Zudem betonte die neue und schärfer gefaßte Meinung der klösterlichen Pflichten von liturgischer Spezialisierung und der Wert von Messen in Klöstern als Handlungen der Fürbitte die Bedeutung der Mönche, die diesen Pflichten am besten nachkommen konnten. Daher verschwanden die Doppelklöster.

Natürlich wurden auch später Nonnenklöster gegründet, aber im Gegensatz zu ihrer früheren Bedeutung spielten sie in der monastischen Entwicklung dieser Zeit nur eine untergeordnete Rolle. Dafür ist Cluny ein besonders anschauliches Beispiel, wo sich die Ideale des neuen Mönchtums in dieser Beziehung besonders voll entfalteten. Im 10. und 11. Jahrhundert wurden Dutzende von Klöstern in Verbindung mit Cluny gegründet, aber unter ihnen war vor Beginn des 12. Jahrhunderts nur eine Gründung für Nonnen. Das war Marcigny, und die Gründung erfolgte auf Vorschlag von Hugo, dem Abt von Cluny, mit der erklärten Absicht, eine angemessene Bleibe für Frauen zu schaffen, deren Männer durch seinen Einfluß Mönche in Cluny geworden waren.[6] Der Abt hatte einige Skrupel dabei empfunden, Männer zum Mönchsleben zu überreden, während es so wenige Möglichkeiten für Frauen gab, etwas ähnliches zu tun. Daher ermunterte er seinen Bruder, Land für ein Nonnenkloster bereit-

[6] Vita S. Hugonis Abbatis Cluniacensis, *in* M. *Marrier* und A. *Quercetanus,* Bibliotheca Cluniacensis (1815), S. 455.

zustellen. Die Umstände und Bedingungen der Gründung verdeutlichen den geminderten Wert von Frauen im religiösen Bereich. Sie bestimmten nicht mehr über ihr eigenes Schicksal, und schon gar nicht herrschten sie über Mönche. Im Gegenteil, diejenigen, die dieses „ruhmreiche Gefängnis“ betraten, wurden der Aufsicht eines Priors unterstellt, den der Abt von Cluny bestellte. Die Nonnen wurden streng eingesperrt, damit „sie nicht in der Welt erschienen und sich dem Verlangen anderer aussetzten oder Dinge sahen, nach denen sie verlangten“.[7] So sollte ein Nonnenkloster sein:

> Ein Ort, an dem ältere Frauen, die den Banden der Ehe müde geworden waren, ihre früheren Verfehlungen austilgen können und sich die Umarmung Christi verdienen. Vornehme Frauen, die sich aus der Ehe befreit hatten, wählten diesen Ort und ergaben sich umso geduldiger in den Verlust der ehelichen Freuden, je mehr sie entdeckten, wie kurz und voll Schmerzen solche Freuden sind.[8]

Diese Worte des Abtes und seines Biographen bezeugen keine sehr hohe Meinung von der geistlichen Berufung oder der Fähigkeit von Selbstdisziplin der Frauen, die in Marcigny Zuflucht gefunden hatten. Doch die Betonung davon, für ein Ausscheiden aus der Ehe eine Zufluchtsstätte zu schaffen, die diese Zeugnisse ausdrücken, war wahrscheinlich keine falsche Einschätzung. Ekel über die Erinnerung an oder die Aussicht auf Ehe scheint eine sehr große Rolle dabei gespielt zu haben, Frauen das Leben im Kloster annehmbar zu gestalten, und dieser Ekel wurde im Laufe des 12. Jahrhunderts keineswegs geringer. Der Gedanke ist weit verbreitet, daß die erhabene Stellung der Frau in der romantischen und frommen Literatur jenes Jahrhunderts ihre zunehmende Ungebundenheit und Freiheit in der Welt bezeugt; aber das ist ein Fehlschluß. Das Entstehen der romantischen und erotischen Literatur stärkt nur den Glauben an die moralischen und sozialen Gefahren weiblicher Unberechenbarkeit, und die fromme Literatur des 12. Jahrhunderts mit ihrem intensiven Interesse an Jungfräulichkeit trug dazu bei, in vielen Menschen einen starken und bisweilen hysterischen Widerwillen gegen den Ehestand zu erzeugen. Als ein Ergebnis dieses Einflusses und noch mehr als ein Ergebnis der unsicheren Stellung der Frau in einer schnell wach-

---

[7] Ebenda, S. 455 f. Zum Bild des Gefängnisses vgl. Petrus Venerabilis, Epp. II, 17; IV, 21; VI, 39 (The Letters of Peter the Venerable, hg. von G. *Constable,* 1967, SS. 161, 306, 428).

[8] Hildebert, Vita S. Hugonis, II, 11 (Migne, PL 159, Sp. 868).

senden Bevölkerung war die Zahl der Frauen, die ein religiöses Leben erstrebten, sehr viel größer als die Zahl der Plätze, die in den Klöstern zu ihrer Aufnahme zur Verfügung standen.

Neue Möglichkeiten und Enttäuschungen

Das Bedürfnis nach neuen Entfaltungsmöglichkeiten für Frauen im religiösen Bereich und die Schwierigkeit, diese Bedürfnisse zu befriedigen, sieht man sehr deutlich an der Geschichte der neuen Ordensgemeinschaften. Um das Jahr 1100, als die neuen Orden eben begannen, in Erscheinung zu treten, gab es einige religiöse Führer, deren Lehre einen tiefen Eindruck auf Frauen machte. Der früheste von ihnen war Robert von Arbrissel, ein Wanderprediger in den Städten und Dörfern des Loiretals in den letzten Jahren des 11. Jahrhunderts. Er sammelte eine große Gefolgschaft von Frauen, „Reiche und Arme, Witwen und Mädchen, Alte und Junge, Prostituierte ebenso wie Männerverächter", wie sein Biograph berichtet.[9] Die Kontrolle einer derartig heterogenen Schar muß äußerst schwierig gewesen sein, aber schließlich siedelte er viele dieser Frauen in einem neuen Kloster in Fontevrault an. Sehr schnell kamen Schenkungen herein.[10] Sie kamen von Leuten aus allen Gesellschaftsschichten, manchmal begleitet von einer Tochter des Spenders, die in der Gemeinschaft leben sollte. Der Bedarf war offensichtlich groß, und die soziale Zusammensetzung des Nonnenklosters war anfänglich recht gemischt. Aber im Laufe nur einer Generation wurde Fontevrault zu einem äußerst vornehmen Haus, zur Begräbnisstätte der Grafen von Anjou und einem Zufluchtsort für Frauen aus den bedeutendsten Familien Nordfrankreichs.

Ein anderes Beispiel für einen starken anfänglichen Impuls, dem eine sehr schnelle Reaktion folgt, bietet das Werk des Heiligen Norbert, des Gründers der Prämonstratenser-Kanoniker. In den aufstrebenden Städten Nordfrankreichs und Flanderns stieß er auf einen noch fruchtbareren Boden als Robert von Arbrissel. Als er zwischen 1118 und 1125 in Valenciennes und den umliegenden Städten

[9] Baudry, Das Leben von Robert von Arbrissel, Migne, PL 162, Spp. 1052–1058.

[10] Ebenda, Sp. 1085–1118, und für mehr Einzelheiten J. de la *Mainferme*, Clypeus Fontebaldensis, 3 Bände (1648–1691), und *Cosnier*, Exordium Fontis Ebraldensis.

predigte, stieß er auf denselben begeisterten Empfang, den die Bettelmönche ein Jahrhundert später erleben sollten, besonders durch die Frauen dieser Städte.[11] Ein Kanoniker aus Laon berichtet, daß es um das Jahr 1150 mehr als eintausend Frauen an verschiedenen Orten gäbe, die zu der einzigen Kirche von Prémontré gehörten „und Gott mit solcher Strenge und in solcher Stille dienten, wie man sie in den strengsten Mönchsklöstern kaum finden kann.[12] Wenige Sätze später sagt derselbe Verfasser, mehr als zehntausend Frauen seien dem Prämonstratenserorden eingegliedert worden. Dieser Orden belebte die Einrichtung von Doppelklöstern, die seit dem 10. Jahrhundert in Ungnade gefallen waren, aufs neue. Sie wurden nicht wieder von Äbtissinnen geleitet, wie es bei den Gründungen der Merowingerzeit der Fall gewesen war, aber an Zahlen und Ruf gemessen gaben sie Frauen wieder eine geachtete und bedeutende Stellung. Man braucht die Zahlenangaben des Chronisten nicht wörtlich zu nehmen, aber es ist offensichtlich, daß Augenzeugen über die Zahl der Frauen, die der Welt entfliehen wollten, erstaunt waren.

Aber indem der Chronist in Laon noch schrieb, setzte die Reaktion ein. Norberts Doppelklöster erregten dieselben frauenfeindlichen kritischen Stimmen wie früher. Um die Mitte des Jahrhunderts waren starke Kräfte am Werk, um diese Eindringlinge abzuschütteln. Verschiedene Päpste versuchten vergeblich, die Rechte der Frauen zu schützen. Im Jahr 1138 betonte Papst Innozenz II., daß der Orden seinen weiblichen Mitgliedern ausreichenden Unterhalt gewähren soll, von denen oder im Namen derer er einen großen Teil seines Besitzes erworben habe. Cölestin II., Eugenius III. und Hadrian IV. wiederholten diese Appelle an die Menschlichkeit in den Jahren 1143, 1147 und 1154. Aber Mahnungen von Päpsten haben geringe Resonanz, wenn sie gegen den Strom weit verbreiteten religiöser Meinungen laufen. Während die Päpste ihre Bullen verfaßten, fing der Orden bereits damit an, seine Doppelklöster zu unterdrücken und die Schwestern von Prémontré begannen ihre Wanderschaft. Bevor das Jahrhundert beendet war, hatte das Generalkapitel von Prémontré verfügt, daß keine Frauen mehr Zutritt zu dem Orden haben sollten:

---

[11] Vita S. Norberti, Migne, PL 170, 1273.

[12] Miracula S. Mariae Laudunensis, III, Kap. 7 (Migne, PL 156, Sp. 996 f.). Vgl. auch A. *Erens,* Les soeurs dans l'ordre de Prémontré, *in* Analecta Praemonstratensia 5 (1929), S. 6–26.

Da die Zeiten gefährlich sind und die Kirche ohne Maß bedrängt ist, haben wir durch gemeinsamen Beschluß des Kapitels entschieden, daß wir künftig keine Schwestern mehr aufnehmen werden.[13]

Einer der Äbte, Konrad von Marchtal, nannte den Grund für diese Abweisung von Frauen brutal offen beim Namen:

Wir und unsere Gemeinschaft von Kanonikern, in der Erkenntnis, daß die Schlechtigkeit der Frauen größer ist als alle Schlechtigkeiten der Welt, und daß kein Zorn dem Zorn der Frauen gleichkommt, und daß das Gift von Schlangen und Drachen eher zu heilen und weniger gefährlich für Männer ist als der vertrauliche Umgang mit Frauen, haben einmütig beschlossen, zum Wohl unserer Seelen ebenso wie unserer Leiber und Besitzungen, daß wir unter keinem Umständen künftig Frauen aufnehmen, um unsere Gefährdung nicht zu vergrößern, sondern ihnen wie giftigen Tieren aus dem Weg gehen wollen.[14]

Was man auch offiziell über Schwierigkeiten in Disziplin und materieller Versorgung sagen mochte, dieser Ausbruch gibt uns doch einen Einblick in populäre religiöse Vorstellungen, die noch lange dazu beitrugen, die Stellung der Frauen im religiösen Leben zu unterdrücken.

Mögen diese repressiven Ansichten auch noch so verbreitet gewesen sein, so konnten sie gleichwohl starkem sozialem Druck nicht widerstehen, Frauen im religiösen Leben einen größeren Platz einzuräumen. Das eindrucksvollste Zeugnis für die Stärke dieses Druckes bietet die Unfähigkeit selbst der Zisterzienser, die Frauen fernzuhalten. Es gab keine religiöse Vereinigung, die ihrem Temperament und ihrer Disziplin nach mehr das Männliche betonte als die Zisterzienser, keine, die jedem weiblichen Kontakt entschlossener aus dem Weg ging oder gewaltigere Schranken gegen das Eindringen von Frauen aufrichtete. Für den Heiligen Bernhard stellte jede Frau eine Bedrohung seiner Keuschheit dar, und er sah große und unaussprechliche Gefahren in jener unkomplizierten Verbindung von Männern und Frauen, die die frühe Predigertätigkeit des Robert von Arbrissel und des Heiligen Norbert schufen:

Ist es nicht schwerer, ständig mit einer Frau zusammen zu sein und keinen Geschlechtsverkehr mit ihr zu haben als Tote zu erwecken? Ihr

---

[13] E. *Martène,* De Antiquis Ecclesiae Ritibus, Bd. 3 (1737), S. 925, zitiert bei Erens, wie oben Anm. 12.

[14] Zitiert bei Erens, wie oben Anm. 12, aus E. L. *Hugo, in* Annales Praemonstratenses, II, 147.

könnt das weniger schwere nicht tun; glaubt ihr, daß ich euch das schwierigere zutraue?[15]

Anders als bei den Prämonstratensern übersah die Gesetzgebung der Zisterzienser von Anbeginn einfach die Existenz von Frauen; und als man ihre Existenz zur Kenntnis nahm, dann deswegen, um sie fernzuhalten. Doch fast ebenso schnell, wie die Ausbreitung des Ordens begann, sehen wir Nonnenklöster entstehen, die die Gewohnheiten von Cîteaux befolgten und den Schutz, wenn nicht des Ordens selbst, so doch wenigstens einflußreicher Mitglieder des Ordens, beanspruchten. Um die Mitte des 12. Jahrhunderts gab es sie in ganz Europa, und besonders in den am wenigsten entwickelten Gebieten Europas, wo es freies Land noch die Fülle gab und wo man die Zisterziensermönche am häufigsten antraf. Besonders in Spanien schufen die großen Familien, die für die Ansiedlung von Zisterziensermönchen verantwortlich waren, einige der größten und vornehmsten Häuser für Zisterziensernonnen. Diese Nonnenklöster hatten in der Struktur des Ordens keinen Platz, aber sie wurden mit Zustimmung und unter der Aufsicht einzelner Zisterzienseräbte errichtet. Sie besaßen beachtliche Freiheit, sich nach Belieben zu entfalten. In einer noch unkomplizierten adeligen Umwelt erinnern die Zisterzienseräbtissinnen großer spanischer Gründungen an die Glanzzeit der Frauen im religiösen Leben unter den Merowingern. Innnozenz III. war empört, als er hörte, daß sie ihre Nonnen selbst einsegneten, Beichte hörten und von Kanzeln predigten.[16] Obwohl sie in der Organisation der Zisterzienser keinen Platz hatten, benahmen sie sich wie Zisterzienser, und die größten unter ihnen hatten ihre eigenen Tochtergründungen und hielten ihre eigenen Kapitel ab.

Das alles geschah, ohne daß die offiziellen Berichte des Ordens davon die geringste Notiz nahmen. Wir haben hier ein bemerkenswertes Beispiel dafür, wie Nachfrage das Angebot schaffen kann. Die Existenz der zisterziensischen Nonnenklöster war eine Beleidigung für die sorgfältig integrierte Organisation des Ordens, aber sie stand im Einklang mit einem anderen Wesenszug der Zisterzienserbewegung, nämlich seiner zielstrebigen Ausdehnung und der Missionsarbeit, die den Einfluß des Ordens in jeder Richtung nach

---

[15] Sermones in Cantica, LXV (Migne, PL 183, Sp. 1091).

[16] *Potthast,* Regesta Pontificum, Nr. 4143 (Migne, PL 216, Sp. 356).

Kräften vergrößerten. Von diesem Eifer beseelt, unabhängig aber von der Organisation, freilich als Reaktion auf Druck von außen, hatten Zisterzienseräbte bereits einen beachtlichen Bereich für die Initiative von Frauen bereitgestellt, bevor der Orden die neue Kraft, die sich in seiner Mitte breit gemacht hatte, offiziell zur Kenntnis nahm.

Erst im Jahr 1191 erwähnten die offiziellen Berichte des Ordens die Nonnen. Eine kurze Notiz in den Beschlüssen des Generalkapitels in jenem Jahr zeigt, wie schwierig es war zu wissen, wie man mit diesen unerwünschten Anhängern umgehen sollte. Anscheinend hatten sich die unabhängigen Äbtissinnen von Spanien geweigert, die Versammlungen ihres zuständigen Kapitels zu besuchen, und der König hatte an das Generalkapitel der Zisterzienser appelliert, das ihr Erscheinen erzwingen sollte. Aber auch diese Institution war machtlos; diese autoritärste aller regierenden Körperschaften begnügte sich damit, lediglich

> an der König von Kastilien zu schreiben und zu sagen, daß wir die Äbtissinnen nicht zwingen können, das Kapitel zu besuchen, in welcher Sache er an uns schreibt; aber wenn sie gehen sollten – so wie wir es ihnen empfohlen haben – würde uns das sehr freuen.[17]

Seit dieser Zeit wurde sich das Generalkapitel immer mehr des Unterschiedes zwischen der Disziplin des Ordens und der Freiheit der großen und schnell zunehmenden Zahl von Frauen, die seine Gewohnheiten befolgten, ohne seiner Organisation oder Kontrolle zu unterstehen, bewußt. Das Ergebnis war ein langer Kampf darum, die Frauen zur Ordnung zu bringen. Seit 1213 versuchte das Generalkapitel, eine Herrschaft strenger Absonderung von der Welt durchzuführen; es bestand darauf, daß die Zahl der Nonnen von dem Abt, dessen Oberaufsicht sie unterstellt waren, begrenzt werden sollte; daß es keine neuen Gründungen für Nonnen ohne die Genehmigung des Generalkapitels geben sollte; daß Nonnen ohne Erlaubnis keine Besucher empfangen sollten; daß sie nur einem vom zuständigen Abt eingesetzten Beichtvater beichten sollten; und schließlich, daß keine weiteren Nonnenklöster dem Orden beigeordnet werden sollten.[18]

---

[17] Statua Cisterciensia, A. D. 1191, Kap. 27.

[18] Ebenda, 1213, Kap. 3, 4; 1218, Kap. 4, 84; 1219, Kap. 12; 1220, Kap. 4; 1225, Kap. 1; 1228, Kap. 16; 1233, Kap. 12; 1239, Kap. 7. Die erste Erklärung, daß keine Nonnen mehr in den Orden aufgenommen werden sollten, stammt von 1228, Kap. 16.

Auf diese Weise versuchten die Zisterzienser, die Autorität des Abtes und des Generalkapitels durchzusetzen, die Freiheit der Äbtissinnen und Nonnen zu beschneiden und die ganze Entwicklung zu ersticken. Aber dazu war es zu spät. Der Versuch, Neugründungen für Nonnen zu unterbinden, war ein totaler Fehlschlag. In verschiedenen Gegenden Europas, vor allem dort, wo schnell gesiedelt wurde – in Deutschland, Belgien, Holland, Portugal, aber auch in der Schweiz – übertraft die Zahl der Zisterzienserklöster für Nonnen im Laufe des 13. Jahrhunderts bei weitem die der Klöster für Mönche. Nimmt man den gesamten Orden, dann stand die Zahl der Nonnenklöster, nicht freilich ihr Besitz, der von Mönchklöstern kaum nach.[19] Der vereinte Druck von Laiengründern und ihren Familien, oft mit Unterstützung der Päpste, überkam die Schranken, die das Generalkapitel aufzurichten versuchte.

Inzwischen hatte der Versuch, die Nonnenklöster einer strengeren Aufsicht zu unterwerfen, nur begrenzten Erfolg. Die Zisterzienser merkten zu spät, daß sie die Nonnen nicht mit derselben selbstverständlichen Strenge behandeln konnten, die sie gegen ihre Mönche an den Tag zu legen pflegten. In den Jahren 1242/44, als der Versuch, die Nonnen der Aufsicht von Zisterzienseräbten zu unterstellen, seinen Höhepunkt erreichte, kam es in den Klöstern zu Unruhen. Die temperamentvolle Äbtissin und die Nonnen von Parc-aux-Dames in Nordfrankreich schimpften und stampften mit dem Fuß auf und verließen unter Protest den Kapitelsaal, als der offizielle Visitator ihnen die jüngste Gesetzgebung übermittelte.[20] Das Generalkapitel versuchte – wir wissen nicht, mit welchem Erfolg – die Rädelsführer dieser Demonstration zu disziplinieren, widerrief aber im folgenden Jahr den radikalsten Teil seiner Gesetzgebung.[21] Wenn es hart auf hart ging, mußten sich die Gesetzgeber der Macht weiblicher Freiheit beugen.

---

[19] Nach den jüngsten Schätzungen belief sich die Gesamtzahl von Zisterzienser-Nonnenklöstern am Ende des Mittelalters auf 654 (wobei die Zahlen für Italien sehr unvollständig sind), gegen 742 Gründungen für Mönche. Die Nonnenklöster überwogen in Deutschland (255 : 75), Belgien (45 : 18), der Schweiz (21 : 8) und Holland (23 : 14). Vgl. F. *Vongrey* und F. *Hervay,* Kritische Bemerkungen zum ‚Atlas de l'ordre cistercien' von Fred. van der *Meer, in* Analecta Cisterciensia 23 (1967), S. 137 f.

[20] Statuta Cisterciensia, 1242, Kap. 15–18; 1243, Kap. 6–8, 61–68.

[21] Ebenda, 1244, Kap. 8.

Der Kampf im Zisterzienserorden fand auf einer hohen sozialen Stufe statt. Es war grundsätzlich ein Kampf zwischen einer zentralen gesetzgeberischen Körperschaft und adeligen Damen, die sich einer Einmischung in ihre gewohnten Freiheiten widersetzten, besonders dann, wenn sie von einem Gremium ausging, in dem sie keine Stimme hatten und dem sie nur einen sehr unbestimmt formulierten Gehorsam schuldeten. In seinem Ergebnis zeigte der Kampf, daß diejenigen, die am Rande einer Organsation stehen und an ihren Beschlüssen nicht teilnehmen, in einer starken Stellung sind, wenn es darum geht, sich der Kontrolle zu entziehen. Die Stärke der weiblichen Seite der Zisterzienserbewegung ist sehr überraschend. Weniger überraschend ist, daß es im Laufe der Zeit zu einer offiziellen Reaktion kam. Aber als diese Reaktion sich schließlich voll entfaltete, hatte bereits eine neue Frauenbewegung in einem ganz anderen sozialen Rahmen begonnen. Dieser Bewegung und der Situation, aus der sie entstand, müssen wir uns jetzt zuwenden.

Eine Vielzahl von Zungen

Wir wollen damit beginnen, daß wir der neuen Situation an einem klar begrenzten Ort unsere Aufmerksamkeit zuwenden; wir können gleichzeitig feststellen, daß eines der wichtigsten Merkmale der neuen Entwicklungen im Spätmittelalter das ist, daß der Ort, an dem diese Entwicklungen stattfinden, einen starken Einfluß ausübt. Die Organisationen, die wir bislang untersucht haben, zeigten alle ihre Vitalität in der Fähigkeit, örtliche Bedingungen den Erfordernissen einer universalen Organisation zu unterwerfen. Die Vitalität der neuen Bewegungen hingegen zeigt sich in ihrem Widerstand gegen jede übergreifende Kontrolle und in der Erhaltung ihrer ortsbedingten Eigenarten angesichts aller Versuche, Auswüchse zu beschneiden und ihnen den Stempel universaler Gesetzgebung aufzudrücken.

Eine Folge dieser lokalen Bedingtheit ist es, daß der Historiker sich selbst auf einen kleinen Bereich konzentrieren muß, und das erfordert Sorgfalt in der Auswahl der Beispiele. Auf den folgenden Seiten werden wir das Schicksal zweier Gruppen von Männern und Frauen verfolgen: das der Beginen von Köln im späten 13. und im

14. Jahrhundert und das der religiösen Brüder von Deventer und Umgebung im 14. und 15. Jahrhundert. Diese Gruppen empfehlen sich dem Betrachter nicht mit derselben Selbstverständlichkeit wie die Zisterzienser und die Bettelmönche. Jene gehörten zu ganz Europa; die Beginen und Brüder gehörten im allgemeinsten Sinn freilich auch einer weit verbreiteten Bewegung an, die sich aber nicht über ganz Europa erstreckte, noch weniger einen universalen körperschaftlichen Rahmen schuf, der für ihre Entwicklung geeignet und notwendig war. Genau genommen handelt es sich nicht einmal um eine einzige Bewegung, sondern vielmehr um eine Serie von Reaktionen auf die Umstände des Lebens in der Stadt und auf durch Handel erworbenen Reichtum, verbunden mit Enttäuschungen über verfeinerte Herrschaftsstrukturen und Systeme von theoretischer Vollkommenheit. Da aber diese Umstände ein bleibendes Merkmal des europäischen Lebens werden sollten, gebührt den frühen Reaktionen auf sie eine Bedeutung, die in keinem Verhältnis zu den Zahlen und der institutionellen Stärke der Gruppen steht, die wir untersuchen wollen. In der Geschichte dieser Reaktion spielen die Frauen eine führende Rolle, und mit ihnen wollen wir beginnen.

Die Beginen von Köln

Ursprünge

Im Jahr 1243, in dem Jahr also, als die Nonnen von Parc-aux-Dames aus dem Kapitelsaal stürmten und ihren Visitatoren Beleidigungen entgegenschleuderten, schrieb Matthäus Paris, als er aus seinem englischen Kloster die Szene Europas überschaute, eine Eintragung in seine Chronik, der er große Bedeutung beimaß:

> In dieser Zeit, und besonders in Deutschland, haben gewisse Leute – Männer und Frauen, aber hauptsächlich Frauen – ein neues religiöses Gelübde geleistet, obwohl es sehr leicht ist. Sie nennen sich *religiosi* und unterziehen sich einem privaten Gelöbnis von Keuschheit und einfachem Leben, obwohl sie keine Regel eines Heiligen befolgen und auch bisher nicht in einem Kloster eingeschlossen leben. Sie haben sich in kurzer Zeit so ausgebreitet, daß man sagt, es gäbe zweitausend von ihnen in Köln und Umgebung. [22]

---

[22] Matthäus Paris, Chronica Majora, Bd. 4, S. 278.

Wir wissen, daß der Chronist von den Nachrichten über diese Bewegung tief beeindruckt war, denn im Jahr 1250, als er die wichtigsten Ereignisse des vergangenen halben Jahrhunderts summarisch wiederholte, brachte er wieder seine Information in leicht abgeänderter Form und stellte die Nachricht der von den Bettelmönchen als bemerkenswerte Entwicklung im religiösen Leben zur Seite. Er schrieb:

> In Deutschland hat sich eine ungezählte Menge keuscher Frauen zusammengefunden, die sich Beginen nennen; eintausend oder mehr von ihnen leben allein in Köln.[23]

Als er sich daran machte, eine Kurzform seiner Chronik zu schreiben, fand er immer noch Raum für diese Frauen und fügte die zusätzliche Information hinzu: „sie führen ein bescheidenes Leben durch ihrer eigenen Hände Arbeit".[24] Das war alles, was er über sie zu sagen wußte, und man mag sich fragen, warum er sie für wichtig genug hielt, um sie in jeder Fassung seiner Chronik und in einem Zusammenhang mit den Bettelmönchen zu nennen.

Einen Teil einer Antwort findet man in einer fast gleichzeitigen Bemerkung, die von den bedeutenden Bischof von Lincoln Robert Grosseteste stammt. Der englisch franziskanische Chronist Thomas of Eccleston berichtet, Grosseteste habe eines Tages vor den Franziskanern gepredigt und dabei das Leben durch Betteln als die höchste Form der Armut nach der im Himmel gepriesen. Später jedoch, in privatem Kreis, erzählte er den Franziskanern, es gäbe eine noch höhere Form der Armut, nämlich die, von seiner Hände Arbeit zu leben „wie die Beginen". Diese Leute, so erklärte er, führten das vollkommenste und heiligste religiöse Leben, denn sie lebten von ihrer eigenen Arbeit und fielen der Welt nicht mit ihren Ansprüchen

---

[23] Ebenda, Bd. 5, S. 194.

[24] Historia Angliae, Bd. 2, S. 476, Bd. 3, S. 93; Abbreviatio Chronicorum, III, S. 288, 318. Zu dem Problem im allgemeinen vgl. Herbert *Grundmann,* Religiöse Bewegungen im Mittelalter (1961), Kap. 6, Die Beginen im 13. Jahrhundert; E. G. *Neumann,* Rheinisches Beginen- und Begardenwesen (1960). Die meisten Einzelheiten zu den Beginen in Köln findet man bei J. *Asen,* Die Beginen in Köln, *in* Annalen des Historischen Vereins für den Niederrhein (1927–1928), 111, S. 81–180; 112, S. 71–148; 113, S. 13–96. Die folgenden Statistiken beruhen auf diesen Aufsätzen, die die Grundstücksregister in dem Stadtarchiv benutzten.

zur Last.[25] Wenn Grosseteste, der größte Vorkämpfer der Franziskaner in der englischen Öffentlichkeit, der Meinung sein konnte, die Beginen hätten die höchste Form des religiösen Lebens gefunden, dann verdienten sie tatsächlich den Platz, den ihnen Matthäus Paris eingeräumt hatte.

Diese beiden Persönlichkeiten, Grosseteste und Matthäus Paris, erfaßten zusammen einen sehr großen Teil des europäischen Lebens, und sie beide waren von dem neuen und seltsamen Phänomen beeindruckt. Die Bewegung der Beginen unterschied sich wesentlich von allen früheren wichtigen Bewegungen innerhalb der Kirche des Abendlandes. Es war grundsätzlich eine Frauenbewegung, nicht nur ein Anhängsel für Frauen in einer Bewegung, die ihren Impuls, ihre Leitung und hauptsächliche Unterstützung von Männern erhielt. Sie hatten keine feste Lebensregel; sie beriefen sich nicht auf die Autorität eines frommen Gründers; sie ersuchten die römische Kurie nicht um Bestätigung; sie hatten keine Organisation oder Verfassung; sie versprachen keine Vorteile und suchten keine Gönner; ihre Gelübde waren Absichtserklärungen, keine unwiderrufliche Verpflichtung an eine Disziplin, die durch Autorität erzwungen wurde; schließlich konnten ihre Anhänger ihrer gewohnten Beschäftigung in der Welt nachgehen.

Natürlich ist keine Bewegung jemals in allen ihren Zügen völlig neu. Einige Kennzeichen der Beginen waren in gewisser Weise bereits durch die Orden der vergangenen hundert Jahre vorweggenommen worden. Die Franziskaner hatten ohne feste Regel angefangen, und sie ebenso wie die Dominikaner waren von Anfang an in der Welt tätig gewesen. Viele frühe Gruppen von Eremiten, Predigern und Suchenden, die später die Augustinerregel annahmen, hatten mit Absichten begonnen, die ebenso wenig bestimmt waren wie die der Beginen. Aber in vielen ihrer Merkmale, und vor allem dadurch, wie sie zusammen lebten, boten die Beginen der kirchlichen Hierarchie auf neue Weise die Stirn. Sie waren Teil jener Gärung im Volk, die sich von Zeit zu Zeit in der Kirche gerührt hatte, seit die abendländische Gesellschaft im 11. Jahrhundert ihre große Expansion begonnen hatte. Diese Gärung erschien in vielerlei Form, aber war bislang immer in Ketzerei umgesprungen. Tatsächlich war der

---

[25] Thomas of Eccleston, De Adventu Fratrum Minorum in Angliam, hg. von A. G. *Little*, S. 99.

Name „Beginen“ von dem verhaßten Namen der Albigenser abgeleitet worden. Es war ein Ausdruck der Verachtung, den die Frauen von ihren Gegnern erhielten, da sie heiliger als andere Frauen sein wollten, sich den Anbiederungen lüsterner Priester widersetzten (es gibt Beweise dafür, daß solches Verhalten sie oft in Schwierigkeiten brachte) und die Lockungen gesetzlicher Ehe ablehnten.[26]

Der Name „Beginen“ war als Schimpfname aufgekommen, aber es war schwierig, den Beweis von Ketzerei zu erbringen. Als die Bewegung im ersten Viertel des 13. Jahrhunderts begann, hatten viele Beginen zu leiden, und einige starben auf Grund des Verdachts von Ketzerei. Aber sie waren bemerkenswert unschuldig. Ihre Rechtgläubigkeit stand außer Zweifel; sie besaßen überhaupt keine bestimmten theologischen Vorstellungen; sie waren keine Perfektionisten oder Manichäer; sie hatten keine neue Erleuchtung, nur den Wunsch, ein „religiöses“ Leben zu führen. Obwohl sie auf viel Unwillen stießen, fanden sie daher auch Beschützer und breiteten sich unmerklich aus. Ihre albigensischen Verbindungen, soweit es sie jemals gegeben hatte, waren bald vergesen, und Matthäus Paris konnte schreiben: „Niemand weiß, warum sie Beginen heißen und wie sie anfingen“.

Die moderne Forschung hatte mehr Erfolg darin, herauszufinden, „wie sie anfingen“ und deutet auf die Lütticher Gegend etwa um 1210 als Ort und Zeit ihres Entstehens. Von dort verbreiteten sie sich über die flandrischen Städte und im Laufe der Zeit noch weiter, von der Ostsee bis zu den Alpen, und Richtung Osten von Flandern bis Böhmen. Aber in Köln erregten sie die Aufmerksamkeit des Matthäus Paris, und glücklicherweise machen es die reichhaltigen Archive dieser Stadt möglich, die Geschichte der Bewegung in diesem wichtigen Zentrum in vielen Einzelheiten zu rekonstruieren. Eine kurze Untersuchung an dieser Stelle wird ein weit verbreitetes Phänomen erhellen.

Wachstum

Wir wollen erst den städtischen Hintergrund dieser Bewegung betrachten. Man kann das Wachstum Kölns im 13. und 14. Jahrhundert nur in sehr groben Zügen verfolgen, aber es ist wahrscheinlich,

[26] Zu den frühen Verfolgungen dieser Frauen vgl. H. *Grundmann,* wie oben Anm. 24, S. 171 f. und Jakob von Vitrys Vita der Maria von Oignies (1177–1213), Acta Sanctorum, 23. Juni, Bd. IV.

daß die Bevölkerung von etwa 15 000 zu Beginn des 13. Jahrhunderts auf einen mittelalterlichen Höchststand von etwa 37 000 um das Jahr 1320 anstieg. Danach gab es einige heftige Schwankungen, die durch die Pest noch verstärkt wurden. Man kann sie im einzelnen nicht verfolgen, aber die Heimsuchung der Jahre 1348/50 muß für einige Zeit die Bevölkerung auf einen Stand von nicht mehr als 20 000 reduziert haben. Wenn, wie allgemein angenommen wird, der Bevölkerungsanteil der Frauen erheblich größer war als der der Männer, dann schuf das schnelle Wachstum der Stadt im 13. und frühen 14. Jahrhundert sicherlich eine zunehmende Zahl von Frauen in sehr unsicherer Stellung. Für unverheiratete Frauen und Witwen war ein religiöses Haus der offensichtliche Zufluchtsort, aber die Zahl der Nonnenklöster war klein, und die Finanzquellen der unverheirateten weiblichen Mitglieder selbst verhältnismäßig wohlhabender Familien muß oft sehr begrenzt gewesen sein. Vor einem allgemeinen Hintergrund dieser Art müssen wir die Nachrichten für das Ansteigen der Zahl von Frauen untersuchen, die nach einem religiösen Leben streben, einzeln in ihrer Familie oder gemeinsam in kleinen Gruppen in Häusern, die eine von ihnen geerbt hatte, oder die sie kauften, indem sie ihr Vermögen zusammenlegten.

Weil systematische Quellenbelege für Grundstücksverkäufe in der Stadt seit 1223 noch erhalten sind, ist es möglich, die Entwicklung dieser Bewegung in einiger Ausführlichkeit zu verfolgen.[27] Die ersten Beginen tauchten im Jahr 1223 auf. In diesem Jahr verkauften zwei Schwestern, Elisabeth und Sophie, Beginen genannt, Mitglieder einer bedeutenden lokalen Familie, kleine Besitzungen, die sie an den Ufern des Rheines geerbt hatten: Sophies Anteil war nicht größer als der zwölfte Teil eines Hauses und Hofes, und es gab noch eine dritte Begine mit Namen Rigmunde, die den sechsten Teil eines ähnlichen Besitzes gleichfalls verkaufte. Nach diesen Anfängen ist bis 1250 eine Lücke in den aufgezeichneten Transaktionen der Beginen in der Stadt. Dann ändert sich die Situation dramatisch, und die Zahl solcher Transaktionen steigt bis 1310 steil an. Die Ergebnisse können

---

[27] Etwa 200 Register haben Zeugnisse für mehr als 150 000 Besitztransaktionen in der Stadt zwischen etwa 1220 und 1400 bewahrt. Zum Inhalt dieser Bücher und einem Literaturbericht, zusammen mit etwa 2500 Quellenzeugnissen, vgl. H. *Planitz* und T. *Buyken,* Die Kölner Schreinsbücher des 13. und14. Jahrhunderts, Publikationen der Gesellschaft für Rheinische Geschichtskunde 46, 1937.

am einfachsten in einem Schaubild dargestellt werden, das die Zahl der Beginen verzeichnet, die in Besitztransaktionen der Stadt in jedem Jahrzehnt zwischen 1250 und 1400 genannt werden.[28]

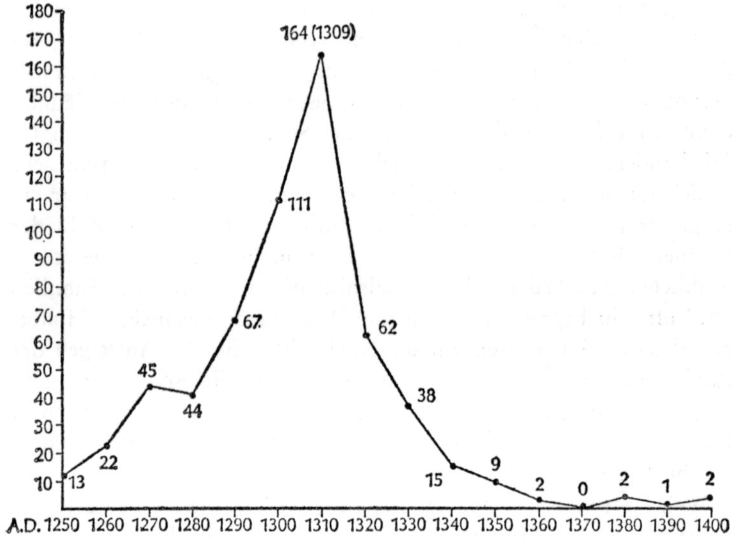

Zahl von Beginen, die in Grundstücksveräußerungen in Köln zwischen 1250 und 1400 genannt werden

Aus diesen Schaubild kann man ersehen, daß die Zahl der Beginen, die in solchen Transaktionen genannt werden, nach 1310 noch steiler abfällt, als sie in den vorhergehenden sechzig Jahren angestiegen war. Natürlich besteht keine genaue Korrelation zwischen der Zahl der Beginen, die Besitz kauften oder verkauften, und ihrer Gesamtzahl in der Stadt, aber der steile Anstieg ihrer Transaktionen zwischen 1250 und 1310 muß einer schnellen zahlenmäßigen Vergrößerung der Beginenbewegung entsprechen. Nicht so einfach ist das Nachlassen der Transaktionen nach 1310 zu erklären. Die ersten Beginen hatten einzeln oder in kleinen formlosen Gruppen gelebt. Aus diesem Grund veräußerten sie häufig kleine Besitzungen, um ihre Häuser zu errichten. Im Laufe der Zeit bildeten sich nun kleine

[28] Vgl. *Asen,* wie oben Anm. 24, Bd. 111, S. 93.

permanente klosterähnliche Einrichtungen, und diese wurden gegen Ende des 13. Jahrhunderts sehr zahlreich. Diese Fakten, die sich auf ihre Gründungen beziehen, können in einem anderen Schaubild gezeigt werden, in dem wir die Zahl der permanenten Beginenkonvente für jedes Jahrzehnt verzeichnen, von deren Gründung wir zwischen 1260 und 1400 wissen.[29]

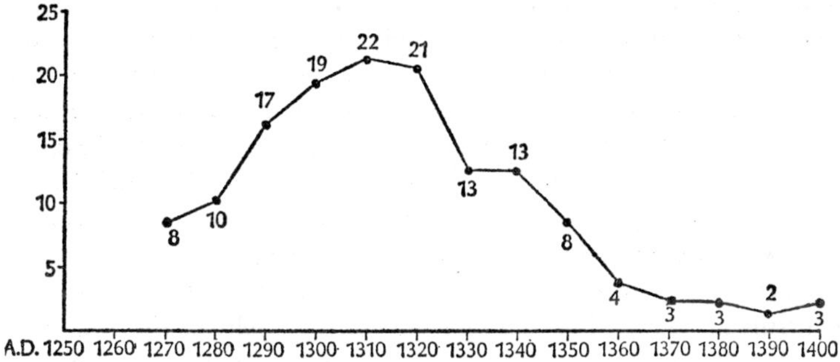

Gründungen von Beginenkonventen in Köln (1260–1400)*

* (Von 169 Konventen ist das genaue Gründungsdatum nur bei 108 bekannt; was die anderen angeht, ist die Zuweisung zu einem bestimmten Jahrzehnt nicht immer gesichert, während 23 Konvente in diesem Schaubild gar nicht berücksichtigt wurden.)

Am Ende des 14. Jahrhunderts gab es in der Stadt 169 Beginenkonvente. Sie boten Platz für etwa 1500 Beginen, und allmählich, teils auf Druck seitens der Kirche, teils einfach aus organisatorischen Gründen, umfaßten sie die gesamte Beginenbewegung. Um 1400 lebten alle Beginen in Konventen. Der ursprüngliche Impuls, der die Beobachter in der Mitte des 13. Jahrhunderts in Erstaunen versetzt hatte, war schon lange verschwunden, und es bestand kein Bedarf mehr nach Neugründungen. Das normale Schicksal mittelalterlicher religiöser Bewegungen würde erwarten lassen, daß, sobald der erste Impuls geschwunden war, die Zahl der Beginen nachlassen würde, aber es gab sie in Köln bis zum Ende des 18. Jahrhunderts, und im frühen 16. Jahrhundert waren sie noch so zahlreich, daß ein zeitgenössischer Satiriker sie mit den Wassertropfen im Meer und mit den Haaren im Fell eines Esels vergleichen konnte.

---

[29] Ebenda, S. 93 f.

Der Erfolg der Beginen

Was soll man zu der Geschichte dieses Ordens, der gar keiner war, nun sagen? Welche Funktion erfüllte er, was für Leute zog er an, und welchen Beitrag leistete er zur Religion des Mittelalters? In erster Linie gab er offensichtlich vielen Frauen die Möglichkeit für eine einfache und leicht zugängliche Zuflucht vor den Stürmen und Ängsten des weltlichen Lebens. Er bot ihnen eine große Vielfalt religiöser Betätigung mit einem Minimum von Komplikationen an. Von dem einfachen Vorgang der Aufnahme in die Bewegung sind viele Zeugnisse erhalten geblieben. Die Kandidatin erschien vor dem Pfarrpriester, dem Offizial des Bischofs, dem Vorsteher der Franziskaner oder den Prior der Dominikaner und leistete ein Gelübde, für das es viele verschiedene Formen gab. Einige „opferten sich Christus"; andere „wünschten, ihr ganzes Leben in christlicher Weise zu verbringen"; andere erklärten, sie verlangten danach, „dem Herrn Jesus Christus im Gewand einer Begine zu dienen". Sehr häufig entsagten sie der Ehe und leisteten ein Keuschheitsversprechen, obwohl sie manchmal ausdrücklich die Möglichkeit offen ließen, ihren Entschluß später zu ändern. Die Ablegung des Gelübdes fand nach der Messe statt, indem der Beichtvater der neuen Begine ihre einfache Beginentracht am Altar überreichte und sie gelobte, diese „als ein Mädchen, das Gott geweiht und hingegeben ist", zu tragen.[30]

Das wesentliche Merkmal des Lebens einer Begine war die Hingebung an Gott. Sie war in verschiedener Weise tätig und vereinte die verschiedensten Dinge: Arbeit in Hospitälern, Weben und Sticken, einfaches Gebet und Beschauung. Dieser Lebensstil verhinderte großartige Entwicklungen im Bereich der Bildung oder Literatur, aber zwei oder drei Beginen des 13. Jahrhunderts hinterließen beachtliche Zeugnisse ihrer Gebete und Visionen. Es kann nicht überraschen, daß diese Zeugnisse voll von ekstatischen und visionären Erlebnissen sind, mit einem starken Element naiver Sexualität in ihrer Bildersprache. Ohne den Versuch zu machen, irgendwelche neue Wahrheiten zu erschließen, und trotz eines Mangels an jeder Systematik oder Form besitzen sie frische Individualität und Pathos in ihren volkssprachlichen Ergüssen:

---

[30] Viele der Gelöbnisformeln sind in den Quellen des Stadtarchivs, vgl. *Asen,* wie oben Anm. 24, Bd. 111, S. 89 f.

Dieses Buch sende ich nun als Boten allen geistlichen Leuten, den guten wie den schlechten. Es kündet allein von mir und offenbart mein Geheimnis, um Gott zu verherrlichen. Eia, Herr Gott, wer hat dies Buch gemacht? Ich habe es gemacht, in meiner Ohnmacht, da ich meine Gabe nicht zurückzuhalten vermag. Eia, Herr, wie soll dies Buch, das nur deiner Verherrlichung dienen soll, heißen? Es soll heißen: Ein fließendes Licht meiner Gottheit in allen Herzen, die da leben ohne Falschheit.[31]

Oder an anderer Stelle:

Mein Leib ist in großer Qual
Meine Seele ist in hoher Wonne,
Denn sie hat geschaut
Und mit Armen umfangen
Ihren Liebsten allzumal.
Von ihm hat sie die Qual,
Die Ärmste.
Er zieht sie empor
Daß sie sich ganz verlor.
Und nicht konnt an sich halten
Bis er sie in sich hineinnahm.

Und der Leib spricht zur Seele:
„Wo bist du gewesen? Ich kann nicht mehr."
Spricht die Seele: „Schweig, du bist ein Tor,
Ich will bei meinem Liebsten sein
Und trüge dir das Verderben ein.
Ich bin seine Freude,
Er ist meine Qual.
Dies ist ihre Qual; nimmer möge sie vergehen.
Diese Qual mußt du bestehen
Nimmer mögest du ihr entgehen."[32]

Diese und ähnliche Ergüsse bieten ein bemerkenswertes Zeugnis für die Befreiung, die diese Frauen in ihrem christlichen Beruf fanden und mit der sie ihre visionären Höhenflüge artikulierten. Zweifellos verdankten sie der Ermutigung und Führung durch die Bettelmönche, in denen sie ihre wichtigsten Gönner fanden, sehr viel. Obwohl sie in Ursprung und Plan ihrer Lebensgestaltung unabhängig waren, hängten sie sich an die Bettelmönche an; von den 167 einzelnen Beginen, deren genaue Adresse in Köln zwischen 1263 und

---

[31] Mechthild von Magdeburg, Das fließende Licht der Gottheit, hg. von P. Gall *Morel* (1869, Nachdruck 1963), S. 3.
[32] Ebenda, S. 7 f.

1389 bekannt ist, lebten 136 in der Nähe von Dominikanern und Franziskanern.[33]

In vieler Beziehung bieten sie ein idyllisches Bild: Frauen entkamen den häßlichen Gesetzmäßigkeiten der Welt in die Freiheit eines anspruchslosen geistigen Lebens; sie erlebten deutliche Begegnungen mit einem liebenden Gott und beschäftigten sich mit nützlichen Diensten, angefangen von der Krankenpflege bis hin zur Stikkerei von kirchlichen Gewändern. Und doch erweckten diese Frauen und ihre Lebensweise Anfeindungen, alle aus einem Gefühl der Angst heraus und nicht alle unberechtigt. Wir können hier die vulgären Spötter und die kirchlichen Hexentreiber beiseite lassen, die sie zu Beginn der Bewegung verfolgten, und uns statt dessen einigen der reiferen Kritiker zuwenden, die versuchten und schließlich teilweise Erfolg hatten, die Bewegung in die vertrauten Bahnen von Ordensgemeinschaften zurückzuleiten.

Die Kritiker der Bewegung und ihr Niedergang

Bis um die Mitte des 13. Jahrhunderts wurde die Beginenbewegung mit viel Sympatie von Leuten in verantwortlichen Positionen bedacht. In ihren Ansichten über die neue Bewegung stellten Robert Grosseteste und Matthäus Paris das gesamte Spektrum der Meinungen dar, die um 1250 verbreitet waren, von vorsichtigem Interesse und Zustimmung bis hin zu ausdrücklicher Billigung. Die päpstlichen Legaten in Deutschland waren besonders hilfreich. Im Jahr 1250 stellte der Legat Peter, der Bischof von Alba, die Beginen von Köln unter den Schutz des Domprobstes, um sie vor Verfolgung durch Klerus und Laien in der Stadt zu schützen; und im folgenden Jahr verstärkte der Legat Kardinal Hugo den Schutz für religiöse Frauen in der Stadt, „die nicht durch Klostermauern oder eine anerkannte Regel geschützt werden, sondern inmitten eines Meeres weltlicher Gefahren leben."[34]

Allein die Tatsache, daß es dieses Schutzes bedurfte, zeigt, daß es in der Stadt viele Menschen gab, welche die neue Freiheit, der sich diese Frauen erfreuten, mißbilligten. Pfarrpriester, die ihre Gemeinde teilweise an die Bettelmönche verloren, Väter, die ihre Töchter ver-

---

[33] *Asen,* wie oben Anm. 24, Bd. 111, S. 90 f.

[34] Ebenda, S. 104.

loren, Männer, denen Frauen, die ihren eigenen Weg gingen, Stein des Anstoßes waren, all das waren Feinde der Beginen. Letzten Endes errangen diese Feinde wenigstens einen Teilerfolg, einerseits, weil die Vitalität der Bewegung nachzulassen begann, andererseits, weil die Bewegung selbst nicht frei von Schwächen und Absurditäten war, zum Teil auch, weil die Ansichten von Durchschnittsmenschen im allgemeinen die Oberhand gewinnen. Diese Ansichten wurden nachdrücklich zum erstenmal von einem Bischof aus dem östlichen Deutschland, Bruno, Bischof von Olmütz, vorgebracht, der im Jahr 1273 an den Papst schrieb. Er klagte, die „Religion" der Beginen sei nicht vom Heiligen Stuhl gebilligt worden, diese Frauen mißbrauchten ihre Freiheit als einen Schleier für Lasterhaftigkeit, um dem Joch des Gehorsams den Priestern gegenüber und dem „Zwang ehelicher Bande" zu entkommen. Er war vor allem darüber entrüstet, daß junge Frauen den Witwenstand annehmen wollten gegen die Lehre des Apostels, der keine Witwen unter dem Alter von 60 Jahren genehmigte. Gegen diese Übel hatte Bruno nur ein einziges Heilmittel: »Wenn es nach mir ginge, würden sie verheiratet oder einem anerkannten Orden zugewiesen werden."[35]

Zweifellos waren viele Männer ähnlicher Ansicht. Das allgemeine Konzil von Lyon im Jahr 1274 griff das Thema auf und begann die offiziele Unterdrückung von Randbewegungen wie denen der Beginen:

> Der unangemessene Eifer von Bewerbern hat notgedrungen zu einer großen Vielfalt von Ordensgemeinschaften geführt, und die anmaßende Kühnheit einiger der bestehenden Orden, besonders der Bettelmönche, deren Gründung noch nicht gebilligt worden ist, hat eine unkontrollierte Menge solcher Orden geschaffen. Deshalb wiederholen wir mit größerer Schärfe das frühere Verbot: von jetzt an soll niemand irgendeinen neuen Orden gründen oder das Gewand eines neuen religiösen Lebens annehmen; und wir erklären, daß alle die genannten Bettelgemeinschaften und die anderen religiösen Organisationen, die seit dem oben genannten Konzil (von 1215) gegründet worden sind, die keine päpstliche Bestätigung erhalten haben, für immer verboten und aufgelöst sind, ungeachtet dessen, wie weit sie sich entfaltet haben.[36]

---

[35] C. *Höfler,* Analecten zur Geschichte Deutschlands und Italiens (Abhh. der Königl. Akademie zu München, Hist. Kl.) 1846, IV, 27. Zum Hintergrund dieses Berichtes vgl. *Grundmann,* wie oben Anm. 24, S. 334.

[36] c. 23 (Conciliorum Oecumenicorum Decreta, hg. von J. *Alberigo,* 1962, S. 302).

Es ist kaum zu bezweifeln, daß die Beginen zu den unautorisierten religiösen Gemeinschaften gehörten, von denen dieses Verbot sprach, und das allgemeine Konzil von Vienne im Jahr 1312 stellte unmißverständlich und in einer noch viel feindseligeren Art die Verbindung her:

Es ist uns hinterbracht worden, daß einige Frauen, die man Beginen nennt, von einer Art Verrücktheit befallen, die Heilige Trinität und das göttliche Wesen diskutieren und sich ihre eigene Meinung über Fragen des Glaubens und der Sakramente bilden, entgegen dem katholischen Glauben, womit sie viele einfältige Menschen in die Irre leiten. Da diese Frauen niemandem Gehorsam versprechen, ihrer Güter nicht entsagen oder eine der üblichen Regeln befolgen, gehören sie nicht zu den *religiosi,* obwohl sie Ordensgewänder tragen und mit Orden Verbindung aufnehmen, so wie es ihnen gefällt... Deshalb haben wir entschieden und beschlossen, mit der Zustimmung des Konzils, daß ihre Lebensweise auf immer verboten werden soll und ganz und gar von der Kirche Gottes ausgeschlossen wird.[37]

Dieses Dekret zeigt sehr deutlich die Unsicherheit der kirchlichen Autoritäten angesichts der Beginen. Sie paßten nicht in das wohlgeordnete Schema der religiösen Orden; es war schwierig, Informationen über sie zu erhalten, und ein großer Teil der Informationen war voreingenommen. Doch es war schwer einzusehen, warum Leute nicht ein gemeinsames Leben in harmloser christlicher Weise führen sollten und praktisch einem Orden angehören sollten, ohne sich einer Regel zu unterwerfen oder eine vorgeschriebenes Gelöbnis zu leisten. Das Konzil spürte diese Schwierigkeit offensichtlich; nachdem es sein Dekret mit den starren und feindseligen Worten begonnen hatte, die wir oben zitiert haben, schloß es auf versöhnliche Weise:

Wenn wir das sagen, dann ist es nicht unsere Absicht, frommen Frauen zu verbieten, so zu leben, wie es ihnen der Herr eingibt, vorausgesetzt, sie wollen ein Leben in Buße führen und Gott in Demut dienen, auch wenn sie kein Keuschheitsgelübde abgelegt haben, sondern in ihren Häusern keusch beisammen leben.

Hier begegnen wir in einem einzigen Abschnitt am Ende der großen gesetzgeberischen Epoche der mittelalterlichen Kirche den Spannungen zwischen den Kräften der Autorität und der Freiheit, und auch den wachsenden Schwierigkeiten, eindeutig autoritative Richtlinien zu geben.

Die Frage, die auf höchster Ebene unentschieden blieb, mußte

---

[37] c. 16 (ebenda, S. 350).

freilich in der Praxis irgendwie gelöst werden. Im Jahr 1318 verordnete der Erzbischof von Köln die Auflösung aller Beginenvereinigungen und ihre Integration in kirchlich gebilligte Orden. Dieser lokalen Entscheidung folgte eine Reihe von Dekreten verschiedener Erzbischöfe und Päpste, die schließlich zu einer Konzentration der Beginen in feste Konvente führten. Im Jahr 1421 war die Entwicklung so weit vorangeschritten, daß Papst Martin V. dem Erzbischof von Köln befahl, alle kleinen Konventikel von Leuten, die unter dem Vorwand der Religion ohne bestimmte Regel zusammen lebten, aufzuspüren und aufzulösen. Es ist nicht bekannt, ob der Erzbischof auf diesen Befehl hin etwas unternahm, aber auf alle Fälle hatte die freie Bewegung der Beginen zu diesem Zeitpunkt schon lange aufgehört, und sie hinterließ als Erinnerung eine große Anzahl von Hospitälern und Altenheimen, die oft bis in die Neuzeit fortbestanden haben.

Trotz dieses langsamen Erstarrungsvorganges ging die Freiheit von religiöser Vereinigung, bei der die Beginen Pionierarbeit geleistet hatten, nie mehr ganz verloren, aber man kann sie später nicht mehr an der Geschichte der Beginen verfolgen. Um die Mitte des 14. Jahrhunderts war ihr anfänglicher Impuls, der die zeitgenössischen Beobachter so beeindruckt hatte, erschöpft. Für eine weitere Stufe der freiheitlichen Entwicklung müssen wir uns einer anderen Gegend in Europa zuwenden.

Die religiösen Brüder von Deventer und Umgebung

Die Umwelt

Als Ausgangspunkt wollen wir einige Entwicklungen in einer Gruppe kleiner, aber lebendiger Städte im Tal des Flusses Ijssel in Ostholland im ausgehenden 14. Jahrhundert betrachten. Das Gebiet ist auf der beigefügten Karte skizziert. Wir sind hier weit von den Zentren des religiösen Lebens im Frühmittelalter entfernt, und es ist möglich, neue Entwicklungen verhältnismäßig leicht zu erkennen. Während der letzten 50 km, bevor die Ijssel in die Zuider Zee mündet, fließt sie an Zutphen, Deventer, Zwolle und (an einem Nebenfluß) Kampen vorbei. Im ausgehenden 14. Jahrhundert waren das Städte mit zwischen 6000 und 12 000 Einwohnern, verhältnismäßig klein also im Vergleich mit den größten Städten Europas. Aber sie waren alle – und besonders Deventer und Kampen – wachsende Handelszentren mit einer hohen Konzentration von Wohlstand durch Handel und von städtischer Unabhängigkeit.[38] Sie gehörten alle dem Städtebund der Hanse an, aber sie besaßen weder die Größe noch die geographische Lage, um in dieser Vereinigung wirtschaftlicher Interessen eine führende Rolle zu spielen. Sie lagen am westlichen

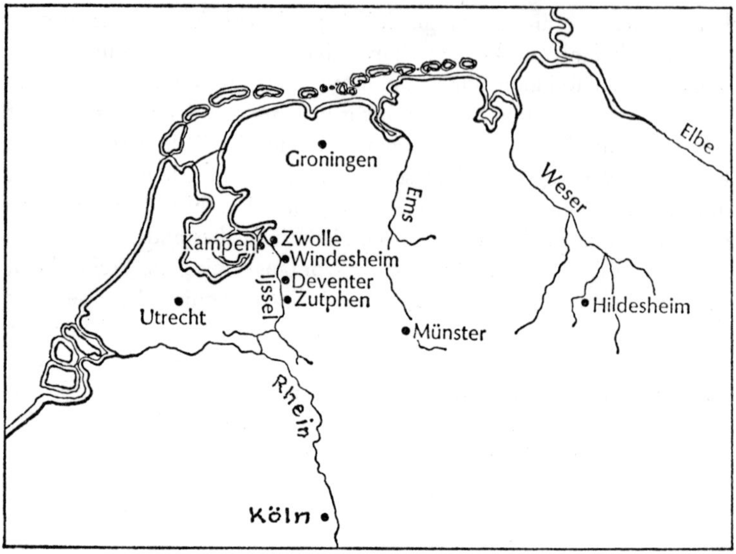

Deventer und Umgebung

Rande des Wirkungsfeldes der Hanse, und ihre Interessen – eng verknüpft mit örtlichen Wollproduzenten und Bauern – unterschieden sich in vieler Beziehung von denen ihrer großen Handelspartner. Ihre Situation erforderte ein gehöriges Maß an Kaltblütigkeit und Wachsamkeit seitens ihrer Führungsoligarchie: vorsichtige Unabhängigkeit und bedächtiger Opportunismus, Kennzeichen, die so wichtig und notwendig für die holländische Geschichte wurden, werden schon in der Politik dieser kleinen Städte sichtbar. Sie waren völlig auf sich selbst gestellt. Ihre politischen Bindungen waren nur schwach. Kampen, Deventer und Zwolle gehörten zum Bistum

[38] Einen allgemeinen Überblick über dieses Gebiet findet man bei P. *Dollinger*, La Hanse, XII–XVII siècles (1964); Z. W. *Sneller*, Deventer, die Stadt der Jahrmärkte (1936).

Utrecht, Zutphen zur Grafschaft Geldern. Ihren nominellen Herren entrichteten sie ihren Tribut, aber ihre Politik mußten sie selbst gestalten, um bei dem sich schnell entwickelnden Handel der Nord- und Ostsee mitzuhalten. Kampen ragte unter seinen Nachbarn durch die Bedeutung seines Seehandels mit England, Norwegen und den Ostseeländern hervor. Deventer, seit dem 9. Jahrhundert eine Hafenstadt, die die Städte des Rheintales mit der Nordsee verbunden hatte, war ein bedeutender Umschlagplatz für Tuche, Metalle und Lebensmittel. Das waren die beiden wichtigsten Städte der Umgebung.

Was die Religion betrifft, war die Entwicklung der Ijssel-Städte deutlich rückständig. Vor 1370 waren die Ordensgemeinschaften kaum in das Gebiet vorgedrungen. In der Umgebung von Deventer gab es Prämonstratenserkanoniker und Zisterziensernonnen; in Kampen und Zwolle gab es kleine Niederlassungen von Augustiner Chorherren; außerdem gab es Franziskaner in Kampen und Deventer, Dominikaner in Zwolle und Zutphen, aber keine dieser Gründungen hatte bei der wirtschaftlich orientierten Bevölkerung starken Anklang gefunden. Sie gehörten eher dem ländlichen Adel an, und selbst das Haus der Franziskaner in Deventer verdankte seine Gründung und Entwicklung dem Grafen von Geldern und seiner englischen Frau Eleanor, einer Tochter Eduards II. Als die Bettelmönche diese Vorposten in Nordeuropa erreichten, hatten sie ihre zündende Kraft verloren; doch selbst wenn sie ihre urtümliche Kraft noch besessen hätten, ist es zweifelhaft, ob Bettelei den geschäftigen und zielstrebigen Geist in kleinen feuchten Seestädten des Nordens ebenso beeindruckt hätte wie in Assisi, Siena und Neapel.

Gleichwohl begannen sich die Symptome einer städtischen religiösen Entwicklung abzuzeichnen. Im Jahr 1349 hören wir von einer großen Gruppe Flagellanten, die auf öffentliche Kosten vom Rat der Stadt Deventer verpflegt wurden. Desgleichen hatte es in Deventer und in Zwolle Beginenhäuser gegeben, obwohl diese anscheinend bis 1380 verschwunden waren; in diesem Jahr scharte ein Volksprediger eine große Gefolgschaft wegen seiner Lehre von einer natürlichen Vereinigung zwischen Gott und Menschen und der Nutzlosigkeit institutionalisierter Religion um sich.[39] Diese Entwicklungen waren

---

[39] Es existiert ein Bericht einer Predigt von 1382 von diesem Prediger, Bartholomäus vom Orden der Augustiner-Eremiten von Dordrecht, in Gerardi (Groote) Magni Epistolae, hg. von W. *Mulder* (1933), Ep. 31.

ein erster Hauch der großen Stürme von Gefühlsaufwallung und kirchenfeindlicher Einstellung, die immer erste Zeichen dafür sind, daß die Laien in der Stadt das Feld der Religion betreten hatten.

Gerhard Groote

Um 1380 begann eine neue, an Ort und Stelle gewachsene religiöse Energie in Erscheinung zu treten, die dem eigentlich ernsten Leben dieser Städte entsprach. Diese Energie äußerte sich nicht in den exotischen und überschwenglichen Gesten der frühen Franziskaner, sondern eher auf prosaische Weise. Der Mann, der für diese Ausdrucksform verantwortlich war, war Gerhard Groote, Sohn eines Tuchhändlers und Erbe eines beträchtlichen Besitzes in und um Deventer.[40] Im Jahr 1374 war er 34 Jahre alt, und zu dem Zeitpunkt schien er in jeder Weise dem kosmopolitischen intellektuellen und kirchlichen Leben der Zeit entsprochen zu haben. Er hatte Rechte und Theologie in Paris studiert, und er besaß ein verzehrendes Interesse an Medizin und Astrologie, den Wissenschaftszweigen, die im ausgehenden 14. Jahrhundert die unmittelbarsten praktischen Ergebnisse versprachen. Er hatte eine solide akademische Ausbildung genossen, obwohl er vielleicht nicht so schnell nach höheren Würden strebte, wie es empfehlenswert gewesen wäre. Vielleicht stand er vor dem nicht ungewöhnlichen Problem von Akademikern, sich ein Spezialgebiet zu wählen. Wie alle erfolgreichen Studenten nahm er an zwei Wettrennen zugleich teil, dem um akademische Auszeichnung und dem um weltlichen Erfolg, und sie zogen ihn in entgegengesetzte Richtungen. Er war der normalen Universitätsroutine gefolgt und hatte den Papst um kirchliche Beförderung ersucht, aber sie ließ auf sich warten. Von 1365 bis 1367 vertrat er seine Heimatstadt in einem Streit mit dem Bischof von Utrecht am päpstlichen Hof in

[40] Zur Laufbahn Gerhard Grootes vgl. T. P. van *Zijl,* G. Groote, Ascetic and Reformer (1340–1384) (= Catholic University of America Studies in Medieval History, New Series 18) 1963; zu seinen Werken vgl. J. G. J. *Tiecke,* Hg., Werken van Geert Groote (1941). Einige wertvolle Erinnerungen an sein Leben finden sich in Thomas à Kempis, Vita Gerardi Magni, *in* Opera Omnia, hg. von M. J. *Pohl,* VII, S. 31–115. Aus der sehr reichen neueren Literatur zu dieser Bewegung seien die folgenden Werke stellvertretend genannt: R. R. *Post,* De Moderne Devotie, ²1905, und Studien over de Broedern van het Gemeine Leven, *in* Nederl. Historiebledin, I–II, 1938–1939.

Avignon, und im Jahr 1368 (vielleicht als Ergebnis der Gelegenheit, seine Erwartungen in Avignon zu fördern) wurde er Kanoniker in Aachen. Drei Jahre später erhielt er eine päpstliche Provision, die ihm Aussicht auf ein Kanonat in Utrecht gab, aber es ist zweifelhaft, ob er es jemals erhielt. In bescheidener Weise war er auf dem Wege dazu, ein kleiner lokaler Edelmann zu werden, der Zentimeter um Zentimeter vorrückte. Dann, im Jahr 1372, erkrankte er in Deventer, und in den Wochen seiner Krankheit begann sein Leben, eine andere Richtung zu nehmen. Gemessen an der Entwicklung des Heiligen Franziskus ging es bei ihm recht langsam. Im Jahr 1374 war er so weit gekommen, sein Elternhaus der Stadt Deventer für wohltätige Zwecke zur Verfügung zu stellen, und eine Weile zog er sich zu den Karthäusern in der Nähe von Arnhem zurück, um seine Lage zu überdenken.

Die Zeugnisse dieser Überlegungen und Entschlüsse jener Zeit sind noch erhalten, und sie vermitteln einen lebhaften Eindruck von dem Geisteszustand eines enttäuschten Akademikers in der Krise. Über seine Zukunft war er sich gänzlich im unklaren. Er zeigte keine Neigung dazu, Karthäuser zu werden oder einem anderen Orden beizutreten. Klar war er sich über seine Entschlossenheit, alles zu meiden, was er bis dahin erstrebt hatte. Seine Aufzeichnungen sind ungeformt und voll von Wiederholungen, manchmal in der ersten, dann wieder in der zweiten Person geschrieben, manchmal Entschlüsse fassend, dann wieder sich selbst ermahnend:

> Ich werde nach keinen weiteren Benefizien streben ... Du wirst keinem weltlichen Herrn für Lohn dienen; du wirst nicht versuchen, irgendeines Herrn Astrologe zu werden; du wirst keine verbotenen Künste für irgendjemanden ausüben; du wirst nicht (durch Astrologie oder ähnliches) die besten Zeiten für Reisen oder Schröpfungen herausfinden, außer in allgemeiner Weise durch die Beobachtung des Wetters ...
>
> Du sollst keine Zeit mit Geometrie, Arithmetik, Rhetorik, angewandter Astrologie oder ähnlichem vergeuden, denn diese Künste wurden von Seneca abgelehnt und sind noch viel mehr von geistigen Menschen oder Christen abzulehnen ...
>
> Du wirst nie in Medizin ein Examen ablegen, denn ich habe nicht die Absicht, Gewinn oder Beförderung durch eine abgelegte Prüfung zu erlangen ...
>
> Ich will keine Studien betreiben, die meinen Ruf vergrößern würden; meide alle öffentlichen Streitgespräche nach der Art jener in Paris über Theologie oder Kunst – meide sogar, sie zu erlernen – sie sind unnütz und führen zu Zwietracht ... Du wirst nicht für ein Examen in Theologie studieren, denn es verlangt mich weder nach Gewinn noch nach Beförde-

rung oder Ruhm, und ich kann ebenso gut ohne Examen lernen ... Du wirst kein Berater in Rechtsfragen werden, außer bei offensichtlichem Unrecht oder Bedrückung der Armen ... auch nicht für einen Freund oder Verwandten ... auch nicht in Deventer ... auch wenn ein Verwandter geschlagen, getötet oder belästigt wird, wirst du seinen Angreifer nicht behelligen oder gegen ihn Rat geben, um ihm zu schaden.[41]

Das waren seine Vorsätze. Was folgen sollte, war viel umbestimmter. Er war entschlossen, sich hauptsächlich Erbauungswerken zu widmen, solchen über religiöse Handlungen und über bescheidenes Leben. Weiter konnte er nicht sehen. Aber er faßte den Entschluß – und das ist bezeichnend für den Lebensstil, zu dem er sich allmählich durchrang – sich jeden Tag etwas Zeit zu nehmen, seine Sammlung von Vorsätzen und Entschlüssen zu lesen, „denn das korrigiert dein Verhalten".[42]

Das klingt nach Experiment, und in diesem Bereich lag tatsächlich ein bedeutender Anteil von Grootes Beitrag zum religiösen Leben des ausgehenden Mittelalters. Er hatte keine Pläne, keine Theorien, keine Visionen, keine Lieblingsabneigungen; er wollte einfach frei sein. Er war kein Revolutionär, kein Wycliffe; aber in mancher Beziehung war er viel moderner als Wycliffe – moderner in den akademischen Fächern, die ihn interessierten, und noch moderner in seiner Ablehnung dieser Interessen. Traditonelle Kontroversen waren ihm unverständlich. Wie jeder erfolgreiche religiöse Neuerer des Mittelalters verband er extremen, sogar gewalttätigen Konservativismus in sozialen und dogmatischen Fragen mit erstaunlicher Freiheit und Neuheit in Fragen der Organisation und des Gefühlslebens.

Die zehn Jahre seines Lebens, die ihm noch verblieben, nachdem er das Rennen um Erfolg aufgegeben hatte, waren eine Zeit des Experimentierens und unvollendeter Leistungen. Es ist sehr schwer, die Chronologie dieser Jahre zu erstellen. Wir hören davon, daß er in Deventer, Zwolle und Kampen predigte und allmählich seine Tätigkeit auf die umliegenden Städte und Dörfer ausbreitete, in einen alten grauen Mantel und geflickte Gewänder gehüllt, die unter seinen Jüngern Legende wurden. Trotz seines Entschlusses, die akademische Arbeit aufzugeben, schwand sein Interesse an Büchern nie; wir erfahren von einer Reise nach Paris, um Bücher zu kaufen, und auch

[41] Die persönlichen Aufzeichnungen, aus denen diese Auszüge stammen, sind gedruckt in Thomas à Kempis, Opera Omnia, Bd. VII, S. 87–97.
[42] Ebenda, S. 105.

davon, wie er auf eine Predigtreise ging und einen ganzen Karren voll Bücher mitführte, um nach der Predigt in Gesprächen Rede und Antwort stehen zu können und seine Kritiker zu überzeugen. Er hatte einen Schreiber, der seine Worte aufzeichnete, und eine Atmosphäre gebildeter und dennoch unakademischer Kontroverse, die er schuf, wohin er auch kam, erinnert an eine viel frühere Zeit in der Geschichte der Kirche, an die Zeit des Heiligen Augustinus, als Zweifel an der Möglichkeit irgendwelcher religiöser Wahrheit bestanden, Zweifel, wie wir sie heute auch kennen, die aber im Mittelalter kaum zu finden sind. Er war nur Diakon und brauchte deshalb eine besondere bischöfliche Genehmigung zum Predigen; als der Protest der Ordensgemeinschaften gegen ihn lauter wurde, brachte ihn der Bischof wegen einer Kleinigkeit zum Schweigen. Danach, so hören wir, warb er Studenten dazu, theologische Werke zu kopieren, und er predigte zu ihnen in privatem Kreis, wenn sie in sein Haus kamen, um ihren Lohn abzuholen. So starb er, zum Schweigen gebracht und unter Verdächtigungen.

Grootes religiöse Gründungen

Gegen Ende seines Lebens hatte Groote sein Elternhaus in Deventer, das er im Jahr 1374 aufgegeben hatte, in ein Heim für religiöse Frauen umgewandelt, und er gab ihnen Statuten, die durch ihren Mangel an überflüssigem kirchlichem Zierrat auffallen. Die Frauen sollten keine bindenden Gelübde ablegen und keine besondere Tracht tragen; sie sollten Laien bleiben, die den weltlichen Gerichten unterstanden; sie sollten keinem religiösen Orden angehören, sondern einfach Gott dienen und für ihren Lebensunterhalt arbeiten. Wie kaum anders zu erwarten, sagten Grootes Feinde, es seien einfach Beginen unter einem anderen Namen. Aber Groote war kein Freund von Freiheit für die Frauen. Seine Bekehrung hinterließ in ihm eine stark ausgeprägte Abneigung gegen alles Sexuelle, und er hielt die Frauen unter seiner Leitung zu einem strengen Leben von Gebet und Arbeit an. Inzwischen begann in einer benachbarten Straße eine Gruppe von Klerikern und Laien in dem Vikariat von St. Paul unter Grootes Aufsicht zusammenzuleben; und in den letzten Monaten seines Lebens war er mit der Gründung einer Gemeinschaft von Augustiner Chorherren in Windesheim wenige Kilometer nördlich von Deventer im Tal der Ijssel beschäftigt.

Er hatte diesen letzten Schritt wahrscheinlich nur zögernd getan, aber es sollte sich herausstellen, daß er klug war. Die Opposition gegen ihn, unter der Führung der Dominikaner, die seine Gemeinschaften als ungesetzliche Vereinigung von Begarden und Beginen bezeichneten, hatte solche Formen angenommen, daß er es für geraten hielt, unter Beweis zu stellen, daß er Ordensgemeinschaften nicht feindselig betrachtete. Außerdem sah er ganz richtig, daß die Gesellschaft von Regularkanonikern in Notzeiten einen sicheren Schutz für seine informellen Gemeinschaften darstellen würde.[43] Wie er den Brüdern selbst sagte, war schließlich die Augustiner-Regel „nicht sehr verschieden von unserer religiösen Lebensweise, außer daß jene, die sich dazu bekennen, durch ein Gelübde gebunden sind." Das war ein erheblicher Unterschied, aber ohne diese Basis in Windesheim hätten die Gemeinschaften, die nicht durch ein Gelübde gebunden waren, kaum überleben können.

Als Groote im Jahr 1384 starb, schien er sehr wenig erreicht zu haben, und die Bewegung, die er hervorrief, kam in ihrer Verbreitung nie den großen Orden früherer Jahrhunderte gleich. Sie verbreitete sich kaum weiter als über die Städte Hollands und Westfalens, und auch innerhalb dieses Gebietes war ihr zahlenmäßiger Erfolg gering. Nach einer Berechnung stieg die Zahl der Gemeinschaften der Brüder Grootes auf insgesamt 34 in Holland und 11 im Rheinland und in Westfalen; ähnliche Gemeinschaften für Frauen gab es in etwa dreifacher Zahl.[44] Die Bedeutung dieser Bewegung lag nicht in ihrer Größe, sondern in ihrer Fähigkeit, außerhalb der formalen Ordensgemeinschaften zu überleben, und zwar ohne Skandal, ohne Unterdrückung und ohne radikale Veränderungen. Das Überleben dieser ungeregelten Gemeinschaften lief einigen der tiefsten Überzeugungen der mittelalterlichen Kirche zuwider, und der Grund für ihr Überleben muß sorgfältig untersucht werden.

Als ersten Schritt zum Verständnis dessen, wofür Grootes Grün-

---

[43] Scriptum Rudolphi Dier de Muden de Magistro Gherardo Grote, hg. von G. *Dumbar,* Analecta, 3 Bde., 1719/22, Bd. 1, S. 13.

[44] Die Zahl der Frauengemeinschaften ist immer unsicherer als die der Männer. Die meisten Schwestern gab es vermutlich in den Städten Hollands. In den Gegenden von Münster und Köln zeigen die Berichte von Versammlungen zwischen 1431 und 1476, daß elf Gemeinschaften von Männern und fünfzehn von Frauen daran teilnahmen (K. *Löffler,* Hist. Jahrb. 30 (1909) S. 762–798).

dungen standen, warum und wie weit es ihnen gelang, ihren ursprünglichen Charakter zu bewahren, wollen wir die Bewegung durch die Augen ihrer Zeitgenossen betrachten. Die beiden folgenden Berichte wurden wenige Jahre nach Grootes Tod geschrieben, der erste von einem Freund, der zweite von einem Feind. Der Freund schrieb folgendes:

> An verschiedenen Orten haben Leute angefangen, wie Kleriker in einem Haus zusammen zu wohnen, in dem sie Bücher zum Verkauf vervielfältigen; wer nicht schreiben kann, übt irgendwelche mechanischen Fertigkeiten aus oder arbeitet mit der Hand für Entlohnung in einem benachbarten Haus. Die Leute arbeiten mit ihren Händen, und sie leben von dem, was sie mit ihrer Arbeit oder aus privaten Einkünften verdienen. Sie teilen alles und suchen nach größerer Harmonie dadurch, daß sie alle Dinge gemeinsam haben. Sie essen zusammen und betteln nicht. Sie stellen einen aus ihrem Kreis als verantwortlich für das Haus ab, befolgen seine Anordnungen und gehorchen ihm, wie Schüler ihrem Lehrer gehorchen. Sie befolgen diese Lebensweise, damit sie besser leben und die notwendigen Dinge zum Leben besser erwerben, hauptsächlich aber geht ihre Hoffnung dahin, daß sie, wenn sie so leben, Gott besser gefallen und ihm dienen.[45]

Für den feindseligen Betrachter lag die Betonung anders:

> Es gibt Männer und Frauen, die die Gewänder eines neuen religiösen Ordens angezogen haben und Versammlungen abhalten. Sie bekennen sich zu keiner der üblichen Regeln und schaffen sich Aufsichtspersonen nach eigenem Gutdünken. Unter dem Vorwand von Gottesdienst locken sie Leute an und treiben viele Dinge gegen die Wahrheit der Heiligen Schrift und die geheiligten Bestimmungen. Von den Gaben der Gläubigen bauen sie prächtige Häuser wie richtige Klöster, und in diesen verrichten sie Handlungen, die von der Kirche nicht gebilligt werden.[46]

Wenn wir für einen Augenblick den Verdacht der Ketzerei in dem zweiten Bericht beiseite lassen, bemerkt man drei Dinge, die die zeitgenössischen Betrachter schockierten, überraschten oder entsetz-

---

[45] Dieser Bericht stammt aus einer Untersuchung über die Rechtmäßigkeit, ohne Regel als Gemeinschaft beisammen zu leben, aus der Feder von Arnold, Abt von Dickeninge, O. S. B., Professor für Kirchenrecht, aus dem Jahr 1397 (L. *Korth*, Die ältesten Gutachten über die Brüderschaft des Gemeinsamen Lebens, Mittheilungen aus dem Stadtarchiv von Köln, hg. von K. *Höhlbaum*, Band 5, Heft 13, 1887, S. 8).

[46] Diese Worte stammen aus einer Rede des Dominikaners Matthäus Grabow vor Papst Martin V. im Jahr 1419 (H. *Keussen*, Der Dominikaner Matthäus Grabow und die Brüder vom gemeinsamen Leben, ebenda, S. 28–47).

ten. Es waren dies: das Fehlen einer Regel und eines bindenden Gelübdes; die Wahl von gewöhnlicher Arbeit als Quelle des Unterhaltes; schließlich die Freiheit, mit der in diesen Gemeinschaften sich die Laien unter Kleriker mischten und „wie Kleriker" lebten. Zu einem großen Teil haben wir diese Züge bereits in der Beginenbewegung angetroffen, und viele Kritiker Grootes argumentierten in ähnlicher Weise wie die Kritiker der Beginen. Aber der Kampf hatte inzwischen an Schärfe zugenommen: Grootes Brüder waren gebildete Männer, die wußten, was sie taten, und die sich verteidigen konnten. Bei den Beginen war die beste Verteidigung ein niemanden verletzendes Schweigen gewesen, und das hatte sich endlich als ungenügend erwiesen. Grootes Brüder antworteten ihren Kritikern in deren eigenem Bezugssystem, und sie erwiderten Schlag mit Gegenschlag. Da die gesamte institutionelle Bedeutung der Groote'schen Brüder in ihrer Fähigkeit lag, ihre Freiheit zu bewahren, ist es jetzt an der Zeit, die Grundlagen ihrer Lebensweise und die Pressionen zu untersuchen, denen sie ausgesetzt waren, weil sie an ihrer Lebensweise festhielten.

Das Fehlen einer Regel oder eines bindenden Gelübdes

Wir haben bereits gesehen, daß das Fehlen einer autorisierten Regel ein wichtiger Ansatzpunkt für die Feindseligkeit gegen die Beginen gewesen war. Groote und seine Anhänger erregten ähnliche Feindseligkeiten; das kann nicht überraschen, denn sie boten eine besser artikulierte Herausforderung an die traditionelle Organisation des religiösen Lebens als die Beginen. Sie hatten die Frage erwogen und eine eindeutige Entscheidung getroffen. Trotz Grootes Erkenntnis, daß die Regel des Heiligen Augustin sich nicht sehr von der Lebensführung unterschied, die er freiwillig befolgte, übernahm er dennoch weder sie noch eine andere Regel. Seine Brüder, zumindest viele von ihnen, hielten an dieser Weigerung fest. Hier also begegnen wir in einem kleinen Rahmen einer Situation, die derjenigen gleicht, die wir bereits in den Beziehungen zwischen der lateinischen und der griechischen Kirche beobachtet haben: gerade die Geringfügigkeit der unterschiedlichen Auffassungen der Brüder von den regulären Ordensgemeinschaften machte ihr Vergehen noch schlimmer. Hartnäckiges Anderssein in einer kleinen Sache schafft mehr Verdruß als die absolute Opposition in großen Fragen, besonders dann, wenn es von gebildeten und intelligenten Menschen kommt. Es entsteht nämlich der Eindruck, daß die Kritik weiter geht, auch wenn sie nicht ausgesprochen wird. Sie schafft einen Graben zwischen Menschen mit ähnlichen Zielvorstellungen, indem Fragen aufgeworfen werden, die entweder zu klein oder zu groß sind, als daß man über sie sprechen könnte.

Die Notwendigkeit eines bindenden Gelübdes war eine der allgemeinen Voraussetzungen, die alle Ordensgemeinschaften im Mittelalter gemeinsam hatten. Sie alle hatten auf einer grundsätzlichen Überlegung aufgebaut: daß man draußen in der Welt kein völlig Gott gefälliges Leben führen könne. Genau genommen konnte es nach dem Sündenfall wahrscheinlich nirgendwo gelebt werden, aber man konnte den Graben verkleinern, bis er sehr schmal wurde, indem man sich völlig einem Leben von Buße, Disziplin, Selbstverleugnung und Gebet hingab und die Nachfolge Christi zu einer geregelten, berufsmäßigen und autorisierten Tätigkeit machte. Die Formen, die ein solches Leben annehmen konnte, schwankten erheblich – das war der Grund für die verschiedenen Ordensgemeinschaften – aber welche Form auch immer man annahm, es mußte eine lebenslange Verpflichtung sein. Alles, was dahinter zurückblieb, war praktisch eine Negierung der erklärten Absicht, sich Gott völlig hinzugeben. Es war nur diese vollständige Hingabe, die den Ordensgemeinschaften einen Anspruch auf ihre Privilegien, die sie genossen, geben konnte; und keiner der großen religiösen Führer im Abendland seit dem 8. Jahrhundert hatte die Notwendigkeit für die Unwiderruflichkeit in irgendeiner akzeptablen Form eines bindenden religiösen Lebens in Frage gestellt.

Das bedeutete natürlich nicht, daß Laien, die in der Welt lebten, nicht einige der Frömmigkeitspraktiken, die die Orden entwickelt hatten, übernehmen konnten; das geschah und wurde sogar ermutigt. Aber es erweckte Mißtrauen, wenn sich Männer oder Frauen in halb-beständiger, halb-organisierter Weise eine unbekannte Form des religiösen Lebens schufen. Die Feindseligkeit dagegen gab es in allen Abstufungen und kam von allen Seiten. Sie kam von den Mitgliedern der Ordensgemeinschaften, die ihre Stellung in der Gesellschaft und selbst ihren Lebensunterhalt durch die Rivalität unautorisierter Gruppen bedroht sahen. Sie kam von den oberflächlich christlichen Laien, für die zu jeder Zeit streng religiöse Menschen ein Dorn im Auge sind. Und in ernsterer Weise kam sie von denkenden Menschen, die sahen, daß diese halb-organisierten Gemeinschaften einige der grundsätzlichen Prinzipien der überkommenen Ordnung in Frage stellten. Sie setzten an Stelle des endgültigen und autoritativen Gesetzes einen unberechenbaren Willen. Sie machten es unmöglich, den Stand eines Menschen nach weltlichem oder geistlichem Recht zu bestimmen. Schließlich, unter dem Deckmantel, alles für den Dienst an Gott aufzugeben, ermutigten sie Menschen zu dem Gedanken, daß sie volle Gnade vor Gott auch durch bedingten Gehorsam finden könnten. Das waren sehr ernste Überlegungen, sowohl wegen ihrer sozialen als auch wegen ihrer religiösen Implikationen.

Es ist leicht zu sagen, daß viele der Gegner von Grootes Bruderschaft kurzsichtige und selbstsüchtige Menschen waren, die ihren Einfluß und Status durch die neue Bewegung bedroht glaubten. Aber was auch immer letztlich ihre Motive sein mochten, sie verteidigten lediglich eine alte und ehrwürdige Tradition. Unter den Bedingungen des späten 14. Jahrhunderts sahen sie, daß die neue Freiheit, die Groote für sich und seine Anhänger in Anspruch nahm, eine weitere Bedrohung des bereits angeschlagenen Ideals einer vom Papst kontrollierten und systematisch organisierten christlichen Gemeinschaft darstellte. Wenn man ohne Genehmigung Vereinigungen bilden konnte, einen Vorsteher in irgendeinem unbekannten Verfahren wählte, eine Art klösterlichen Lebens führte, ohne sich jedoch einer Klosterregel zu unterwerfen, gemeinsam die Bibel in der Volkssprache las, einander seine Sünden beichtete und von niemandem Rat und Zurechtweisung erhielt, dann war die Ordnung in der Kirche ganz dahin.

Die Kontroversen um die Gemeinschaften der Brüder Grootes erreichten während des Konzils von Konstanz einen Höhepunkt. Ein Bettelmönch namens Matthäus Grabow, Lehrer der Dominikaner in Groningen, schrieb eine Abhandlung, in der er alle rechtlichen und philosophischen Argumente zusammenstellte, die man gegen die Brüder vorbringen konnte.[47] Er trug den Streit über die Grenzen von Recht und Autorität hinaus und berief sich auf die grundsätzliche Heiligkeit der Naturordnung, um die Notwendigkeit für eine Regel und ein bindendes Gelübde in einem ganz der Religion hingegebenen

---

[47] Der Inhalt dieser Abhandlung ist in der Ansprache Grabows vor dem Konzil von Konstanz zusammengefaßt. Vgl. H. *Keussen,* wie oben, Anm. 46.

Leben zu beweisen. Er argumentierte, es sei gegen die Natur und eine Beleidigung für die Gesellschaft, wenn Menschen den Gütern dieser Welt entsagten, ohne einem bestehenden Orden beizutreten. Wenn man das tat, beraubte man diejenigen, die in Abhängigkeit standen, ihrer rechtmäßigen Erwartungen, ja sogar ihres Lebens. Es kam deshalb Totschlag gleich, und es war eine Totsünde zu glauben, daß man durch Maßnahmen, die gegen die Natur gingen, das ewige Leben erringen könnte. Keine Autorität, nicht einmal der Papst, könne billigen, was sowohl gegen die Vernunft als auch gegen die Natur ging.

Das war eine extreme Position, aber sie gab lediglich einer alten Einstellung neuen Ausdruck und eine philosophische Würde. Die Beschlüsse der Konzilien von 1215, 1274 und 1312 gegen neue und ungebilligte Formen religiöser Gemeinschaften waren alle von Voraussetzungen ausgegangen, die sich von denen Matthäus Grabows nicht wesentlich unterschieden. In gewisser Weise geht jede Art eines strengen religiösen Lebens gegen die Natur, die universale Lebensregel. Das volle religiöse Leben konnte deshalb nur legitim sein, wenn es durch die Autorität eines übernatürlichen Systems gebilligt war, denn sonst wäre Chaos die Folge.

Wenn wir die Stärke und das Alter dieses Standpunktes betrachten, ist es erstaunlich zu sehen, mit welchem Vertrauen die Brüder ihre Feinde angriffen. Sobald sie von Grabows Abhandlung erfuhren, begannen sie den Kampf, als ob sie fest mit ihrem Sieg rechneten. In Deventer waren sie Tag und Nacht mit der Vervielfältigung dieses feindseligen Traktats beschäftigt.[48] Sie sandten es an die Kanoniker von Northorn, die sofort mit einem Notar nach Groningen gingen, um die rechtliche Bestätigung dafür zu erhalten, daß Grabow der Verfasser war. Sie brachten ihren Feind vor den Bischof von Utrecht, und er entging der Verurteilung nur dadurch, daß er an das Konzil von Konstanz appellierte. Nach einigen Monaten der Untersuchung und Diskussion wurde die Abhandlung verdammt und zum Verbrennen verurteilt als „irrig, skandalös, verleumderisch, vorschnell, anmaßend, für fromme Ohren verletzend, ketzerisch und

---

[48] Die außerordentlich wirkungsvolle Vervielfältigung und Verbreitung, mit der die Brüder ihre Verteidigung vorbereiteten, beschreibt J. Busch, Chronicon Windesheimense, hg. von K. *Grube*, Geschichtsquellen der Provinz Sachsen, Bd. 19, 1886, S. 172 ff.

zur Ketzerei anstiftend"; ihr Verfasser wurde bei Wasser und Brot ins Gefängnis geworfen, bis er „widerrief, abschwor und seiner ketzerischen Übeltat entsagte"; es wurde ihm verboten, je wieder seinen Fuß in die Kirchenprovinz Köln zu setzen und schon gar nicht in das Bistum Utrecht, unter Androhung einer lebenslangen Gefängnisstrafe; sollte er sich weigern zu widerrufen, dann würde er zum Ketzer erklärt und der weltlichen Gewalt zum Verbrennen übergeben werden.[49]

Der drohende Ton dieses Urteils steht in scharfem Gegensatz zu der Großzügigkeit seines Inhalts. Möglicherweise hatten diese beiden Dinge nichts miteinander zu tun. Da der Glaube an System und Autorität nachließ und der individuellen Freiheit ein größerer Raum gegeben wurde, erschien ein noch größeres Bedürfnis danach, die höchsten Strafen für Ungehorsam noch einmal zu bekräftigen. Gewalttätigkeit und Freiheit wuchsen zur gleichen Zeit. Dennoch war in kleinem Rahmen dieses Urteil ein Sieg für die Freiheit, und der Erfolg der Brüder bezeugt einen beträchtlichen Sinneswandel in der kirchlichen Haltung seit dem 13. Jahrhundert.

Aber wenn wir fragen, warum die Brüder gewannen, und noch mehr, warum sie ihres Sieges so sicher waren, gibt es keine einfache Antwort. Wir können nur andeuten, warum sie ihrer Freiheit von bindenden Gelübden dermaßen große Bedeutung beimaßen; und dann können wir verstehen, warum Rechtsexperten, die ihre Gefühle teilten, das Recht zu ihren Gunsten auslegten.

An der Wurzel von allen Dingen war ein dauernder Wunsch nach Experimenten, ein Wunsch danach, für sich selbst eine Lebensweise zu entdecken, die der eigenen Erfahrung entsprach. Man fürchtete die großen Ordensgemeinschaften und mißtraute ihnen, die so große Worte gefunden und so große Hoffnungen erweckt hatten, um schließlich (so wollte es scheinen) wenig mehr als Enttäuschung zu erreichen. Die Brüder bestanden darauf und unterstrichen, daß sie den Orden nicht feindlich gegenüber stünden. Tatsächlich wurden viele von ihnen schließlich Augustiner Chorherren, aber viele blieben ihrer ursprünglichen Sache treu, obwohl man die Verlockungen eines bindenden Gelübdes sehr deutlich spürte, besonders dann, wenn ein Bruder die Gemeinschaft verließ. In solchen Augenblicken fühlten sich die übrigen verraten, und sie blickten voll Neid auf Gemein-

[49] *Keussen,* wie oben Anm. 46, SS. 44–47.

schaften, die einen Deserteur mit rechtlichen Sanktionen belangen konnten. Das erstaunliche daran ist nicht, daß die Menschen die Verlockung legaler Sanktionen verspürten, sondern daß sie es fertigbrachten, dieser Verlockung zu widerstehen. Im Jahr 1490 wurde der Rektor der Brüder in Hildesheim danach gefragt, was er von diesem dornenvollen Problem hielt, und er antwortete in einem Brief, der die anhaltende Kraft der Freiheit bezeugt, die Groote seinen Anhängern verschafft hatte. Er schrieb:

Wir sind nicht Mitglieder eines Ordens, sondern religiöse Männer, die versuchen, in der Welt zu leben. Wenn wir ein päpstliches Schreiben erhalten, das diejenigen, die uns verlassen, zwingt, entweder zu uns zurückzukehren oder einem anderen Orden beizutreten, dann würden wir unsere Freiheit verkaufen – jene Freiheit, die die unvergleichliche Zier der christlichen Religion ist – und würden dafür große Mühsal, Ketten und Kerkermauern einhandeln, um uns den Ordensgemeinschaften anzupassen und es ihnen gleich zu tun. Auch würden wir dann einer Sklaverei unterliegen, wie Sklaven, die nur durch Strafen zur Ordnung gerufen werden können. Ich selbst glaubte einmal, wir sollten eine Regel annehmen und ein Gelübde ablegen; aber Magister Gabriel Biel verbesserte mich und sagte, es gäbe bereits genügend Mitglieder von Ordensgemeinschaften. Unsere Lebensweise entspringt jetzt wie einst einem inneren Kern von Demut. Wir wollen deshalb nicht auf einen Schlag die Zerstörung unseres guten Namens herbeiführen, unseres Friedens, unserer Ruhe, unserer Eintracht und unserer Barmherzigkeit. Unser freiwilliges Leben als Brüder unterscheidet sich wesentlich von der unwiderruflichen Notwendigkeit jener, die unter einer Regel und den Statuten eines Ordens leben. Deren Klöster verfallen durch die unstandhaftigen und undisziplinierten Mitglieder; dann denk nur, wie viel mehr unser Leben durch die erzwungene Gegenwart solcher Leute zerstört werden würde.[50]

Es wäre schwer gewesen, solche Worte einem Heiligen Anselm oder Bernhard verständlich zu machen. Sie bezeugen den Wunsch, ständig der Freiheit ausgesetzt zu sein, wogegen es ein wichtiges Ziel der früheren religiösen Führer gewesen war, die Menschen gerade davor zu schützen. Die Sicherheit und Unerschütterlichkeit einer unwiderruflichen Entscheidung, die die früheren religiösen Führer für ihre Anhänger so zielstrebig geschaffen hatten, versuchten die Brüder ausdrücklich zu meiden.

Vor allem versuchten sie, jede auffallende Typisierung zu meiden,

---

[50] Annalen und Akten der Brüder des Gemeinsamen Lebens im Lüchtenhofe zu Hildesheim, hg. von R. *Doebner* (= Quellen und Darstellungen zur Geschichte Niedersachsens, Bd. 9, 1903), S. 113.

wie sie die erfolgreichsten der großen Orden voll Stolz angenommen hatten. Moderne Gelehrte nennen die Anhänger Grootes gewöhnlich die „Brüder des gemeinsamen Lebens", aber selbst das ist eine zu präzise Bezeichnung. Das "gemeinsame Leben" war einfach der unverzichtbare Restbestand, der blieb, nachdem sie alle anderen Unterscheidungsmerkmale abgelegt hatten. Gewöhnlich nannten sie sich einfach „die Brüder, die in Zwolle (oder sonstwo) beieinander leben". Wenn sie ihr inneres Ziel angeben wollten, fügten sie das Wort „ergeben", devoti, hinzu, nichts weiter. Über dieses wenig attraktive Wort müssen wir gleich noch sprechen. Vorher wollen wir nur feststellen, daß Stillschweigen eine ebenso wirksame Kritik sein kann wie die größte Beschimpfung, und die bestehenden Ordensgemeinschaften fühlten sich durch die stillschweigende Abkehr Grootes und seiner Anhänger kritisiert. Die Brüder vermieden Regeln und Gelübde vor allem deswegen, weil sie in ihrer Religion die Unmittelbarkeit suchten, aber auch, weil sie sahen, daß diese Dinge zu Erstarrung und Gleichgültigkeit geführt hatten. Ihre Haltung überlebte alle Angriffe und Aufforderungen, die Dinge anders zu gestalten, nicht, weil sie logisch sehr zwingend war, sondern weil viele Leute wie Gabriel Biel glaubten, es gäbe bereits genügend, um nicht zu sagen zu viele, Mitglieder religiöser Orden.[51]

Die Lehre von der Arbeit

Die Bedeutung der Handarbeit im religiösen Leben war schon immer ein sehr schwieriges Problem gewesen. Sie war ausdrücklich in der Regel des Heiligen Benedikt vorgesehen, aber ihr Zweck war nicht ganz klar. „Müßiggang", so schrieb Benedikt, „ist der Feind der Seele; daher sollen die Brüder zu bestimmten Tageszeiten mit Handarbeit beschäftigt sein und zu anderen Zeiten mit der Lektüre heiliger Texte".[52] Aber wenn es nur das Ziel war, Müßiggang zu meiden, dann gab es andere und vielleicht bessere Heilmittel als Arbeit. Zudem forderte der Heilige Benedikt die Mönche auf, sich in der Erntezeit der Arbeit zu widmen, wenn Armut und Not sie dazu zwangen, denn indem sie von ihrer Hände Arbeit lebten, folg-

---

[51] Eine ähnliche Einstellung, von ganz anderen Voraussetzungen ausgehend, findet man bei Thomas Gascoigne, Loci e Libro Veritatum, hg. von J. E. Thorold *Rogers* (1881), S. 107–113.

[52] Reg. Ben., cap. 48.

ten sie dem Beispiel der Väter und der Apostel. Aber weder der Heilige Benedikt noch seine Nachfolger waren anscheinend der Ansicht, es sei eine Tugend an sich, durch der Hände Arbeit seinen Lebensunterhalt zu verdienen; man sollte sich in Ergebenheit damit abfinden, wenn Notzeiten es forderten. Tatsächlich kam es nur selten dazu. Mönche und Kanoniker fanden bessere Beschäftigung als die Arbeit für ihren Lebensunterhalt.

Die Flucht vor der Handarbeit erreichte bei den Bettelmönchen und ihrer Hingabe an ein Leben der Bettelei, dem Gegenteil von Arbeit, ihren logischen Höhepunkt. Bereits um 1240, wie wir bereits gehört haben, konnte Bischof Grosseteste auf den Unterschied zwischen den Bettelmönchen, die von Bettelei lebten, und den Beginen, die sich durch ihre Arbeit ernährten, hinweisen. Und doch wäre nur 15 Jahre früher ein solcher Gegensatz dem Heiligen Franziskus unerhört erschienen. In seinem Testament von 1226 hatte er geschrieben:

> Ich habe mit meinen Händen gearbeitet, und ich möchte es weiterhin tun; ich möchte, daß alle meine Brüder ehrliche Handarbeit leisten. Wer kein Handwerk versteht, erlerne eines, nicht aus Begierde, Lohn für die Arbeit zu erhalten, sondern als Beispiel und Vorbild, und um Müßiggang zu meiden. Wenn unsere Mühen nicht entlohnt werden, wollen wir von Tür zu Tür gehen und um Almosen bitten, denn das ist der Tisch des Herrn.[53]

Danach möchte es scheinen, daß für den Heiligen Franziskus Bettelei nicht so sehr ein Lebensprinzip als vielmehr eine Reaktion auf die Ungerechtigkeit der Welt war, eine Haltung, die andere Wange zu bieten anstatt den gerechten Preis zu fordern. Aber Bettelei wurde so schnell zur höchsten Form der Entsagung stilisiert, höher sogar als Bußleistungen und notwendige Arbeit, daß innerhalb weniger Jahre Grosseteste franziskanische Armut mit Bettelei gleichsetzen konnte, und daß die Haltung der Beginen, die für ihren Lebensunterhalt arbeiteten, ihm als neuartige Idee erschien.

Es verging mehr als ein Jahrhundert, bis diese Idee in bedeutender Weise weiter entwickelt wurde. Während dieser Zeit stellten die Bettelmönche das Betteln ein, fingen aber nicht an zu arbeiten. Als das geschah, war die Zeit gekommen für einen neuen Versuch, die Möglichkeit zu erforschen, Handarbeit wieder in das religiöse Leben

---

[53] Opuscula S. Patris Francisci (Bibliotheca Franciscana Ascetica Medii Aevi, I, 1904), S. 79.

einzuführen. Groote und seine Anhänger warn die wichtigsten Exponenten dieses Versuches.

Sobald Grootes Gedanken nach seiner Bekehrung Gestalt anzunehmen begannen, entdeckte er seine ausgeprägte Abneigung gegen Bettelei als Mittel dazu, ein religiöses Leben zu gestalten. Ebenso entdeckte er in sich einen festen Glauben an die Tugend von Handarbeit, nicht als Flucht vor Müßiggang, sondern als wesentliches Mittel eines religiösen Lebens. Dem Vorsteher der Brüder in Zwolle schrieb er in Bezug auf die ihm unterstellten Frauen:

> Ich habe dir oft gesagt, daß Arbeit wunderbar nötig ist für die Menschheit, um Reinheit im Geist zu schaffen. Ich kenne solche Menschen, die (wie Paulus an Timotheus schrieb) „lernen, faul zu sein und umlaufen durch die Häuser; nicht allein sind sie faul, sondern auch geschwätzig und vorwitzig und reden, was nicht sein soll". Wenn Frauen freie Kost und Almosen haben, sind sie davon befreit, sich durch Arbeit ihren Lebensunterhalt zu verdienen, und dann verschmähen sie die nützliche Medizin, die Gott den Menschen am Anfang gab ... Denke gleichwohl nicht, daß es mein Wunsch ist, daß Männer oder Frauen mit weltlichen Dingen oder menschlichen Verirrungen zu tun haben; laß sie nur an jenen Dingen arbeiten, die einen täglichen Unterhalt von der Hand in den Mund ohne Überfluß schaffen ... Arbeit ist heilig, aber Geschäftigkeit ist gefährlich.[54]

Es war somit Grootes Absicht, daß seine Gemeinschaften von Männern und Frauen für ihren Lebensunterhalt arbeiten sollten. Aber die Bedingungen des Stadtlebens im späteren Mittelalter legten dem Erreichen dieses Ideals viele Hindernisse in den Weg, Schwierigkeiten von ganz anderer Art als jene, die die früheren Orden erfahren hatten, die aber in ihren Auswirkungen ebenso hinderlich waren. Fast alle städtischen Handwerke und Industrien waren das Monopol von Gilden. Diese wurden von den Städten genehmigt, und vielerorts kontrollierten sie die Verwaltung. Ein wichtiger Zweck dieser Gilden war es, Versuche von Nichtmitgliedern zu unterbinden, ihr Monopol zu brechen, und jede religiöse Gruppe, die das versuchte, sah sich sofort Anfeindungen ausgesetzt, und es war unmöglich, fortan friedlich mit seinen Nachbarn in der Stadt zu leben. So hart diese Gruppe auch kämpfen mochte, ihr Recht zu verteidigen, sich durch ihrer Hände Arbeit zu erhalten, Mißerfolg war unvermeidlich.

Wir sehen ein klares Beispiel für einem Mißerfolg dieser Art in Hildesheim.[55] Dort gelang es den Brüdern, einen von ihnen als Schu-

[54] Gerardi Magni Epistolae, hg. von W. *Mulder*, Ep. 32.
[55] Zum folgenden vgl. R. *Doebner*, wie oben Anm. 50, SS. 71, 85–86, 112.

ster fast bis zum Ende des 15. Jahrhunderts zu behalten. Aber im Jahr 1476 nahm die Schustergilde den Kampf ernsthaft auf. Sie entsandte eine Delegation mit der Beschwerde, die Brüder verletzten ihre Vorrechte, und anfangs erhielt sie eine recht hochfahrende Antwort: „Ihr mögt eure Privilegien von der Stadt haben, wir haben unsere vom Papst; macht euch fort, wir haben nichts mit euch zu schaffen". Für kurze Zeit war sie eingeschüchtert, aber vier Jahre später kam sie in einer kriegerischeren Stimmung zurück und erhielt eine höflichere Antwort: „Wir haben nicht die Absicht, irgend jemandem zu schaden. Nur einer von uns arbeitet im Schuhgewerbe, und er ist Flickschuster eher als Schuhmacher; außerdem ist er so alt, daß er nicht aufrecht stehen kann. Wartet mit eurem Verbot, bis er tot ist; das kann nicht mehr lange dauern, und dann wollen wir uns fügen". Die ärmeren Mitglieder der Delegation wollten auf einer sofortigen Kapitulation der Brüder bestehen, aber der Leiter stimmte schließlich zu, dem alten Schuster Arbeitserlaubnis bis zu seinem Tod zu geben, sofern er seine Schuhe nur für die Brüder, nicht zum Verkauf machte. Dadurch wurde der Friede notdürftig wiederhergestellt, aber der Rektor der Brüder war durch die kämpferische Haltung der Gilde hinreichend alarmiert, daß er dem alten Schuster sagte, er solle in Zukunft Ärger vermeiden, indem er bei allen Schuhen, die er machte, ein bißchen altes Leder verarbeitete. Privat fügte er hinzu: „Denke bloß nicht, nur weil wir höflich mit diesen Schuhmachern geredet haben, haben wir nachgegeben oder werden ihren unsinnigen, neidischen und niederen Machenschaften nachgeben".

Der alte Schuhmacher, der im Jahr 1480 an der Schwelle des Todes gewesen war, arbeitete im Jahr 1489 noch immer, als die Gildeleute von neuem ihren Protest kundtaten. Diesmal gab es kein Entrinnen. Man rief den alten Mann herbei und befahl ihm, die Arbeit einzustellen. Die Hildesheimer Brüder hatten mit der Gilde einen langen Kampf um ihr Recht auf Arbeit geführt. In diesem Kampf hatten sie die ganze Zähigkeit gezeigt, die wir mit Grootes Anhängern verbinden, aber am Ende war es ein aussichtsloser Kampf gegen die Kräfte der städtischen Handelsinteressen. Grootes Lehre von der Heiligkeit der Arbeit und ihrer heilsamen Wirkung für den Geist unterlag nicht den gewöhnlichen Kräften von innerer Erschlaffung, die in den früheren Ordensgemeinschaften zum Ende der

Handarbeit geführt hatten, aber sie unterlag gleichwohl, in diesem Fall der Macht der spätmittelalterlichen Gildenorganisation.

Es gab freilich einen Produktionszweig, den die städtischen Gilden kaum erfaßten. Der ganze Bereich der Buchproduktion war in den Händen von Händlern, Pergamentherstellern, Illustratoren und Buchbindern, die in den Städten Hollands und Norddeutschlands kaum oder nicht organisiert waren. Hier fanden die Brüder eine ganze Reihe von Fertigkeiten vor, die sie sich zu eigen machen konnten. Groote mit seiner lebenslangen Leidenschaft für Bücher hatte den Weg gewiesen, und seine Anhänger beschritten ihn mit großem Eifer. Sie organisierten sich in Vereinigungen zum Abschreiben von Büchern. Sie entwickelten ihren eigenen Schreibstil und ihre leicht erkennbaren Einbände. Sie vervollkommneten die Vorgänge für eine schnelle Vervielfältigung handgeschriebener Bücher, und als die Zeit kam, wurden sie im Druckereigewerbe führend.[56]

Natürlich war das Abschreiben von Büchern bei den religiösen Gemeinschaften schon von jeher eine ehrwürdige Tätigkeit gewesen. Die prächtigen Handschriften aus Jarrow und Monkwearmouth im 7. und 8. Jahrhundert, aus Canterbury im 11. und 12. Jahrhundert, und aus St. Albans im 13. Jahrhundert sind Beispiele für Arbeiten, die von Mönchen selbst oder wenigstens unter ihrer Aufsicht verfertigt wurden. Aber keine religiöse Gemeinschaft hatte bisher ihre Energie so sehr auf die Buchherstellung konzentriert wie Grootes Brüder. Zudem waren die meisten Klosterbibliotheken im 14. Jahrhundert bereits gefüllt, und für Neuerwerbungen verließ man sich auf Geschenke und die Dienstleistungen berufsmäßiger Schreiber. Wie jede Handarbeit war auch das Abschreiben von Büchern für die Ordensgemeinschaften nicht länger nötig. Hier erblickten die Brüder ihre Chance. Sie sahen, daß die Welt Bücher in immer größeren Mengen brauchen würde. Neben Bücherproduktion für den eigenen Bedarf versorgten sie Pfarr-, Kollegiats- und Domkirchen mit schnell fertig-

[56] Eine Abhandlung über ihre verschiedenen Schreibstile findet man in den Aufsätzen von B. *Kruitwagen in* Het Boek, 22 (1933/4), S. 209–230; 23 (1935/6), S. 1–54; auch K. *Löffler,* Das Schrift- und Buchwesen der Brüder vom gemeinsamen Leben, Zeitschrift für Bücherfreunde 11 (1907–1908), S. 286–293. Für einen Fall des Überganges von dieser beruflichen Schreibtätigkeit zur Druckerei vgl. Jacobus Traiecti alias de Voecht, Narratio de Inchoatione Domus Clericorum in Zwollis, hg. von M. *Schoengen* (1908), S. 163–165.

gestellten und korrekten Texten von Werken der Erbauung und der Liturgie. Darin wenigstens waren sie erfolgreich, wo andere gescheitert waren, daß sie nämlich ein religiöses Leben mit der Aufgabe und der Tugend verbanden, sich mit eigener Hand ihren Lebensunterhalt zu verdienen.

Neben dem Beitrag zu ihrem Lebensunterhalt und ihrer religiösen Festigung leistete die Vervielfältigung von Büchern auch einen wichtigen Beitrag zur Verteidigung ihres Lebensstils. Sie hielt sie in den gelehrten Meinungen auf dem laufenden und ermöglichte es ihnen, auf jeden Angriff schnell zu reagieren. Wir haben schon gesehen, wie effektiv die Brüder von Deventer ihre Schreibkraft mobilisierten, als Matthäus Grabow sie angriff. Aber ihre Arbeit blieb nicht bei ihrer eigenen Verteidigung stehen. Sie verbreiteten die Form der Erbauung, die die Brüder ausübten und entwickelten, in der Welt und machten sie zu einem festen Bestandteil der allgemeinen christlichen Frömmigkeit.

Das Zusammenleben von Klerikern und Laien

Eine tiefgreifende Trennung von Klerikern und Laien war eines der beständigsten Merkmale des mittelalterlichen Lebens. Es war eine Trennung, die durch Rechts- und Erziehungssysteme verewigt wurde und sich durch die Rechte und Privilegien, die den Klerikern standesmäßig zukamen, noch vertiefte. Im praktischen Leben gab es viele Überschneidungen dieser strengen Teilung der Gesellschaft, aber als Bonifaz VIII. erklärte, „die Erfahrung unserer Zeit zeigt die Feindseligkeit der Laien gegen den Klerus", dann sprach er eine Wahrheit aus, die man vielfach belegen konnte.

Die Ordensgemeinschaften leisteten ihren eigenen Beitrag zu dieser Trennung in der Gesellschaft, indem sie reichen und privilegierten Klerikergruppen, die von jeder anderen sozialen Gruppe getrennt waren, offenkundige physische Existenz gaben. Aber ursprünglich hatten viele Orden die Trennungsschranke überwunden und Laien zusammen mit Klerikern zu einer einzigen Gemeinschaft verschmolzen. Das augenfälligste Beispiel für eine solche Koexistenz hatten die Franziskaner gegeben. Die ersten Gemeinschaften hatten ein großes, ja sogar überwiegendes Laienelement enthalten; aber Laien verschwanden aus den Franziskanerklöstern sehr bald aus denselben Gründen, wie sie aus den Gemeinschaften früherer Orden ausgeschieden waren. In jeder Hinsicht war es nämlich einfacher, eine religiöse Gemeinschaft zu organisieren und zu unterhalten, wenn alle Mitglieder Weihen empfangen hatten. Außerdem konnten die höheren Ziele wie Predigt, Evangelisierung und geistige Leitung nur von Klerikern geboten werden.[57] So wurde im Franziskanerorden, wie in den anderen Orden zuvor schon, das Laienelement bald in die Küche verbannt und schließlich ganz vertrieben.

Groote war der letzte religiöse Neuerer des Mittelalters, der versuchte, noch einmal Kleriker und Laien in einer einzigen Gemeinschaft zusammenzufassen. Es sieht so aus, als seien seine Erfolgsaussichten größer gewesen als die seiner Vorgänger. Das Fehlen von Gelübden und Privilegien der Ordensgemeinschaften entfernte eine große Schranke zwischen Klerikern und Laien, und solange Handarbeit eine Einnahmequelle bildete, fanden die Laien ihren natürlichen Platz in der Gemeinschaft. Doch war trotz dieser Vorteile die Vereinigung von Klerikern und Laien in den Gemeinschaften der Brüder kaum erfolgreicher als zuvor. Wir haben gesehen, daß die einzige Handarbeit, die sie erfolgreich ausüben konnten, die Buchherstellung war, und das war eine Arbeit, die sich für Kleriker ganz besonders eignete. Deshalb wiederholte sich der Vorgang des Ausschlusses der Laien aus der Gemeinschaft. Zu Beginn arbeiteten Kleriker und Laien beim Bau von Häusern und bei ihrer Einrichtung zusammen. Aber als die Gemeinschaften sich zu ihrer täglichen Routine von Lernen, Gebet und Abschreiben von Büchern niederließen, blieb für die Laien außer Kochen nicht viel zu tun übrig.

Die weitaus größte Zahl von Laienmitgliedern der Gemeinschaften, die in den ausführlichen Biographien der Brüder erwähnt werden, waren Köche. Manchmal gedachte man ihrer mit Zuneigung und Respekt, aber der Fall eines Hildesheimer Kochs zeigt die Grenzen ihrer Funktion: er versuchte, in die Schulen zu entkommen, „damit er nicht die ganze Zeit wie ein Laie arbeiten müsse". Sein Versuch scheiterte, und man überredete ihn, zurückzukehren. Die Brüder hat-

[57] Die deutlichste Rechtfertigung dieser Entwicklung findet man bei St. Bonaventura, Determinationes Questionum circa Regulam Fratrum Minorum, II, 16: Cur Fratres non promovent Ordinem Poenitentium (Opera Omnia, VIII, 368–369), der die Franziskaner gegen den Vorwurf verteidigt, daß, wenn sie ernsthaft am Seelenheil andere interessiert gewesen seien, sie versucht hätten, den Büßerorden, den der Heilige Franziskus gegründet hatte, weiter auszubauen.

ten Verständnis für ihn, aber es blieb ihnen nichts anderes übrig; freilich freuten sie sich für ihn, als er bald darauf starb.[58]

Allmählich wurden also die Laien hinausgedrängt oder in einen untergeordneten Stand versetzt, da es keine wesentliche Aufgabe mehr für sie gab. Der Kampf darum, sie als aktive Mitglieder der Gemeinschaft zu behalten, dauerte länger als bei den Franziskanern; aber schließlich siegte die gewohnte Unterlegenheit, und das Laienelement verschwand.

Die neue religiöse Stimmung

Wir haben jetzt die wichtigsten Unterschiede zwischen Grootes Brüderschaften und den Mitgliedern früherer Ordensgemeinschaften herausgestellt. Die Untersuchung hat gezeigt, in welchem Maß es im 15. Jahrhundert möglich war, aus der traditionellen Organisation eines religiösen Ordens auszubrechen, ohne der Verurteilung zu verfallen oder einen vollständigen Zusammenbruch des religiösen Ideals herbeizuführen. Das Überleben der Brüder ist ein einzigartiges Zeugnis dafür, wie die religiöse Freiheit im späteren Mittelalter neben der Gewalttätigkeit kirchlicher Tribunale und der Fortdauer einer tiefgreifenden Trennung zwischen Klerus und Laien größer wurde. Die Brüder überlebten hauptsächlich wegen ihrer Mittelmäßigkeit. Die großen und erfolgreichen Orden der früheren Jahrhunderte waren immer schnell von den Bedingungen geprägt worden, die ihren Erfolg garantierten. Im Protest gegen diese soziale Konformität hatten einige Orden Gruppen von Dissidenten hervorgebracht, die entweder neue Organisationen gründeten oder private Visionen und apokalyptische Erwartungen erlebten, die sie in Schwierigkeiten brachten und schließlich zu ihrer Verurteilung führten. Aus verschiedenen Gründen entgingen die Nachfolger Grootes diesen beiden Entwicklungen. Sie waren weder reich oder einflußreich genug, um völlig zu verweltlichen, noch arm oder oppositionell genug, um Wahrheiten nachzuhängen, die die Welt nicht zur Kenntnis nahm.

Ihre Haltung von ruhiger Abkehr von der Welt ist einer ihrer widersprüchlichsten Züge. Einerseits waren sie sehr geschäftstüchtig;

---

[58] R. *Doebner,* wie oben Anm. 50, S. 24. Weitere Einzelheiten darüber, wie die Laien allmählich herausgedrängt wurden, findet man ebenda S. 64, 260, 270.

wir haben Beispiele dafür in ihrer Organisation der Buchherstellung gesehen eben so wie in den Schritten, die sie zu ihrer eigenen Verteidigung unternahmen. Ihre Organisation zeigte bei aller Unscheinbarkeit große Fähigkeit zum Überleben in einer Welt, die nicht freundlich zu ihnen war. Ihre Schulen gehörten zu den beliebtesten und wirksamsten Bildungsstätten Nordeuropas. Obwohl die Brüder in den Städten lebten, die stark in den Handel verwickelt waren, und obwohl ihre Tätigkeit sie in dauernden Kontakt mit diesem zähen und übermächtigen Leben brachte, entspringt im Grunde ihr einziger Anspruch auf einen Platz in der Geschichte der mittelalterlichen Kirche ihrer intensiven Beschäftigung mit dem religiösen Seelenleben und der Einsamkeit individueller Erfahrung. Ein Kanoniker von Windesheim der zweiten Generation, der voll Verehrung zu Groote aufschaute, zu dem Meister, den er nie gesehen hatte, drückte seine innere Botschaft in unvergänglicher Form in seinem Buch „Die Nachfolge Christi" aus. Dies ist eines der wenigen Bücher, das mühelos die Schranken zwischen der Welt des Mittelalters und der Neuzeit durchbricht, und es wurde von einem Mann geschrieben, der nur mit Mühe selbst den am wenigsten verantwortungsvollen Verwaltungsposten in seiner Gemeinschaft ausfüllen konnte.

Thomas à Kempis ist der größte Name der ganzen Bewegung, die sich von Groote ableitet, aber es erscheint als Zufall, daß er die Worte schreiben sollte, die dieser Bewegung ihre geschichtliche Bedeutung gaben. Abgesehen von der „Nachfolge" unterscheidet er sich in seinen Schriften kaum von vielen anderen Anhängern Grootes. Alle Schreiber der Bewegung zielten auf eine Intensität persönlichen Erlebens, die der regelmäßigen Beschäftigung mit Arbeit und Liturgie entsprang. Die Brüder meditierten über ihre täglichen Aufgaben und fanden Anlaß zu Demut in den niedrigsten Tätigkeiten. Sie zogen sich weder aus der Welt zurück, noch warfen sie sich der Welt in die Arme. Vor den schwersten Auseinandersetzungen aber waren sie bewahrt. Obwohl sie deshalb wunderbare Beispiele für ein gewöhnliches Leben gaben, brachten sie nur ein Buch hervor, das der Welt die Intensität vorführt, nach der sie in ihrem milden Rückzug von den Stürmen eines Lebens in der Stadt suchten.

Im Gegensatz zu denen, für die Glaube einfach formelle Befolgung oder intellektuelle Zustimmung bedeutete, suchten die Anhänger Grootes einen starken, persönlichen und experimentierenden Glauben. Ihre Verachtung für bloß formale Religion kannte keine Grenzen. Was sie an ihre Stelle setzen wollten, war etwas, was nicht zu definieren war, was aber in ihren geistlichen Tagebüchern und Sammlungen von *memorabilia* reich bezeugt ist.

Groote und seine Anhänger waren große Verfasser solcher persönlicher und weitschweifiger Dokumente. Es war eine der ersten Handlungen Grootes nach seiner Bekehrung gewesen, seine Entschlüsse niederzuschreiben und sich vorzunehmen, sie immer wieder zu lesen. Ähnliches geschah bei seinen Anhängern: dauernd schrieben sie bemerkenswerte Aussprüche und Reflexionen zum künftigen Gebrauch nieder.[59] Sie maßen ihren persönlichen Aufzeichnungen als Hilfsmittel für die Meditation große Bedeutung bei. Sie entdeckten aufs neue die Vorzüge der spirituellen Autobiographie für die religiöse Entwicklung. Sie trieben den Prozeß, der zum erstenmal im 11. Jahrhundert erkennbar wird, nämlich individuelle Verehrung an Stelle korporativen Gottesdienstes in der Kirche zu setzen, weiter als je zuvor. Hier ist ein Beispiel für den Tagesablauf eines der Brüder in der Mitte des 15. Jahrhunderts, der zeigt, wie die übliche gemeinsame Tagesordnung für die Ziele privater Verehrung verwendet wurde:

> Von Mittag bis ein Uhr arbeite ich, wobei ich manchmal ein Kirchenlied singe, um die Langeweile zu vertreiben oder um die Beschauung zu vertiefen. Dann, um drei Uhr, lese ich die Vesper und gehe durch die Themen des Tagesgebetes. Danach studiere ich oder bereite Pergament auf bis vier Uhr, wenn ich die mir zugewiesene Arbeit aufnehme, bis zum Abendessen abzuschreiben. Bei der Abendmahlzeit verhalte ich mich wie beim Mittagessen (d. h. keine Notiz von anderen Personen nehmen usw.) und unmittelbar nach dem Abendessen lese ich die Komplet. Danach prüfe ich mich eine Weile auf meine Verfehlungen und Sünden hin, und wenn ich das getan habe, liniere oder schabe ich Pergament bis acht Uhr.[60]

Diese und ähnliche Berichte zeigen, wie das klösterliche Ideal eines streng geregelten Tagesablaufs von den Brüdern übernommen und in einen persönlichen Akt anhaltenden Gottesdienstes umgewandelt worden war. Die ständige liturgische Routine wurde ihrem persönlichen Leben untergeordnet, und diese Besonderheit gibt allem,

---

[59] Vgl. J. Busch, wie oben Anm. 48, S. 206–207, über die Stellung von allgemeinen Büchern *(rapiaria)* in der Schule von Zwolle zur Zeit des großen Meisters Johan Cele.

[60] W. Jappe *Alberts,* Consuetudines Fratrum Vitae Communis (Fontes minores medii aevi, VIII, 1959), S. 3.

was sie tun, ein sehr privates, selbstbewußtes und puritanisches Wesen.

Ihre Gemeinschaften waren alle klein, daher kannten sich die Mitglieder untereinander gut. Sie betrachteten einander mit Wohlgefallen, und in ihren zahlreichen häuslichen Chroniken schrieben sie über ihre Kameraden, die bestimmt keine Heiligen oder Helden im üblichen Sinn waren, mit neidloser Anerkennung. Diese Chroniken sind in der Reihe der Klostergeschichten bemerkenswert für die Fülle ihrer biographischen und häuslichen Einzelheiten ebenso wie für ihre Unbekümmertheit angesichts großer Weltereignisse. Sie sind voll von Skizzen wie der folgenden:

Jakob Enckhuysen kam aus wohlhabendem Haus. Er besuchte die Schule in Zwolle und trat in unser Haus ein. Er war ein sehr gewissenhafter Schreiber und kopierte viele Bücher, Missale, Graduale, Psalter, Stundenbücher und eine Bibel im Wert von 500 Gulden. Sie wurde auf Kosten von Hermann Droem, dem Dekan von Utrecht, hergestellt, wo sich das Buch jetzt befindet. Eine Zeitlang war er für die Schwestern von Maat verantwortlich, aber sie brauchten eine strengere und schärfere Kontrolle, als er sie seinem Wesen nach geben konnte, und deshalb bat er, von diesem Amt entbunden zu werden. Dann widmete er sich dem Schreiben und war lange Zeit Bibliothekar und Uhrmeister. Beide Aufgaben erfüllte er makellos. Seine Bücher waren immer frei von Fehlern, und er stellte sie pünktlich fertig; nie wurden wir zur falschen Zeit geweckt, solange er Uhrmeister war. Er hatte eine gute Stimme, stotterte aber leicht und scheute sich deshalb, öffentlich zu predigen; aber er kam über diesen Defekt immer dann hinweg, wenn er vor Klerikern und Laien las, wie er es oft tat, mit klarer wohlklingender Stimme. Vier oder fünf Tage vor seinem Tod verlor er seinen Appetit, und seine Kräfte ließen nach, sodaß er ohne Stock kaum laufen konnte. Wir sagten zu ihm: „Jakob, möchtest du sterben?“ Er antwortete: „Ja, es ist hohe Zeit; ich habe lange genug gelebt.“ Seine Kräfte schwanden weiter, obwohl niemand wußte, was ihm fehlte. Am Tage vor seinem Tod fragten ihn die Brüder, ob er die kirchlichen Sakramente empfangen wolle, und er sagte: „Wann immer es euch recht ist“, und so empfing er sie voll Ehrfurcht und starb in derselben Nacht.[61]

Es ist auffällig, wie sehr sich alle diese Biographien in ihrer Stimmung ähneln. Sie berichteten von derselben sanften Nützlichkeit und Befriedigung durch tätigen Dienst, zusammen mit einem völligen Aufgehen in häuslichen Angelegenheiten. Vielleicht ist das der Grund dafür, daß sie, wie die Berichte weniger religiöser Bewegungen, den

---

[61] M. *Schoengen,* wie oben Anm. 56, SS. 190–193

Eindruck von anhaltender Harmonie und gutem Willen ohne viele dunkle Stellen vermitteln. Sie ereichten weder die Höhen noch die Tiefen der religiösen Orden.

Man könnte deshalb fragen, warum wir diesen Überblick über die mittelalterliche kirchliche Gesellschaft mit den geistigen und materiellen Abenteuern einer Organisation beschließen, die weder weit verbreitet war noch große Heldentaten vollbrachte. Der beste Grund ist der, daß sie die guten Seiten zeigt, die eine religiöse Gruppe in einer Zeit aufweisen konnte, als die systematischen intellektuellen und organisatorischen Unternehmungen der früheren Jahrhunderte zusammenbrachen. Im ausgehenden 14. Jahrhundert hatten religiöse Menschen einige erschütternde Paradoxe und Mißerfolge vor Augen. Die Benediktiner hatten sich aus der Welt zurückgezogen und waren zum großen Mittelpunkt von Herrschaft und zu einem Instrument sozialen Zusammenhaltes geworden. Die Zisterzienser waren in die Wildnis gegangen und hatten sich zu den größten Organisatoren wirtschaftlicher Macht vor den Fuggern und den Medici entwickelt. Die Franziskaner hatten sich der Armut verschrieben und waren in jeder größeren Stadt Europas bequem installiert. Es mochte scheinen, als ob in all diesen Dingen die wahre Religion über Äußerlichkeiten verloren gegangen war.

Mit diesen Bespielen vor Augen nahmen sich Groote und seine Anhänger vor, einem Ideal nachzustreben, das sich von jedem früheren Ideal wesentlich unterschied: der Mäßigung, keiner Organisation, und einer anhaltenden bedächtigen Suche nach innerer Erleuchtung. Sie verdienten ihren Unterhalt als Schreiber und als Schulmeister, sie besaßen Häuser und scheinen um Bargeld nie wirklich verlegen gewesen zu sein. Sie zogen sich von den Ausschreitungen der Welt zurück und standen den großen Ereignissen gleichmütig gegenüber; ihr wahrer Rückzug führte sie in das innere Heiligtum der Seele, wo, wie Eckhart gesagt hatte, „die Geburt Christi ohne Unterschied in alle Ewigkeit stattfindet“. Eckhart hatte auch gelehrt, daß derjenige, der dieses wahre geistige Erlebnis im Heiligtum der Seele erfahren hatte, von allen äußerlichen Gelübden entbunden sei.

Diese beiden Dinge, der Rückzug in die Seele und der Verzicht auf förmliche Gelübde, liegen im Mittelpunkt des Lebensstils der Brüder. Mäßigung war ein wichtiger Bestandteil ihrer Einstellung, und ohne sie hätten sie nicht überlebt. Sie waren in keiner Weise Schüler Eckharts, aber sie kamen aus einem ähnlichen, wenngleich provinzielleren, Milieu und teilten mit ihm ein Gefühl der Entfremdung gegenüber den Systemen der Vergangenheit. Sie schritten leiser daher und wurden nie, wie er, verurteilt. Obwohl sie voll Ehrfurcht von einer ekstatischen Religion als dem Ziel lebenslanger Demut sprachen, begnügten sie sich im allgemeinen mit einer inneren Gefühlswärme, die noch weit von der Ekstase entfernt war. Auf ihrem Niveau waren sie sehr mitteilsam. Ihre Beschäftigung, Bücher zu vervielfältigen und zu unterrichten, trug dazu bei, sie ausdrucksfähig, ja sogar mitteilungsbedürftig zu machen. Ihr Rückzug aus der Welt war von einer Art, die sich mit großer praktischer Aktivität vereinbaren ließ; er erforderte keine Wildnis, keine vollkommene Abgeschiedenheit, nicht einmal den Rückzug von den Hauptstraßen der Städte, um zum Ziel zu gelangen. Ihre Religiosität eignete sich deshalb gut als Vorbild für geschäftige und aufgeweckte Menschen, deren Zahl gegen Ende des Mittelalters rasch zunahm. Das erklärt auch, warum „Die Nachfolge Christi“ das mittelalterliche Werk war, welches in den späteren Jahrhunderten den größten Widerhall hatte, und es erklärt ebenso, warum der Rückzug in die Seele für moderne geschäftige Menschen eine annehmbare Religion darstellte.

EPILOG

Wir haben nun die wichtigsten Typen der kirchlichen Organisation überschaut, die die mittelalterliche Kirche bildeten, beginnend mit der abendländischen Christenheit als ganzer und schließlich zu den Gemeinschaften der Beginen und der demütigen Brüder vordringend, den kleinsten körperschaftlichen Religionsgemeinschaften, die mehr als nur lokale Bedeutung erlangten. Selbst auf dieser niederen Ebene befinden wir uns noch bei der Elite, noch immer bei den Makro-Organisationen der Christenheit. Jenseits der Grenzen unseres Überblicks liegen die Pfarreien und die Gemeindegilden; außerhalb liegen die Bruderschaften und Vereinigungen ketzerischer Sekten. Aber wir halten aus zwei Gründen ein. Erstens verfolgte unsere Untersuchung vor allem den Zweck, die Gestaltung der kirchlichen Institutionen durch ihre Umwelt zu verfolgen und die Wirkung von Änderungen im Bereich der Wirtschaft und Gesellschaft auf die größten körperschaftlichen Formationen religiöser Energie im Mittelalter abzulesen. Unterhalb der Ebene, bis zu der wir vorgestoßen sind, verlieren sich die allgemeinen Konturen des Bildes in einem Nebel von Einzelheiten: Anzeichen dafür sind bereits auf den letzten Seiten unseres Überblicks recht deutlich geworden, und jedes Weitergehen würde einen anderen Ansatz erfordern.

Der zweite Grund, an dieser Stelle einzuhalten, ist der, daß unser Überblick nur ein erster Schritt dafür war, die inneren Kräfte von Organisationen zu verstehen, von denen bisher lediglich die äußeren Formen nachgezeichnet wurden. Das ist eine sehr schwierige Aufgabe, und das Feld ist zu groß, selbst um einen angemessenen Überblick zu erreichnen. Aber die Aufgabe ist nicht unmöglich. Die Männer und Frauen, von denen wir gehandelt haben, waren die mitteilsamsten Mitglieder der Gesellschaft. Wenn wir weiter zu der Ebene der Pfarrei und der Gilde vorstoßen, begegnet uns die große Masse nicht artikulierter Christen, die keine Zeugnisse ihrer Gedanken und Erfahrungen hinterlassen haben; wenn wir weiter ausgreifen und die ketzerischen Sekten mit einschließen, stellen wir fest, daß die Aussagen, die am meisten Information enthielten, vernichtet wurden. Zweifellos bleibt noch viel zu tun, um die Quellen des religiösen Protestes im Mittelalter zu sichten und zu ordnen und um das religiöse Leben im europäischen Mittelalter auf der am wenigsten privilegierten Ebene zu verstehen, aber im günstigsten Fall wird man dabei zu einer Sammlung von Fragmenten kommen.

Anders steht es um die Erfahrungen deren, die für die Entwicklung der Institutionen, die wir untersucht haben, verantwortlich waren. Hier gibt es Material die Fülle, und der Umfang des Stoffes, der für Studien zugänglich gemacht wird, nimmt ständig zu. Es ist vielleicht keine Übertreibung zu sagen, daß die Menge von Quellenzeugnissen, die helfen, die Gedanken zu verstehen, die die christliche Erfahrung im Mittelalter geformt haben, sich im Lauf dieses Jahrhunderts verdoppelt hat – das heißt, die Quellen, die gedruckt, ediert und für gelehrte Zwecke aufbereitet wurden. Ein sehr hoher Anteil der Zeugnisse für das religiöse Denken und Fühlen, die jahrhundertelang unbenutzt und fast unbenutzbar dalagen, ist endlich für eine eingehende Prüfung zugänglich geworden. Die vorliegende Untersuchung ist nicht mehr als eine Einführung in das Studium dieser enormen Bestände christlichen Gedankengutes. Aber es ist eine notwendige Einführung. Die Gewohnheit, Kirchengeschichte von weltlicher Geschichte zu trennen, hat dazu geführt, alles Kirchliche ätherischer zu sehen, als es wirklich war. Nur wenn man Kirchengeschichte als einen Aspekt weltlicher Geschichte betrachtet, kann man beginnen, die Grenzen ebenso wie die Möglichkeiten der Kirche im Mittelalter zu verstehen, und man erkennt den Abstand, der die Kirche des Mittelalters von jener der Neuzeit trennt.

VERZEICHNIS DER PÄPSTE (590–1513)

Päpste, die im Text erwähnt werden, sind in GROSSBUCHSTABEN wiedergegeben, Gegenpäpste und ihre Daten in *Schrägdruck*. Das erste Datum verzeichnet die Wahl, das zweite den Tod, mit folgenden Ausnahmen: verz. (verzichtet), abg. (abgesetzt) und vertr. (vertrieben). Mehr Einzelheiten findet man in der Papstliste bei C. R. *Cheney*, Handbook of Dates for Students of English History (Royal Historical Society, Guides and Handbooks, Nr. 4, ^{1}1948; ^{2}1970), auf der die hier gegebene Liste aufbaut.

Zwischen 590 und 999 führt diese Liste nur diejenigen Päpste an, die im Text vorkommen, danach ist sie vollständig.

GREGOR I.	590–604
GREGOR II.	715–731
ZACHARIAS	741–752
STEPHAN II.	752–757
HADRIAN I.	772–795
LEO III.	795–816
NIKOLAUS I.	858–867
JOHANNES X.	914–928 (abg.)
SILVESTER II.	999–1003
Johannes XVII.	Juni–Dez. 1003
Johannes XVIII.	1004–1009
Sergius IV.	1009–1012
Gregor	*1012 (vertr.)*
BENEDIKT VIII.	1012–1024
JOHANNES XIX.	1024–1032
BENEDIKT IX.	1032–1045 (verz.) 1046 (abg.)
Silvester III.	*1045 (abg.)*
Gregor VI.	1045–1046 (abg.)
Clemens II.	1046–1047
Damasus II.	1047–1048
LEO IX.	1048–1054
Viktor II.	1054–1057
Stephan IX.	1057–1058
Benedikt X.	1058–1059 (abg.)
NIKOLAUS II.	1058–1061
Alexander II.	1061–1073
Honorius II.	*1061–1072*
GREGOR VII.	1073–1085
Clemens III.	*1080–1100*
Viktor III.	1086–1087
URBAN II.	1088–1099
PASCHALIS II.	1099–1118
Theodoricus	*1100 (vetr.)*
Albert	*1102 (abg.)*
Silvester IV.	*1105–1111 (abg.)*
Gelasius II.	1118–1119
Gregor VIII.	*1118–1121 (abg.)*
CALIXTUS II.	1119–1124

Honorius II.	1124–1130	Innozenz V.	Jan.–Juni 1276
INNOZENZ II.	1130–1143	Hadrian V.	Juli–Aug. 1276
Anaklet II.	*1130–1138*	Johannes XXI.	1276–1277
Viktor IV.	*1138 (verz.)*	NIKOLAUS III.	1277–1280
CÖLESTIN II.	1143–1144	MARTIN IV.	1281–1285
LUCIUS II.	1144–1145	HONORIUS IV.	1285–1287
EUGEN III.	1145–1153	Nikolaus IV.	1288–1292
Anastasius IV.	1153–1154	CÖLESTIN V.	Juli–Dez. 1294 (verz.)
HADRIAN IV.	1154–1159	BONIFAZ VIII.	1294–1303
ALEXANDER III.	1159–1181	Benedikt XI.	1303–1304
Viktor IV.	*1159–1164*	CLEMENS V.	1305–1314
Paschalis III.	*1164–1168*	JOHANNES XXII.	1316–1334
Calixtus III.	*1168–1178 (verz.)*	*Nikolaus V.*	*1328–1330* (verz.)
Innozenz III.	*1179–1180* (abg.)	BENEDIKT XII.	1334–1342
Lucius III.	1181–1185	CLEMENS VI.	1342–1352
Urban III.	1185–1187	Innozenz VI.	1352–1362
Gregor VIII.	Okt.–Dez. 1187	Urban V.	1362–1370
Clemens III.	1187–1191	Gregor XI.	1370–1378
CÖLESTIN III.	1191–1198	URBAN VI.	1378–1389
INNOZENZ III.	1198–1216	*Clemens VII.*	*1378–1394*
HONORIUS III.	1216–1227	Bonifaz IX.	1389–1404
GREGOR IX.	1227–1241	*Benedikt XIII.*	*1394–1409* (abg.)[1]
Cölestin IV.	Okt.–Nov. 1241	Innozenz VII.	1404–1406
INNOZENZ IV.	1243–1254	Gregor XII.	1406–1409 (abg.)[2]
ALEXANDER IV.	1254–1261	ALEXANDER V.	1409–1410
URBAN IV.	1261–1264	*Johannes XXIII.*	*1410–1415* (abg.)[3]
CLEMENS IV.	1265–1268		
GREGOR X.	1271–1276		

[1] *Benedikt XIII.* wurde durch das Konzil von Pisa im Jahr 1409 und durch das Konzil von Konstanz im Jahr 1417 abgesetzt.

[2] Gregor XII. wurde durch das Konzil von Pisa 1409 abgesetzt und verzichtete im Jahr 1415.

[3] *Johannes XXIII.* wurde durch das Konzil von Konstanz 1415 abgesetzt und starb im Jahr 1419.

MARTIN V.	1417–1431	PIUS II.	1458–1464
Clemens VIII.	*1423–1429* (verz.)	PAUL II.	1464–1471
		SIXTUS IV.	1471–1484
Eugen IV.	1431–1439 (abg.)[4]	Innozenz VIII.	1484–1492
		Alexander VI.	1492–1503
Felix V.	1439–1449 (verz.)	Pius III.	Sept.–Okt. 1503
Nikolaus V.	1447–1455	JULIUS II.	1503–1513
Calixtus III.	1455–1458		

4 Eugen IV. wurde durch das Konzil von Basel im Jahr 1439 abgesetzt und starb im Jahr 1447.

REGISTER

(Abkürzungen: A = Anmerkung; B. = Bischof; Bt. = Bistum; Eb. = Erzbischof; Ebt. = Erzbistum; Hl. = Heilige(r); K. = Kaiser; Kg. = König; Kl. = Kloster; P. = Papst)